Roman Macha

Grundlagen der Kosten- und Leistungsrechnung

Eine praxisorientierte Einführung
mit Fallbeispielen und Aufgaben

Campus Verlag
Frankfurt/New York

Die Deutsche Bibliothek – CIP-Einheitsaufnahme

Macha, Roman:
Grundlagen der Kosten- und Leistungsrechnung : eine praxisorientierte Einführung
mit Fallbeispielen und Aufgaben / Roman Macha. 2., durchges. Aufl. –
Frankfurt/Main ; New York : Campus Verlag, 1999
  (Reihe Betriebswirtschaft & Management ; Bd. 4)
  ISBN 3-593-35907-3

2., durchgesehene Auflage 1999

Copyright © 1998 Campus Verlag GmbH, Frankfurt/Main
Umschlaggestaltung: Atelier Warminski, Büdingen
Satz: Satzspiegel, Nörten-Hardenberg
Druck und Bindung: Druckhaus Beltz, Hemsbach
Gedruckt auf säurefreiem und chlorfrei gebleichtem Papier
Printed in Germany

Vorwort

Die *Grundlagen der Kosten- und Leistungsrechnung* wendet sich als Einführung an alle Studenten des Grundstudiums, an Studenten von Fachhochschulen, Berufsakademien und an die Studenten der VWA. Dem Praktiker vermittelt das anwendungsorientierte Buch einen umfassenden Einblick in die traditionelle wie auch moderne Kosten- und Leistungsrechnung. Das Buch empfiehlt sich als Vorbereitung auf Prüfungen. Schnell erhält der Leser durch die 107 Abbildungen, 75 Tabellen, 20 Übersichten, 14 Fallbeispiele und zahlreichen Aufgaben einen globalen Überblick über den heutigen Stand der Kosten- und Leistungsrechnung.

Die Kosten- und Leistungsrechnung ist heute Basis des Management-Informationssystems (MIS). Das Controlling jedes Unternehmens baut auf den Daten der Kosten- und Leistungsrechnung auf. Das Buch vermittelt daher praxisnah, wie Unternehmen ihre Kosten- und Leistungsrechnung gestalten, kalkulieren und innerbetrieblich abrechnen. Die klassische Kosten- und Leistungsrechnung steht im Mittelpunkt. Systematisch wird die Information der Finanzbuchhaltung in der Kostenartenrechnung aufbereitet. In der Kostenstellenrechnung erfolgt die betriebliche Abrechnung über den Betriebsabrechnungsbogen. Der Autor stellt die gängigen Kalkulationsmethoden mit Hilfe von zahlreichen Beispielen und Fallstudien vor. Die vorgestellten Kalkulationsschemen können leicht den speziellen Bedürfnissen der Praxis angepaßt werden. Spezielle Entscheidungssituationen wie Preisuntergrenzen, optimales Produktionsprogramm, break-even, Outsourcing und Insourcing sowie spezielle Kalkulationsprobleme (Beschaffungskalkulation, Exportkalkulation oder Ausgleichskalkulation) werden behandelt. Der Controllingprozeß (Planung, Istermittlung und Kontrolle der Kosten und Leistungen) wird konsequent beschrieben. Moderne Ansätze wie Prozeßkostenrechnung und Target Costing sind in die klassische Kosten- und Leistungsrechnung integriert.

Danken möchte ich Herrn Prof. Dr. Ludwig Pack und meinen Kollegen an diesem Lehrstuhl, den Herren Dr. Manfred Püschel und Dr. Kurt Rommel, den Herren Prof. Dr. Ulrich Döring und Prof. Dr. Franz Wittmann, welche früh mein Interesse an der Kosten- und Leistungsrechnung geweckt haben. Ein Dank geht an Frau Dr. Gräber-Seißinger und ihr Team vom Campus Verlag für unendliche Geduld und konstruktive Unterstützung.

Ravensburg, 1998   Prof. Dr. Roman Macha

Inhalt

1 Einführung 15

  1.1 Kosten- und Leistungsrechnung als Teil des Management-
     Informationssystems 15
  1.2 Aufgaben der Kosten- und Leistungsrechnung 19
  1.3 Rechnungswesen in der Unternehmensorganisation 22
  1.4 Systeme der Kostenrechnung 26
  1.5 Elemente der Kostenrechnung 30
  1.6 Grundbegriffe der Kosten- und Leistungsrechnung 32
     1.6.1 Zahlungsmittelbestandsänderung: Einzahlung und
           Auszahlung 34
     1.6.2 Geldvermögensänderung: Einnahme und Ausgabe . 34
     1.6.3 Reinvermögensänderung: Ertrag und Aufwand . . . 34
     1.6.4 Betriebserfolg: Leistung und Kosten 35
  1.7 Abgrenzung der Grundbegriffe 37
     1.7.1 Abgrenzung von Einzahlung/Einnahme und
           Auszahlung/Ausgabe 37
     1.7.2 Abgrenzung von Einnahme/Ertrag und Ausgabe/
           Aufwand 38
     1.7.3 Abgrenzung von Ertrag/Leistung und Aufwand/
           Kosten 40

  Literatur zu Kapitel 1 44

2 Kostenartenrechnung 45

  2.1 Aufgaben der Kostenartenrechnung 45
  2.2 Systematisierung der Kosten 47
     2.2.1 Zurechenbarkeit der Kosten 47

2.2.2   Verhalten der Kosten bei Beschäftigungsänderung . 48
2.2.3   Herkunft der Kosten 57
2.2.4   Sonstige Systematisierungskriterien 58
2.3 Kostenartenpläne 61
2.4 Erfassung der wichtigsten Kostenarten 65
2.4.1   Materialkosten 65
2.4.1.1 Inventurmethode 66
2.4.1.2 Skontrationsmethode 67
2.4.1.3 Retrograde Methode 69
2.4.1.4 Behelfsmethode 70
2.4.1.5 Bewertung des Materialverbrauchs 71
2.4.2   Personalkosten 73
2.4.3   Funktionskosten 79
2.4.4   Kalkulatorische Kosten 85
2.4.4.1 Kalkulatorischer Unternehmerlohn 87
2.4.4.2 Kalkulatorische Miete 89
2.4.4.3 Kalkulatorische Abschreibung 90
2.4.4.4 Kalkulatorische Zinsen 94
2.4.4.5 Kalkulatorische Wagnisse 102

Fall 1: Beschäftigungsabhängige Kosten der Gießerei Diabolus . . 106
Fall 2: Gesamtkosten bei Brauerei Schloß Waldsee 110
Fall 3: Analyse des Materialverbrauchs 112
Fall 4: Personalkosten in der Pumpenfabrik Maloche GmbH . . . 114
Fall 5: Abschreibung der Druckmaschine Rotoprint 116

Literatur zu Kapitel 2 118

3 Kostenstellenrechnung 119

3.1 Aufgaben der Kostenstellenrechnung 119
3.2 Bildung von Kostenstellen 121
3.2.1   Kriterien für die Bildung von Kostenstellen 121
3.2.2   Aufbauorganisation und Kostenstellenrechnung . . 124
3.3 Durchführung der Kostenstellenrechnung mit Hilfe des
Betriebsabrechnungsbogens 127
3.3.1   Aufbau und Aufgaben des Betriebsabrechnungsbogens 127
3.3.2   Verteilung der primären Stellenkosten 131

3.3.3   Innerbetriebliche Leistungsverrechnung 138
3.3.3.1   Hauptkostenstellenverfahren 140
3.3.3.2   Kostenstellenumlageverfahren 142
3.3.3.3   Gleichungsverfahren 149
3.3.4   Gewinnung von Kalkulationssätzen 154
3.3.5   Über- und Unterdeckung im Betriebsabrechnungs-
          bogen 157

Fall 6: Wer bezahlt Arthur Anderson? 160
Fall 7: Verrechnung bei dem Unternehmen »Transfer« 161

Literatur zu Kapitel 3 167

4   Kostenträgerrechnung 169

4.1 Aufgaben der Kostenträgerrechnung 169
4.2 Kalkulation auf Basis der Vollkostenrechnung 171
4.2.1   Divisionskalkulation 177
4.2.1.1   Einstufige Divisionskalkulation 177
4.2.1.2   Mehrstufige Divisionskalkulation 179
4.2.1.3   Äquivalenzziffernkalkulation 182
4.2.2   Zuschlagskalkulation 185
4.2.2.1   Summarische Zuschlagskalkulation 185
4.2.2.2   Differenzierende Zuschlagskalkulation 189
4.2.2.3   Platzkostenrechnung 191
4.2.3   Kalkulation der Kuppelproduktion 196
4.2.3.1   Marktpreisverfahren 197
4.2.3.2   Restwertmethode 198
4.2.3.3   Verteilungsrechnung 199
4.2.4   Spezielle Kalkulationsprobleme in der Vollkosten-
          rechnung 200
4.2.4.1   Handelsspanne, Kalkulationsfaktor, -zuschlag 200
4.2.4.2   Ausgleichskalkulation oder Kompensations-
          kalkulation 202
4.2.4.3   Beschaffungskalkulation und Importkalkulation . . 203
4.2.4.4   Exportkalkulation 207
4.2.4.5   Prozeßkostenrechnung 208
4.3 Kalkulation auf Basis von Teilkosten 213

4.3.1   Deckungsbeitragsrechnung im Fix-Variablen-
Konzept 216
4.3.1.1   Methoden der Kostenspaltung 217
4.3.1.2   Anwendung des einstufigen Direct Costing 224
4.3.1.3   Anwendung des mehrstufigen Direct Costing 233
4.3.2   Deckungsbeitragsrechnung auf Basis von relativen
Einzelkosten 241
4.3.3   Spezielle Kalkulationsprobleme in der Teilkostenrechnung 244
4.3.3.1   Bestimmung des optimalen Produktionsprogramms   244
4.3.3.2   Outsourcing und Insourcing (Make-or-buy-
Entscheidung) 256
4.4   Leistungsrechnung 262
4.4.1   Umsatzkostenverfahren 264
4.4.2   Gesamtkostenverfahren 270
4.4.3   Verfahrensvergleich zwischen Gesamtkosten- und
Umsatzkostenverfahren 274
4.4.4   Herstellkosten versus Herstellungskosten 276

Fall 8: Mehrstufige Divisionskalkulation bei Smoky 279
Fall 9: Kombi AG (Kombination diverser Kalkulations-
verfahren) 282
Fall 10: Voll- oder Teilkostenrechnung: Entscheidungen bei Fein
und Sauber KG 285
Fall 11: Break-even-Analyse der Klosterbrauerei 290
Fall 12: Optimales Produktionsprogramm der Solar AG 294
Fall 13: Wirkungen des Kalkulationsverfahrens auf das Betriebs-
ergebnis 299
Fall 14: Herstellkosten und Herstellungskosten bei Bürostuhl-
hersteller Wolke 301

Literatur zu Kapitel 4 304

5   Normal- und Plankostenrechnung 306

5.1   Systeme der Normalkostenrechnung 308
5.1.1   Ermittlung von Normalkosten 308
5.1.2   Starre Normalkostenrechnung 313
5.1.3   Flexible Normalkostenrechnung 319

5.2 Systeme der Plankostenrechnung 323
5.3 Target Costing 336

Literatur zu Kapitel 5 340

Ausgewählte Literatur zur Allgemeinen Betriebswirtschaftslehre . . . 341

Verzeichnis der Abbildungen, Tabellen und Übersichten 342

Register 349

1 Einführung

1.1 Kosten- und Leistungsrechnung als Teil des Management-Informationssystems

Das Rechnungswesen ist der zentrale Informationssammler und -lieferant im Unternehmen. Es bildet sämtliche Transaktionen eines Unternehmens ab. In der Finanzbuchhaltung werden alle Geschäftsvorfälle eines Unternehmens mit seiner Umwelt – den Lieferanten, den Kunden, den Banken, dem Staat, den Mitarbeitern und sonstigen Geschäftspartnern – erfaßt, dokumentiert, aufbereitet und ausgewertet. Man spricht von der *Dokumentationsfunktion.* Diese läuft planmäßig, lückenlos, zeitgerecht und geordnet in den Geschäftsbüchern des Unternehmens ab. Die Kosten- und Leistungsrechnung erfaßt ausschließlich die betrieblichen Aktionen.

Die älteste Einteilung des Rechnungswesens erfolgt in Anlehnung an den Buchführungserlaß des Reichskontenrahmens des Jahres 1937 (vgl. Abbildung 1).

Der Bereich *Finanzbuchhaltung und Bilanz* führt die Buchhaltung und die Inventur durch und erstellt den Jahresabschluß. Die *Kosten- und Leistungsrechnung* übernimmt die Betriebsabrechnung und die Kalkulation. Die *Statistik und Vergleichsrechnung* erstellt betriebliche Statistiken, führt Zeit- und Verfahrensvergleiche, Vergleiche zwischen Sollvorgabe und Istzustand und

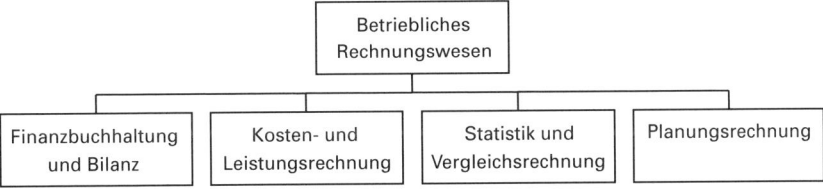

Abbildung 1: Traditionelle Einteilung des betrieblichen Rechnungswesens

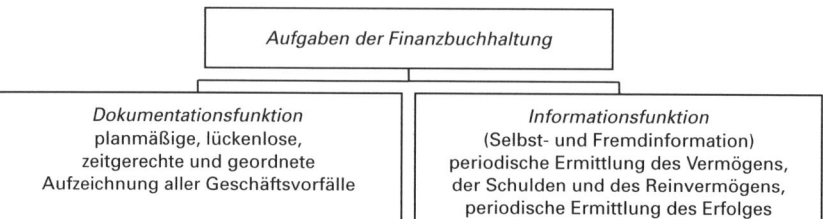

Abbildung 2: Aufgaben der Finanzbuchhaltung
Quelle: In Anlehnung an Döring/Buchholz, S. 3

Vergleiche zwischen Betrieben durch. Die *Planungsrechnung* entspricht dem heutigen Controlling. Hier wird die Budgetplanung durchgeführt, die die Sollvorgaben für Kosten und Leistungen des Unternehmens festlegt.

Die *Finanzbuchhaltung* (vgl. Abbildung 2) versorgt externe und interne Interessenten mit Informationen über die Vermögens-, Erfolgs- und Finanzlage *(Informationsfunktion)*. Die Buchhaltung erfaßt Höhe und Veränderungen aller Aktiv- und Passivposten eines Unternehmens. Jährlich werden eine Inventur durchgeführt und eine Inventarliste erstellt, periodisch das Vermögen, die Schulden und das Eigenkapital (Reinvermögen) ermittelt und in der Bilanz einander gegenübergestellt. Die Gewinn- und Verlustrechnung gibt Auskunft über die Erfolgslage. Durch die Gegenüberstellung von Aufwand und Ertrag wird das Periodenergebnis, der Gewinn, ermittelt. Hierdurch erfolgt eine Selbst- und Fremdinformation. Des weiteren erstellt diese Stelle Sonder- und Zwischenbilanzen.

Die Finanzbuchhaltung unterliegt den gesetzlichen Normen. Zu beachten sind handelsrechtliche Vorschriften (Handelsgesetzbuch HGB, Aktiengesetz AktG, GmbH-Gesetz, Genossenschaftsgesetz GenG und Publizitätsgesetz PublG) und auch Vorschriften aus dem Steuerrecht (Abgabenordnung AO, Einkommensteuergesetz EStG, Einkommensteuer-Richtlinien EStR, Umsatzsteuergesetz UStG und die Umsatzsteuer-Richtlinien UStR).

Im Unternehmen erfolgt die Leistungserstellung. Aus den Inputgütern Roh-, Hilfs- und Betriebsstoffe, Arbeit und Betriebsmittel stellt die Produktion Erzeugnisse für den Absatzmarkt her. Der Verbrauch von Roh-, Hilfs- und Betriebsstoffen wird erfaßt. Die Fertigungszeiten werden notiert und Löhne ermittelt. Durch Abschreibung berücksichtigt man den Werteverzehr der Betriebsmittel. In der Kosten- und Leistungsrechnung werden die Kosten- und Leistungsströme im Unternehmen dokumentiert, geplant und kontrolliert.

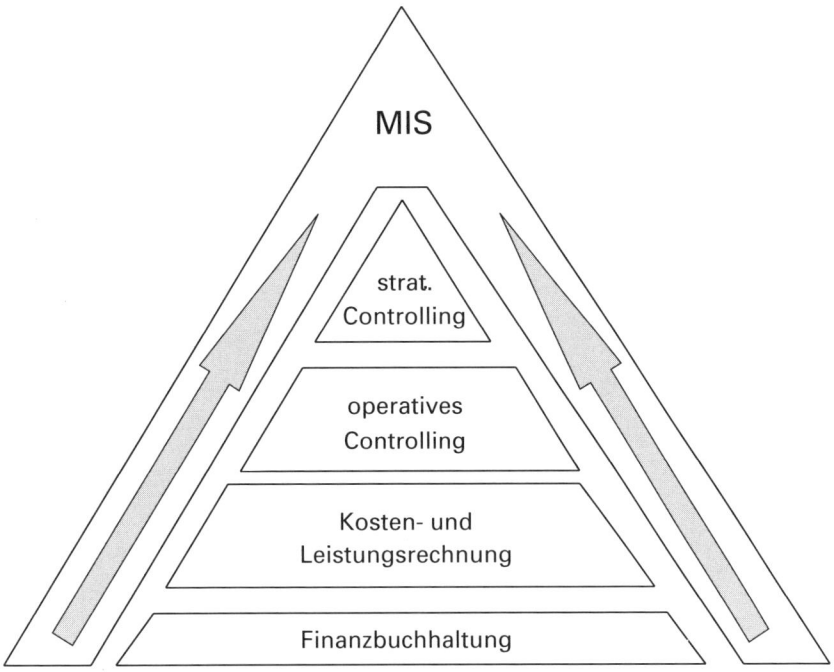

Abbildung 3: Rechnungswesen als Basis des Management-Informationssystems (MIS)

Die Informationsbeschaffung und -aufbereitung ist in der modernen Kosten- und Leistungsrechnung eine der Hauptaufgaben. Der Informationsfluß startet in der Finanzbuchhaltung, findet Aufbereitung in der Kosten- und Leistungsrechnung, wird ergänzt durch Branchendaten, Informationen über den Markt und die Konkurrenz. Das Controlling arbeitet all diese Daten auf und analysiert sie. Finanzbuchhaltung, Kosten- und Leistungsrechnung und Controlling sammeln die Informationen in einer Informationsdatenbank. Es folgen Informationsverarbeitung und Analyse in der Methodenbank und der Modellbank. Diese drei Teile bilden zusammen das *Management-Informationssystem (MIS)* eines Unternehmens (vgl. Abbildung 3). Es unterstützt die Führungskräfte beim Treffen von Führungsentscheidungen.

Ein Unternehmen wird durch Informationen gesteuert und geregelt. Daher läßt es sich als ein System von Regelkreisen darstellen. Das Controlling bedient sich gerne der Theorie kybernetischer Prozesse, um die Regelmechanismen im Unternehmen zu erklären. Die Elemente eines kybernetischen

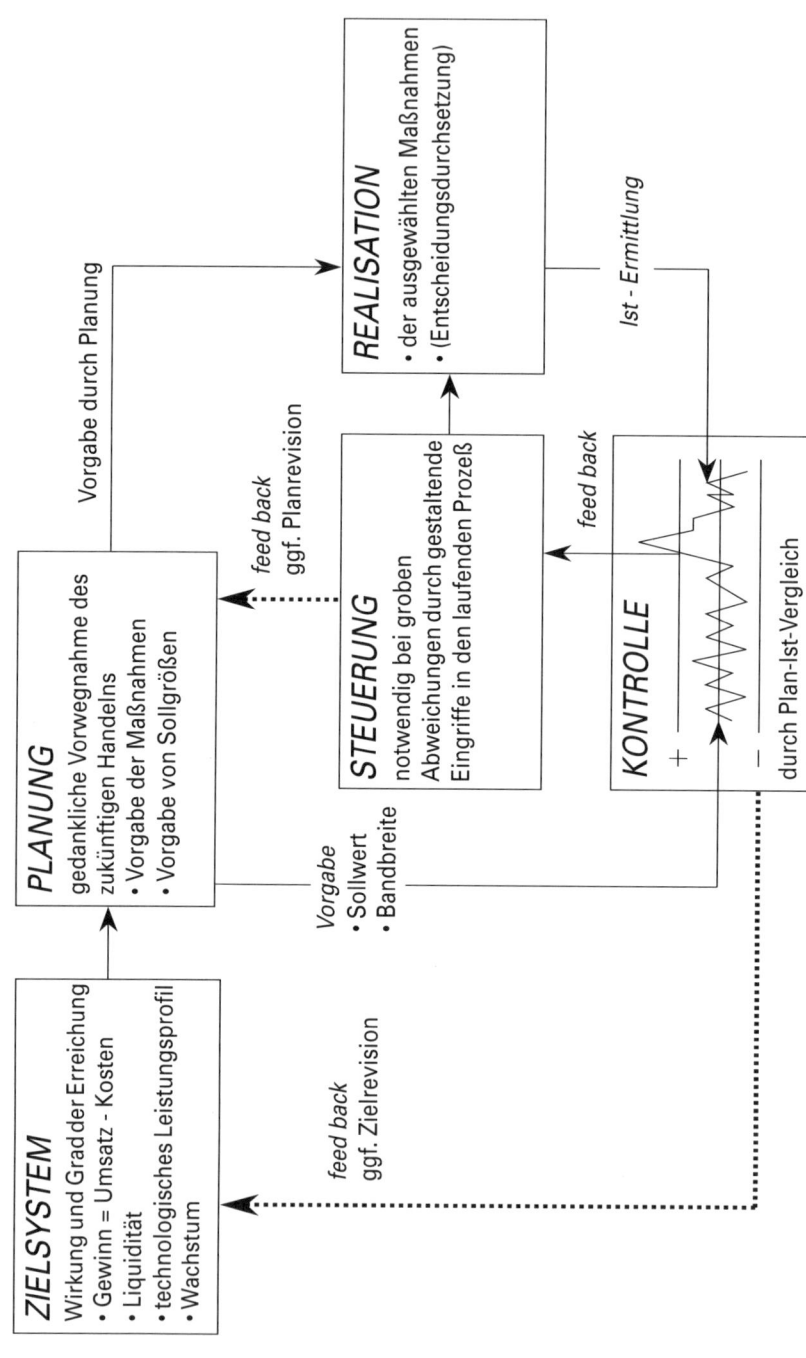

Abbildung 4: Kybernetischer Kreis der Kosten- und Leistungsrechnung

Prozesses sind Zielsetzung, Planung, Durchführung, Kontrolle und Steuerung. Die Kosten- und Leistungsrechnung unterstützt das Controlling bei der Planung, hilft bei der Ermittlung von Vorgaben und unterstützt bei der Erhebung der Istdaten. Der kybernetische Kreis zeigt den Gesamtzusammenhang (vgl. Abbildung 4).

Ausgangspunkt des kybernetischen Kreises sind die Unternehmensziele. Hierauf baut die Planung auf. Sie legt den gewünschten Sollzustand fest und bestimmt eine Bandbreite, in der Abweichungen vom Sollzustand vom System akzeptiert werden. In der Planung erfolgt auch die Ausstattung der Stellen mit materiellen Elementen wie Roh-, Hilfs- und Betriebsstoffen, Personal, Maschinen und Werkzeug. Die Stelle hat ihre Aufgabe, ihre Befugnisse und trägt Verantwortung. Ein Katalog von Maßnahmen zur Zielerreichung existiert.

Während der Realisation können interne und externe Störungen auftreten. Es kann eine Maschine ausfallen oder eine Grippewelle den Krankenstand erhöhen. Die Preise auf den Beschaffungsmärkten können steigen, der Dollarkurs kann sich anders als geplant entwickeln. Die Istermittlung erfaßt die Änderungen und stellt die Istdaten der Kontrolle zur Verfügung. Dort werden die Daten mit der Sollvorgabe verglichen. Überschreitet der gemessene Wert die als normal angesehene Bandbreite, greift das Management ein und versucht den Störfaktor oder die Fehlerquelle zu beseitigen. Führt die Abweichungsanalyse jedoch zu der Erkenntnis, daß trotz Steuerung weiterhin mit Abweichungen gerechnet werden muß, dann ist die Planung oder das Ziel einer Revision zu unterziehen.

1.2 Aufgaben der Kosten- und Leistungsrechnung

Die Kosten- und Leistungsrechnung, so stellt *Eisele* (1990, S. 10) fest, ist nach betriebsindividuellen und zweckorientierten Gesichtspunkten gestaltet. Im wesentlichen kommt sie ohne gesetzliche Normen aus. Eine Ausnahme bilden öffentliche Aufträge, die nach der Verordnung über die Preise öffentlicher Aufträge zu kalkulieren sind (dazu Näheres bei *Coenenberg*, 1997, S. 131–159).

Für die Planung liefert die Kosten- und Leistungsrechnung entscheidungsrelevante Informationen, die die folgenden Anforderungen erfüllen müssen:

- wahr,
- aktuell,
- belegbar,
- wirtschaftlich ermittelt,
- (vollständig).

Die Qualität der Kosten- und Leistungsrechnung zeigt sich wesentlich darin, wie sie den Anforderungen nach guter Entscheidungsinformation auf allen betrieblichen Entscheidungsebenen nachkommt. Im Rahmen der Unternehmensplanung liefert das betriebliche Rechnungswesen Daten für eine Vielzahl von Einzelaufgaben (vgl. Übersicht 1).

Hauptaufgaben der Planung
- Budgetplanung
- Leistungsplan (optimales Fertigungsprogramm)
- Planung der Einzel- und Gemeinkosten
- Planung der Herstell- und Selbstkosten
- Planung des Erfolges (Gesamt-, Sparten-, Gruppen- und Stückerfolg)
- Planung von Kostenvorgaben für *Preisentscheidung* (Angebotspreise, Vollkostenpreise, Preisuntergrenzen, Mindestdeckungsbeiträge)
- Planung der Verrechnungspreise
- Planung von Preisobergrenzen (Make-or-Buy-Entscheidung und Outsourcing)

Nebenaufgaben
- optimales Produktionsprogramm (Fertigungsprogramm und Fertigungstiefe)
- Sortimentspolitik
- Kapazitäts- und Auslastungsplanung
- Planung von Fertigungsverfahren und -prozessen
- Investitionsplanung
- Unterstützung der Beschaffungspolitik
- Unterstützung der Distributionspolitik

Übersicht 1: Aufgaben der Unternehmensplanung

Wie man im kybernetischen Kreis sieht, sind neben der Planung die Istermittlung und die Dokumentation von großer Bedeutung. Die Kosten- und Leistungsrechnung dokumentiert alle im Unternehmen auftretenden Kosten- und Leistungsströme. Die Dokumentation der Kostenströme beginnt bei der Erfassung aller Inputgüter und endet nach Verkauf eines Erzeugnisses. Ein Fahrradhändler kauft beispielsweise Felgen, Speichen und Naben

Hauptaufgaben: Istermittlung als Datenbasis jeder Kontrollrechnung
- Ermittlung der Kosten nach Kostenart (Material- und Personalkosten, Steuern etc.)
- Ermittlung der Kosten einer Kostenstelle
- Ermittlung der Kosten eines Kostenträgers (Nachkalkulation)
- Ermittlung der Herstellungskosten für die Handels- und Steuerbilanz
- Ermittlung des Gesamterfolgs
- Ermittlung des Betriebsergebnisses
- Ermittlung des Erfolgs pro Profitcenter
- Ermittlung von Erfolg pro Produktgruppe und Produkt
- Ermittlung des Stückerfolgs

Nebenaufgaben
- Meldedaten für statistische Ämter und Verbände
- Bemessungsgrundlage für Lizenzgebühren
- Datenmaterial für Statistiken

Übersicht 2: Aufgaben der Dokumentation und der Istermittlung

Hauptaufgaben der Kontrolle
- Kontrolle der Wirtschaftlichkeit
- Kostenkontrolle pro Kostenart, pro Kostenstelle und pro Kostenträger
- Kontrolle der Leistung pro Kostenstelle und Kostenträger
- Investitionskontrolle
- Kontrolle der Lagerbestände

Hauptaufgaben der Analyse
- Analyse der Kostenabweichungen pro Kostenart, Kostenstelle und pro Kostenträger
- Analyse pro Profitcenter
- Analyse der Preisabweichung
- Analyse der Mengenabweichung
- Analyse der Beschäftigungsabweichung
- Analyse der Abweichung der Zusammensetzung des Produktionsprogramms

Nebenaufgaben
- Finden von Kostensenkungspotential
- Überprüfungen in allen Bereichen, Ebenen und Verfahren
- Benchmarking

Übersicht 3: Aufgaben der Kontrolle und der Abweichungsanalyse

ein. Dies wird durch die Finanzbuchhaltung erfaßt. In der Kostenartenrechnung werden die Daten der Finanzbuchhaltung unternehmensspezifisch aufbereitet. Wird für einen Kunden ein Laufrad hergestellt, so wird das verbrauchte Material als Einzelkosten erfaßt und dem Auftrag belastet. Der Monteur schreibt die Fertigungsminuten auf und belastet die Fertigungslöhne ebenfalls dem Auftrag. Auf diese Art erhält man die tatsächlich angefallenen Kosten, die Istkosten des Laufrads. Ist das Laufrad fertiggestellt, kann man von einer Leistung sprechen. Die Leistung entspricht den Kosten der Herstellung. Erst mit dem Verkauf, d. h. der Leistungsverwertung, werden Gewinne realisiert.

Die Aufgaben der Istermittlung und Dokumentation sind in Übersicht 2 zusammengefaßt. Der Istermittlung schließen sich die Kontrolle und Analyse an. Die Kontrolle stellt das erfaßte tatsächliche Betriebsgeschehen (Ist) dem gewünschten und geplanten Betriebsgeschehen (Soll) gegenüber. Die Abweichungsanalyse geht den Ursachen von Diskrepanzen zwischen Soll- und Istwerten nach. Übersicht 3 faßt die Teilaufgaben der Kontrolle und Abweichungsanalyse zusammen.

1.3 Rechnungswesen in der Unternehmensorganisation

Die aufbauorganisatorische Stellung des Rechnungswesens hängt unter anderem von den in Unternehmen realisierten Gestaltungsmodellen ab (Funktionsorientierung oder Spartenorientierung).

Die Abbildungen 5 und 6 stellen das Rechnungswesen in typischen verrichtungsorientierten Aufbauorganisationen dar. Orientiert sich das Unternehmen jedoch an Objekten (*Profitcenter-* Organisation, *Spartenorganisation*, Unternehmensbereiche), so gehört das Rechnungswesen zu den Zentralabteilungen. Die einzelnen Unternehmensbereiche werden jeweils von einem eigenen Rechnungswesen unterstützt. Die Aufgabenverteilung zwischen zentralem und dezentralem Rechnungswesen hängt vom Grad der Eigenständigkeit des Bereichs ab (vgl. Abbildung 7).

Auf der untersten Hierarchieebene des Rechnungswesens befinden sich die Ausführungsstellen. Die Stellen Kasse, Rechnungsprüfung, die *Debitorenbuchhaltung* (Verwaltung von Forderungen) und die *Kreditorenbuchhaltung* (Verwaltung von Verbindlichkeiten) werden dem Finanzbereich zugeschla-

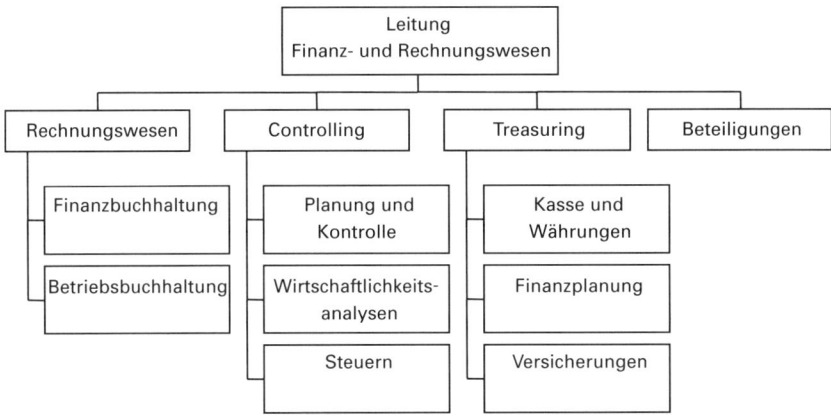

Abbildung 5: Moderne Organisation des Rechnungswesens 1

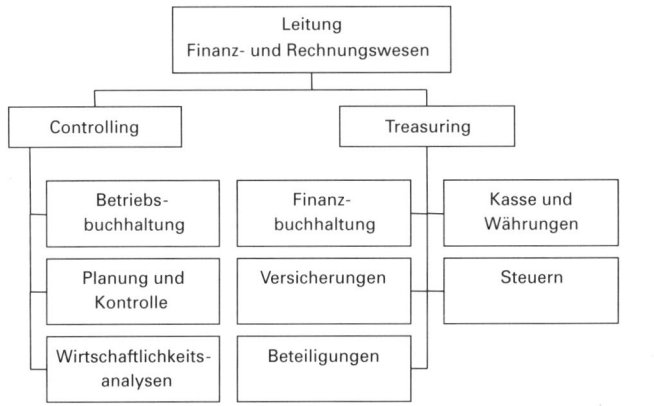

Abbildung 6: Moderne Organisation des Rechnungswesens 2

gen. Die *Anlagenbuchhaltung,* die *Lohn- und Gehaltsbuchhaltung* und die *Materialbuchhaltung* liefern Informationen sowohl an die *Finanz-* als auch an die *Betriebsbuchhaltung.* Die *Betriebsabrechnung* und die *Kalkulation* gehören zur Betriebsbuchhaltung. Je nach Arbeitsumfang sind Trennungen sowohl in der Betriebsabrechnung wie auch in der Kalkulation üblich. Die Betriebsabrechnung erfolgt über die Stellen Kostenartenrechnung, Kostenstellenrechnung und Leistungsrechnung (Kostenträgerzeitrechnung). In der *Kostenartenrechnung* wird die Frage beantwortet: Welche Kosten sind in welcher Höhe angefallen? Die *Kostenstellenrechnung* klärt: Wo sind die Kosten entstanden? In der *Kostenträgerzeitrechnung* wird geklärt: Wie hoch war der betriebliche

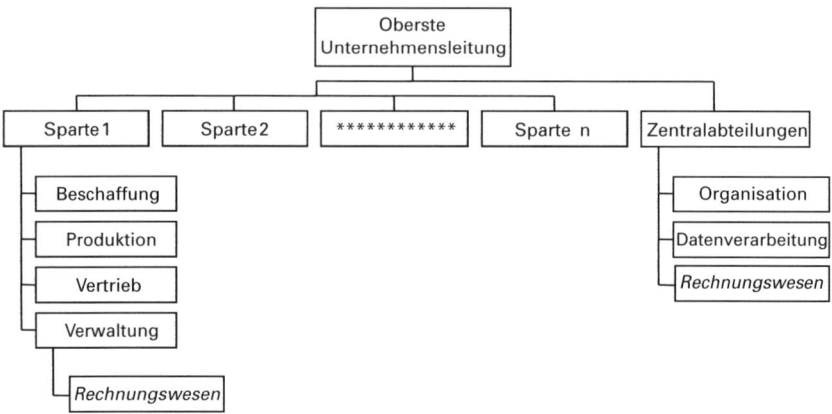

Abbildung 7: Einbindung des Rechnungswesens in die Spartenorganisation

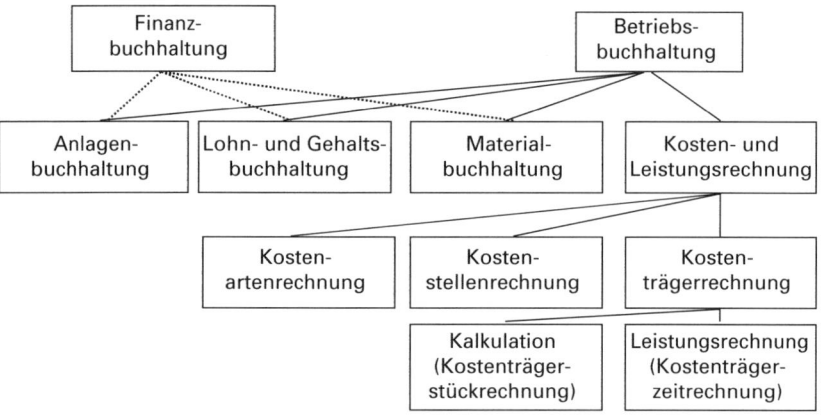

Abbildung 8: Ausführungsstellen im Rechnungswesen

Erfolg des einzelnen Kostenträgers in der Abrechnungsperiode? Die Kalkulation wird oft zerlegt in *Angebotskalkulation* und *Nachkalkulation.*

Mit Hilfe der Ablauforganisation lassen sich der Belegfluß und die einzelnen Stufen der Bearbeitung nachvollziehen. In Abbildung 9 sind der Dokumentenfluß und die Bearbeitungsstufen dargestellt. Nehmen wir ein Beispiel: Ein Fahrradhändler erhält 1 000 Speichen geliefert. Bei der Annahme unterschreibt er einen Lieferschein. Der Lieferant übergibt ihm die Rechnung (Eingangsrechnung). Diese wird vorkontiert und dann ins Grundbuch (Journal) übertragen. Hier findet man alle Geschäftsvorfälle in zeitlicher Reihenfolge festgehalten. Das Hauptbuch übernimmt auf den

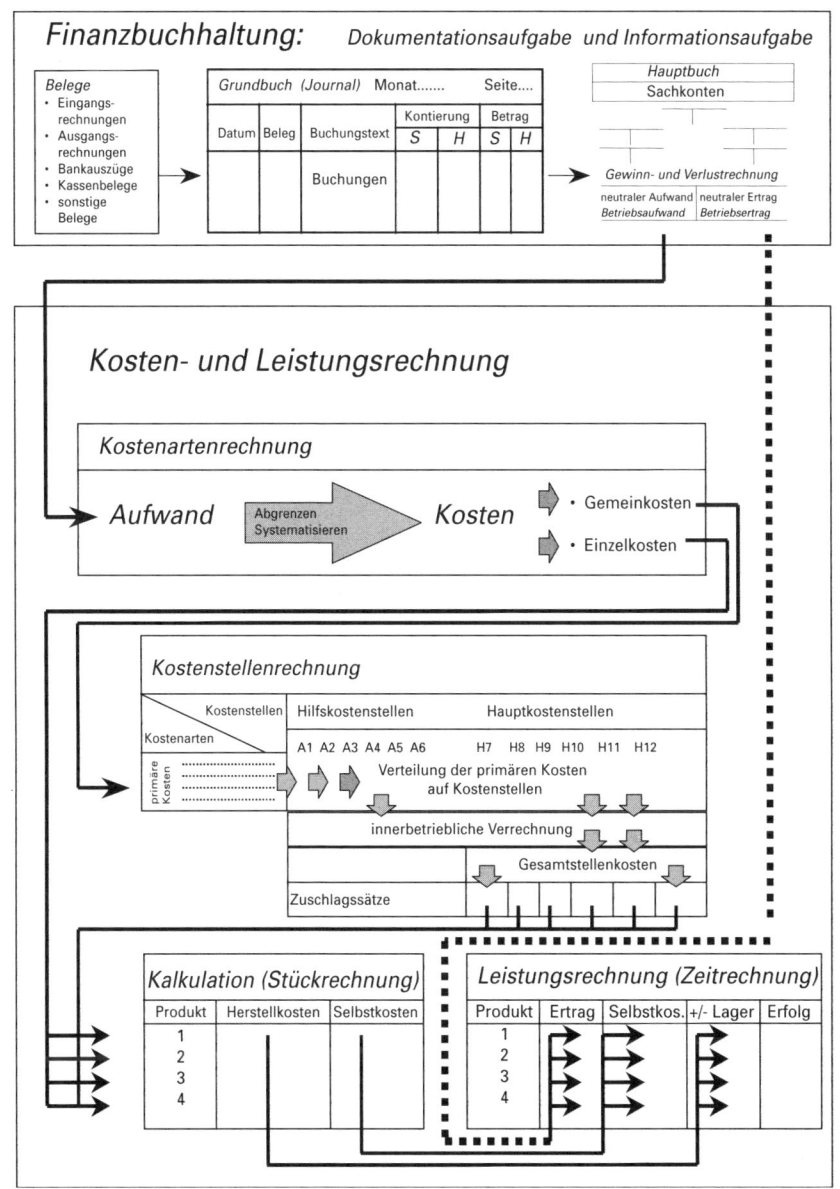

Abbildung 9: Schematische Darstellung der Belegwege in der Betriebsabrechnung

Sachkonten die gleichen Buchungen. Auf dem Materialkonto »Speichen« wurde ein Zugang gebucht. Entnimmt der Monteur aus dem Materiallager Speichen, entsteht Materialaufwand. Durch einen Materialentnahmeschein registriert die Kostenartenrechnung den Verbrauch. Als Einzelkosten findet man den Materialverbrauch in der Kalkulation wieder. Der Monteur stellt ein Laufrad für den Kunden Herrn Müller her. Dieser Auftrag von Herrn Müller (Kostenträger) wird belastet. Gleiches geschieht mit den Fertigungslöhnen des Monteurs. Da der Monteur in der Werkstatt das Laufrad gefertigt hat, wird diese Kostenstelle ihre Gemeinkosten über einen Zuschlag auf Basis der Fertigungslöhne verrechnen. Auf der Rechnung des Kunden erscheint also nicht der Lohn des Monteurs, sondern zusätzlich ein anteiliger Gemeinkostenbetrag der Kostenstelle Montage. Bei der Beratung kalkulierte der Fahrradhändler das Laufrad und unterbreitete Herrn Müller das Angebot (Angebotskalkulation). Nachdem nun das Laufrad fertiggestellt ist, kann eine Nachkalkulation erfolgen. Die Nachkalkulation liefert die tatsächlich angefallenen Kosten und die Grundlage für den Soll-Ist-Vergleich.

Neben der Kalkulation wird in der Leistungsrechnung der Erfolg (Gewinnbeitrag) des Auftrages festgestellt.

1.4 Systeme der Kostenrechnung

Die Kosten- und Leistungsrechnung liefert Daten für die Planung, Dokumentation und Kontrolle. Je nach Aufgabenstellung wendet man ein bestimmtes Kostenrechnungssystem an. Traditionell erfolgt die Trennung der Kostenrechnungssysteme nach dem Sachumfang der Zurechnung von Kosten auf Leistungen in *Voll- oder Teilkostenrechnung* und nach dem zeitlichen Bezug in *Ist-, Normal-* und *Plankostenrechnung*. Bei Ist- und Normalkostenrechnung handelt es sich um vergangenheitsorientierte Kostenrechnungssysteme. Nur die Plankostenrechnung ist ein zukunftorientiertes Kostenrechnungssystem. Um der Kontrollfunktion gerecht zu werden, benötigt man die Istkostenrechnung und Sollvorgaben aus der Normal- oder der Plankostenrechnung. In einem gut ausgebauten Rechnungswesen existieren die Kostenrechnungssysteme in Harmonie nebeneinander und ergänzen sich sinnvoll.

Durch die Kombination von »Zeitbezug« und »Sachbezug« der Kosten entstehen Kostenrechnungssysteme (vgl. *Zimmermann* 1993, S. 6, und *Ei-*

zeitlicher Bezug		
vergangenheitsorientiert		zukunftsorientiert
Istkostenrechnung	Normalkostenrechnung	Plankostenrechnung

Sachbezug		vergangenheitsorientiert		zukunftsorientiert
		Istkostenrechnung	Normalkostenrechnung	Plankostenrechnung
	Vollkostenrechnung	Istkostenrechnung auf Vollkostenbasis	Normalkostenrechnung auf Vollkostenbasis	Plankostenrechnung auf Vollkostenbasis
	Teilkostenrechnung	Istkostenrechnung auf Teilkostenbasis	Normalkostenrechnung auf Teilkostenbasis	Plankostenrechnung auf Teilkostenbasis

Abbildung 10: Traditionelle Systeme der Kostenrechnung

sele 1990, S. 515). Abbildung 10 gibt entsprechend der Abgrenzungskriterien die Kostenrechnungssysteme wieder.

Im Rahmen der Angebotskalkulation interessieren uns Preise, die alle Kosten abdecken *(Vollkosten)* und einen Gewinn versprechen. Ist der Markt eng und wird auf dem Markt um Aufträge gekämpft, dann interessieren Mindestpreise. Hier steht die Frage im Vordergrund: Welchen Preis muß der Anbieter realisieren, damit aus diesem Auftrag keine Verluste entstehen? Auch im Schlußverkauf wünscht sich ein Händler einen Preis, der mindestens dem Einkaufspreis entspricht *(Teilkosten)*. Die Systeme Voll- und Teilkostenrechnung unterscheiden sich nach dem Sachumfang der Kostenverrechnung.

In der *Vollkostenrechnung* werden die gesamten in einer Abrechnungsperiode anfallenden Kosten auf die produzierten oder abgesetzten Kostenträger verteilt. Jeder Kostenträger muß neben den variablen Kosten auch Kosten der Betriebsbereitschaft tragen. Die Verrechnung der fixen Kosten erfolgt über Zuschlagssätze auf Basis der variablen Kosten oder über Kalkulationsfaktoren. Nehmen wir das Beispiel eines Spielwarenhändlers, der auf der Messe Teddybären für 20 Mark einkauft. Um die fixen Kosten zu decken und um einen Gewinn zu erzielen, multipliziert er den Einkaufspreis mit dem Faktor 2,5. Er bietet den Teddybär für 50 Mark an. Dieser Verkaufspreis enthält Vollkosten plus Gewinnzuschlag.

Im System der *Teilkostenrechnung* wird nur ein Teil der Kosten den Kostenträgern (Produkt, Auftrag) zugerechnet. Das *Direct Costing* verrechnet die variablen Kosten. Im System »*relativer Einzelkosten*« werden die Einzelkosten verursachungsgerecht auf die Kostenträger verrechnet. Die nicht verrechneten fixen Kosten oder Einzelkosten werden global im Block in die kurzfristige Erfolgsrechnung übernommen. Sie werden nicht auf die Kostenträger verteilt. Dies ist der wesentliche Unterschied zwischen der Voll- und der Teilkostenrechnung. Zieht man nun vom Verkaufspreis des Teddybären in Höhe von 50 Mark den Einkaufspreis von 20 Mark ab, dann erhält man den *Deckungsbeitrag* von 30 Mark. Jeder einzelne Teddybär trägt mit 30 Mark zur Fixkostendeckung bei. Ab einer gewissen verkauften Menge sind alle Fixkosten gedeckt. Diesen Punkt nennt man *Break-even-Punkt* bzw. *Gewinnschwelle*.

Nach dem *Zeitbezug* werden Ist-, Normal- und Plankostenrechnung unterschieden. Die *Istkostenrechnung* ermittelt die tatsächlich angefallenen Kosten einer Kostenart, einer Kostenstelle oder eines Kostenträgers. Istkosten sind definiert als Produkt aus effektiv angefallenen Verbrauchsmengen (Istmengen) und tatsächlich bezahlten Preisen (Istpreise). Der Einstandspreis des Teddybären ist ein Istpreis. Wenn wir 30 Bären einkaufen, dann sind Einstandskosten von 600 Mark angefallen. Die Ermittlung der Istkosten erfolgt nach Abschluß einer Periode. Als Basis für Entscheidungen ist die Istkostenrechnung ungeeignet. Die Informationen kommen zu spät, eine Steuerung während einer Periode ist hier nicht möglich. Die Istkostenermittlung ist sehr aufwendig. Alle Preis- und Mengenschwankungen sind zu berücksichtigen. In einer dynamischen Welt werden, durch Preisänderungen verursacht, für ein und dasselbe Produkt verschiedene Herstell- und Selbstkosten ermittelt. Auch Mengenschwankungen führen zu verschiedenen Herstell- und Selbstkosten. Als Lieferant von Basisdaten für die Normalkostenrechnung und für die Kostenkontrolle ist sie dennoch unverzichtbar.

Die *Normalkostenrechnung* benutzt nur die als normal anzusehenden Daten der Istkostenrechnung. Aus einer größeren Zeitreihe von Istkosten wird der Durchschnittswert ermittelt. Absehbare Änderungen der Kosteneinflußgrößen Preis und Menge können berücksichtigt werden. Die Normalkostenrechnung geht von Normalpreisen und Normalmengen aus. Normalpreise und Normalmengen haben Vorgabecharakter für die Angebotskalkulation und dienen als Basis der Kostenkontrolle.

Die *Plankostenrechnung* orientiert sich am zukünftigen wirtschaftlichen Geschehen. In die Planung der Kosten gehen volkswirtschaftliche Daten, Branchendaten und das Zielsystem des Unternehmens mit ein. Die Auftragseingangsplanung wird als Schlüssel der Budgetplanung bezeichnet. Der Vertrieb prognostiziert die Absatzmengen der einzelnen Kostenträger. Auf analytischem Weg erfolgt die Planung des Faktorverbrauchs nach dem Grundsatz optimaler Kombination der Einsatzfaktoren. Die Einsatzmengen von Roh-, Hilfs- und Betriebsstoffen, hinzugekauften Teilen, Maschinenkapazitäten und Personalbedarf werden geplant und stehen dann im Detail fest. In der *flexiblen Plankostenrechnung* atmet der Betrieb mit der Ausbringungsmenge. Die Preisentwicklung wird prognostiziert. Die Plankosten ergeben sich als Produkt von Planpreisen mit Planmengen. So entstehen Plankosten pro Kostenart, Kostenstelle und Kostenträger. Die Plandaten sind die Informationsbasis des Führungsprozesses. Während der Realisation kann immer wieder auf die Datenbasis der Planung zurückgegriffen und verglichen werden. Erst durch die Plankostenrechnung ist eine effektive Kontrolle der Ergebnisse und eine qualifizierte Abweichungsanalyse möglich. Die Gründe einer Kostenabweichung lassen sich detailliert ermitteln, und entsprechende Korrekturen können vorgenommen werden.

Die traditionellen Systeme wurden ergänzt und weiterentwickelt. Auf Basis der Vollkostenrechnung entwickelte sich die *Prozeßkostenrechnung (Activity Based Accounting = Aktivitätskostenrechnung)*. Die Prozeßkostenrechnung versucht die Verrechnung der Gemeinkosten auf die Kostenträger angemessener (verursachungsgerechter) als die traditionelle Zuschlagskalkulation vorzunehmen. In vielen Unternehmen und bei den meisten Prozessen hängen die Kosten im wesentlichen von der Anzahl der zur Herstellung notwendigen Tätigkeiten (Prozesse) ab. Es erscheint daher notwendig, die Kosten der einzelnen betrieblichen Prozesse zu ermitteln. Typisches Beispiel für einen solchen Prozeß ist die Materialbeschaffung. Traditionell erfolgt hier die Gemeinkostenverrechnung über einen Gemeinkostenzuschlag auf Basis der Materialeinzelkosten. Wird zum Beispiel ein Kilogramm Gold oder ein Kilogramm Silber aus dem Tresor geholt, werden in beiden Fällen zehn Prozent vom Wert als Gemeinkosten verrechnet. Dies ergibt eine verschiedene Belastung der Kostenträger, obwohl in beiden Fällen vom Lagerverwalter gleiche Tätigkeiten durchzuführen waren. Tätigkeiten wie die des Lagerverwalters sind *Kosteneinflußgrößen (Cost Driver)*. Als Cost Driver werden kaum Wertgrößen, sondern meist Mengengrößen wie die Anzahl von Ein- oder Auslagerungen oder die Anzahl der Bestellungen verwendet. Die Kosten der Materialbeschaffung werden in Beziehung zur Anzahl der Bestellungen gesetzt. Man erhält als *Prozeßkostensatz* die Kosten je Bestellung.

Das *Target Costing* gehört zur Plankostenrechnung. Mit Hilfe umfassender Marktanalysen versucht das Unternehmen den Kundenbedürfnissen und der Preisvorstellung des Kunden gerecht zu werden. Der zukünftige

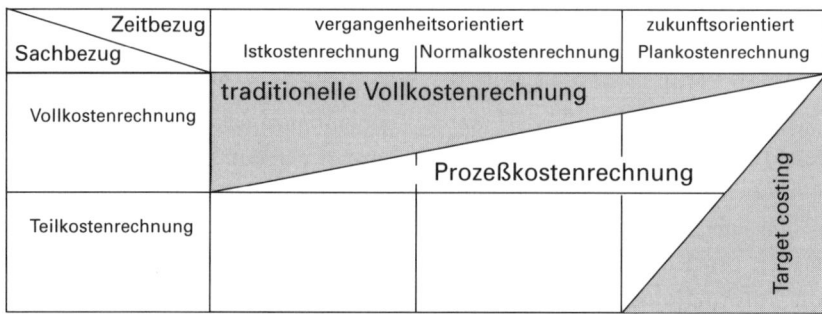

Abbildung 11: Neue Systeme der Kostenrechnung

Marktpreis *(Zielpreis)* eines neu zu entwickelnden Produkts ist zu bestimmen. Aus dem Zielpreis, vermindert um einen Zielgewinn, ergeben sich die Zielkosten. Diese Zielkosten vergleicht man mit den Kosten *(Drifting Costs)*, die das neue Produkt voraussichtlich verursachen wird. Liegen die Drifting Costs über den Zielkosten, sind Maßnahmen zur Kostenreduktion notwendig. Jedes einzelne Teil, Baugruppen und die Werkstoffe des Produkts sowie der Produktionsprozeß werden auf Einsparungen hin durchleuchtet. Das Target Costing wendet hierzu alle zur Verfügung stehenden Planungsmethoden an.

Der traditionelle Aufbau der Kostenrechnungssysteme ist um die Prozeßkostenrechnung und das Target Costing zu erweitern (vgl. Abbildung 11).

1.5 Elemente der Kostenrechnung

Die Elemente der Kosten- und Leistungsrechnung sind die Kostenartenrechnung, die Kostenstellenrechnung und die Kostenträgerrechnung.

Die *Kostenartenrechnung* plant, erfaßt, gliedert und kontrolliert alle für die Erstellung und Verwertung betrieblicher Leistungen innerhalb einer bestimmten Periode anfallenden Kosten. Als Ausgangsbasis der Kostenerfassung dienen in der Regel die in der Finanzbuchhaltung erfaßten Aufwendungen. Durch eine Abgrenzungsrechnung wird aus Aufwand Kosten und aus Ertrag Leistung. Die Kosten werden als Einzelkosten den Kostenträgern und als Gemeinkosten Kostenstellen zugerechnet.

Die *Kostenstellenrechnung* plant, erfaßt und kontrolliert die Kosten am

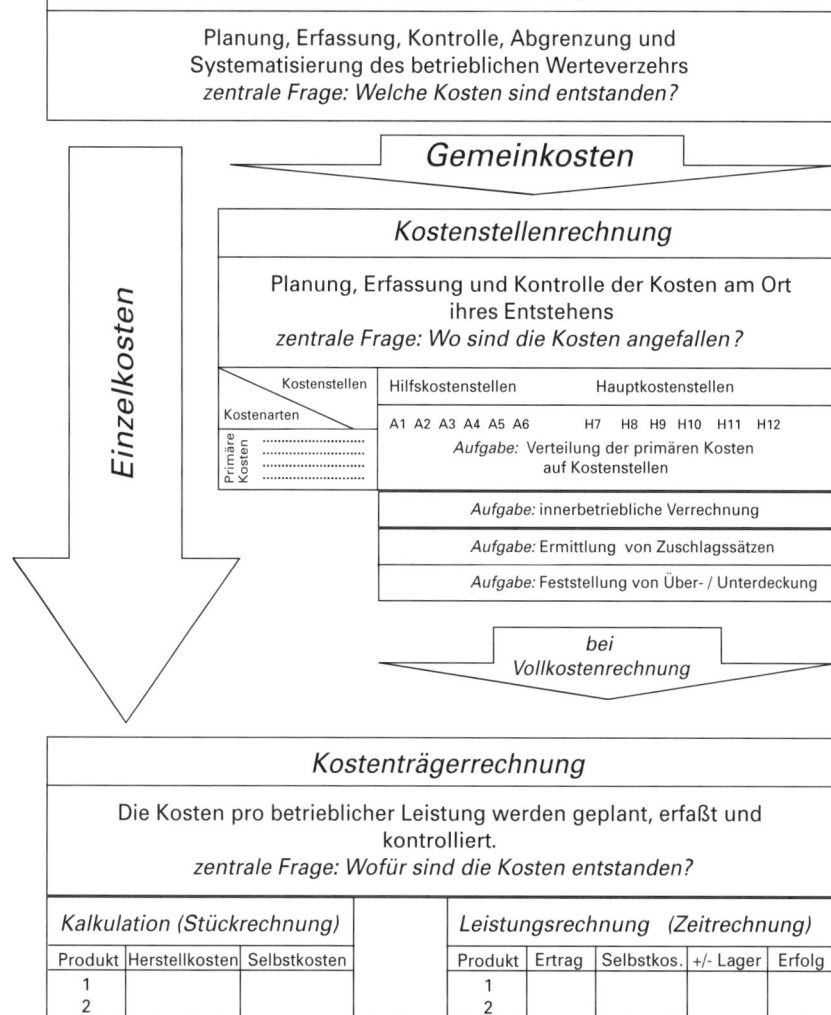

Kostenartenrechnung

Planung, Erfassung, Kontrolle, Abgrenzung und
Systematisierung des betrieblichen Werteverzehrs
zentrale Frage: Welche Kosten sind entstanden?

Gemeinkosten

Einzelkosten

Kostenstellenrechnung

Planung, Erfassung und Kontrolle der Kosten am Ort
ihres Entstehens
zentrale Frage: Wo sind die Kosten angefallen?

Kostenstellen / Kostenarten	Hilfskostenstellen	Hauptkostenstellen
Primäre Kosten	A1 A2 A3 A4 A5 A6	H7 H8 H9 H10 H11 H12
	Aufgabe: Verteilung der primären Kosten auf Kostenstellen	

Aufgabe: innerbetriebliche Verrechnung

Aufgabe: Ermittlung von Zuschlagssätzen

Aufgabe: Feststellung von Über- / Unterdeckung

*bei
Vollkostenrechnung*

Kostenträgerrechnung

Die Kosten pro betrieblicher Leistung werden geplant, erfaßt und
kontrolliert.
zentrale Frage: Wofür sind die Kosten entstanden?

Kalkulation (Stückrechnung)				Leistungsrechnung (Zeitrechnung)				
Produkt	Herstellkosten	Selbstkosten		Produkt	Ertrag	Selbstkos.	+/- Lager	Erfolg
1				1				
2				2				

Abbildung 12: Elemente der Kosten- und Leistungsrechnung

Ort ihres Entstehens. Für die Vollkostenrechnung werden hier Zuschlagssätze für die Weiterverrechnung der Gemeinkosten ermittelt.

Die *Kostenträgerrechnung* klärt, für welche betrieblichen Leistungen die
Kosten entstanden. Sie wird sowohl als Stückrechnung (Kalkulation) wie
auch als Zeit- oder Periodenrechnung (Leistungsrechnung) durchgeführt.

Die Kalkulation ermittelt den Angebotspreis und die Herstellkosten beziehungsweise die Selbstkosten einer einzelnen Leistungseinheit. Man spricht von Stückkosten einer hergestellten Produkteinheit oder eines Auftrages. Durch die Gegenüberstellung von Angebotspreis und Kosten wird der Stückgewinn ermittelt und eine Kontrolle durchgeführt. Diese ist Basis einer ständigen Verbesserung der Kalkulation und dient als Information zur Bewertung der Lagerbestände und selbsterstellter Anlagen. In der Leistungsrechnung werden die Stückerfolge pro Zeiteinheit dargestellt. Als Synonyme verwendet man *Betriebsergebnisrechnung* und *kurzfristige Erfolgsrechnung*.

1.6 Grundbegriffe der Kosten- und Leistungsrechnung

Häufig werden die Begriffspaare Ein- und Auszahlung, Einnahme und Ausgabe, Ertrag und Aufwand, Leistung und Kosten irrigerweise synonym verwendet. Nehmen wir zur Verdeutlichung der unterschiedlichen Begriffsinhalte ein Beispiel: Ein Unternehmer lädt seinen Geschäftspartner zum Mittagessen ein. Der Wirt präsentiert eine Rechnung in Höhe von 69 Mark. Der Unternehmer bezahlt mit seiner Kreditkarte. Liegen hier Auszahlung, Ausgabe, Aufwand oder Kosten vor, und welcher Betrag ist im einzelnen anzusetzen?

Erstens handelt es sich um eine Ausgabe, denn gegenüber der Kartengesellschaft sind Schulden entstanden. Die liquiden Mittel des Geschäftsmannes sind zweitens nicht direkt betroffen, daher liegt keine Auszahlung vor. Von den 69 Mark sind 60 Mark Kosten. In der Rechnung enthalten sind neun Mark Umsatzsteuer, welche für das Unternehmen einen durchlaufenden Posten darstellen, daher konsolidiert und nicht berücksichtigt werden. Der Aufwand beträgt drittens dagegen 48 Mark, denn nach § 4 Abs. 5 Nr. 2 EStG läßt sich lediglich ein Anteil von 80 Prozent der Ausgaben für die Bewirtung von Personen aus geschäftlichem Anlaß als Aufwand ansetzen. Wenn die Kartengesellschaft, viertens, den Betrag von 69 Mark einzieht, dann betrifft dieser Vorgang die Zahlungsmittelbestände, eine Abnahme derselben ist eine Auszahlung, jetzt jedoch keine Ausgabe.

Abbildung 13 zeigt die Beziehungen zwischen den Beständen, zum Beispiel dem Kassenbestand am Jahresende und den korrespondierenden Stromgrößen, wie Ein- und Auszahlungen im Zeitraum eines Jahres. Veränderungen der Bestände, das Wachsen und Schrumpfen ihrer Komponenten,

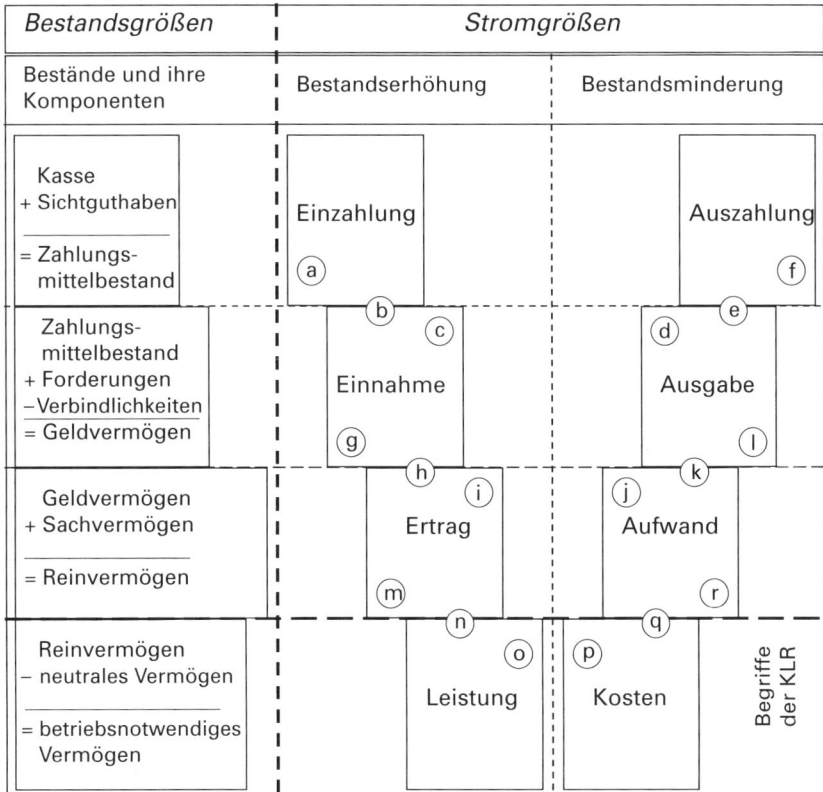

Abbildung 13: Begriffspaare des Rechnungswesens und ihre Bestandsgrößen
Quelle: In Anlehnung an Wöhe (1993, S. 1016)

werden auf vier Ebenen dargestellt. Erstens finden wir auf den drei Unternehmensebenen die Bestandsgrößen der Finanzbuchhaltung – Zahlungsmittel, Geldvermögen, Reinvermögen – und ihre Veränderungen – Einzahlungen und Auszahlungen, Einnahmen und Ausgaben, Ertrag und Aufwand – vor. Zweitens trennt eine fette gestrichelte Linie die Begriffe der Finanzbuchhaltung von denen der Kosten- und Leistungsrechnung. Das betriebsnotwendige Vermögen auf der Betriebsebene erhält man durch Subtraktion des neutralen, nicht betriebsnotwendigen Vermögens vom Reinvermögen.

Drittens sind jeder Stromgröße Kreise mit den Buchstaben (a) – (r) zugeordnet. Bei (a) handelt es sich um eine Einzahlung, die keiner Einnahme entspricht. Im Fall (b) verkauft man Ware gegen Bargeld, hier handelt es sich um eine Einzahlung, die einer Einnahme in gleicher Höhe entspricht.

Im Abschnitt 1.7 werden die Abgrenzungen anhand der Fälle (a) bis (r) erläutert. Zunächst jedoch werden die Begriffe Schritt für Schritt definiert.

1.6.1 Zahlungsmittelbestandsänderung: Einzahlung und Auszahlung

Einzahlungen sind alle Zunahmen der Zahlungsmittelbestände, wie Zugänge an Bar- und Buchgeld. Beispiele für mit Einzahlungen verbundenen Vorgänge sind Bareinlagen, Barverkäufe, erhaltene Anzahlungen, Kunde begleicht Rechnung, Aufnahme eines Barkredits (Bankdarlehen).

Auszahlungen sind alle Abnahmen der Zahlungsmittelbestände, wie Abgänge an Bar- und Buchgeld. Beispiele für mit Auszahlungen verbundene Vorgänge sind Barentnahmen, Barkauf, geleistete Anzahlungen, Tilgung einer Lieferantenrechnung, Bartilgung eines Darlehens. Immer dann, wenn der Geldbeutel aufgemacht wird und Geld herausgenommen und ausgegeben wird, liegt eine Auszahlung vor.

1.6.2 Geldvermögensänderung: Einnahme und Ausgabe

Einnahmen sind alle Zunahmen an Geldvermögen, ausgelöst durch Bareinlagen, Zins- und Mietansprüche sowie Verkäufe jeder Art. Somit sind auch Barverkauf und Zielverkauf Einnahmen. Auch der Verkauf von Betriebs- und Geschäftsausstattung unter Buchwert führt zur Einnahme.

Ausgaben sind alle Abnahmen an Geldvermögen. Beispiele für mit Ausgaben verbundene Vorgänge sind Barentnahmen, Zins- und Mietverpflichtungen und Käufe jeder Art.

1.6.3 Reinvermögensänderung: Ertrag und Aufwand

Erträge sind alle nach handels- oder steuerrechtlichen Konventionen bewerteten, erstellten oder verkauften Güter und Dienstleistungen einer Periode. Typische Erträge sind Umsatzerlöse, aktivierte Eigenleistungen, Erlöse aus Vermietung und Verpachtung, erhaltene Provisionen, Erträge aus Beteiligungen, erhaltene Zinsen und Dividenden.

Aufwand sind alle nach handels- oder steuerrechtlichen Konventionen bewerteten, verbrauchten Güter und Dienstleistungen einer Periode. Typischer Aufwand sind Aufwendungen für Roh-, Hilfs- und Betriebsstoffe, der Personalaufwand, bilanzielle Abschreibungen, bezahlte Mieten, Pachten, Leasing- und Lizenzgebühren, Reisen, Informations- und Kommunikationsaufwand, Versicherungsbeiträge und betriebliche Steuern.

1.6.4 Betriebserfolg: Leistung und Kosten

Beim Prozeß betrieblicher Leistungserstellung findet eine Kombination von Produktionsfaktoren statt. Der betrieblichen Wertschöpfung (Erstellung von Ertrags-, Absatz- oder Outputgütern) steht ein Wertverzehr (Verbrauch von Beschaffungs-, Kosten- oder Inputgütern) gegenüber. Betrachtet werden als Bestandsgröße das betriebsnotwendige Vermögen und die Stromgrößen Leistung und Kosten. Zieht man vom Reinvermögen das neutrale, nicht für die Leistungserstellung notwendige Vermögen wie Wertpapiere und Mietwohnungen ab, erhält man das betriebsnotwendige Vermögen.

Leistungen erhöhen das Betriebsvermögen. Leistungen sind das positive Ergebnis der betrieblichen Tätigkeit. Die Herstellung von Produkten für den Absatz, die Produktion auf Lager und die im Transformationsprozeß erschaffenen Zwischenprodukte stellen Leistungen dar. Alle Erzeugnisse des betrieblichen Produktionsprozesses sind Leistungen. Jede Leistung hat einen Geldwert.

Kosten mindern das Betriebsvermögen. Kosten sind die Summe der in Geld bewerteten Produktionsfaktoren, Dienstleistungen, öffentlichen Abgaben und sonstigen Leistungen Dritter, die bei der Erstellung betrieblicher Leistung verzehrt werden. Kosten stellen das Gegenstück zu den Leistungen dar. Mathematisch sind Kosten K durch folgende Gleichung gegeben:

$$K = \sum_i p_i \times x_i$$

mit
i = Index für die eingesetzten Produktionsfaktoren,
p_i = Preis einer Einheit des Produktionsfaktors i,
x_i = Einsatzmenge des Produktionsfaktors i.

Dieser mathematische Ansatz der Kosten bedarf der betriebswirtschaftlichen Interpretation. Generell muß festgelegt werden, welcher Preis und welche Einsatzmenge anzusetzen sind. Wie bei vielen Begriffen der Betriebswirtschaft herrscht auch hier in der Literatur keine völlige Übereinstimmung. Als problematisch erweisen sich die beiden kostenbestimmenden Faktoren Preis und Menge der Produktionsfaktoren. Im wesentlichen unterscheidet man den *pagatorischen Kostenbegriff* nach *Koch* (1958, S. 355 f.) und den *wertmäßigen Kostenbegriff* nach *Schmalenbach* (1963, S. 6).

Pagatorische Kosten sind Entgelt für im betrieblichen Bereich verzehrte Produktionsfaktoren. Koch definiert seinen Kostenbegriff als Produkt aus historischen Anschaffungspreisen (pagare = zahlen) und eingesetzten Mengen von Produktionsfaktoren. In dieser ersten Veröffentlichung ging Koch von einer statischen Welt aus, in der Preisänderungen keine Rolle spielen. 1966 (S. 48 ff.) revidiert er diese Annahme und läßt Tages- und Wiederbeschaffungspreise zu. Somit ist dieser Kostenbegriff durch vier Merkmale gekennzeichnet (vgl. Übersicht 4).

- Es muß ein Güterverzehr stattfinden.
- Der Güterverzehr erfolgt für betriebliche Zwecke – eine Leistung entsteht. Bei einer Spende an das Rote Kreuz liegt keine Leistungserstellung vor, und daher handelt es sich hier nicht um Kosten.
- Der Güterverzehr wird in Geldeinheiten zu Anschaffungs-, Tages- oder Wiederbeschaffungspreisen bewertet.
- Es muß Geld geflossen sein (pagare = zahlen).

Übersicht 4: Merkmale des pagatorischen Kostenbegriffs nach *Koch*

- Es muß ein Güterverzehr stattfinden.
- Der Güterverzehr erfolgt für betriebliche Zwecke.
- Der Güterverzehr wird bewertet.

Übersicht 5: Merkmale des wertmäßigen Kostenbegriffs nach *Schmalenbach*

Wertmäßige Kosten sind betriebsbedingter, in Geld bewerteter Güterverzehr. Der wertmäßige Kostenbegriff läßt der Bewertung von Einsatzfaktoren einen relativ großen Spielraum. Je nach Rechnungszweck können die Produktionsfaktoren auch mit Opportunitätskosten bewertet werden. Dieser Kostenbegriff ist durch drei Merkmale gekennzeichnet (vgl. Übersicht 5).

Dies hat praktische Relevanz, da hier kalkulatorische Kosten, denen keine Auszahlungen gegenüberstehen, wie kalkulatorischer Unternehmerlohn, Miete und Eigenkapitalzinsen, in der Kostenrechnung Berücksichtigung finden. Beim pagatorischen Kostenbegriff gelten diese Kostenkomponenten als Gewinnbestandteil. Daher führt die alternative Verwendung der beiden Kostenbegriffe bei der Ermittlung des Betriebsergebnisses zu Diskrepanzen.

1.7 Abgrenzung der Grundbegriffe

1.7.1 Abgrenzung von Einzahlung/Einnahme und Auszahlung/ Ausgabe

In Abbildung 14 sind sechs Fälle (a) – (f) zu unterscheiden.

Einzahlung				Auszahlung	
a Einzahlung keine Einnahme	*b* Einzahlung entspricht Einnahme	*c* Einnahme keine Einzahlung	*d* Ausgabe keine Auszahlung	*e* Auszahlung entspricht Ausgabe	*f* Auszahlung keine Ausgabe
	Einnahme			Ausgabe	

Abbildung 14: Abgrenzung zwischen Einzahlung/Auszahlung und Einnahme/Ausgabe

Die sechs Fälle lassen sich durch folgende Beispiele veranschaulichen:

a) Einzahlung und keine Einnahme: Ein Kunde begleicht seine Rechnung in Höhe von 200 Mark (Forderungsabgang). Die Finanzbuchhaltung bucht: Bank an Forderungen 200. Der Bestand an Sichtguthaben nimmt um 200 Mark zu (Einzahlung), und gleichzeitig nehmen unsere Forderungen um 200 Mark ab. Der Bestand an Geldvermögen ändert sich nicht (keine Einnahme).

b) Einzahlung entspricht Einnahme: Ein Kunde kauft Ware im Wert von 100 Mark und bezahlt bar. Die Finanzbuchhaltung bucht: Kasse an Umsatzerlöse 100. Gleichzeitig nimmt der Bestand an Sichtguthaben und Geldvermögen um 100 Mark zu (Einzahlung und gleichzeitige Einnahme).

c) Einnahme und keine Einzahlung: Ein Kunde kauft Ware im Wert von 200 Mark auf Ziel (Forderungszugang). Hier unterschreibt der Kunde einen Lieferschein. Die Finanzbuchhaltung bucht: Forderungen an Umsatzerlöse 200. Der Bestand an Sichtguthaben ändert sich nicht (keine Einzahlung). Unsere Forderungen nehmen um 200 Mark zu. Der Bestand an Geldvermögen ändert sich (Einnahme).

In den Fällen (d) bis (f) kann entsprechend argumentiert werden.

d) Ausgabe und keine Auszahlung: Sie kaufen Ware im Wert von 100 Mark auf Ziel (gegen Rechnung).

e) Auszahlung entspricht Ausgabe: Sie kaufen Ware im Wert von 100 Mark und bezahlen bar.

f) Auszahlung und keine Ausgabe: Sie bezahlen die Rechnung aus (d).

Tabelle 1 faßt die Unterschiede noch einmal zusammen.

Einzahlung / Einnahme				Auszahlung / Ausgabe			
	(a)	(b)	(c)		(d)	(e)	(f)
Einzahlung	200	100	0	Auszahlung	0	100	100
+ Forderung	–200	0	200	+ Verbindlichkeit	100	0	–100
– Verbindlichkeit	0	0	0	– Forderung	0	0	0
= Einnahme	0	100	200	= Ausgabe	100	100	0

Tabelle 1: Ermittlung von Einzahlung/Einnahme und Auszahlung/Ausgabe

1.7.2 Abgrenzung von Einnahme/Ertrag und Ausgabe/Aufwand

Wieder sind sechs Fälle zu unterscheiden. In Abbildung 15 werden die Stromgrößen der Geldvermögensebene auf der Betrachtungsebene des Reinvermögens diskutiert.

Einnahme			Ausgabe		
g Einnahme kein Ertrag	*h* Einnahme entspricht Ertrag	*i* Ertrag keine Einnahme	*j* Aufwand keine Ausgabe	*k* Aufwand entspricht Ausgabe	*l* Ausgabe kein Aufwand
Ertrag			Aufwand		

Abbildung 15: Abgrenzung zwischen Einnahmen/Ausgaben und Ertrag/Aufwand

Einnahme / Ertrag				Ausgabe / Aufwand			
	(g)	(h)	(i)		(j)	(k)	(l)
Einnahme	500	1000	0	Ausgabe	0	850	900
+Sachvermögenszugang	−500	−600	700	+Sachvermögensabgang	300	0	−900
=Ertrag	0	400	700	= Aufwand	300	850	0

Tabelle 2: Ermittlung von Einnahme/Ertrag und Ausgabe/Aufwand

Zur Verdeutlichung der Unterschiede zwischen Einnahmen/Ertrag bzw. Ausgaben und Aufwand wiederum einige Beispiele sowie ihre Zusammenfassung in Tabelle 2.

g) Einnahme und kein Ertrag: Verkauf von Betriebs- und Geschäftsausstattung zum Buchwert von 500 Mark. Bei diesem Geschäftsvorfall erhöht sich das Geldvermögen um 500 Mark. Diesem Zuwachs steht eine Sachvermögensminderung in gleicher Höhe gegenüber, d. h. keine Reinvermögensänderung. Die Finanzbuchhaltung bucht: Bank an BGA 500.

h) Einnahme entspricht Ertrag: Verkauf von Betriebs- und Geschäftsausstattung zum Preis von 1.000 Mark, Buchwert von 600 Mark. Wir buchen: Bank 1.000 an BGA 600 und außerordentlicher Ertrag 400. Den Einnahmen in Höhe von 1.000 Mark stehen hier Erträge von 400 Mark gegenüber. Bei Miet- und Zinsanspruch decken sich Einnahme und Ertrag.

i) Ertrag, aber keine Einnahme: Hier muß schon in die Bilanz-Trickkiste gegriffen werden, um ein schlüssiges Beispiel zu finden. Angenommen, ein Einzelkaufmann hatte eine Maschine außerplanmäßig abgeschrieben, der Abschreibungsgrund ist aktuell entfallen, dann darf er zuschreiben (Wertaufholung). Er bucht: Maschine an Erträge aus Zuschreibung 700.

j) Aufwand und keine Ausgabe: Schreinermeister Holzwurm entnimmt dem Holzlager Leisten im Wert von 300 Mark und baut ein Regal. Hier buchen wir: Aufwand Rohstoffe an Rohstoffe 300. Dieser Vorgang berührt die Geldvermögensebene nicht (keine Ausgabe). Durch die Leistungserstellung werden die Rohstoffe verbraucht (Sachvermögensminderung = Aufwand).

k) Aufwand entspricht Ausgabe: Gegenüber dem Leasinggeber entsteht eine Leasingverbindlichkeit in Höhe von 850 Mark. Diese Art von Geschäftsvorfällen mindert sowohl das Geldvermögen als auch das Reinvermögen.

l) Ausgabe und kein Aufwand: Kauf einer Maschine im Wert von 900 Mark. Der Verminderung des Geldvermögens (Ausgabe) steht eine betragsgleiche Erhöhung des Sachvermögens gegenüber, so daß das Reinvermögen sich nicht ändert. Die Finanzbuchhaltung aktiviert die Anschaffungskosten durch die Buchung: Maschine an Verbindlichkeiten 900.

1.7.3 Abgrenzung von Ertrag/Leistung und Aufwand/Kosten

Bei den Kategorien Ertrag und Aufwand werden die erstellten/verbrauchten Güter nach Handels- oder Steuerrecht bewertet. Der Staat beeinflußt durch Subventionen, Steuern und Gesetze wesentlich die Bilanz. Das Management betreibt Bilanzpolitik gegenüber den Aktionären, den Banken und allen am Unternehmen interessierten Gruppen. Ertrags- und Aufwandsgrößen orientieren sich am externen Informationsbedürfnis und an der gewollten Unternehmensdarstellung.

Mit Hilfe der Kosten- und Leistungsrechnung soll die Entscheidungsqualität im Unternehmen erhöht werden. Informationen sind daher primär nach innen gerichtet. Ein den Tatsachen entsprechendes Bild vom Unternehmen wird aufgezeigt, frei von Einflüssen der Steuer- und Ordnungspolitik und frei von außergewöhnlichen, aperiodisch anfallenden oder dispositiv bestimmten, bilanzpolitisch orientierten Erträgen und Aufwendungen. Die kurzfristige Erfolgsrechnung und die Kostenartenrechnung übernehmen die Aufgabe, Daten der Finanzbuchhaltung entsprechend zu filtern und aufzubereiten, damit sie für betriebliche Belange geeignet sind.

In Abbildung 16 wird die Abgrenzung zwischen Ertrag/Aufwand und Leistungen/Kosten vorgenommen.

Ertrag				Aufwand		
m neutraler Ertrag	*n* Betriebs- ertrag	*o* kalkulato- rische Leistung		*p* kalkulato- rische Kosten	*q* Zweck- aufwand Grund- kosten	*r* neutraler Aufwand
	Leistung				Kosten	

Abbildung 16: Abgrenzung zwischen Ertrag/Aufwand und Leistungen/Kosten

m) Ertrag, aber keine Leistung – neutraler Ertrag. Zwei Arten werden unterschieden:
  – *Betriebsfremde Erträge* sind Kursgewinne aus Wertpapierverkäufen, Erträge aus Beteiligungen, Einnahmen aus Vermietung und Verpachtung.

– *Außergewöhnliche Erträge* entstehen durch den Verkauf von Anlagegütern über Buchwert.

n) Ertrag entspricht Leistung: Der Ertrag stammt aus dem Prozeß der betrieblichen Leistungserstellung. Er wird sowohl in der Betriebs- als auch in der Finanzbuchhaltung erfaßt. Hier lassen sich drei Arten unterscheiden:
  – Erstens, die Absatzleistung, d. h. Umsatzerlöse aus dem Verkauf von Fertigerzeugnissen, Waren und Dienstleistungen;
  – zweitens, die Bestandserhöhungen an Halb- und Fertigerzeugnissen und
  – drittens, aktivierte Eigenleistungen, wie selbst erstellte Maschinen und Werkzeuge.

o) Leistung, aber kein Ertrag oder aber Ertrag in anderer Höhe wird als *kalkulatorische Leistung* oder *Betriebsertrag* bezeichnet. Nach *Haberstock* (1987, S. 35) stellt dieser Fall das Pendant zu den kalkulatorischen Kosten dar.
  – Eine kalkulatorische Leistung ist z. B. dann gegeben, wenn ein Aktivierungsverbot nach HGB oder Steuerrecht existiert. Dies ist bei selbst erstellter Software der Fall.
  – Eine Leistung und ein Ertrag in anderer Höhe liegen dann vor, wenn anstelle von Herstell*ungs*kosten Herstellkosten, die kalkulatorische Ko-

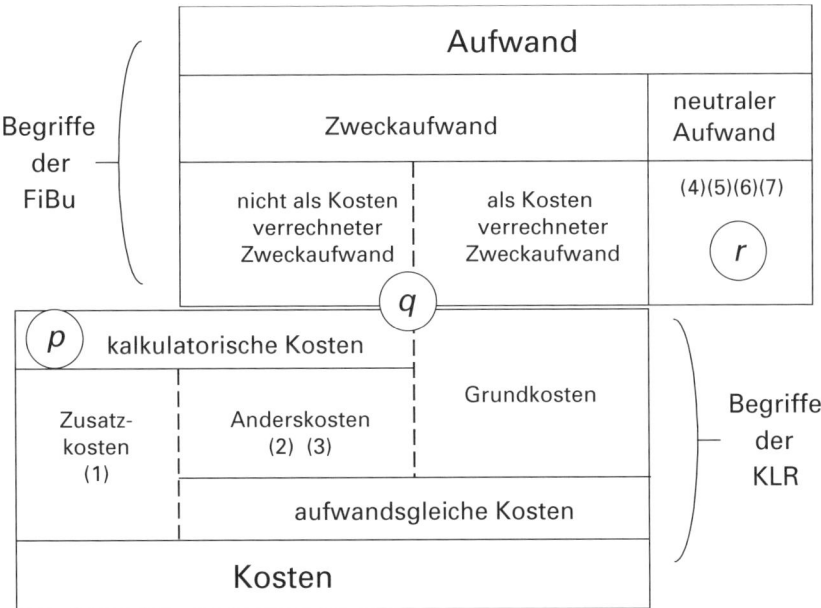

Abbildung 17: Abgrenzung zwischen Aufwand und Kosten

stenarten enthalten, in die Betriebsergebnisrechnung eingehen. Gleiches gilt, wenn aus Planungsgründen oder für dispositive Zwecke betriebliche Leistungen mit Marktpreisen bewertet werden. Dieses Vorgehen widerspricht dem Realisationsprinzip und ist daher bei der Bilanzierung verboten.

Die Unterscheidung zwischen Aufwand und Kosten ist in der Kosten- und Leistungsrechnung von besonderer Bedeutung. In der Kostenartenrechnung werden die speziellen Probleme gesondert behandelt. Abbildung 17 gibt einen Überblick.

p) Nach *Kosiol* (1968, S. 35) bilden die kalkulatorischen Kosten zwei Kostengruppen: erstens, die Gruppe der Zusatzkosten (1), das sind Kosten, denen kein Aufwand entspricht, und zweitens, die Anderskosten (2) + (3), d. h. Kosten, denen ein Aufwand in anderer Höhe gegenübersteht. Andere Autoren wie zum Beispiel *Wöhe* (1993, S. 1017) oder *Preißler/ Dörrie* (1987, S. 44) benutzen kalkulatorische Kosten und Zusatzkosten synonym. Diese Autoren unterscheiden jedoch auch die in Abbildung 17 dargestellten drei Fälle. Die problematischen Übergänge zwischen Zusatz- und Anderskosten einerseits und Zusatz- und Grundkosten andererseits sind in Abbildung 17 gestrichelt hervorgehoben.
Die kalkulatorischen Kosten werden in der Kostenartenrechnung detailliert behandelt. Daher hier nur kurz ein paar Beispiele:
1) *Zusatzkosten*, d. h. Kosten, denen kein Aufwand entspricht, sind kalkulatorischer Unternehmerlohn und kalkulatorische Mieten.
2) *Aperiodische Kosten* treten bei Einzelwagnissen wie Diebstahl, Preissenkungen, Konstruktionsfehler, Gewährleistungen, fehlgeschlagene Forschung und Entwicklung, Verlust von Anlagen auf. In der Kalkulation und der Leistungsrechnung erfolgt eine Periodisierung dieser Kosten.
3) *Bewertungsbedingte Anderskosten* entstehen z. B. durch einen unterschiedlichen Wertansatz – etwa den Ansatz von Wiederbeschaffungspreisen in Höhe von 3 000 Mark in der Kosten- und Leistungsrechnung und von Anschaffungskosten in Höhe von 2 000 Mark in der Bilanz. Bei einer Abschreibung über fünf Jahre entfallen pro Jahr auf Grundkosten 400 Mark und auf bewertungsbedingte Anderskosten 200 Mark.
q) Soweit Kosten und Aufwand einander decken, spricht man von *Zweckaufwand, aufwandsgleichen Kosten* oder auch von *Grundkosten*. Beispiele sind Materialverbrauch und Personalkosten.

r) Der *neutrale Aufwand*, d. h. ein Aufwand, dem keine Kosten entsprechen, wird in vier Gruppen unterteilt:

4) *Betriebsfremder Aufwand* liegt immer dann vor, wenn der Wertverzehr überhaupt nichts mit der betrieblichen Leistungserstellung zu tun hat (z. B. Spenden für wohltätige Zwecke, Kursverluste der Wertpapiere im Umlaufvermögen, Gehalt des Hausmeisters der betriebseigenen Wohnungen und deren Reparaturen).

5) *Periodenfremder Aufwand* hat seine Ursache in der betrieblichen Leistungserstellung. Der Faktorverbrauch fand in einer vergangenen Periode, die Verrechnung findet aktuell statt. *Haberstock* (1987, S. 32) nennt folgendes Beispiel: Ein Unternehmen muß aufgrund einer Betriebsprüfung Kostensteuern (Gewerbesteuer) nachzahlen. Würde man jetzt die Gewerbesteuernachzahlung als Kosten verrechnen, so wäre nicht nur ein früheres – jetzt ohnehin nicht mehr korrigierbares – Betriebsergebnis falsch, sondern auch die aktuelle Kostenhöhe und damit das Betriebsergebnis der laufenden Periode.

6) *Außerordentlicher Aufwand* hat seine Ursache ebenfalls in der betrieblichen Leistungserstellung. Er ist der Höhe und Art nach jedoch so außergewöhnlich, daß er keinen Eingang in die Kalkulation der Selbstkosten findet. Kein Kunde sieht ein, daß er für den Wasser-, Feuer- oder Sturmschaden aufkommen soll. Der Kunde erwartet vielmehr, daß schadhafte Produkte mit Rabatt verkauft werden (Räumungsverkauf auf Grund eines Feuers). Weitere Beispiele hierzu sind: sonstige Katastrophen, Verkäufe aus dem Anlagevermögen unter Buchwert, Forderungsausfälle, Verluste aus Bürgschaften und Konkursen.

7) *Bewertungsbedingter Aufwand* entsteht z. B. immer dann, wenn in der Finanzbuchhaltung ein höherer Abschreibungsbetrag für ein Wirtschaftsgut angesetzt wird als in der Kostenrechnung. Ursachen können unterschiedliche Abschreibungsverfahren, steuerliche Sonderabschreibungen oder unterschiedliche Nutzungsdauern (bilanziell fünf Jahre – kalkulatorisch zehn Jahre) sein.

Literatur zu Kapitel 1

Bussiek J., Was geschieht im Rechnungswesen, 2. Aufl., Wiesbaden 1992

Bussmann K.F., Industrielles Rechnungswesen, 2. Aufl., Stuttgart 1979

Coenenberg A.G., Kostenrechnung, 3. Aufl., Landsberg am Lech 1997

Däumler K.-D.; Grabe J., Kostenrechnung 1 – Grundlagen, 6. Aufl., Herne/Berlin 1993

Däumler K.-D.; Grabe J., Kalkulationsvorschriften bei öffentlichen Aufträgen, Herne 1984

Döring U.; Buchholz R., Buchhaltung und Jahresabschluß, 5. Aufl., Lüneburg 1995

Eisele W., Technik des betrieblichen Rechnungswesens, 4. Aufl., München 1990

Freibank C.-Chr., Kostenrechnung, München 1994

Haberstock L., Kostenrechnung I – Einführung, 8. Aufl., Hamburg 1987

Heinen E., Betriebswirtschaftliche Kostenlehre, 6. Aufl., Wiesbaden 1983

Horvàth P., Controlling, 3. Aufl., München 1990

Huch B., Einführung in die Kostenrechnung, 8. Aufl., Heidelberg 1986

Hummel S.; Männel W., Kostenrechnung 1, Grundlagen, Aufbau und Anwendung, 4. Aufl., Wiesbaden 1986

Kilger W., Einführung in die Kostenrechnung, 2. Aufl., Wiesbaden 1980

Koch H., Zur Diskussion über den Kostenbegriff, in: ZfhF (1958) S. 355–399

Koch H., Grundlagen der Kostenrechnung, Köln/Opladen 1966

Kosiol E., Kostenrechnung, Wiesbaden 1968

Mellerowicz K., Kosten- und Leistungsrechnung, Band I, Theorie der Kosten, 5. Aufl., Berlin 1973

Preißler P.; Dörrie U., Grundlagen der Kostenrechnung und Leistungsrechnung, 2. Aufl., München 1987

Scherrer G., Kostenrechnung, 2. Aufl., Stuttgart/New York 1991

Schmalenbach E., Kostenrechnung und Preispolitik, 8. Aufl., Köln/Opladen 1963

Schweitzer M.; Küpper H.-U., Systeme der Kostenrechnung, 4. Aufl., Landsberg am Lech 1986

Warnecke H. J. u. A., Kostenrechnung für Ingenieure, 4. Aufl., München/Wien 1993

Wöhe G., Das betriebliche Rechnungswesen, München 1990

Wöhe G., Einführung ein die Allgemeine Betriebswirtschaftslehre, 18. Aufl., München 1993

Zimmermann G., Grundzüge der Kostenrechnung, 5. Aufl., München Wien 1993

2 Kostenartenrechnung

2.1 Aufgaben der Kostenartenrechnung

Die Kostenartenrechnung ist das Bindeglied der Kostenrechnung zur Finanzbuchhaltung. Ihre Aufgaben sind:

- Die *Abgrenzung* von Aufwand und Kosten. Die Daten der Finanzbuchhaltung werden für die Kostenrechnung aufbereitet. Die zentrale Fragestellung lautet: Welche Kosten sind angefallen? Die Kostenartenrechnung filtert aus allen Aufwendungen die neutralen Teile, wie z. B. die Spende ans Rote Kreuz, heraus. Übrig bleibt der Zweckaufwand. Dieser wird als Grundkosten (Personal- und Materialkosten) und als Anderskosten (aus bilanziellen Abschreibungen werden kalkulatorische Abschreibungen) aufbereitet. Abschließend werden zu den aufwandsgleichen Kosten die Zusatzkosten hinzugefügt. Dies entspricht einer Systematisierung der Kosten nach aufwandsgleichen und kalkulatorischen Kosten (vgl. Abbildung 17). Hier werden nun die Unterschiede zwischen Aufwand und den wichtigsten kalkulatorischen Kostenarten im Detail besprochen. Schwerpunkte der Untersuchung sind die Abschreibung, Zinsen, unternehmerische Wagnisse, der kalkulatorische Unternehmerlohn und die kalkulatorische Miete.

- In der Kostenartenrechnung werden Kosten systematisch erfaßt. Unter *Systematisierung* der Kosten versteht man das Festlegen von Richtlinien für die Kostenartengliederung (Kontierungsrichtlinien). Hierbei ist darauf zu achten, daß die Kosten sich in einem Merkmal eindeutig voneinander abgrenzen lassen und je nach der betrieblichen Zielsetzung sich systematisch ordnen und für die Weiterverarbeitung ablegen lassen. Man kann sich dies als Einräumen von Geschirr (Kosten) in einen Schrank mit Schubladen und Einsätzen (Gliederungskriterien) vorstellen. Die Be-

schriftung der Schubladen könnte lauten: Abhängigkeit der Kosten von
der Beschäftigung und die Beschriftung der Einsätze: fixe und variable
Kosten.

- Eine weitere Aufgabe der Kostenartenrechnung ist die *Planung, Ermittlung* und *Kontrolle* der Kosten pro Kostenart. Im Rahmen der Budgetplanung werden die Kosten pro Kostenart in jeder Kostenstelle geplant. Die
Kostenartenrechnung unterstützt die Kostenstellen bei der Planung.
Nach Abschluß der Planung werden die Kosten über die Kostenstellen
kumuliert und nach Kostenart für die einzelnen Bereiche oder Profit-
Center dargestellt. Die Unternehmensleitung erhält so einen Überblick
über die Kosten für Material, Personal und weitere Kostenarten. Bezogen
auf eine bestimmte Abrechnungsperiode (Budgetjahr) erfaßt die Kostenartenrechnung die Kosten pro Kostenart, dokumentiert und berichtet
über die Entwicklung einzelner Kostenarten.

Übersicht 6 faßt einige gängige Systematisierungs-Kriterien für Kostenarten
zusammen (vgl. etwa Eisele, 1990, S. 518 und Wöhe, 1993, S. 1288–1291).

Gliederungskriterium	Bezeichnung der Kosten
Art der Verrechnung – getrennt wird nach der *Zurechenbarkeit* auf Kostenträger oder Kostenstelle	Einzel- und Gemeinkosten
Verhalten der Kosten bei *Beschäftigungsänderung*	fixe und variable Kosten
nach der *Herkunft* der Kostengüter	*primäre* und *sekundäre* Kosten
nach der Art der *Kostenerfassung*	*aufwandsgleiche* und *kalkulatorische* Kosten
nach den *betrieblichen Funktionen*	Kosten der Beschaffung, der Produktion, des Absatzes und der Verwaltung
nach der *Art der verbrauchten Produktionsfaktoren*	Material-, Personal- und Kapitalkosten, Kosten für Steuern, Gebühren und Abgaben, Dienstleistungen und Abschreibungen
Wirkung der Kosten *auf die Liquidität*	auszahlungswirksame Kosten, ausgaben-wirksame Kosten und Kosten, die weder auszahlungs- noch ausgabenwirksam sind
Gliederung nach der *betrieblichen Bedeutung*	die Kosten werden entsprechend ihrer Bedeutung sortiert

Übersicht 6: Gliederung der Kostenarten

2.2 Systematisierung der Kosten

2.2.1 Zurechenbarkeit der Kosten

Bei der Zurechenbarkeit der Kosten muß geklärt werden, von welchem Kostenträger die Kosten verursacht wurden oder von welcher Kostenstelle die Rechnung beglichen werden soll. Wer bezahlt die Rechnung? lautet die Frage. Es sind Regeln *(Kostenzurechnungsprinzipien)* aufzustellen, nach denen die Kostenartenrechnung die Kosten auf Kostenstellen und Kostenträger verteilt (vgl. Übersicht 7).

Das Verursachungsprinzip gilt als das wichtigste Kostenverrechnungsprinzip. Hier werden Einzel- und die Gemeinkosten unterschieden. Kostenarten, die einem Objekt (das kann ein Produkt oder eine Dienstleistung sein) eindeutig zuzuordnen sind, heißen *Einzelkosten*. Ist das Objekt ein Produkt oder ein Auftrag (Kostenträger), dann spricht man von Kostenträgereinzelkosten. Verursacht eine Kostenstelle die Kosten, dann liegen Kostenstelleneinzelkosten vor.

Bezeichnung	Merkmale
Verursachungsprinzip (Kausalprinzip)	Die Kosten werden derjenigen Kostenstelle oder demjenigen Kostenträger zugerechnet, der die Kosten ursprünglich (kausal) verursacht hat. Ein Automechaniker baut in ein Auto eine neue Auspuffanlage ein. Der Autobesitzer bezahlt den Auspuff.
Proportionalitätsprinzip	Hier werden die Kosten mit Hilfe von Schlüsseln verteilt. Von den Schlüsseln fordert man einen proportionalen und kausalen Zusammenhang mit den Kosten. Auf 100 DM direkte Personalkosten fallen im Maschinenbau 80 Prozent an Personalnebenkosten an.
Durchschnittsprinzip	Pro Mitarbeiter werden die Kosten der betrieblichen Kantine verteilt. Jeder bezahlt den gleichen Betrag, egal ob er die Kantine nutzt oder nicht.
Tragfähigkeitsprinzip (Deckungsprinzip)	Die Zurechnung der Kosten erfolgt nicht nach dem Verbrauch, sondern nach Gewinngrößen. Meistens gilt: Je höher der Bruttogewinn eines Produktes ist, desto mehr Kosten werden ihm zugerechnet.
Identitätsprinzip	Nach *Riebel* (1985, S. 360) dürfen nur solche Kosten einem Objekt zugerechnet werden, die auf identische Entscheidungen zurückgehen.

Übersicht 7: Kostenzurechnungsprinzipien der Kosten- und Leistungsverrechnung

Im Gegensatz zu Einzelkosten lassen sich die *Gemeinkosten* nicht eindeutig einem Objekt zuordnen. Die Kostenartenrechnung verteilt die Gemeinkosten entsprechend der Prinzipien der Kosten- und Leistungsverrechnung aus Übersicht 7. Je nach Zurechnungsobjekt kennt man *Kostenträgergemeinkosten* und *Kostenstellengemeinkosten*. Eine Besonderheit stellen die *unechten Gemeinkosten* dar. Es handelt sich hier im Grunde um Einzelkosten, die jedoch aus Wirtschaftlichkeitsgründen wie Gemeinkosten behandelt werden.

2.2.2 Verhalten der Kosten bei Beschäftigungsänderung

Mellerowicz hat in seinem Buch »Theorie der Kosten« (1973, S. 286) intensiv die Zusammenhänge zwischen Beschäftigung und Kosten untersucht. Er definierte den *Reagibilitätsgrad der Kosten*.

$$\text{Reagibilitätsgrad} = \frac{\text{relative Kostenänderung}}{\text{relative Beschäftigungsänderung}}$$

Unter Beschäftigung versteht man die Auslastung eines Betriebes. Die Beschäftigung kann leistungsorientiert (Stück/Zeit, Liter/Zeit, Tonnen/Zeit, kWh) oder einsatzmengenorientiert (Maschinenstunden/Monat oder Fertigungsstunden/Tag) gemessen werden. Reagieren die Kosten auf eine Beschäftigungsänderung, d. h. findet eine Kostenbewegung statt, dann liegen *variable Kosten* vor. Der Reagibilitätsgrad ist ungleich Null. Haben sich die Kosten nicht verändert, dann spricht man von *fixen Kosten*. Sie sind wäh-

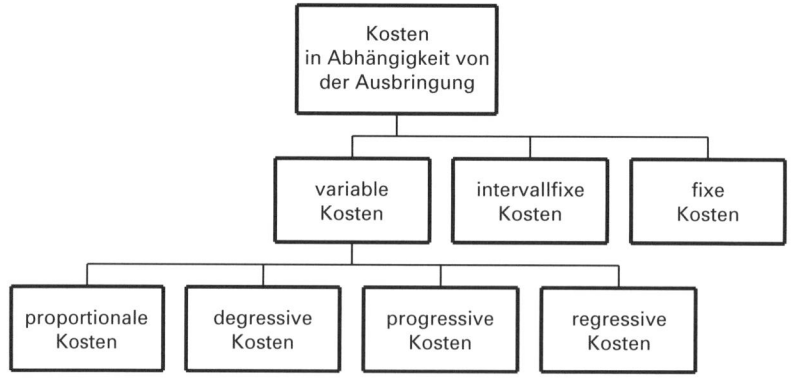

Abbildung 18: Kosten in Abhängigkeit von der Beschäftigung

rend eines Zeitraums konstant und werden durch die Aufrechterhaltung einer gewissen Betriebsbereitschaft verursacht. Der Reagibilitätsgrad ist hier Null.

Grundsätzlich unterscheidet man sechs idealtypische Kostenverläufe (vgl. Abbildung 18).

Für die Analyse der Kostenverläufe benötigen wir Kenntnisse über Gesamt-, Durchschnitts- und Grenzkosten.

Als *Gesamtkosten* bezeichnet man die Summe über alle Kostenarten. Wenn die Kosten in fixe und variable Kosten aufgeteilt wurden, dann lassen sie sich in Abhängigkeit von der Ausbringungsmenge folgendermaßen darstellen:

$$K(x) = K_F + k_v \times x$$

mit x als Beschäftigung, K Gesamtkosten, K_F fixe Kosten und k_v variablen Stückkosten.

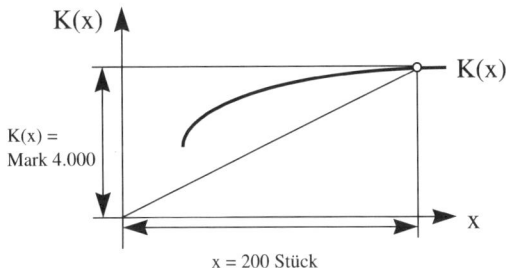

Der Fahrstrahl aus dem Ursprung des Koordinatenkreuzes an die Gesamt-kostenkurve K(x) definiert die Durch-schnittskosten. k(x) ist durch den Tangens des Winkels im Koordinatenursprung gegeben. Man rechnet für k(x)

$$\frac{K(x)}{x} = \frac{4.000 \text{ Mark}}{200 \text{ Stück}} = 20 \text{ Mark / Stück}$$

Abbildung 19: Ermittlung von Durchschnittskosten

Die *Durchschnittskosten* k(x) errechnet man, indem man die Gesamtkosten K(x) durch die Ausbringungsmenge x dividiert. Für jeden Punkt auf der Gesamtkostenfunktion lassen sich die Durchschnittskosten graphisch ableiten. Dies geschieht im einzelnen wie in Abbildung 19 dargestellt.

Die *Grenzkosten* geben den Kostenzuwachs der zuletzt produzierten Einheit an. Erhöht man die Ausbringung von $x_1 = 200$ Stück auf $x_2 = 201$ Stück, so zeigen die Grenzkosten, was das letzte produzierte Stück gekostet hat. Ausgangspunkt für die Ermittlung der Grenzkosten sind die Gesamtkosten der bisher produzierten Menge von 200 Stück, K(200 Stück) = 2 000 Mark. Diese Kosten vergleicht man mit den Kosten von 201 Stück, K(201 Stück) = 2 015 Mark. Man sieht, daß die Produktion des 201ten Stücks Kosten in Höhe von 15 Mark verursachte. In der Praxis liegen oft nur Kosten unterschiedlicher Produktionsmengen vor. In diesem Fall wendet man die Zwei-

Punkte-Form (Differenzenquotient) zur Ermittlung von Grenzkosten an (vgl. Abbildung 20).

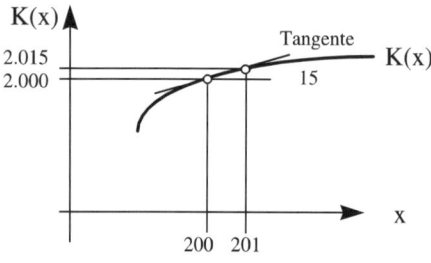

Graphisch gesehen sind die Grenzkosten durch die Steigung der Tangente in einem Punkt der Gesamtkostenkurve K(x) definiert. Hier ist die Zwei-Punkte-Form dargestellt. Man rechnet:

$$\frac{K(x_2) - K(x_1)}{x_2 - x_1} = \frac{2.015 \text{ Mark } - 2.000 \text{ Mark}}{201 \text{ Stück } - 200 \text{ Stück}}$$

Abbildung 20: Ermittlung von Grenzkosten

Bei variablen Kosten unterscheidet man *proportionale, degressive, progressive und regressive Kostenverläufe.*

Ein Barmixer benötigt für die Herstellung von einem Manhattan als Produktionsfaktoren 40 Milliliter Canadian Whisky, 20 Milliliter Vermouth dry, ein dash Angostura und eine grüne Olive. Stellt er zehn Manhattan her, dann verbraucht er zehnmal mehr Einsatzstoffe. Die Kosten verhalten sich hier proportional. In Abbildung 21 ist ein proportionaler Kostenverlauf dargestellt.

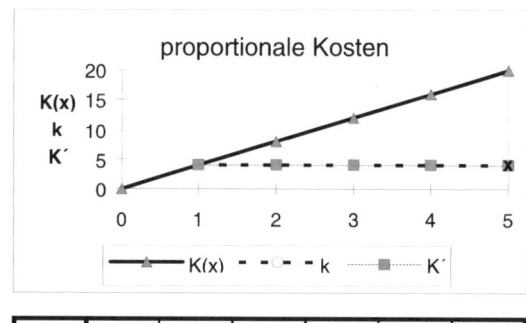

x	0	1	2	3	4	5
K(x)	0	4	8	12	16	20
k		4	4	4	4	4
K´		4	4	4	4	4

Proportionale Kosten
Hier verläuft die Kostenänderung proportional zur Beschäftigungsänderung. Die Gesamtkosten steigen linear an, die variablen Stückkosten und die Grenzkosten sind konstant und gleich groß.

Abbildung 21: Kostenverlauf bei proportionalen Kosten

Sind proportionale Kostenverläufe gegeben, so entsprechen die Gesamtkosten einer Geraden durch den Ursprung: K(x) = a × x. Die Stückkosten sind überall konstant a, wobei a Element der positiven reellen Zahlen (a ∈ $\Re$, a > 0) ist. Im vorliegenden Beispiel gilt: K (x) = 4 × x. Die Stückkosten entsprechen hier den Durchschnittskosten. Man ermittelt die Durchschnittskosten wie folgt:

$$k = \frac{K(x)}{x} = 4$$

Entsprechend gilt für die Grenzkosten

$$K' = \frac{K(3)-K(2)}{3-2} = \frac{12-8}{1} = 4$$

Die Stückkosten und die Grenzkosten sind hier gleich hoch.

Die Reagibilität zeigt die Kostenänderung bei einem Beschäftigungszuwachs oder bei einem Beschäftigungsrückgang an. Um sie zu berechnen, nimmt man zwei beliebige Ausbringungsmengen und die korrespondierenden Kosten und setzt diese in die Definition ein. Man erhält:

$$\text{Grad der Reagibilität} = \frac{\dfrac{K(x_3) - K(x_1)}{K(x_1)}}{\dfrac{x_3 - x_1}{x_1}} = \frac{\dfrac{12-4}{4}}{\dfrac{3-1}{1}} = 1$$

Im Fall proportionaler Kosten ist die Reagibilität immer gleich Eins. Das heißt, Kosten und Beschäftigung reagieren gleich. Proportionale Kosten sind bei Akkordlöhnen gegeben, und auch die meisten Materialkosten steigen proportional mit der Ausbringungsmenge.

Angenommen, man hat mehrere IKEA Schränke gekauft und baut sie selber auf, dann kann man feststellen, daß beim ersten Schrank die Aufbauzeit relativ lang war und sie von Aufbau zu Aufbau sinkt. Hier sind *degressive Kosten* gegeben.

Man berechnet den Grad der Reagibilität entsprechend dem Vorgehen bei proportionalen Kosten. Vergleicht man einen Anstieg oder einen Rückgang von einer Ausbringungsmenge auf eine andere, so liegt die Reagibilität hier immer zwischen Null und Eins.

Der typische degressive Kostenverlauf ist durch eine Kostenfunktion vom

Typ K (x) = a × x^b mit a a > 0 und 0 < b < 1 gegeben. Der Abbildung 22 liegt die Gesamtkostenfunktion:

K (x) = 4 × $^3\sqrt{x}$

zugrunde. Hier sieht man, daß mit jedem zusätzlich produzierten Stück die Durchschnittskosten und die Grenzkosten fallen.

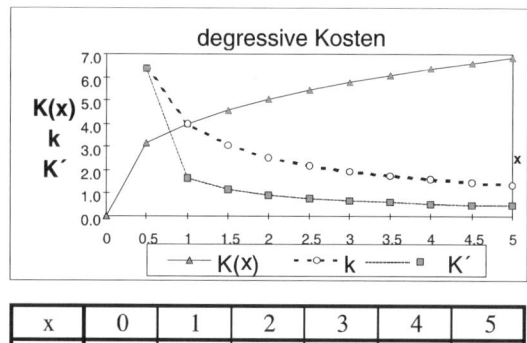

x	0	1	2	3	4	5
K(x)	0	4,0	5,0	5,8	6,3	6,8
k		4,0	2,5	1,9	1,6	1,4
K´		4,0	1,0	0,8	0,5	0,5

Degressive Kosten
Bei den *degressiven Kosten* ist die relative Kostenänderung kleiner als die relative Beschäftigungsänderung. Die Gesamtkosten steigen unterproportional an. Die Stückkosten und die Grenzkosten fallen mit jeder zusätzlich ausgebrachten Menge.

Abbildung 22: Kostenverlauf bei degressiven Kosten

Wenn man mit 100 Stundenkilometern gemütlich über die Autobahn fährt, dann ist der Benzinverbrauch relativ gering. Beschleunigt man jedoch das Auto, so steigt der Benzinverbrauch an. Man stellt fest, daß der Benzinverbrauch mit zunehmender Geschwindigkeit überproportional steigt. Hier spricht man von *progressiven* Benzinkosten. Bei den meisten Beschleunigungsvorgängen sind progressive Kosten gegeben. Auch beim Reinigen und Filtern stößt man auf progressive Kosten. Das Filtern von Abgasen und die Erfüllung der Abgasnormen von Kraftfahrzeugen zeigt, daß jede Verringerung der Grenzwerte zu einem überproportionalen Anstieg der Kosten führt.

Der Gesamtkostenverlauf in Abbildung 23 ist gegeben durch die Funktion:

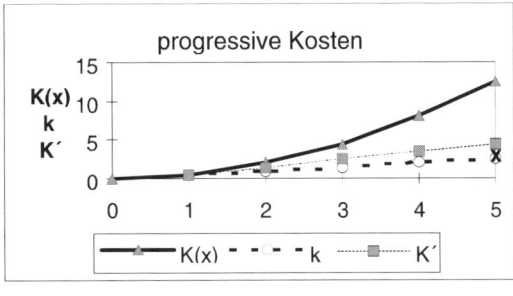

x	0	1	2	3	4	5
K(x)	0	0,5	2	4,5	8	12,5
k		0,5	1	1,5	2	2,5
K´		0,5	1,5	2,5	3,5	4,5

Progressive Kosten
Die relative Kostenänderung ist hier größer als die relative Beschäftigungsänderung.
Die Gesamtkosten, variablen Stückkosten und Grenzkosten steigen mit wachsender
Stückzahl.

Abbildung 23: Kostenverlauf bei progressiven Kosten

$$K(x) = \frac{1}{2}x^2$$

Typisch für den progressiven Kostenverlauf sind Polynome mit einem Exponenten größer als Eins. Allgemein gilt für die Gesamtkosten bei progressivem Kostenverlauf:

$$K(x) = a \times x^b \text{ mit } a \in \Re, a > 0 \text{ und } b > 1.$$

Auch der Grad der Reagibilität ist größer als Eins.

Ein Sonderfall sind die *regressiven Kosten* (Abbildung 24). Mit jedem zusätzlich hergestellten Stück fallen die Gesamtkosten absolut. Lange suchte man in der Praxis nach einem Beispiel. Die Heizkosten in einem Kino sinken absolut mit dem Zuschauer. Jeder Zuschauer trägt mit seiner Körperwärme zum Heizen des Kinosaals bei.

Eine Steigerung der Ausbringungsmenge zeigt, die Reagibilität ist negativ. Das heißt, jeder Beschäftigungszuwachs führt zu sinkenden Kosten und jeder Beschäftigungsrückgang zu steigenden Kosten.

Kosten, die auf eine Beschäftigungsänderung nicht reagieren, nennt man *fixe Kosten* (Abbildung 25). Meist fallen sie für die Aufrechterhaltung einer bestimmten Kapazität oder Betriebsbereitschaft an. Man bezeichnet sie des-

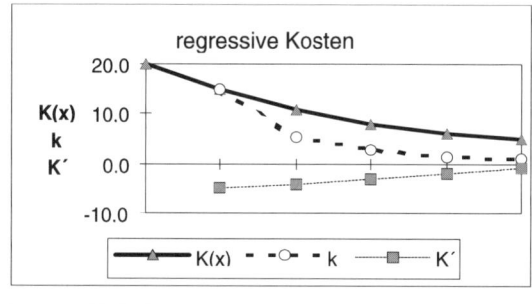

x	0	1	2	3	4	5
K(x)	20,0	15,0	11,0	8,0	6,0	5,0
k		15,0	5,5	2,7	1,5	1,0
K´		-5,0	-4,0	-3,0	-2,0	-1,0

Regressive Kosten
Eine Beschäftigungserhöhung bewirkt absolut sinkende Gesamtkosten, und jeder Beschäftigungsrückgang führt zu einer Kostensteigerung. Entsprechend verhalten sich auch die Stückkosten. Die Grenzkosten sind negativ.

Abbildung 24: Kostenverlauf bei regressiven Kosten

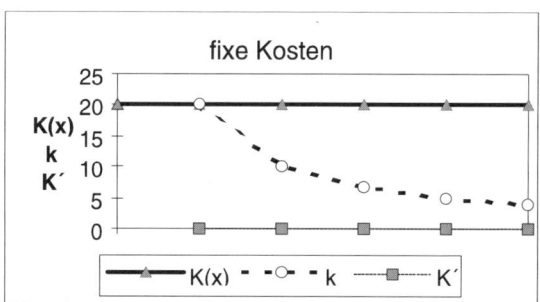

x	0	1	2	3	4	5
K(x)	20	20	20	20	20	20
k		20,0	10,0	6,7	5,0	4,0
K´		0,0	0,0	0,0	0,0	0,0

Fixe Kosten
Die fixen Kosten reagieren auf eine Beschäftigungsänderung nicht. Sie bleiben in ihrer Höhe konstant. Die Stückkosten sinken mit zunehmender Beschäftigung. Die Grenzkosten sind stets Null.

Abbildung 25: Kostenverlauf bei fixen Kosten

halb auch als *Bereitschaftskosten*. Zu den fixen Kosten zählt man die Miete, Versicherungsbeiträge, Zinsen und Abschreibung, Instandhaltungskosten, verschiedene Steuern, öffentliche Abgaben und gewisse Personalkosten. Betrachtet man einen längeren Zeitraum, so ändern sich auch die fixen Kosten. Je nach Vertrag lassen sich fixe Kosten monatlich, quartalsweise, jährlich oder in noch längeren Zeiträumen durch Kündigung von Verträgen beeinflussen.

Ein Steigen der Ausbringungsmenge von Null auf fünf Mengeneinheiten zeigt keine Kostenänderung. Fixe Kosten reagieren auf Beschäftigungsänderung eben nicht. Die Reagibilität ist stets Null.

Nur langfristig kann das Management die Kapazität anpassen und somit auch die Höhe der fixen Kosten beeinflussen. Das Management braucht Informationen über die Kapazität und deren Nutzung. Ungenutzte Kapazitäten verursachen ebenso wie genutzte Kapazitäten fixe Kosten. *Gutenberg* (1975, S. 348 ff.) nennt die fixen Kosten für ungenutzte Kapazitäten »*Leerkosten*« und die fixen Kosten der jeweils genutzten Kapazität »*Nutzkosten*«. Wir betrachten die Kosten für eine Kassiererin in einem Handelsbetrieb: Sobald diese Kassiererin nichts zu tun hat und herumsitzt, entstehen Leerkosten. In vielen Fällen können die Leerkosten abgebaut werden, indem die Kassiererin in den Leerzeiten sinnvoll eingesetzt wird und die Regale einräumt oder Auszeichnungen vornimmt. Ist dies nicht möglich, dann bleibt das Unternehmen auf den Leerkosten sitzen. Leerkosten und Nutzkosten ergeben die gesamten fixen Kosten. Es gilt:

$$K_F = K_L + K_N.$$

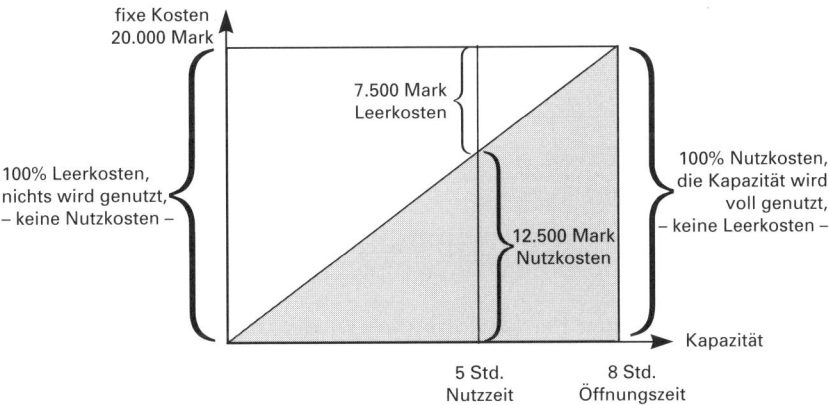

Abbildung 26: Nutz- und Leerkosten

Wie in Abbildung 26 zu sehen, verhalten sich die Nutzkosten K_N zu den gesamten Fixkosten K_F wie die genutzte Zeit N zur gesamten Öffnungszeit M.

Hier gilt der Strahlensatz:

$$\frac{\text{Nutzkosten } K_N}{\text{gesamten Fixkosten } K_F} = \frac{\text{genutzte Zeit N}}{\text{Öffnungszeit M}}$$

Stellt man die Gleichung um, erhält man:

$$K_N = \frac{N}{M} \times K_F$$

und durch Einsetzen die Leerkosten:

$$K_L = \frac{(M{-}N)}{M} \times K_F$$

Bei einer täglichen Öffnungszeit von acht Stunden rechnet ein Einzelhändler mit monatlich 20 000 Mark fixen Kosten. Wenn sein Geschäft lediglich in fünf Stunden gut besucht und voll ausgelastet ist, dann verteilen sich die Nutz- und Leerkosten wie in Abbildung 26 dargestellt.

Längere Öffnungszeiten verursachen in der Regel auch höhere fixe Kosten. Öffnet der Einzelhändler täglich zwei Stunden länger, sind dies Mehrkosten zum Beispiel in Höhe von 2 000 Mark. Wenn keine neuen Kunden kommen und somit keine Umsatzsteigerung stattfindet, dann sinken die Nutzkosten und steigen die Leerkosten. Geht man von einer neuen täglichen Öffnungszeit von zehn Stunden aus, dann ist folgende Kostenverteilung gegeben:

$$\text{Nutzkosten } K_N = \frac{5 \text{ Stunden}}{10 \text{ Stunden}} \times 22\,000 \text{ DM} = 11\,000 \text{ DM und}$$

$$\text{Leerkosten } K_L = \frac{(10 - 5)\text{Stunden}}{10 \text{ Stunden}} \times 22\,000 \text{ DM} = 11\,000 \text{ DM}$$

Die Nutzkosten sinken hier von 62,5 Prozent auf 50 Prozent der gesamten fixen Kosten.

In der betrieblichen Praxis wird immer wieder festgestellt, daß die fixen Kosten Sprünge aufweisen können. Ein Unternehmen arbeitet mit vier baugleichen flexiblen Fertigungszentren. Jedes einzelne Fertigungszentrum verursacht für sich fixe Kosten. Sprünge entstehen durch die Inbetriebnahme und die Stillegung einzelner Aggregate. Man spricht hier von *sprungfixen Kosten*. Auch die Umstellung von Einschicht-Betrieb auf Zweischicht-Betrieb gehört hierzu. Ursache für die Sprünge sind Leerkosten, welche durch Stillegung abgebaut und durch Ingangsetzung aufgebaut werden.

2.2.3 Herkunft der Kosten

Je nach Herkunft der Kosten unterschiedet man primäre und sekundäre Kosten. *Primäre Kosten* entstehen dem Unternehmen durch den Verbrauch von *außerbetrieblichen Leistungen*. Es sind dies Produktionsfaktoren, welche auf einem Beschaffungsmarkt gekauft werden, wie Stoffe, Arbeitskraft, Kapitaldienste, Dienstleistungen, öffentliche Abgaben und sonstige Leistungen. Die Finanzbuchhaltung erfaßt den Zufluß der außerbetrieblichen Leistungen. Auf einer Messe kauft das Unternehmen eine Maschine. Die Finanzbuchhaltung aktiviert die Maschine, legt eine Anlagenkarte an, versieht die Maschine mit einer Inventarnummer und ordnet ihr die Kostenstelle 4711 zu. In der Finanzbuchhaltung wird diese Maschine bilanziell abgeschrieben. Die Kosten- und Leistungsrechnung schreibt jedoch kalkulatorisch ab. Korrekturen werden vorgenommen. Aus *bilanziellen Abschreibungen* werden *kalkulatorische Abschreibungen*. In der Kosten- und Leistungsrechnung wird die Kostenstelle 4711 mit kalkulatorischer Abschreibung belastet. In Abbildung 27 wird der Prozeß des Entstehens und die Verrechnung von primären Kosten dargestellt.

Sekundäre Kosten sind das geldliche Äquivalent für innerbetriebliche Leistungen. Verbraucht eine Kostenstelle Leistungen einer anderen Kostenstelle, so erfolgt innerbetrieblich eine Leistungsverrechnung. In der »mechanischen Werkstatt« wird vom Betriebselektriker eine Maschine repariert. Die

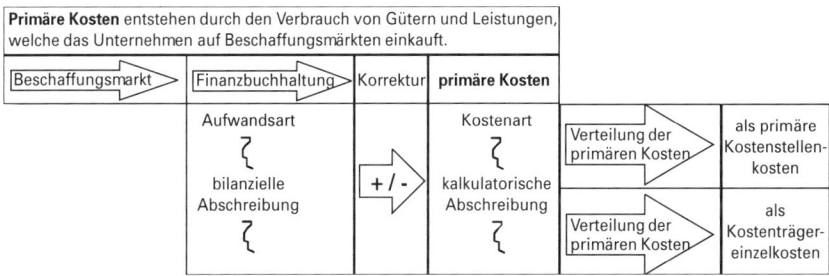

Abbildung 27: Entstehung und Verrechnung primärer Kosten

Kostenstelle »mechanische Werkstatt« erhält von der Kostenstelle »Reparaturservice« eine Rechnung. Dieser Verrechnungsvorgang heißt: *Verrechnung sekundärer Kosten.* Der »Reparaturservice« erhält eine Gutschrift; die Kostenstelle wird entlastet und die Kostenstelle »mechanische Werkstatt« wird mit den entsprechenden Kosten belastet. Die Be- und Entlastung der beteiligten Kostenstellen ergeben in der Summe stets Null.

2.2.4 Sonstige Systematisierungskriterien

In Abbildung 17 wurden die Unterschiede zwischen aufwandsgleichen Kosten und kalkulatorischen Kosten im Detail dargestellt. Die aufwandsgleichen Kosten können direkt aus der Finanzbuchhaltung übernommen werden. Hier sind keine Korrekturen notwendig. Die Lohn- und Gehaltsbuchhaltung liefert Informationen über die Löhne und die Gehälter. Damit keine Doppelarbeiten vorgenommen werden, sollte eine Stelle für alle Daten verantwortlich sein. Die Lohn- und Personalbuchhaltung übernimmt somit die Aufbereitung aller Daten. Die Löhne werden zum Beispiel nach Fertigungs- und Hilfslöhnen, nach Leistungs- und Nichtleistungslöhnen, nach Produktivgehältern und Nichtproduktivgehältern sowie nach Personalnebenkosten unterschieden und stehen für eine weitere Aufbereitung in der Kosten- und Leistungsrechnung oder im Controlling zur Verfügung. Gleiches gilt für die Materialkosten, welche von der Materialbuchhaltung erfaßt und aufbereitet werden. Die aufwandsgleichen Kosten stellen den größten Teil der Gesamtkosten.

Anders ist es bei den kalkulatorischen Kosten. Diese setzen sich aus Zusatz- und Anderskosten zusammen. Als Anderskosten bezeichnet man Ko-

Aufwand in der Finanzbuchhaltung	Kalkulatorische Kosten in der Kosten- und Leistungsrechnung
bilanzielle Abschreibung	kalkulatorische Abschreibung
Fremdkapitalzinsen	kalkulatorische Zinsen
eingetretene Einzelwagnisse	kalkulatorische Wagnisse
Anschaffungspreise für Materialverbrauch	Verrechnungspreise für Materialverbrauch

Übersicht 8: Anderskosten

sten, die aus Aufwendungen der Finanzbuchhaltung durch Korrektur entstehen. So geht beispielsweise die bilanzielle Abschreibung vom Anschaffungspreis und die kalkulatorische vom Wiederbeschaffungspreis aus.

Den Zusatzkosten steht in der Finanzbuchhaltung kein Aufwand gegenüber. Es sind dies bei Einzelunternehmungen und Personengesellschaften der kalkulatorische Unternehmerlohn und die kalkulatorischen Mieten.

Die Organisationslehre bildet einzelne Stellen, Abteilungen oder Bereiche, indem sie Aufgaben mit gleichartigen Funktionen (lateinisch »functio« bedeutet Verrichtung) zusammenfaßt. Ergebnis ist eine *funktionale Organisation*. In einer funktionalen Organisation erfolgt die betriebliche Abrechnung im Hinblick auf den Informationsbedarf der Abteilungsmanager funktionsorientiert. Durch diese Einteilung wird ersichtlich, welche Kosten für Beschaffung, Fertigung, Verwaltung und Vertrieb angefallen sind. Als *Elementarfunktionen* bezeichnet man:

- die Materialwirtschaft mit Beschaffung, Einkauf, Qualitätskontrolle und Lagerwirtschaft. Nach *Grochla/Schönbohm* (1980, S. 3) hat sie die Aufgabe, alle Inputgüter der Produktion zum richtigen Zeitpunkt, in der richtigen Menge, richtigen Qualität am richtigen Ort zu möglichst geringen Kosten zur Verfügung zu stellen.
- die Produktionswirtschaft; sie ist dominiert vom Transformationsprozeß. Aus Inputgütern werden durch die Produktion Fertigerzeugnisse.
- das Marketing; es gestaltet die Kundenbeziehung, sorgt für zufriedene Kunden und den Absatz der Fertigerzeugnisse.

Neben diesen Elementarfunktionen kennt man die *Komplementärfunktionen*. Es handelt sich um unterstützende Funktionen. Die wichtigsten sind:

- Unternehmensführung und Organisation,
- Kapitalwirtschaft mit Investition und Finanzierung,
- Personalwirtschaft,
- Rechnungswesen und Controlling.

Nach *Gutenberg* (1975, S. 3) besteht das System der produktiven Faktoren aus dem System der Elementarfaktoren Arbeitsleistung, Betriebsmittel, Werkstoffe und aus dem vierten dispositiven Faktor, der Geschäfts- und Betriebsleitung. Die Kosten- und Leistungsrechnung orientiert sich hier an den Kontenrahmen der jeweiligen Branche. Man unterscheidet:

- Materialkosten, wie Kosten für Roh-, Hilfs- und Betriebsstoffe und bezogene Waren,
- Dienstleistungskosten, Kosten für bezogene Leistungen inklusive aller öffentlicher Abgaben,
- Personalkosten mit Löhnen, Gehältern und Sozialabgaben,
- Betriebsmittelkosten, wie Abschreibungen,
- Kapitalkosten wie Zinsen,
- Fremdleistungskosten für Rechte und Dienste, Kosten für Kommunikation,
- Kosten der Gesellschaft.

Die Gliederung nach den verbrauchten Produktionsfaktoren ist oft Basis von Vergleichen. Die Deutsche Bundesbank veröffentlicht für die wichtigsten Branchen regelmäßig im Monatsbericht November Zahlen zur Bilanzstruktur und Strukturzahlen aus der Erfolgsrechnung. Das Institut der Deutschen Wirtschaft gibt jährlich die Zahlen zur wirtschaftlichen Entwicklung der Bundesrepublik Deutschland heraus. Verbände, Banken und Aktionäre sind an dieser Gliederung interessiert. Jede Bilanzanalyse benötigt diese Daten zur Analyse. Des weiteren ist sie Basis der Gliederung der Kosten nach der betrieblichen Bedeutung.

Eine weitere Möglichkeit, eine Systematisierung der Kosten vorzunehmen, ist die Differenzierung nach der Wirkung der Kosten auf die zukünftige Liquidität. Man unterscheidet:

- auszahlungswirksame Kosten; beim Barkauf findet zum Beispiel der Liquiditätsentzug sofort statt. Liquide Mittel werden in Form von Bargeld sofort beansprucht.
- ausgabenwirksame Kosten; sie führen zu einem späteren Zeitpunkt zu einem Abfluß liquider Mittel. Zum Beispiel hat man bei einem Kauf auf Ziel eine Zahlungsfrist.
- weder auszahlungs- noch ausgabenwirksame Kosten; sie beeinflussen die zukünftige Liquidität nicht direkt. Sie liegen bei Abschreibung oder beim Verbrauch von bereits bezahlten Gütern vor.

Diese Systematisierung ist für Unternehmen mit angespannter Liquiditätslage von großer Bedeutung, denn Voraussetzung zur Eröffnung des Konkursverfahrens ist die Zahlungsunfähigkeit. Bei Kapitalgesellschaften ist Illiquidität der regelmäßige Konkursgrund. Für die Vorstände der Aktiengesellschaft und die Geschäftsführer der GmbH besteht die gesetzliche Verpflichtung, unverzüglich nach Bekanntwerden der Zahlungsunfähigkeit die Eröffnung eines Konkursverfahrens oder des gerichtlichen Vergleichs zu beantragen. *Eisele* (1990, S. 521) weist darauf hin, daß für Unternehmen mit kritischer Liquidität es eine Frage des Überlebens ist, »ob Kosten unmittelbar mit Ausgaben verbunden sind und damit einen Liquiditäts- (Geld-) entzug zur Folge haben oder ob wegen ihrer zumindest kurz- oder mittelfristigen Nichtausgabenwirksamkeit ein Deckungsverzicht in Kauf genommen werden kann«. Einzahlungen oder Einnahmen und Auszahlungen und Ausgaben bestimmen über die Existenz des Unternehmens. Aufgabe der Unternehmensführung ist die Erhaltung der Liquidität. *Hauschildt/Sachs/ Witte* (1981, S. 94 ff.) fordern daher vom betrieblichen Rechnungswesen die Transformation aller Daten in zahlungswirksame Vorgänge. Des weiteren stellen sie (ebd., S. 63 f.) fest, daß eine effektive Finanzplanung die Kosten senkt und zu höheren Erträgen führt.

2.3 Kostenartenpläne

Die richtige Erfassung und Kontierung der Kosten setzt nach *Kilger* (1980, S. 69) eine zweckentsprechende Einteilung der Kostenarten voraus. In den Unternehmen kommt man dieser Forderung durch Kostenartenpläne nach. Die Kostenartenpläne sollten dem

* *Grundsatz der Kostenreinheit* und dem
* *Grundsatz der Einheitlichkeit* folgen.

Haberstock (1987, S. 79 f.) verlangt bei *Kostenreinheit*, daß für den Inhalt einer Kostenart nur ein Gliederungskriterium bestimmend sein darf. Ist dies der Fall, dann wird von einer sauberen Kostenart gesprochen. Unsauber oder gemischt sind Kostenarten dann, wenn mehrere Kriterien als Zuordnung in Frage kommen. *Kilger* (1980, S. 70) nennt als typische Vertreter unsauberer Kostenarten Raumkosten, Versandkosten, Kosten für Werkaufträge und die Kosten der Schlosserei. In diesen Kosten ist eine Vielzahl von Kostenarten vertreten. In der Kostenart Raumkosten zum Beispiel sind Personalkosten, Abschreibungen, Fremdmieten, Zinsen und viele weitere Kosten enthalten. Dies führt zu Schnittmengen zwischen den einzelnen Kostenarten. Durch ein geeignetes System von Kostenarten, Kostenstellen und Kostenträgern lassen sich Pläne erstellen, die frei von Überschneidungen sind. In einer voll ausgebauten Kosten- und Leistungsrechnung sollte Kostenreinheit herrschen.

Der *Grundsatz der Einheitlichkeit* verlangt eindeutige und einheitliche Vorschriften der *Kontierung*. Durch sie wird sichergestellt, daß jeder geschulte Mitarbeiter vorliegende Belege nach gleichen Kriterien kontiert. Nur so ist die Vergleichbarkeit der Kosten gewährleistet. Die Vorschriften der Kontierung können sehr umfangreich sein. In ihnen sind alle Kostenarten genau beschrieben. Problemfälle müssen durch Beispiele besprochen und eindeutige Lösungshinweise müssen geliefert werden.

Bei der Erstellung eines Kostenartenplans sind folgende Grundsätze zu beachten:

- vollständiges Kostenartenverzeichnis
- überschneidungsfreie Kostenartengliederung
- eindeutige und vollständige Beschreibung jeder Kostenart in den Kontierungsrichtlinien
- Beispiele für Problemfälle
- Numerierung nach einem einheitlichen Schema
- Kontinuität der Kostenartenpläne
- Orientierung des Kostenartenplans an der jeweiligen Branche
- trotzdem Anpassung des Kostenartenplans an die jeweiligen Bedürfnisse des Unternehmens
- Deckblatt mit klarer übersichtlicher Darstellung aller wesentlichen Kostenarten

---

Übersicht 9: Kriterien für die Bildung von Kostenartenplänen

Die meisten Kostenartenpläne orientieren sich an geläufigen Kontenplänen. In der Industrie ist der *Gemeinschaftskontenrahmen der Industrie (GKR)* besonders beliebt. Dieser Kontenrahmen orientiert sich am betrieblichen Prozeß der Leistungserstellung. Der Finanzbuchhaltung sind die Kontenklassen 0, 1 und 9 zugewiesen. Die Kontenklasse 2 ist Schnittstelle zwischen Finanz- und Betriebsbuchhaltung. Die betriebliche Abrechnung erfolgt in den Kontenklassen 3 bis 8. Die drei Elemente der Kosten- und Leistungsrechnung werden hier bestens berücksichtigt. Für die Kostenartenrechnung ist die Kontenklasse 4, für die Kostenstellenrechnung Kontenklasse 5 und für die Kostenträger Kontenklassen 6 und 7 reserviert.

Kosten- und Leistungsrechnung

Finanzbuchhaltung		Abgrenzung	Klasse 4 Kostenartenrechnung	Klasse 5/6 Kostenstellenrechnung	Klasse 7/8 Kostenträgerrechnung	Finanzbuchhaltung
Klasse 0 Anlagevermögen u. langfr. Kapital	**Klasse 1** Finanz-Umlaufverm. u. kurzfr. Verbindl.	**Klasse 2** Neutraler Aufwand und Erträge				**Klasse 9** Abschlüsse
00 Grundstücke und Gebäude	10 Kasse	20 Betriebsfremde Aufw. u. Erträge	40/42 Stoffkosten	Frei für Kostenstellen	70/77 Frei für Kostenträger Bestandskontierung	97 Frei für Abschluß-kontierung der Betriebs-buchhaltung
01 Maschinen u. Anlagen d. H.	11 Geldanstalten	21 Aufwand u. Erträge f. Grundst.	43 Personalkosten		78 Bestand unfertigen Erzeugnisse	98 Gewinn- und Verlustkonten
02 Maschinen u. Anlagen d. N...	12 Schecks u. Besitzwechsel	22 bilanzmäßige Abschreibung	44 Sozialkosten u. andere Personalkosten		79 Bestand fertige Erzeugnisse	99 Bilanzkonten
03 Fahrzeuge, Werkzeuge u. BGA	13 Wertpapiere d. Umlaufverm.	24 Zinsaufwendungen u. -erträge	45 Instandhaltung		80/82 Frei für Kostenträger Leistungskontierung	
04 Sachanlagen	14/15 Forderungen	25/26 Betriebliche außerordentliche Aufwendungen	46 Steuern, Gebühren, Beiträge Versicherungsprämien		83/84 Erlöse für Leistungen	
05 sonstiges Anlagevermögen		**27/28 Gegenposten der Kosten- und Leistungsrechnung**	47 Mieten, Verkehrs-, Büro- und Werbekosten		85 Erlöse Handelswaren	
06 langfr. Fremdkapital	16/17 Verbindlichkeiten	29 das Gesamtergebnis betreffende..	48 Kalkulatorische Kosten		86 Erlöse Nebengeschäft	
07 Eigenkapital	18 Schuldwechsel, Bankschulden		49 innerbetriebliche Leistungs-verrechnung, Sondereinzelkosten		87 Eigenleistungen	
08 Wertberichtigungen	19 Durch-, Übergangs- und Privatkonten				88 Erlösberichtigungen	
09 Rechnungsabgrenzung					89 Bestandsveränderungen	

Abbildung 28: Gemeinschaftskontenrahmen der Industrie und die KLR

Aus der Kontenklasse 4 Kostenartenrechnung entsteht ein detaillierter Kostenartenplan für die Kosten- und Leistungsrechnung. Der Bundesverband der deutschen Industrie empfiehlt seinen Mitgliedsfirmen folgende Gliederung:

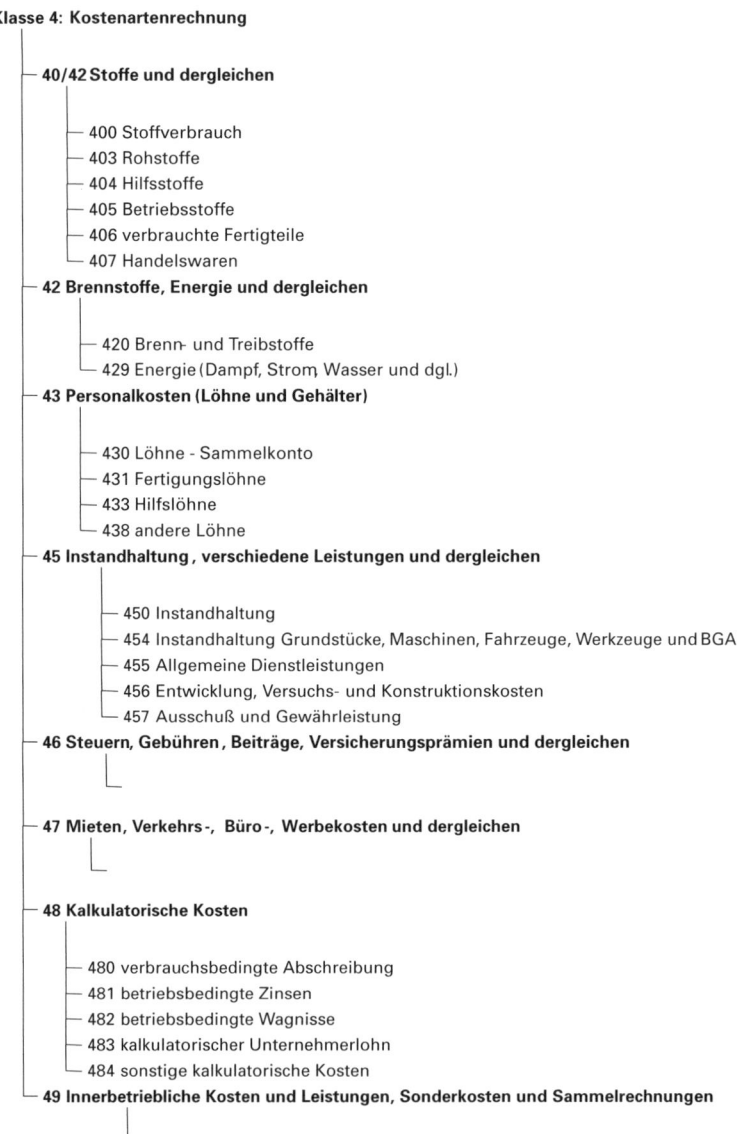

Klasse 4: Kostenartenrechnung

40/42 Stoffe und dergleichen

- 400 Stoffverbrauch
- 403 Rohstoffe
- 404 Hilfsstoffe
- 405 Betriebsstoffe
- 406 verbrauchte Fertigteile
- 407 Handelswaren

42 Brennstoffe, Energie und dergleichen

- 420 Brenn- und Treibstoffe
- 429 Energie (Dampf, Strom, Wasser und dgl.)

43 Personalkosten (Löhne und Gehälter)

- 430 Löhne - Sammelkonto
- 431 Fertigungslöhne
- 433 Hilfslöhne
- 438 andere Löhne

45 Instandhaltung , verschiedene Leistungen und dergleichen

- 450 Instandhaltung
- 454 Instandhaltung Grundstücke, Maschinen, Fahrzeuge, Werkzeuge und BGA
- 455 Allgemeine Dienstleistungen
- 456 Entwicklung, Versuchs- und Konstruktionskosten
- 457 Ausschuß und Gewährleistung

46 Steuern, Gebühren , Beiträge, Versicherungsprämien und dergleichen

47 Mieten, Verkehrs-, Büro-, Werbekosten und dergleichen

48 Kalkulatorische Kosten

- 480 verbrauchsbedingte Abschreibung
- 481 betriebsbedingte Zinsen
- 482 betriebsbedingte Wagnisse
- 483 kalkulatorischer Unternehmerlohn
- 484 sonstige kalkulatorische Kosten

49 Innerbetriebliche Kosten und Leistungen, Sonderkosten und Sammelrechnungen

Abbildung 29: Kostenarten im Gemeinschaftskontenrahmen der Industrie

Diese Gliederung wird betriebsspezifisch aufbereitet und auf die jeweiligen Bedürfnisse des Unternehmens zugeschnitten. Auch der Industriekontenrahmen kann Basis des Kostenartenplans sein. Hier orientiert man sich an den Kontenklassen 6 und 7 und ergänzt diese aufwandsgleichen Kosten um kalkulatorische Kosten und Zusatzkosten. Ähnlich wird mit den anderen Kontenrahmen verfahren.

2.4 Erfassung der wichtigsten Kostenarten

Was vom Einzelnen als wichtig erachtet wird, ist subjektiv. Auch in der Kosten- und Leistungsrechnung gilt dies. Kosten werden wichtig, wenn man von ihnen betroffen ist, ein Kostenproblem existiert und dadurch ein Handlungsbedarf ausgelöst wird. In einem Unternehmen werden die Telefonkosten als zu hoch angesehen und entzünden die Diskussion. Verwundert liest ein Manager den Preis für ein Business Ticket nach Sydney. Diese Problematik wird hier nicht behandelt. Betrachtet werden die wichtigsten Kostenblöcke der Ergebnisrechnung. Nach einer Erhebung der Deutschen Bundesbank sind dies, gemessen am Umsatz, im verarbeitenden Gewerbe die Materialkosten mit über 49 Prozent, die Personalkosten mit über 24 Prozent, Abschreibung und betriebliche Steuern mit jeweils etwa vier Prozent. Die sonstigen Kosten addieren sich auf etwa 16 Prozent.

2.4.1 Materialkosten

Materialkosten sind betriebsbedingter, in Geld bewerteter Güterverzehr an Roh-, Hilfs-, Betriebsstoffen und Wareneinsatz.

Am Umsatz gemessen sind die Materialkosten in den meisten produzierenden Unternehmen die bedeutendsten Kosten überhaupt. Je nach Branche werden bis zu 80 Prozent vom Umsatz für Material oder Waren ausgegeben. Der Materialkostenanteil am Umsatz wird für verschiedene Gewerbe in Tabelle 3 dargestellt.

Die Materialkosten erhält man, indem man zuerst die Verbrauchsmengen erfaßt und dann die Bewertung vornimmt. Meist findet die *Materialabrechnung* in einer speziellen Kostenstelle, der *Materialkostenstelle,* statt. Man spricht auch von der *Materialbuchhaltung.* Diese wendet die folgenden vier Methoden (Übersicht 10) zur Ermittlung des Materialverbrauchs an:

- *Inventurmethode (Befundrechnung, Bestandsdifferenzrechnung)*
- *Skontrationsmethode (Bestandsfortschreibung)*
- *retrograde Methode (Rückrechnung)*
- *Behelfsmethode (Zugang gleich Abgang)*

Übersicht 10: Methoden zur Ermittlung des Materialverbrauchs

Materialkosten nach Gewerbe	Anteil am Umsatz
Großhandel	80 %
Einzelhandel	70 %
Ernährungswirtschaft	62 %
Straßenfahrzeugbau	60 %
Bekleidungsgewerbe	60 %
Eisenschaffende Industrie	58 %
Holzbearbeitung und Textilgewerbe	55 %
Elektrotechnik	54 %
Stahl und Leichtmetallbau	52 %
Chemische Industrie	47 %
Maschinenbau	46 %

Tabelle 3: Materialkosten nach Gewerbe als Anteil am Umsatz

2.4.1.1 Inventurmethode

Die Inventur gibt der *Inventurmethode* den Namen. Um den Verbrauch feststellen zu können, muß eine Inventur durchgeführt werden. Der Anfangsbestand ist durch die letzte Inventur gegeben. Alle Zugänge der Periode werden auf einem Konto erfaßt. Am Ende der Periode findet wieder eine Inventur statt. Abbildung 30 verdeutlicht das Vorgehen.

Soll — Rohstoff 4711 Periode t-1 — Haben		Soll — Rohstoff 4711 Periode t — Haben	
Endbestand t-2 = Anfangsbestand t-1	Endbestand laut Inventur t-1	Endbestand t-1 = Anfangsbestand t	Endbestand laut Inventur t
+ gebuchter Zugang	Saldo = Verbrauch an Rohstoff 4711 in t-1	+ gebuchter Zugang	Saldo = Verbrauch an Rohstoff 4711 in t

Abbildung 30: Inventurmethode im T-Kontensystem

Der Verbrauch wird durch folgende Gleichung ermittelt:

Verbrauch = Anfangsbestand + Zugänge – Endbestand laut Inventur

Die Inventurmethode kann man dort einsetzen, wo man einen Überblick über das Material hat, die Stoffe sich leicht erfassen lassen, keine irregulären Abgänge stattfinden oder die Materialkosten unbedeutend sind. Da die Materialkosten bei dieser Methode keiner Kostenstelle und auch keinem Kostenträger verursachungsgerecht zuzuordnen sind, wird diese Methode oft abgelehnt. Die Vor- und Nachteile der Inventurmethode sind in Tabelle 4 gegenübergestellt.

Vorteile	Nachteile
– Man benötigt keine Materialbuchhaltung.	– Körperliche Inventur ist notwendig.
– Methode mit geringen Kosten.	– Diebstahl, Schwund und Verderb lassen sich nicht ermitteln.
– Bei sorgfältiger Inventur ist der exakte Verbrauch gegeben.	– Soll-Ist-Abweichungen können nicht analysiert werden.
	– Eine Kostenverrechnung auf Kostenträger oder Kostenstellen ist nicht möglich, daher keine verursachungsgerechte Materialabrechnung.
	– Laufende Angaben über die Entwicklung des Lagerbestands sind nicht möglich.

Tabelle 4: Vor- und Nachteile der Inventurmethode

2.4.1.2 Skontrationsmethode

Die *Skontrationsmethode* ist die genaueste und aufwendigste Methode. Hier benötigt man eine Materialbuchhaltung. Jede einzelne Materialentnahme wird erfaßt und dann gebucht. Dies geschieht über *Materialentnahmescheine* oder durch ein *Warenwirtschaftssystem* mit automatischer Verbrauchserfassung. Der Handel setzt zur Erfassung des Warenabgangs Scannerkassen ein.

Durch den Materialentnahmeschein ist bekannt, wer die Stoffe oder Waren verbraucht hat. Eine verursachungsgerechte Materialkostenverrechnung ist möglich. Der Empfänger des Materials wird mit den Materialkosten belastet, die liefernde Kostenstelle wird entlastet.

Der reguläre Materialverbrauch ist durch die Summe aller gebuchten Abgänge gegeben. Zu jedem Zeitpunkt können die Bücher geschlossen und der Materialverbrauch festgestellt werden. Wendet ein Händler dieses Verfahren an und verfügt er über ein Warenwirtschaftssystem mit Scannerkassen, dann kann er den Verkauf pro Öffnungsstunde exakt ermitteln und die

Materialentnahmeschein Pussy Cat Spielzeugwaren GmbH						
belastende Kostenstelle			entlastende Kostenstelle			
Artikelnummer	Bezeichnung		Menge	Einheit	Preis pro Einheit	Preis gesamt
Bemerkung					Summe	
Datum:	genehmigt		erhalten		gebucht	

Abbildung 31: Materialentnahmeschein

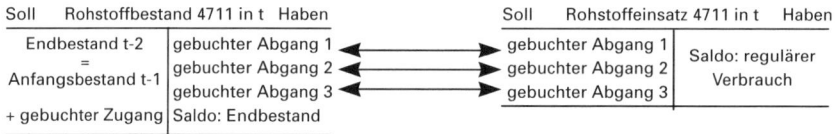

Abbildung 32: Skontrationsmethode im T-Kontensystem

Öffnungszeiten entsprechend anpassen. In Verbindung mit einem Bestell-
system können dem Disponenten Empfehlungen für eine Nachbestellung
gegeben werden oder es können automatisch Nachbestellungen ausgelöst
werden. Hat man es mit meßbaren Mengen zu tun, kann dieses Verfahren
eingesetzt werden. Der hohe Erfassungsaufwand führt jedoch in der Praxis
dazu, daß für Pfennigartikel Sammelnummern für Scannerkassen vergeben
werden und der Materialverbrauch mit der Behelfsmethode ermittelt wird.

Wird die Skontrationsmethode angewendet, so kann nach einer Inventur
der irreguläre Abgang einer Periode ermittelt werden. Die Differenz zwischen Endbestand laut Buch und Endbestand laut Inventur sind irreguläre
Abgänge. Stellt ein Jeanshändler fest, daß er laut Buch 500 Jeans im Lager
haben müßte, und hat er laut Inventur nur 482 Stück, so wurden ihm 18
Jeans gestohlen.

Die Vor- und Nachteile der Skontrationsmethode sind in Tabelle 5 gegenübergestellt.

Vorteile	Nachteile
– Der Materialverbrauch ist pro Kostenstelle oder pro Kostenträger verursachungsgerecht zu erfassen.	– Aufwendige Methode, da eine Lagerbuchhaltung und ein Belegsystem notwendig sind.
– Irreguläre Abgänge wie Diebstahl sind ermittelbar.	– Die Methode muß konsequent angewendet werden: keine Materialentnahme ohne Beleg.
– Permanente Inventur ist durch Abschluß der Bücher möglich.	
– Der Lagerbestand ist laufend feststellbar.	
– Koppelung an ein Bestell- und Ordersystem ist möglich.	

Tabelle 5: Vor- und Nachteile der Skontrationsmethode

2.4.1.3 Retrograde Methode

Bei der *retrograden Methode* werden die einzelnen Erzeugnisse erfaßt. Die Verbrauchsmengen werden durch Zerlegung eines Erzeugnisses in seine Bestandteile *(Rückrechnung)* ermittelt. Dies ist nur möglich, wenn für jedes Erzeugnis eine Stückliste, ein Bauplan oder ein Rezept vorliegt.

Zählt man bei der Inventur 20 Fertigerzeugnisse E1, dann kann man durch Stücklistenauflösung feststellen, was dem Lager an Baugruppen und Teilen entnommen wurde. Um ein Fertigerzeugnis E1 herzustellen, benötigt man in der Fertigungsstufe 1 die Baugruppe G1 und G2 je einmal, drei Teile T1 und vier Teile T3. Somit fehlen nach einer Produktion von 20 Fertigerzeugnissen von Baugruppe G1 und G2 20 Stück, von T1 60 Stück und von T3 80 Stück. Erst nach einer totalen Auflösung weiß man, daß 320 Stück

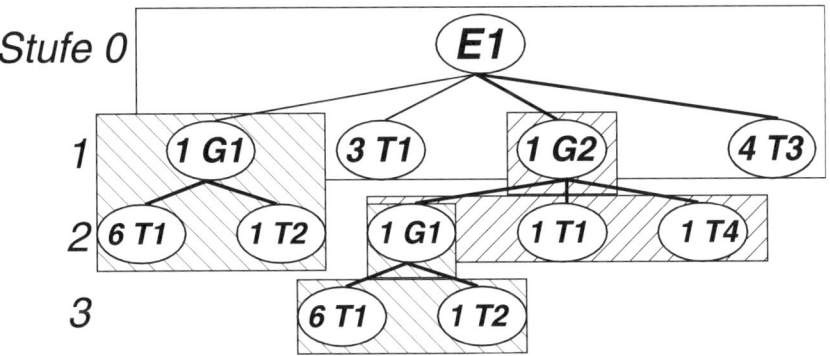

Abbildung 33: Baukastenstückliste für retrograde Bedarfsermittlung

von T1, 40 Stück von T2, 80 Stück von T3 und 20 Stück von T4 verbraucht worden sind. Durch die retrograde Methode werden Soll-Verbrauchsmengen ermittelt. Der tatsächliche Verbrauch läßt sich mit dieser Methode nicht feststellen.

Daher findet man diese Methode meist in Kombination mit der Skontrations- oder der Inventurmethode. Wenn Sie das nächste mal bei McDonalds einen Burger genießen oder eine Junior-Tüte kaufen, denken Sie bitte daran, daß bei jeder Bedienung der Registrierkasse der Warenabgang mit Hilfe der Skontrationsmethode erfaßt wird. Am Abend kann der Verbrauch an Einsatzstoffen exakt nach der retrograden Methode ermittelt werden. Selbst der Ausschuß läßt sich berücksichtigen. Der Soll-Verbrauch (Planverbrauch) ist definiert durch:

Soll-Verbrauchsmenge
+ Soll-Ausschuß
+ Soll-Lagerminderung
= Gesamter Soll-Verbrauch

Unwirtschaftlichkeiten lassen sich nun feststellen. Die retrograde Methode liefert die Sollverbrauchsmenge und die Skontrationsmethode den Istverbrauch. Irreguläre Abgänge können durch Kombination von Inventur- und Skontrationsmethode erfaßt werden. Die Pflege der Stücklisten übernimmt normalerweise die Konstruktionsabteilung. In Verbindung mit Warenwirtschaftssystemen und Produktionsprogramm-Planungssystemen (PPS) kann das Controlling schnell Analysen vornehmen.

Vorteile	Nachteile
– Schnelle Ermittlung von Sollverbrauchs-mengen	– Die Stücklisten müssen gepflegt werden.
– Analysen erst durch diese Methode möglich	– Es werden lediglich Soll-Verbrauchs-mengen ermittelt.

Tabelle 6: Vor- und Nachteile der retrograden Methode

2.4.1.4 Behelfsmethode

Die *Behelfsmethode* wird zur Erfassung von unbedeutendem Material eingesetzt. Bei dieser Methode existieren für die Materialien keine Aktivkonten, sondern lediglich ein Aufwandskonto. Kauft man eine Packung Büroklammern, so werden diese nicht aktiviert, sondern als Verbrauch sofort ausgebucht. Das heißt, der Verbrauch von Büroklammern ist durch den Kauf gegeben. Die Behelfsmethode ist sehr einfach anzuwenden und verursacht keinen Verwaltungsaufwand. Bestände, irreguläre Abgänge und die Verursacher von Kosten können mit dieser Methode nicht festgestellt werden. Nach *Preißler/Dörrie* (1987, S. 90) ist diese Methode trotz ihres relativ geringen Informationsgehaltes in der Praxis sehr verbreitet.

2.4.1.5 Bewertung des Materialverbrauchs

Die Materialkosten eines Einsatzfaktors erhält man durch Bewertung der Verbrauchsmenge. Mathematisch gesehen sind die Materialkosten gegeben durch:

$$\text{Materialkosten} = \sum_i \text{Preis } i \times \text{Verbrauchsmenge } i$$

mit i als Index für die einzelnen verbrauchten Stoffe und zugekauften Teile. Übersicht 11 zeigt mögliche Wertansätze zur Bewertung des Materialverbrauchs.

* Verrechnungspreis
* Opportunitätspreis
* Wiederbeschaffungspreis
* Anschaffungspreis
* Tagespreis

Übersicht 11: Wertansätze zur Bewertung des Materialverbrauchs

Verrechnungspreise sind Plangrößen. Sie gelten einen längeren Zeitraum. Sie sind Sollvorgabe für die Angebotskalkulation und dienen der betrieblichen Abrechnung. Mit *Verrechnungspreisen (Festpreise)* werden verschiedene Ziele verfolgt. Durch sie können störende Preisschwankungen auf Beschaffungsmärkten eliminiert werden. Ein Soll-Ist-Vergleich und die Analyse der *Preisabweichung* wird durch Verrechnungspreise erst möglich. Des weiteren kann durch einen Verrechnungspreis die Substanzerhaltung des Betriebes sichergestellt werden. Man orientiert sich bei der Festlegung der Verrechnungspreise an Wiederbeschaffungspreisen. Auch *Opportunitätspreise* sind als Verrechnungspreise geeignet. Es handelt sich um Alternativpreise für einen entgangenen Nutzen. Meist wird argumentiert, man hätte das Material alternativ verwenden oder verkaufen können.

Die Bewertung zu Anschaffungspreisen bezeichnet man als *Istpreis-Verfahren*. Der *Anschaffungspreis* wird oft auch *Einstandspreis* genannt. Er ist der tatsächlich bei der Anschaffung bezahlte Preis. Wenn die Anschaffungspreise stark schwanken, ist eine Abrechnungskontinuität nicht gegeben. Betriebsergebnisse lassen sich dann nur schwer ermitteln und kaum mehr analysieren. Die Angebotspreise variieren mit den Beschaffungspreisen und sorgen bei der Kundschaft oft für Verstimmungen. Wen ärgert das tägliche Auf und Ab der Benzinpreise nicht? Daher werden häufig *Durchschnittspreise* angesetzt. Man unterscheidet den periodischen (gewogenen) und den permanenten (gleitenden) Durchschnittspreis. Bei *periodischen (gewogenen)* Durchschnittspreisen erfolgt die Ermittlung am Ende einer Periode. Hier addiert man zum Buchwert am Anfang einer Periode alle wertmäßigen Zugänge und dividiert durch die Gesamtmenge.

Anfangsbestand	200 Stück × DM 15 = DM	3 000
1. Zugang	300 Stück × DM 10 = DM	3 000
2. Zugang	500 Stück × DM 14 = DM	7 000
Endbestand	1 000 Stück	DM 13 000

$$\text{Durchschnittspreis} = \frac{13\,000\ \text{DM}}{1\,000\ \text{Stück}} = 13\ \text{DM/Stück}$$

Alle Abgänge der Periode werden mit 13 DM/Stück bewertet.

Wird bei jedem Materialzugang der Durchschnittspreis aufs neue ermittelt, spricht man von *permanenten (gleitenden)* Durchschnittspreisen. Dieser Preis gilt für alle Abgänge, bis ein neuer Zugang erfolgt.

Anfangsbestand	200 Stück × DM 15 = DM 3 000
1. Zugang	300 Stück × DM 10 = DM 3 000
Endbestand	500 Stück	DM 6 000

$$\text{Durchschnittspreis} = \frac{6\,000\ \text{DM}}{500\ \text{Stück}} = 12\ \text{DM/Stück}.$$

Dieser Preis gilt bis zum nächsten Zugang. Mit dem Zugang erfolgt die neue Berechnung des Durchschnittspreises:

1. Abgang	200 Stück × DM 12	= DM	2 400
Bestand	300 Stück	= DM	3 600
2. Zugang	500 Stück × DM 14	= DM	7 000
Endbestand	800 Stück	DM	10 600

$$\text{Durchschnittspreis} = \frac{10\,600\ \text{DM}}{800\ \text{Stück}} = 13,25\ \text{DM/Stück}$$

Dieser Preis gilt wiederum bis zum nächsten Zugang.

Als *Tagespreis* bezeichnet man den an einem bestimmten Tag geltenden Preis. Man kennt den Preis am Tag der Angebotserstellung, den Preis am Verbrauchstag, den Preis am Umsatztag und den *Wiederbeschaffungspreis*.

2.4.2 Personalkosten

Das statistische Amt der Europäischen Gemeinschaft, EUROSTAT, orientiert sich bei seiner Datenerfassung »Gemeinschaftliche Arbeitskostenerhebung« an der Definition der Internationalen Konferenz der Arbeitsstatistik in Genf 1966. Damals wurde festgelegt: »Die *Arbeitskosten* umfassen die Gesamtheit aller von den Arbeitgebern in Zusammenhang mit der Beschäftigung von Arbeitskräften getragenen Aufwendungen.« Die *Arbeitskosten* oder *Personalkosten* fallen für die menschliche Arbeitsleistung an. Im wesentlichen handelt es sich um direkt an Arbeiter und Angestellte bezahlte Löhne und Gehälter sowie um gesetzliche, tarifliche und betriebliche Personalzusatzkosten.

Personalkosten nach Gewerbe	Anteil am Umsatz	Anteil am Rohertrag
Eisenschaffende Industrie	30 %	70 %
Elektrotechnik	33 %	69 %
Straßenfahrzeugbau	26 %	66 %
Baugewerbe	34 %	65 %
Maschinenbau	35 %	65 %
Stahl und Leichtmetallbau	29 %	60 %
Holzbearbeitung	30 %	58 %
Bekleidungsgewerbe	21 %	51 %
Chemische Industrie	27 %	51 %
Einzelhandel	13 %	41 %
Großhandel	8 %	36 %
Ernährungswirtschaft	13 %	34 %

Tabelle 7: Personalkosten nach Gewerbe als Anteil am Umsatz oder am Rohertrag

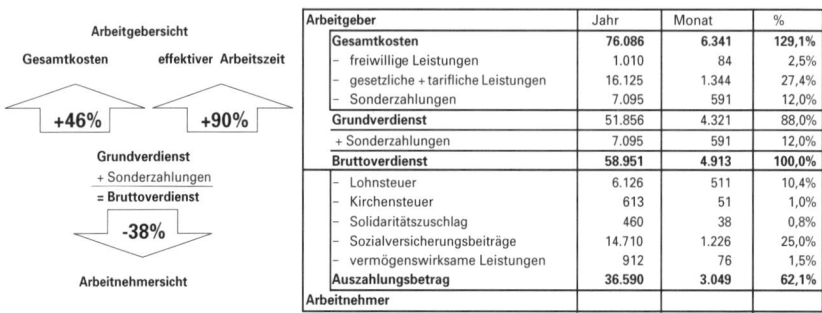

Arbeitgeber	Jahr	Monat	%
Gesamtkosten	**76.086**	**6.341**	**129,1%**
– freiwillige Leistungen	1.010	84	2,5%
– gesetzliche + tarifliche Leistungen	16.125	1.344	27,4%
– Sonderzahlungen	7.095	591	12,0%
Grundverdienst	**51.856**	**4.321**	**88,0%**
+ Sonderzahlungen	7.095	591	12,0%
Bruttoverdienst	**58.951**	**4.913**	**100,0%**
– Lohnsteuer	6.126	511	10,4%
– Kirchensteuer	613	51	1,0%
– Solidaritätszuschlag	460	38	0,8%
– Sozialversicherungsbeiträge	14.710	1.226	25,0%
– vermögenswirksame Leistungen	912	76	1,5%
Auszahlungsbetrag	**36.590**	**3.049**	**62,1%**
Arbeitnehmer			

Abbildung 34: Lohnkosten aus Arbeitgeber- und Arbeitnehmersicht

Die Personalkosten sind für jedes Unternehmen von besonderer Bedeutung. Wertet man die Strukturdaten aus dem Novemberheft 1996 der Deutschen Bundesbank aus, dann verursacht Personal – gemessen am Umsatz – etwa 20 Prozent aller Kosten. Nimmt man den Rohertrag (Rohertrag = Leistung – Materialeinsatz) als Bezugsbasis, so fallen über 60 Prozent für Personalkosten an (siehe hierzu auch Tabelle 7).

Die Personalkosten sind von allgemeinem Interesse und Gegenstand der öffentlichen Diskussion. Arbeitnehmer und Arbeitgeber blicken hierbei durch unterschiedliche Brillen. Erstere argumentieren auf Basis des Auszahlungsbetrags, letztere auf Basis der gesamten Lohnkosten pro effektiver Arbeitszeiteinheit. Abbildung 34 stellt die Sichtweise von Arbeitnehmer und Arbeitgeber dar. Der Abbildung liegen die Berechnungen der Tabelle 8 (vgl. S. 78) unter Annahme eines verheirateten Arbeiters mit zwei Kindern zugrunde.

Die Kosten- und Leistungsrechnung greift in die Diskussion um Lohngerechtigkeit und Lohnverteilung nicht ein. Dies ist Aufgabe der Tarifpartner. Die Kosten- und Leistungsrechnung hat die Aufgabe, Personalkosten systematisch zu gliedern, zu planen, zu erfassen und zu kontrollieren. Sammelstelle für alle Personalkostendaten ist die Personalabteilung. Mit Hilfe des Controlling erfolgt die Planung, Kontrolle und Analyse der Personalkosten in jeder einzelnen Kostenstelle und auch pro Kostenträger.

Die sehr allgemein gehaltene Formulierung der Konferenz der Arbeitsstatistik läßt erahnen, daß es sich bei Personalkosten um eine schwer abgrenzbare Summe von Kostenpositionen handelt. Daher erfolgt die Systematisierung der Personalkosten entsprechend der Zielsetzung. Ein innerbetrieblicher Personalkostenvergleich, und auch der außerbetriebliche Vergleich, kann nur vorgenommen werden, wenn Vergleichsdaten vorliegen. Daher sollte man sich an den Richtlinien des eigenen Verbandes, des Statistischen

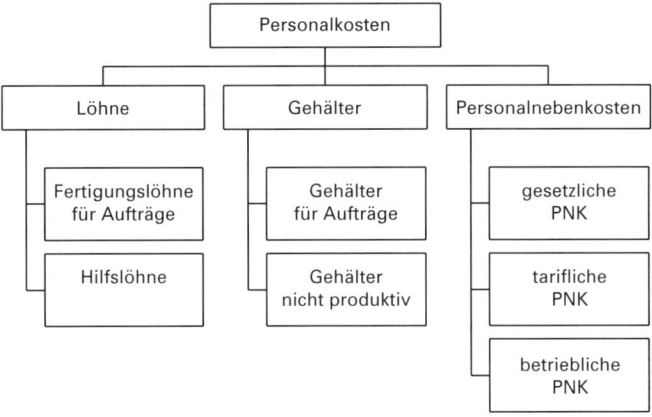

Abbildung 35: Gliederung der Personalkosten

Bundesamtes, den Empfehlungen des Instituts der deutschen Wirtschaft (IW) oder am Modell der Deutschen Gesellschaft für Personalführung (DGFP) orientieren. Nur Personaldaten, die einer bekannten Empfehlung folgen, sind für Vergleiche und das *Benchmarking* geeignet.

Von besonderer Bedeutung sind auftragsbezogene Gliederungen und die Differenzierung in *direkte Personalkosten* wie Löhne und Gehälter und *indirekte Personalkosten*, die Personalnebenkosten *(PNK)*.

Die Unterscheidung in Löhne und Gehälter ist historisch bedingt und orientiert sich am Rentenversicherungsträger.

Fertigungslöhne werden auftragsbezogen erfaßt. Sie fallen als Kosten bei der Erstellung betrieblicher Leistung an. Es handelt sich um Einzelkosten oder variable Kosten, da man hier den Auftrag oder den Kostenträger angeben kann, für den gearbeitet wurde. Man unterscheidet Zeitlohn, Akkordlohn und Prämienlohn. Beim *Zeitlohn* erfolgt die Entlohnung nach der Dauer der Arbeitszeit. Abrechnungsmaßstab sind bei Arbeitern Stunden *(Stundenlohn)* und bei Angestellten Monate *(Monatslohn)*. Der Zeitlohn ist von der Leistung unabhängig. Diese Lohnform wird gewählt, wenn Qualität vor Quantität geht, die Leistung pro Zeiteinheit nicht ermittelbar oder fremdbestimmt ist. Der *Akkordlohn* hängt von der Leistung ab. Voraussetzung für einen Akkord ist die Akkordfähigkeit, das heißt, es handelt sich um bekannte wiederholbare Vorgänge. Bezahlt wird die Verrichtung einer Tätigkeit *(Zeitakkord)* oder eine bestimmte Leistung, wenn ein Arbeiter ein bestimmtes Teil fertigt *(Geldakkord* oder *Stückakkord)*. Eine Mischform zwischen Zeitlohn und Akkord ist der *Prämienlohn*. Prämienlohn liegt vor, wenn zu einem vereinbarten Grundlohn, der nicht unter dem tariflichen Zeitlohn liegen darf, ein zusätzliches Entgelt, die Prämie, bezahlt wird. Der Arbeiter kann hier die Leistung beeinflussen, Akkordfähigkeit wird hier jedoch nicht vorausgesetzt.

Hilfslöhne lassen sich nicht auftragsbezogen erfassen. Der Gabelstaplerfahrer bringt eine Palette Material. Der Werkstattschreiber holt die Lohnscheine ab und verteilt die Aufträge. Ein Arbeiter ist mit Umstellungs- oder Säuberungsarbeiten betraut. Auch die Löhne während Reparaturarbeiten, Ausfällen und Störungen fallen hierunter.

Gehälter werden an Angestellte bezahlt. *Angestellter* ist, wer bei der Bundesversicherungsanstalt für Angestellte rentenversichert ist. Rechnet der Angestellte auftragsbezogen ab – dies ist der Fall bei Konstruktionsleistungen, bezahlter Forschung und Entwicklung – dann spricht man von *Gehältern für Aufträge*. Angestellte im Verwaltungsbereich oder im Vertrieb verursachen *nicht-produktive Gehälter*.

Die Personalnebenkosten sind von besonderer Bedeutung. Bei Banken betragen die Personalnebenkosten bereits 98 Prozent der direkten Entlohnung (Bruttoverdienst in Abbildung 34), bei der deutschen Industrie durchschnittlich 80 Prozent und beim deutschen Einzelhandel zirka 70 Prozent. Vereinzelt betragen die Personalnebenkosten über 100 Prozent des Bruttoverdienstes. Alle durch Gesetz oder Verordnung entstandenen Personalnebenkosten nennt man *gesetzliche Personalnebenkosten*. Es sind dies der Arbeitgeberanteil an der Renten-, Kranken-, Arbeitslosen-, Unfall- und Pflegeversicherung. Ferner gehören hierzu die gesetzlich vorgeschriebene Entgeltfortzahlung im Krankheitsfall, die nach dem Feiertagslohnzahlungsgesetz zu zahlenden Feiertage und der nach dem Bundesurlaubsgesetz zu bezahlende Erholungsurlaub.

Die durch Manteltarifverträge fest geschriebenen Personalnebenkosten werden *tarifliche Personalnebenkosten* genannt. Die sonstigen vom Betrieb erbrachten Leistungen werden in *betriebliche* und *sonstige Personalnebenkosten* gegliedert. Unter die erste Gruppe fallen die Kosten für Sanitätsstation, Werksfürsorge, Kindergarten, Kantine, Bücherei, Ferienheim, Sportanlagen, Werkszeitung und Beihilfen für Fahrten, Verpflegung, Bekleidung, Kuren, bei Geburt und Hochzeit sowie die Jubiläumsgeschenke. In der zweiten Gruppe findet man Fluktuationskosten wie Kosten für Inserate, Vorstellungsgespräche, Umzugskosten und Abfindungen bei Entlassungen.

In den Kostenartenplänen erfolgt die Gliederung sehr detailliert. Da die

Abbildung 36: Personalkosten im Kostenartenplan

Personalnebenkosten von großer Bedeutung sind, wird in Abbildung 36 die Erfassung im Kostenartenplan dargestellt.

Die Personalkosten werden sehr genau geplant. In Zusammenarbeit mit der Personalabteilung ermittelt das Controlling die Standardkosten (Normalkosten) für einen Arbeiter und für einen Angestellten. Je nach Branche und Tarifbezirk ist die nominale Arbeitszeit im Tarifvertrag geregelt. Zudem hat jedes deutsche Bundesland eine unterschiedliche Anzahl von Feiertagen. Daher erfolgt die Ermittlung der Personalkosten unter Berücksichtigung der Branche, des Tarifbezirks, des Bundeslandes und unter Berücksichtigung spezieller Haustarife. Das Controlling ermittelt die Personalkosten, wie in Tabelle 8 dargestellt. Bei der Ermittlung der effektiven Arbeitszeit geht man von der Wochenzahl und den durchschnittlichen Arbeitsstunden pro Woche aus. Von dieser nominellen Arbeitszeit, beispielsweise 1 965 Stunden pro Jahr, zieht man alle Fehlzeiten, wie Feiertage, Krankentage, Urlaub und

	Zeile	Tage	Stunden	DM	% von eff. Ar-beitszeit	% von Grund-verdienst	Berechnungs-basis
Nominale Arbeitszeit	1	262,0	1965	51 856			
Feiertage	2	12,0	90	3 114	7,8 %		
Krankheitstage	3	15,5	116	4 022	10,1 %		
Urlaub	4	31,0	233	8 045	20,1 %		
sonstige Freistellungen	5	1,5	11	389	1,0 %		
Summe Ausfallzeiten	6	60,0	450	15 570	38,9 %		
Effektive Arbeitszeit	7	202,0	1515	39 981	100,0 %		26,39
Grundverdienst	8	262,0	1965	51 856	129,7 %	100,0 %	
Sonderzahlungen							
Vermögensw. Leistung	9	DM/Person		912	2,3 %	1,8 %	
Urlaubsgeld	10	50 % von Z.4		4 022	10,1 %	7,8 %	
Weihnachtsgratifikation	11	50 % von Z.8/12		2 161	5,4 %	4,2 %	
Summe (9 – 11)	12			7 095	17,7 %	13,7 %	
Brutto Jahresverdienst	13		Basis	58 951	147,4 %	113,7 %	
Gesetzliche Sozialversicherung							max.
Rentenversicherung	14	10,15 % v. Basis		5 984	15,0 %	11,5 %	98 400
Krankenversicherung	15	6,50 % v. Basis		3 832	9,6 %	7,4 %	73 800
Arbeitslosenversicherung	16	3,25 % v. Basis		1 916	4,8 %	3,7 %	98 400
Unfallversicherung	17	2,40 % v. Basis		1 415	3,5 %	2,7 %	73 800
betriebliche Altersvorsorge	18	4,50 % v. Basis		2 653	6,6 %	5,1 %	98 400
Pflegeversicherung	19	8,50 % v. Basis		326	0,8 %	0,6 %	3 832
Summe (14 – 19)	20			16 125	40,3 %	31,1 %	
Betriebliche und freiwillige Leistungen							
Fahrgeldzuschuß	21			240	0,6 %	0,5 %	
Kantine	22			770	1,9 %	1,5 %	
Betriebsrat	23						
Summe (21 – 23)	24			1 010	2,5 %	1,9 %	
Gesamtkosten	25			76 086	190,3 %	146,7 %	50,22

Tabelle 8: Ermittlung effektiver Arbeitszeit und tatsächlicher Personalkosten

sonstige Ausfallzeiten, ab. Man erhält die effektive Arbeitszeit. Das Unternehmen bezahlt die nominelle Arbeitszeit, produktiv verfügbar ist der Arbeiter jedoch nur während der effektiven Arbeitszeit. Ein Arbeiter, der 26,39 Mark pro Stunde verdient, verursacht einen Grundverdienst (Grundlohn) von 51 856 Mark. Berücksichtigt man nun die tariflichen Sonderzahlungen, wie vermögenswirksame Leistungen, Urlaubs- und Weihnachtsgeld, so erhält man den Bruttoverdienst des Arbeiters. Addiert man hierzu die freiwilligen betrieblichen Leistungen, die gesetzliche und tarifliche Leistung, so sind die Gesamtkosten gegeben.

Ein Arbeiter, der 26,39 Mark pro Stunde direkt verdient, kostet das Unternehmen effektiv 50,22 Mark pro Stunde. Die Personalnebenkosten betragen 90,3 Prozent der direkten Lohnkosten. Der Betrag von 50,22 Mark pro Arbeitsstunde ist Basis der Kalkulation im System der Voll- und der Teilkostenrechnung.

Wesentlich exakter wird die Planung, wenn man pro Kostenstelle den Bedarf an Personal plant und die unterschiedliche Qualifikation und das Lohnniveau der Mitarbeiter in den einzelnen Kostenstellen berücksichtigt.

Die *Erfassung von Personalkosten* erfolgt zentral über Zeiterfassungssysteme, in Kostenstellen durch Lohn- oder Akkordscheine, Stempelkarten und über Arbeitsberichte.

Einmal im Monat erhält der Kostenstellenleiter einen Betriebsabrechnungsbogen. Dem beigefügten Einzelkostennachweis kann der Kostenstellenleiter entnehmen, welche Personalkosten im abgelaufenen Monat in seiner Kostenstelle angefallen sind. Er selbst und das Controlling analysieren diese Kosten. Hierauf wird in Kapitel 5 eingegangen.

2.4.3 Funktionskosten

Unter »*Funktionskosten*« sammelt man alle Kosten, die durch die Existenz des Unternehmens, die Betriebsbereitschaft und durch die Steuerung eines Unternehmens verursacht werden. Im allgemeinen handelt es sich um Gemeinkosten für Instandhaltung, Energie, Hilfsstoffe, Werkzeuge, Mieten, Steuern, Abgaben, Pflichtbeiträge und Gebühren, die Nebenkosten des Zahlungsverkehrs, Versicherungsprämien, Provisionen, Transportkosten und Verpackung, den allgemeinen Verwaltungsaufwand wie Büromaterial, Porti, Telefon, Mahn- sowie Klage- und Rechtsberatungskosten. Der Industrie-Kontenrahmen berücksichtigt diese betrieblichen Aufwendungen, wie in Abbildung 37 dargestellt, in den Kontenklassen 6 und 7.

Diese hier aufgeführten Kosten schwanken je nach Branche in Höhe und Zusammensetzung stark. Auskünfte über die Zusammensetzung veröffentlichen die einzelnen Verbände. Ansonsten sind diese Kosten- und Strukturdaten sehr schwer erhältlich. Die Deutsche Bundesbank veröffentlicht im Monatsbericht November Kosten- und Strukturdaten. Die Steuern schwanken gemessen am Einkommen und Ertrag erheblich. In der Holzbearbeitung betragen Steuern nur 0,2 Prozent und im Großhandel etwa 16 Prozent vom Ertrag.

Die Planung, Erfassung, Kontrolle und Analyse der Kosten erfolgt am Ort ihrer Entstehung, d.h. in den einzelnen Kostenstellen. Das Controlling verteilt hierzu im Rahmen der Sachkostenplanung pro Kostenstelle individuelle Planungsunterlagen. Der Kostenstellenleiter erhält vom Controlling, wie in Tabelle 9 gezeigt, alle Kostenarten, die seine Kostenstelle im letzten

Abbildung 37: Funktionskosten im Industrie-Kontenrahmen

Jahr [Vorjahr (t–1)] und im aktuellen Jahr (hier in den Monaten 1–8) beansprucht hat, ausgedruckt. Aufgabe des Kostenstellenleiters ist es, die grau hinterlegten Spalten in Tabelle 9 auszufüllen. Es handelt sich um eine Hochrechnung des aktuellen Jahres (HR 1–12) und um eine Planung für das nächste Jahr (Planung t+1). Aus der Hochrechnung entsteht im Controlling eine Prognose für das aktuelle Jahr. Aus den Plandaten wird die Budgetplanung des nächsten Jahres erstellt.

Im Betriebsabrechnungsbogen der Kostenstelle 225 NC-Drehen tauchen die geplanten Werte in den Soll-Ist-Vergleichszeilen (SIVZ) wieder auf. Plant ein Kostenstellenleiter eine nicht vom Controlling vorgegebene Kostenart,

SIVZ	Kostenart	IST 1–12 t–1	IST 1–8 t	HR 1–12 t	Planung t+1	Abw. %
Sachkostenplanung für Planjahr t + 1					
Kostenstelle 225 NC – Drehen			Leitung Herr Müller			Bereich T:
19	44001 Betriebs- und Hilfsstoffe	1500	900	1350	1400	3,7 %
20	44101 WKZ mit Schnellverschluß	7200	5700	8500	8800	3,5 %
20	44110 WKZ Spanabhebend	1800	1420	2100	2000	–4,8 %
20	44111 Sonstige Werkzeuge	450	300	450	460	2,2 %
20	44121 Vorrichtungen	200	140	210	200	–4,8 %
23	44401 Material für Reparaturen	350	300	450	440	–2,2 %
27	46070 Literatur	80	0	0	0	
33	46130 Bürobedarf	250	180	270	250	–7,4 %
37	46140 Weiterbildung	900	750	1100	1200	9,1 %
	Summe	12730	9690	14430	14750	2,2 %

Tabelle 9: Sachkostenplanung in einer Fertigungskostenstelle nach dem Gemeinschafts-Kontenrahmen der Industrie

dann entnimmt er diese aus dem Kostenartenplan und ergänzt seinen Sachkostenplan entsprechend. Die Sachkosten der einzelnen Kostenstellen werden zu Bereichskosten zusammengefaßt. Die Bereichsleiter erkennen frühzeitig Kostenverschiebungen und können steuernd eingreifen. Jedem einzelnen Kostenstellenleiter werden laufend über *Einzelkostennachweise* die Ist-Kosten pro Kostenart mitgeteilt. Ein Vergleich mit den Plandaten und entsprechende Analysen pro Kostenart zeigen die Wirtschaftlichkeit der Kostenstellen. Mehr hierzu erfahren Sie in Kapitel 3.

Die Kosten für Instandhaltung von Maschinen und maschinellen Anlagen plant jede Fertigungskostenstelle selbst. Die Planung, Abrechnung und Kontrolle von Renovierungen an Gebäuden wird von der Raumkostenstelle vorgenommen.

Mieten und *Pachten* gehören zur Raumkostenstelle. Ein Leasingobjekt wird in der Regel einer Kostenstelle zugeordnet. Es ist dies die Kostenstelle, welche das Leasingobjekt hauptsächlich nutzt. Wird das Objekt von anderen Kostenstellen auch genutzt, erfolgt eine innerbetriebliche Verrechnung. *Lizenzen* und *Konzessionen* werden von einer Sammelkostenstelle des Verwaltungsbereichs gesteuert. Die Verrechnung erfolgt oft direkt auf ein einzelnes Produkt oder eine Produktgruppe. In seltenen Fällen werden auch Profit Center mit diesen Kosten belastet.

Abgaben, Pflichtbeiträge und Gebühren werden meist in einer Sammelkostenstelle des Verwaltungsbereichs geplant. Die Kosten für Aufsichtsräte, die Kosten der Hauptversammlung und die der Abschlußprüfung sind Fixkosten. Sie werden in der Kostenstelle »kaufmännische Leitung« geplant und später gebucht. Abgaben und Gebühren an die öffentlichen Einrichtungen für besondere Verwaltungsleistungen wie Erteilung von Bescheinigungen, Genehmigungen, Pflege von Straßen, Wegen und Plätzen lassen sich im Regelfall einzelnen Kostenstellen zuordnen. Diese Kosten können sowohl fix als auch variabel sein und sind entsprechend zu planen und zu verrechnen.

Die *Kosten des Geldverkehrs* werden in den Kostenstellen »Kreditoren« und »Debitoren« geplant. Abgesehen von geringen fixen Kosten handelt es sich hier meist um variable Kosten, die mit der Anzahl von Transaktionen auf externen Konten zusammenhängen.

Für die *Mahnkosten* ist in der Regel die Debitorenstelle zuständig. Sofern das Unternehmen keine selbständige Rechtsabteilung hat, werden die Kosten für Klage und Rechtsberatung auf der Kostenstelle »kaufmännische Leitung« geplant, erfaßt und analysiert.

Für die Ausgabe des *Büromaterials* wird meist eine eigene Kostenstelle geschaffen. Diese ist entweder dem Einkauf oder dem Bereich »allgemeine Dienste« zugeordnet. Diese spezielle Kostenstelle versorgt das gesamte Unternehmen mit Büromaterial und sonstigem Material des täglichen Bedarfs. Die Planung, Beschaffung und Verwaltung erfolgt von dieser Kostenstelle aus. Abgerechnet wird meist über einen Materialentnahmeschein.

Zeitungen und *Fachliteratur* werden in größeren Unternehmen zentral durch die betriebliche Bibliothek verwaltet und abgerechnet. Ist eine solche Stelle nicht vorhanden, wird diese Kostenart in jeder einzelnen Kostenstelle geplant und durch die Finanzbuchhaltung verursachungsgerecht dem Bestellenden in Rechnung gestellt.

Postgebühren und die Kosten der *Telekommunikation* sammelt man auf der Stelle »Hauspost«. Diese Hilfskostenstelle verteilt ihre Stellenkosten verursachungsgerecht auf die nutzenden Kostenstellen. Beim Telefon ist dies relativ leicht. Moderne Telefonanlagen können die Gespräche pro Apparat abrechnen. Mit dem Postverkehr ist es schwerer. Hier erfolgen Stichproben, welche den Verteilungsschlüssel der Umlage bestimmen.

Reisekosten plant man pro Mitarbeiter und Kostenstelle. Die Verrechnung ist problemlos. *Bewirtungskosten* und *Präsentationen* können der verursachenden Kostenstelle direkt belastet werden. Stets gibt es eine hierfür verantwortliche Person. Die *Werbung* wird vom Marketing oder vom Vertrieb geplant. Je nach Aktion können die Werbekosten einem Produkt, einer Produktgruppe oder einem Bereich zugeordnet werden. Reine *Imagewerbung* trägt das Unternehmen.

Ausgangsbasis für Kosten von Versicherungen sind bestehende *Versicherungsverträge.* Diese werden je nach Versicherungsart verschieden geplant und abgerechnet. Hier sind Änderungen in der Planperiode wie sinkende und steigende Beitragssätze, neue Versicherungen, neue Risiken und mögliche Versicherungswechsel zu berücksichtigen.

Die *Kfz-Versicherungen* sind auf den Einsatzkostenstellen der Kraftfahrzeuge als fixe Kosten zu planen und zu verrechnen. Alle mit Gebäuden verbundenen Versicherungen, wie *Versicherungen gegen Sturm-, Brand- und Wasserschäden,* sind als fixe Kosten in der Raumkostenstelle zu planen. Alle mit Vermögenswerten verbundenen Versicherungen werden zentral in einer *Sammelkostenstelle* des Verwaltungsbereichs gesammelt und dann ähnlich dem Vorgehen bei kalkulatorischen Zinsen auf die einzelnen Kostenstellen verteilt. Die Prämien der *Betriebshaftpflichtversicherung* und der *Feuer-Betriebsunterbrechungsversicherung* stellen fixe Kosten dar und werden einer Sammelkostenstelle des Verwaltungsbereichs zugeordnet. Die *Maschinen-Betriebsunterbrechungsversicherung* wird jedoch der Kostenstelle belastet, in der die jeweilige Maschine aktiviert ist.

Pflichtbeiträge und Gebühren zur Industrie- und Handelskammer oder Beiträge an Verbände belasten das Unternehmen als Ganzes und sind Fixkosten. Sie werden meist in einer Sammelkostenstelle des Verwaltungsbereichs geplant und auch erfaßt.

Unter *Steuer* wird die gesetzlich vorgeschriebene Zahlungsverpflichtung einer natürlichen oder juristischen Person verstanden. Die Steuer ist an das öffentlich-rechtliche Gemeinwesen (Bund, Länder, Gemeinden, Kirche) zu bezahlen. Steuern entstehen dem Unternehmen nicht bei Leistungserstellung, sondern werden vom Gemeinwesen erhoben, damit dieses seinen öffentlichen Aufgaben nachkommen kann. Nach der Abgabenordnung (§ 3 AO) zählen auch Zölle und Abschöpfungen unter den Steuerbegriff.

Die Buchhaltung unterscheidet die in Abbildung 38 zusammengestellten Steuerarten.

Die *aktivierungspflichtigen Steuern* sind *Anschaffungsnebenkosten* (§ 255 Abs. 1 HGB) und werden auf dem entsprechenden Bestandskonto gebucht. Wir kaufen ein Grundstück für betriebliche Zwecke und aktivieren die Grunderwerbsteuer. Wir kaufen eine Maschine in einem Nicht-EU-Land

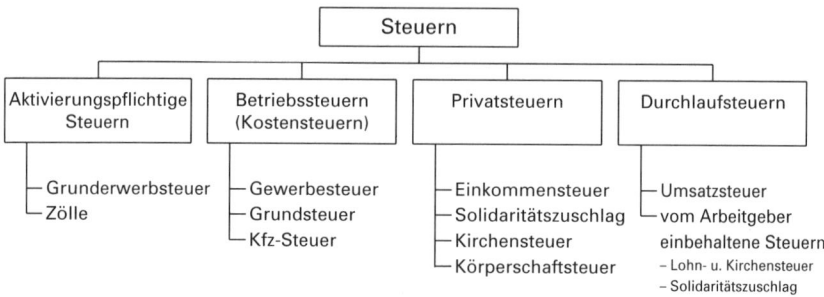

Abbildung 38: Steuern im Überblick

und aktivieren die Einfuhrzölle. Aktivierungspflichtige Steuern werden bei den kalkulatorischen Zinsen und der kalkulatorischen Abschreibung berücksichtigt.

Nach den Leitsätzen für die Preisermittlung aufgrund von Selbstkosten (LSP, Nr. 30) gehören zu den *Kostensteuern* die Gewerbesteuer, die Vermögensteuer, die Grundsteuer, die Kfz-Steuer und die Steuern auf Selbstverbrauch (§ 30 UStG). Auch der Bundesverband der Deutschen Industrie (BDI) und andere Fachverbände schließen sich dieser Definition an. Die Kostensteuern werden vom Unternehmen geplant. Die vom Finanzamt festgelegten Vorauszahlungen können nicht für die Planung herangezogen werden, da die Festlegung auf der Basis von Vergangenheitsdaten beruht und sich an vergangenen Steuerzahlungen orientiert.

Seit dem 01.01.1998 ist die Gewerbekapitalsteuer abgeschafft. Die *Gewerbesteuer* entspricht der *Gewerbeertragsteuer.* Sie wird von den Gemeinden erhoben. Ausgangsbasis der *Gewerbeertragsteuer* ist der nach einkommen- oder körperschaftsteuerlichen Vorschriften ermittelte Gewinn. Dieser wird um gewerbesteuerliche Hinzurechnungen (zum Beispiel Zinsen auf Dauerschulden) und Kürzungen (eventuell bestehenden Gewerbeverlust) modifiziert. Der Gewerbeertrag wird mit einer einheitlichen Steuermeßzahl (für Kapitalgesellschaften fünf Prozent, für Einzelunternehmen und Personengesellschaften je nach Höhe des Gewerbeertrags zwischen einem und fünf Prozent gestaffelt) multipliziert. Man erhält für den Gewerbeertrag den Steuermeßbetrag. Um die Gewerbesteuer zu erhalten, wird dieser mit dem Hebesatz der jeweiligen Gemeinde, derzeit zwischen 300 Prozent und 600 Prozent, multipliziert. Die Gewerbesteuer wird einer Sammelkostenstelle des Verwaltungsbereichs als fixe Kosten zugeordnet.

Die *Grundsteuer* wird mit Hilfe des *Einheitswertbescheids* geplant und auf betrieblich genutzte Grundstücke (Kosten) und ungenutzte Grundstücke (neutraler Aufwand) aufgeteilt. In der Raumkostenstelle fällt die Grundsteuer als fixe Kosten an.

Die *Kfz-Steuern* werden auf den Einsatzkostenstellen der Kraftfahrzeuge als fixe Kosten geplant und unter dem Jahr dort auch verrechnet. Für Kraftfahrzeuge, die in der Anlagenbuchhaltung geführt werden oder geleast sind, existieren Steuerbescheide pro Kraftfahrzeug. Bei einer geplanten Anschaffung oder bei einem neuen Leasingvertrag müssen die Kfz-Steuern errechnet werden.

Die einzige Privatsteuer, die möglicherweise als Kostensteuer in die Kostenartenrechnung eingeht, ist die Vermögensteuer. In der Bundesrepublik wurde sie 1998 abgeschafft. Da diese Steuerform immer wieder Gegenstand von Diskussionen ist, bleibt eine Wiedereinführung nicht endgültig ausgeschlossen. Daher wird sie hier kurz erläutert: Es handelt sich bei der *Vermögensteuer* um eine *Substanzsteuer*, die das Weltvermögen aller natürlichen und juristischen Personen mit Wohnsitz in der Bundesrepublik, sofern kein Doppelbesteuerungsabkommen existiert, besteuert. Besteuert wird land- und forstwirtschaftliches Vermögen, Grundvermögen, Betriebsvermögen sowie das sonstige Vermögen (Spareinlagen, Zahlungsmittelbestände, Schmuck und Münzen). Die Summe der einzelnen Vermögensarten bildet das Rohvermögen. Hiervon werden Schulden und ein Freibetrag abgezogen. Der restliche Betrag unterliegt der Besteuerung. Bei natürlichen Personen werden das Produktivvermögen (Betriebsvermögen, Aktien, Anteile an einer GmbH und Investmentanteile) und das Grundvermögen besteuert, bei juristischen Personen das gesamte steuerpflichtige Vermögen. Am einfachsten kalkuliert man die Vermögensteuer als fixe Kosten nach obigem Vorgehen in einer Sammelkostenstelle des Verwaltungsbereichs.

2.4.4 Kalkulatorische Kosten

Kalkulatorische Kosten sind Kosten, denen entweder kein Aufwand (Zusatzkosten) oder ein Aufwand in anderer Höhe (Anderskosten) gegenübersteht. Durch sie soll der tatsächliche Wertverzehr für interne Planungs- und Kontrollzwecke erfaßt werden, unabhängig von handelsrechtlichen Vorschriften und bilanzpolitischen Maßnahmen. Die Kosten- und Leistungsrechnung möchte ein objektives, vollständiges und am Normal orientiertes Bild wiedergeben. Hierdurch wird die Aussagefähigkeit der

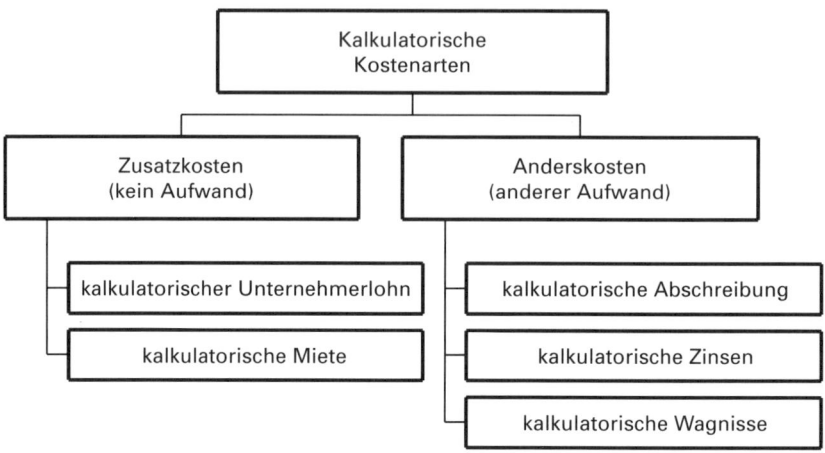

Abbildung 39: Kalkulatorische Kostenarten
Quelle: In Anlehnung an *Preißler/Dörrie* (1987, S. 98)

Abrechnung erhöht und eine Vergleichbarkeit und Transparenz geschaffen. In der Finanzbuchhaltung erfolgt die Ermittlung des Aufwandes nach handels- oder steuerrechtlichen Vorschriften. Dieser Aufwand entspricht nicht dem wahren Wertverzehr. Je nach Unternehmensziel können bilanziell und steuerrechtlich zulässige Wahlrechte ausgenutzt werden. Es entsteht ein bilanz- und steuerpolitisch orientiertes Bild des Unternehmens. In Abbildung 17 sind die Zusatzkosten, die aperiodischen Anderskosten und die bewertungsbedingten Anderskosten vorgestellt worden. Im folgenden wird nun jede einzelne kalkulatorische Kostenart besprochen. Preißler/Dörrie unterscheiden die in Abbildung 39 zusammengestellten kalkulatorischen Kostenarten.

Die Inhaber einer Personengesellschaft oder der Inhaber eines Einzelunternehmens erhält kein Gehalt. Der kalkulatorische Unternehmerlohn wird für die Tätigkeit der Inhaber angesetzt, um den Vergleich zum Geschäftsführer von Kapitalgesellschaften zu ermöglichen. Letzterer bezieht ein Gehalt, und dieses gilt als Aufwand. Die kalkulatorische Miete wird berechnet für vom Inhaber einer Personengesellschaft oder eines Einzelunternehmens dem Betrieb zur Verfügung gestellte Privaträume. Die kalkulatorische Abschreibung erfaßt den tatsächlichen Wertverzehr der Produktivgüter. Sie kann höher oder niedriger als die nach Handels- oder Steuerrecht vorgenommene Abschreibung ausfallen. Kalkulatorische Zinsen werden für das betriebsnotwendige Kapital angesetzt. Die kalkulatorischen Wagnisse stellen *aperiodische Kosten* dar. Sie treten bei Einzelwagnissen wie Diebstahl, Preissenkungen, Konstruktionsfehlern, Gewährleistungen, fehlgeschlagener Forschung und Entwicklung sowie dem Verlust von Anlagen auf.

2.4.4.1 Kalkulatorischer Unternehmerlohn

Der *kalkulatorische Unternehmerlohn* ist kein Aufwand. In der Kosten- und Leistungsrechnung werden für den Verbrauch eines Produktionsfaktors Kosten angesetzt. Dem Ansatz liegt der Gedanke von Opportunitätskosten zugrunde. Die Höhe des kalkulatorischen Unternehmerlohns orientiert sich am konkreten Einzelfall. Von zentraler Bedeutung ist die Frage: Welches Gehalt ist für die Unternehmertätigkeit marktgerecht? Qualifizierte Auskünfte erteilen die Beratungsgesellschaften *Kienbaum* oder *Staufenbiehl*. Die preiswerteste Auskunft erhält man über Computeraktionen der Managementzeitschriften *Capital, Impulse* oder *Wirtschaftswoche* und der *Süddeutschen Zeitung*, welche hier eng mit der *geva* in München zusammenarbeitet.

Die Höhe des Einkommens hängt im einzelnen ab von

* der Branche,
* der Höhe des Umsatzes,
* der Hierarchiestufe,
* der Ertragslage (im Branchenvergleich),
* der Mitarbeiterzahl,
* der Funktion im Unternehmen,
* dem Ausbildungsabschluß,
* der Zugehörigkeit zum Unternehmen,
* den Nebenleistungen wie Dienstwagen und Altersversorgung.

Auch nach den Leitsätzen für die Preisermittlung auf Grund von Selbstkosten (LSP) sind gemäß Nr. 24 (3) durchschnittliche Gehälter eines Angestellten mit gleichwertiger Tätigkeit in einem Unternehmen am gleichen Standort, gleichen Geschäftszweig und gleicher Bedeutung für die Bemessung des kalkulatorischen Unternehmerlohns heranzuziehen. Die Größe des Betriebes, der Umsatz und die Zahl der Mitarbeiter sind zu berücksichtigen. Die LSP läßt auch zu, mit Hilfe eines anderen objektiven Leistungsmaßstabes kalkulatorische Unternehmerlöhne zu bestimmen. Die Gebührenordnung der Architekten ist typisch für einen indirekten Leistungsmaßstab.

Däumler/Grabe (1984, S. 34) stellen in den Kalkulationsvorschriften bei öffentlichen Aufträgen die 1940 entstandene Seifenformel (staatliche Kalkulationsvorschrift für den Seifenpreis) und die von *von Zintzen* entwickelte Formel zur Bestimmung des kalkulatorischen Unternehmerlohns vor. Mit diesen Formeln ermittelt man den jährlichen kalkulatorischen Unternehmerlohn. Die Seifenformel lautet:

$$\text{kalkulatorischer Unternehmerlohn} = 18 \times \sqrt{Jahresumsatz}$$

Nach von Zintzen ermittelt man den kalkulatorischen Unternehmerlohn folgendermaßen:

$$\text{kalkulatorischer Unternehmerlohn} = \frac{U \times (y + p)}{\sqrt{(M + L)/2}}$$

mit U = Umsatz, M = Materialeinsatz, L = Lohneinsatz, p = steuerlicher Gewinn in Prozent des steuerlichen Eigenkapitals und y gemäß Tabelle 10

Kapital-Umschlagshäufigkeit	y
bis zu 2 mal	13
bis zu 4 mal	12
bis zu 6 mal	11
bis zu 8 mal	10
bis zu 10 mal	9
bis zu 12 mal	8
bis zu 14 mal	7
über 14 mal	6

Tabelle 10: Faktor der Kapital-Umschlagshäufigkeit für kalkulatorischen Unternehmerlohn nach von Zintzen

Nach *Däumler/Grabe* (1984, S. 35) werden die Verfahren mit indirekten Leistungsmaßstäben gelegentlich als Abrechnungsgrundlage von staatlichen Auftraggebern anerkannt. Ansonsten sind sie gänzlich unbedeutend. Vor diesen Verfahren muß sogar gewarnt werden. Sie können nur beschränkt eingesetzt werden und zeigen in Grenzbereichen unplausible Ergebnisse. Ein Umsatz von vier Mark bringt nach der Seifenformel einen Unternehmerlohn von 36 Mark, ein Umsatz von 10 000 Mark 1 800 Mark und ein Umsatz von 1 000 000 Mark gerade 18 000 Mark Unternehmerlohn.

2.4.4.2 Kalkulatorische Miete

Die *kalkulatorische Miete* wird für Privaträume angesetzt, die Inhaber von Einzelunternehmungen und Personengesellschaften für betriebliche Zwecke zur Verfügung stellen. Dem Ansatz liegen wie beim kalkulatorischen Unternehmerlohn die Opportunitätskosten zugrunde. Die Höhe der kalkulatorischen Miete orientiert sich am örtlichen Mietspiegel. Der Mietspiegel kann erfragt werden bei den örtlichen Maklern, den Banken, den Verbraucherschutzverbänden und den Bauverwaltungsämtern der Gemeinden.

Die kalkulatorische Miete wird oft mit den *kalkulatorischen Raumkosten* verwechselt. Die kalkulatorischen Raumkosten werden nach Kostenart auf der Raumkostenstelle gesammelt. Im wesentlichen fallen an:

- Fixkosten, wie Gebäudeabschreibung, Zinsen auf das im Gebäude gebundene Kapital, Grundsteuer, Versicherungsbeiträge für Brand-, Wasser- und Haftpflichtversicherung und die Personalkosten für Hausmeister, Wachdienst und Pförtner
- variable Kosten für Heizung, Beleuchtung, Reinigung und Instandsetzung.

Art	Qualität	Basis	Preis
Büro	einfach	qm	DM 12,50
	geheizt	qm	DM 13,50
	klimatisiert	qm	DM 20,00
	geheizt und gereinigt	qm	DM 17,50
	klimatisiert und gereinigt	qm	DM 24,00
	geheizt, gereinigt und geschlossen	qm	DM 18,50
Fertigung		qm	DM 20,00
		m^3	DM 5,00
Lager		qm	DM 12,00
		m^3	DM 3,00

Tabelle 11: Verrechnungspreise für betrieblich genutzte Räume

Diese Kosten werden im Rahmen der sekundären Leistungsverrechnung verrechnet. Die Raumkostenstelle erhebt kalkulatorische Raumkosten un-

abhängig davon, ob eigene oder fremd gemietete Räume von den Kostenstellen des Hauses in Anspruch genommen werden. Basis der Umlage sind
Flächen- oder Volumenschlüssel. Oft wird die Qualität des Raumes bei der
innerbetrieblichen Verrechnung berücksichtigt (vgl. Tabelle 11).

2.4.4.3 Kalkulatorische Abschreibung

Durch die *Abschreibung* wird die Wertminderung von Vermögen erfaßt. Es
gibt viele Ursachen für eine Wertminderung. Man unterscheidet zwischen
verbrauchsbedingten, wirtschaftlich bedingten und zeitlich bedingten Ursachen. Bei den *verbrauchsbedingten Ursachen* wird der Nutzungsvorrat verbraucht durch Nutzung oder durch zeitlichen Verschleiß (z. B. ein rostendes
Auto), durch Substanzverringerung (Kiesabbau) oder durch Unfall und Katastrophen. Zum Beispiel kostet ein neues Auto zirka 30 000 Mark. Dieses
Auto verliert mit zunehmendem Alter und mit der Nutzung an Wert. Wenn
man das Auto nach fünf Jahren für 10 000 Mark verkaufen kann, dann
betrug der Wertverlust pro Nutzungsjahr durchschnittlich 4 000 Mark.

Bei *wirtschaftlich bedingten Ereignissen* kann das Wirtschaftsgut an Wert
verlieren. Ursachen für fallende Preise sind meist Nachfrageverschiebung
(Mode) oder technischer Fortschritt, wie beim Computer. Im Fall eines
auslaufenden Patentes, Gebrauchsmusterschutzes oder Miet- oder Pachtver-
trages liegt eine *zeitlich bedingte Ursache* vor.

Bei jeder betrieblichen Anschaffung wird eine Anlagenkarte erstellt. In
dieser Karte sind alle betriebswirtschaftlich wichtigen Daten eines Vermö-
gensgegenstandes vermerkt (vgl. Abbildung 40).

Bezeichnung: Filiale 0815   Inventar Nr. 4711

Technische Daten: VW Golf (Daten vom KFZ - Schein)

Wirtschaftliche Daten
Datum der Inbetriebnahme: 01.03.1997
Anschaffungskosten: DM 30 000
steuerliche Abschreibung linear in 5 Jahren
bilanzielle Abschreibung dito steuerliche
kalkulatorische Abschreibung linear vom Wiederbeschaffungswert:
                                                            DM 35 000

Abbildung 40: Anlagenkarte

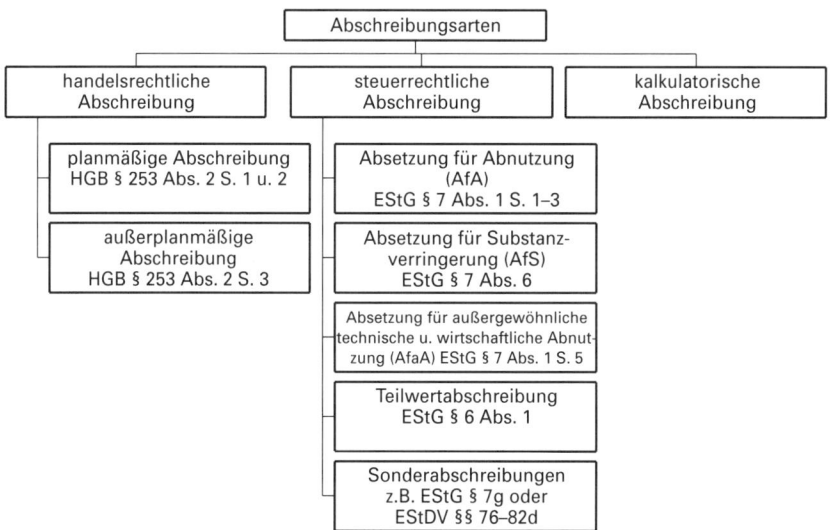

Abbildung 41: Abschreibung nach Handelsrecht, Steuerrecht und kalkulatorisch

Die Anlagenkarte zeigt Unterschiede zwischen steuerlicher, handelsrechtlicher und kalkulatorischer Abschreibung. Die jeweiligen Kategorien sind in Abbildung 41 zusammengestellt.

Nach § 253 HGB *(handelsrechtliche Abschreibung)* dürfen Vermögensgegenstände höchstens mit den Anschaffungs- oder Herstellungskosten angesetzt werden. Bei Vermögensgegenständen des Anlagevermögens, deren Nutzung zeitlich begrenzt ist, sind die Anschaffungs- oder Herstellungskosten um planmäßige Abschreibungen zu vermindern. Der Plan muß die Anschaffungs- oder Herstellungskosten auf die Geschäftsjahre verteilen, in denen der Vermögensgegenstand voraussichtlich genutzt werden kann. Wird das Auto in einen Unfall verwickelt und entsteht eine voraussichtlich dauernde Wertminderung, dann darf eine außerplanmäßige Abschreibung vorgenommen werden.

Bei Vermögensgegenständen des Umlaufvermögens sind Abschreibungen vorzunehmen, um diese mit einem niedrigeren Wert anzusetzen, der sich aus einem Börsen- oder Marktpreis am Abschlußstichtag ergibt. Abschreibungen sind außerdem im Rahmen vernünftiger kaufmännischer Beurteilung zulässig. *Eisele* (1990, S. 498) weist darauf hin, daß nach Handelsrecht alle Abschreibungsverfahren zulässig sind, sofern sie den Grundsätzen ordnungsmäßiger Buchführung entsprechen.

Im Steuerrecht *(steuerrechtliche Abschreibung)* existieren detaillierte Abschreibungsvorschriften. Es gilt hier das Einkommensteuergesetz EStG, die Einkommensteuer-Durchführungsverordnung EStDV, die aktuelle Rechtsprechung und diverse Erlasse zu beachten. Generell gilt auch hier, daß für Vermögensgegenstände höchstens die Anschaffungs- oder Herstellungskosten angesetzt werden dürfen.

Die *kalkulatorische Abschreibung* dient der Unternehmensführung als Informationsinstrument. Entscheidungen werden unterstützt. Der Wertansatz und das Abschreibungsverfahren orientieren sich am jeweiligen Rechnungszweck. Jedoch wird nach herrschender Meinung als Wertansatz der *Wiederbeschaffungswert* eines Wirtschaftsgutes angesetzt. Hierdurch verfolgt man das Ziel der *Substanzerhaltung*. Auch ist man bemüht, die *Abschreibung nach Leistung und Inanspruchnahme* vorzunehmen. Bei einem Auto können gefahrene Kilometer, bei technischen Aggregaten Betriebsstunden die Basis einer verbrauchsorientierten Abschreibung bilden. Nur so ist eine verursachungsgerechte Verrechnung der Abschreibung gegeben. Wenn dies nicht möglich ist, dann bevorzugt man das Verfahren der *linearen Abschreibung*. Dieses Verfahren hat nach *Haberstock* (1987, S. 107) den Vorteil, rechentechnisch einfach zu sein und die einzelnen Perioden mit gleichmäßigen Abschreibungsbeträgen zu belasten.

Die Unterschiede zwischen kalkulatorischer Abschreibung einerseits und der Absetzung für Abnutzung (Abschreibung nach Steuerrecht oder Handelsrecht) zeigen zwei Beispiele.

Der Golf mit Inventarnummer 4711 wird innerhalb von fünf Jahren abgeschrieben. Die Anschaffungskosten sind Basis der steuerlichen und handelsrechtlichen Abschreibung. Man setzt hier für die Absetzung für Abnutzung AfA 6 000 Mark im Jahr an. Die kalkulatorische Abschreibung erfolgt auf der Basis der Wiederbeschaffungskosten von 35 000 Mark. Hier werden 7 000 Mark angesetzt. 6 000 Mark sind Zweckaufwand, und die zusätzlichen 1 000 Mark entsprechen Zusatzkosten.

Durch ein weiteres Beispiel wird die Abgrenzung zum neutralen Aufwand deutlich. Ein Handelsunternehmen erstellte 1995 im Bundesland Sachsen eine Filiale. Die Herstellungskosten betrugen 1 600 000 Mark. Das Gebäude wurde am 10.03.1995 in Betrieb genommen. Nach Steuerrecht ist hier eine Sonderabschreibung von 50 Prozent möglich. Kalkulatorisch wird das Gebäude in zwanzig Jahren abgeschrieben. Der Zweckaufwand beträgt hier 80 000 Mark und der neutrale Aufwand 720 000 Mark.

In der Kosten- und Leistungsrechnung wendet man hauptsächlich die lineare Abschreibung und die Abschreibung nach Leistung und Inanspruch-nahme (verbrauchsorientierte Abschreibung) an. Daneben sind die degres-sive Abschreibung und die progressive Abschreibung bekannt. Diese beiden Abschreibungsverfahren lassen sich aus Sicht der Kosten- und Leistungs-rechnung als unbedeutend bezeichnen und werden daher nicht behandelt. Der interessierte Leser findet die Verfahren bei *Eisele* (1990, S. 490 ff.) und bei *Haberstock* (1987, S. 98 ff.) beschrieben.

Die *lineare Abschreibung* verteilt den Wiederbeschaffungswert gleichmä-ßig auf die geplante Nutzungsdauer. Ein Computer, der für 4 800 Mark gekauft wurde, gehört zur Büro- und Geschäftsausstattung. Er wird in der Handels- und Steuerbilanz innerhalb von fünf Jahren abgeschrieben. Der planmäßige Wertverzehr beträgt somit

$$\text{jährlicher Abschreibungsbetrag} \quad = \quad \frac{\text{Wiederbeschaffungswert}}{\text{Nutzungsdauer}}$$

$$\frac{4\,800\,\text{DM}}{5\,\text{Jahre}} \quad = \quad 960\,\text{DM/Jahr}$$

Bei entsprechender Begründung ist auch eine Abschreibung in drei Jahren möglich. Dann beträgt der jährliche Abschreibungsbetrag 1 600 Mark. Ein Unternehmer, der möglichst schnell abschreiben möchte, liefert die entspre-chende Begründung und realisiert 1 600 Mark Abschreibung. In der Kosten- und Leistungsrechnung ist der tatsächliche Wertverzehr, frei von bilanzpoli-tischen Zielen, gefragt. Um die kalkulatorische Abschreibung vornehmen zu können, sind die Nutzungszeit und der Wiederbeschaffungspreis zu progno-stizieren.

Bei der Abschreibung nach Leistung und Inanspruchnahme muß das Nutzenpotential, die Gesamtleistung, bekannt sein. Angenommen, ein VW Golf hat eine Laufleistung von 200 000 km, dann beträgt der Abschrei-bungssatz pro Kilometer:

$$\text{Abschreibungssatz pro Kilometer} \quad = \quad \frac{30\,000\,\text{DM}}{200\,000\,\text{Kilometer}}$$

$$= \quad 0,15\,\text{DM/Kilometer}$$

Die Abschreibung entspricht dem Wertverzehr und nicht den Betriebsmit-telkosten. Um mit einem VW Golf einen Kilometer fahren zu können, fallen zusätzlich zur Abschreibung Benzinkosten, Versicherung, Steuern, Zinsen, Wartungs- und Reparaturkosten an.

Nehmen wir ein weiteres Beispiel: Ein Bauunternehmer kauft sich einen Bagger für 300 000 Mark. Laut Hersteller läuft der Bagger mindestens 7 500 Betriebsstunden. Der Unternehmer erwartet den Bagger pro Jahr mit 750 Betriebsstunden nutzen zu können. In zehn Jahren gedenkt er wieder einen Bagger zu kaufen. Der Wiederbeschaffungspreis wird dann wahrscheinlich 450 000 Mark betragen. Der Bauunternehmer setzt für kalkulatorische Abschreibung 60 Mark pro Betriebsstunde an. Nachdem fünf Jahre vergangen sind und 225 000 Mark abgeschrieben wurden, betrachtet der Bauunternehmer den Bagger und stellt fest, daß der Bagger wahrscheinlich noch 5 000 Betriebsstunden nutzbar ist. Wie ist jetzt zu verfahren?

Ziel der Kosten- und Leistungsrechnung ist die Ermittlung des verursachungsgerechten Wertverzehrs. Der Bauunternehmer rechnet auf Grund der längeren Nutzungszeit mit Wiederbeschaffungskosten von 490 000 Mark. Diese dividiert er durch die Gesamtnutzung von bisher 3 750 Betriebsstunden und den noch zu erwartenden 5 000 Betriebsstunden. Er erhält einen

$$\text{Abschreibungssatz von } \frac{490\,000\ \text{DM}}{8\,750\ \text{Betriebsstunden}} = 56\ \text{DM pro Betriebsstunde.}$$

Jeder andere Ansatz ist falsch. *Haberstock* (1987, S. 103 ff.) weist zu Recht darauf hin, daß ein Fehler der Vergangenheit durch einen weiteren Fehler für die Zukunft nicht zu kompensieren ist. Ehrliche Selbstinformation ist hier wichtig und richtig. Da bisher 225 000 Mark abgeschrieben wurden und in den verbleibenden 5 000 Stunden weitere 280 000 Mark abgeschrieben werden, beträgt die kumulierte Gesamtabschreibung 505 000 Mark. Ein *Verrechnungsergebnis* von 15 000 Mark entsteht. Solche Verrechnungsergebnisse bezeichnet man als Anlagewagnis (kalkulatorisches Wagnis).

2.4.4.4 Kalkulatorische Zinsen

Kalkulatorische Zinsen sind Kosten, welche durch die Nutzung des für die betriebliche Leistungserstellung notwendigen Kapitals entstehen.

In welcher Höhe kalkulatorische Zinsen anzusetzen sind, wird in der Betriebswirtschaftslehre kontrovers diskutiert. Anhänger des pagatorischen Kostenbegriffs setzen nur die tatsächlich bezahlten Zinsen für Fremdkapital an. Die Anhänger des wertmäßigen Kostenbegriffs argumentieren wie folgt: Wer sein Geld zur Bank bringt, bekommt Zinsen. »Bei uns arbeitet Ihr

Geld«, erfährt man aus der Werbung. Auch von einem Unternehmen wird erwartet, daß das im Unternehmen gebundene Kapital sich verzinst.

Für das Fremdkapital werden Zinsen bezahlt (pagatorische Kosten). Diese Zinszahlungen sind in der Finanzbuchhaltung dokumentiert. Wird Fremdkapital für die Leistungserstellung benötigt und übernimmt die Kostenartenrechnung die Zinsen, so ist ein Zweckaufwand oder Grundkosten gegeben. Auch für das Eigenkapital sind Zinsen anzusetzen. Hätte der Eigenkapitalgeber sein Geld zur Bank gebracht, bekäme er nämlich Zinsen. Daher erwarten Aktionäre eine Dividende, die Gesellschafter einer OHG erwarten nach Handelsrecht mindestens vier Prozent Verzinsung für ihre Einlagen. Bei Kommanditisten und Komplementären einer KG verhält es sich ebenso.

Mit dem Ansatz kalkulatorischer Zinsen werden die Kosten der Kapitalbindung transparent. Die Dokumentation der Kapitalbelastung informiert Manager auf allen Hierarchieebenen und dient als Basis bei Entscheidungen. Man denke in diesem Zusammenhang an die Ermittlung von optimaler Losgröße und an optimale Bestellmengen, an einen Kostenvergleich von Miete, Leasing oder Kauf der Betriebsmittel. Ein Kostenstellenleiter sollte monatlich prüfen, wie hoch die Kapitalkosten für Betriebsmittel und Lagerbestände sind. Nur so ist die Delegation von Verantwortung für Kapital möglich.

Die kalkulatorischen Zinsen sind Anderskosten. Sie unterscheiden sich vom Zinsaufwand der Finanzbuchhaltung durch:

- Ansatz des betriebsnotwendigen Kapitals
- Berücksichtigung von Eigenkapital
- Bewertung zu Wiederbeschaffungswerten
- kalkulatorischen Zinssatz.

Abbildung 42 zeigt den Zusammenhang von betriebsnotwendigem Vermögen und kalkulatorischen Kosten sowie die wesentlichen Unterschiede zwischen bilanziellen und kalkulatorischen Zinsen:

Die kalkulatorischen Zinsen bestimmen sich durch die Multiplikation von kalkulatorischem Zinssatz mit dem betriebsnotwendigen Kapital.

Die Berechnung kann *global* für das ganze Unternehmen oder *positionsweise* für den einzelnen Vermögensgegenstand der Kostenstelle erfolgen. Für die Höhe des kalkulatorischen Zinssatzes empfehlen *Lang* (1991, S. 18) und *Warnecke* (1993, S. 42) den Zinssatz für langfristiges Fremdkapital.

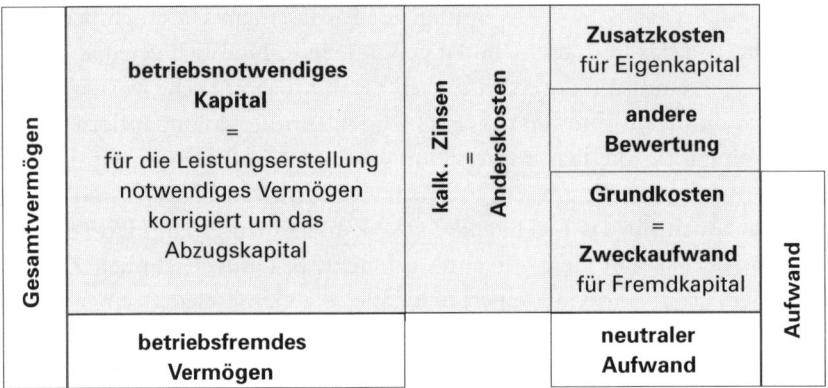

Abbildung 42: Betriebsnotwendiges Vermögen und kalkulatorische Zinsen

Zimmermann (1993, S. 54) empfiehlt die Durchschnittsgröße der Zinssätze für langfristiges Fremdkapital anzusetzen. *Kilger* (1993, S. 422) orientiet sich am Kalkulationszinssatz der Investitionsrechnung. *Däumler/Grabe* (1993, S. 43) setzen den zulässigen Höchstzinssatz nach den Kalkulationsvorschriften bei öffentlichen Aufträgen, Nr. 43–46 LSP, an. Die *LSP (Leitsätze für die Preisermittlung aufgrund von Selbstkosten)* sind Grundlage jeder Kalkulation bei öffentlichen Aufträgen.

Bei der positionsweisen Erfassung und Verrechnung der kalkulatorischen Zinsen können auch unterschiedliche Zinssätze für die Positionen des Anlagevermögens, für Roh-, Hilfs- und Betriebsstoffe oder für Forderungsbestände angesetzt werden. Immobilien lassen sich in der Regel preiswerter finanzieren als Positionen des Umlaufvermögens.

Generell wird als Wertansatz für das betriebsnotwendige Kapital empfohlen:

- Bewertung der Vermögensgegenstände zu Wiederbeschaffungswerten oder nach dem Tageswertprinzip;
- Auflösung der stillen Reserven;
- Elimination des betriebsfremden Vermögens, wie nicht betrieblich genutzte Grundstücke, Miethäuser, stillgelegte Betriebsteile und spekulativ gehaltene Wertpapiere;
- Kapital, welches dem Unternehmen zinslos zur Verfügung gestellt wird, z. B. Kundenanzahlungen oder zinslose staatliche Kredite, wird *Abzugskapital* genannt. Das Abzugskapital wird vom für die Leistungserstellung notwendigen Kapital abgezogen.

Gesamtvermögen laut Bilanz
– betriebsfremdes Vermögen
= betriebsnotwendiges Vermögen
– Abzugskapital
= betriebsnotwendiges Kapital

Übersicht 12: Ermittlung des betriebsnotwendigen Kapitals

Das *Globalverfahren* geht von der Bilanz aus. Das betriebsnotwendige Kapital erhält man, wenn vom Gesamtvermögen das betriebsfremde Vermögen und das Abzugskapital subtrahiert werden (Übersicht 12). Dieses wird mit einem einheitlichen kalkulatorischen Zinssatz multipliziert.

Die kalkulatorischen Zinsen sind gegeben durch:

kalkulatorische Zinsen = kalkulatorischer Zinssatz × betriebsnotwendiges Kapital.

Die kalkulatorischen Zinsen werden beim Globalverfahren einmal im Jahr ermittelt und dann per festgelegtem Schlüssel auf die einzelnen Kostenstellen verteilt. Der Kostenstellenleiter sieht bei diesem Verfahren allerdings nicht den Einfluß von Investitionen und auch nicht die Entwicklung der Zinsen mit den Beständen. Das Verfahren ist für eine Steuerung und zur Übertragung von Kostenverantwortung nicht geeignet. Einzig in der Teilkostenrechnung kann es sinnvoll sein.

Bei der *positionsweisen Erfassung und Verrechnung kalkulatorischer Zinsen* wird das betriebsnotwendige Kapital pro Kostenstelle und pro Vermögensgegenstand erfaßt. *Anlagevermögen* und *Umlaufvermögen* werden hier unterschiedlich behandelt.

Ausgangsbasis für die Ermittlung des betriebsnotwendigen Anlagevermögens ist das in der Anlagenbuchhaltung eines Unternehmens pro Vermögensgegenstand und durch Inventarnummer gekennzeichnete bilanzielle Anlagevermögen. Häufig sind Korrekturen der bilanz- und steuerpolitischen Bewertungsansätze notwendig; diese werden für jeden Gegenstand individuell vorgenommen. Im Abschreibungsplan des Handelsunternehmens (vgl. Tabelle 12), welches im Bundesland Sachsen eine Filiale eröffnet hat, sehen wir die Unterschiede zwischen bilanziellem und kalkulatorischem Ansatz.

Weitere Probleme treten durch Verkaufserlöse am Ende der Nutzung oder durch Abbruch-, Abraum- und Entsorgungskosten auf. Der Ansatz von Ver-

Jahr	bilanzieller Ansatz			kalkulatorischer Ansatz		
	Anfangswert	Abschreibung	Endwert	Anfangswert	Abschreibung	Endwert
1	1 600 000	840 000	760 000	1 600 000	80 000	1 520 000
2	760 000	40 000	720 000	1 520 000	80 000	1 440 000
3	720 000	40 000	680 000	1 440 000	80 000	1 360 000
4	680 000	40 000	640 000	1 360 000	80 000	1 280 000
5	640 000	40 000	600 000	1 280 000	80 000	1 200 000
⋮	⋮	⋮	⋮	⋮	⋮	⋮

Tabelle 12: Abschreibungsplan nach dem steuerrechtlichen und dem kalkulatorischen Ansatz

kaufserlösen kann entfallen, wenn angenommen wird, daß die Güter des Anlagevermögens zum kalkulatorischen Restbuchwert veräußert werden. Alle anderen am Ende der Nutzung anfallenden Kosten lassen sich bei den kalkulatorischen Wagnissen berücksichtigen und bleiben hier außen vor.

Die Bewertung des Anlagevermögens kann nach der *Restwertmethode* oder der *Durchschnittsmethode* erfolgen. Die Verfahren werden an folgendem Beispiel besprochen: Der Wiederbeschaffungswert einer Anlage beträgt 200 000 Mark, die Nutzungsdauer wird auf fünf Jahre geschätzt. Als kalkulatorischer Zinssatz werden acht Prozent angesetzt.

Bei der *Restwertmethode* werden die kalkulatorischen Zinsen auf der Basis

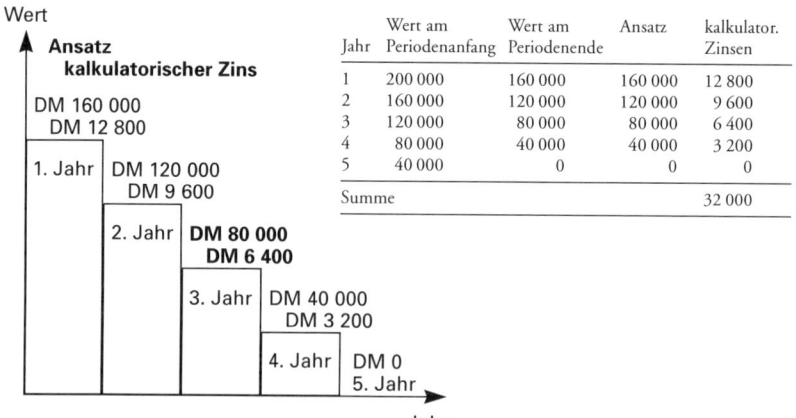

Jahr	Wert am Periodenanfang	Wert am Periodenende	Ansatz	kalkulator. Zinsen
1	200 000	160 000	160 000	12 800
2	160 000	120 000	120 000	9 600
3	120 000	80 000	80 000	6 400
4	80 000	40 000	40 000	3 200
5	40 000	0	0	0
Summe				32 000

Abbildung 43: Entwicklung des betriebsnotwendigen Kapitals und der Zinsen bei Anwendung der Restwertmethode

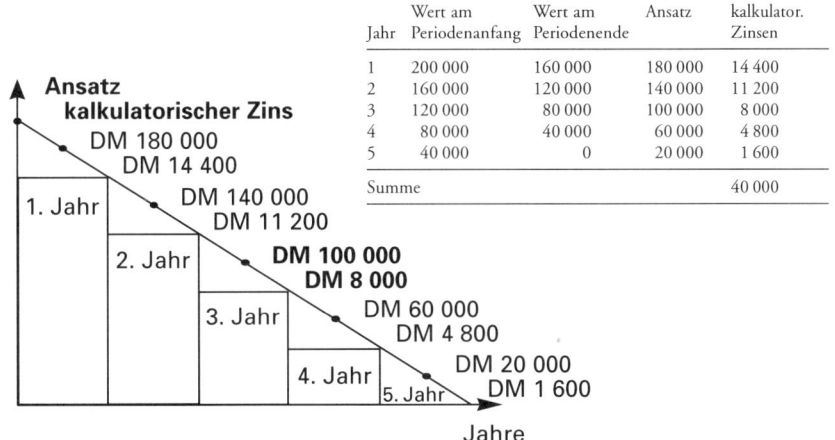

Jahr	Wert am Periodenanfang	Wert am Periodenende	Ansatz	kalkulator. Zinsen
1	200 000	160 000	180 000	14 400
2	160 000	120 000	140 000	11 200
3	120 000	80 000	100 000	8 000
4	80 000	40 000	60 000	4 800
5	40 000	0	20 000	1 600
Summe				40 000

Abbildung 44: Entwicklung des betriebsnotwendigen Kapitals und der Zinsen bei Anwendung der verfeinerten Restwertmethode

des Restwerts, dem Buchwert am Ende der jeweiligen Abrechnungsperiode, ermittelt. Am Ende des dritten Nutzungsjahres liegt ein Restwert von 80 000 Mark vor. Die kalkulatorischen Zinsen erhält man durch Multiplikation mit dem kalkulatorischen Zinssatz von acht Prozent. Sie betragen 6 400 Mark. Am Ende der fünften Periode ist die Anlage abgeschrieben. Es fallen keine kalkulatorischen Zinsen an (vgl. auch Abbildung 43).

Bei der *verfeinerten Variante der Restwertmethode* erfolgt die Ermittlung der kalkulatorischen Zinsen auf der Basis des durchschnittlich in der Periode geltenden kalkulatorischen Restbuchwertes. Das betriebsnotwendige Kapital und der kalkulatorische Zins entwickeln sich nach dieser Methode wie in Abbildung 44 aufgeführt.

Bei der *Durchschnittsmethode* setzt man den halben Wiederbeschaffungswert während der gesamten Nutzungsdauer der Anlage an. Abbildung 45 gibt die Ergebnisse wieder.

Die kalkulatorischen Zinsen entwickeln sich somit je nach Verfahren verschieden:

- Bei völlig gleichen Produktionsbedingungen führt die Restwertmethode bei Vollkostenrechnung zu jährlich verschiedenen Stückkosten.
- Bei der verfeinerten Restwertmethode und der Durchschnittsmethode fallen über einen Betrachtungszeitraum die gleichen Abschreibungssummen an.

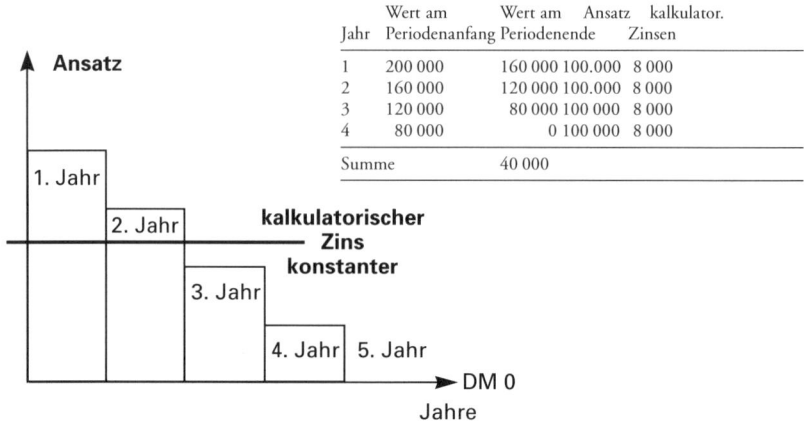

Jahr	Wert am Periodenanfang	Wert am Periodenende	Ansatz	kalkulator. Zinsen
1	200 000	160 000	100.000	8 000
2	160 000	120 000	100.000	8 000
3	120 000	80 000	100 000	8 000
4	80 000	0	100 000	8 000
Summe			40 000	

Abbildung 45: Entwicklung des betriebsnotwendigen Kapitals und der Zinsen bei Anwendung der Durchschnittsmethode

- Bei der Durchschnittsmethode erfolgt eine einfache und gleichmäßige Zinsverrechnung.

Nach *Haberstock* (1987, S. 110) wird die Durchschnittsmethode der Restwertmethode vorgezogen.

Die kalkulatorischen Zinsen auf Anlagevermögen sind von der Beschäftigung einer Periode unabhängig. Sie sind somit fixe Kosten. Pro Anlage werden die kalkulatorischen Kosten einmal geplant und gelten, sofern keine wesentlichen Änderungen im Zeitablauf stattfinden, während der gesamten Nutzungsdauer. Kommt es in einer Kostenstelle zu erheblichen Änderungen durch Zu- oder Abgang von Anlagevermögen, werden Korrekturen vorgenommen. Es liegen dann *sprungfixe Kosten* vor.

Die Planung und die Verrechnung von kalkulatorischen Zinsen auf das Umlaufvermögen erfolgt pro Kostenstelle. Bei Roh-, Hilfs- und Betriebsstoffen setzt man den Wert der durchschnittlichen Lagerbestände an. Denken Sie in diesem Zusammenhang an die klassische Lagerhaltungstheorie. Die Zinsen auf das im Lager gebundene Kapital sind hier wesentliche Bestimmungsgrößen für die optimale Bestellmenge.

Andlersche Losgrößenformel: $x_{opt} = \sqrt{\dfrac{2 \times U \times K_F}{k_v \times (i + j)}}$

mit Bedarfsrate U, bestellfixen Kosten K_F, Einstandspreis k_v und Zins- und Lagerkostensatz (i + j)

Die kalkulatorischen Zinsen entsprechen dem Produkt $k_v \times (i + j)$. Bei kontinuierlichem Verbrauch erhält man den durchschnittlichen Bestand:

$$\text{Durchschnittsbestand} = \frac{\text{Anfangsbestand} + \text{Endbestand}}{2}$$

oder

$$\frac{\text{Periodenverbrauch}}{2 \times \text{Bestellhäufigkeit}} + \text{Bestandsreserve.}$$

Im Handelsbetrieb mit komplexem Warenwirtschaftssystem läßt sich der Bestand taggenau ermitteln. Die Kostenstellenleiter benötigen die Kosten der Kapitalbindung, um über die Höhe von Losgrößen und Bestellmengen entscheiden zu können. Die Kapitalbindungskosten der Bestände lassen sich durch die Wahl optimaler Losgrößen und Bestellmengen senken. Die kalkulatorischen Zinsen sollten für das Umlaufvermögen im Betriebsabrechnungsbogen als eigene Kostenart geführt werden.

Die Beobachtung der Kassen-, Bank- und Debitorenbestände ist für das *Treasuring* wichtig. Hohe Kassenbestände verursachen hohe Zinskosten. Nicht genutztes Skonto ist teuer. Als Ansatzpunkt finanzieller Steuerung bieten sich auch hier die kalkulatorischen Zinsen an. *Kilger* (1993, S. 428) empfiehlt zur Berechnung der kalkulatorischen Zinsen die Verteilung der Verweildauer der Bestände der Kassen, der Bankkonten und der Forderungen heranzuziehen.

$$\text{Durchschnittlicher Bestand} = \text{Jahresumsatz} \times \frac{\text{durchschnittliche Verweildauer}}{365}$$

Durch die positionsweise Erfassung und Verrechnung der kalkulatorischen Zinsen erhält der Kostenstellenleiter Informationen über die Kosten der Kapitalbindung. Er wird sensibel für diese Kosten. Die kalkulatorischen Zinsen einer Kostenstelle sind gegeben durch die Summe der Durchschnittsbestände, jeweils multipliziert mit dem kalkulatorischem Zinssatz. Die kalkulatorischen Zinsen für das gesamte Unternehmen erhält man, indem man die kalkulatorischen Zinsen aller Kostenstellen addiert.

2.4.4.5 Kalkulatorische Wagnisse

Kalkulatorische Wagnisse dienen zur Erfassung nicht versicherter Risiken (Verlustrisiko). Wagnisse sind nicht versicherte mögliche Schadensfälle oder Verluste. Die Höhe und der Zeitpunkt des Schadeneintritts sind nicht bestimmbar. Um mögliche Schäden in der Kalkulation zu berücksichtigen und um alle Perioden gleichmäßig zu belasten, werden kalkulatorische Wagniszuschläge ermittelt. Diese sind quasi ein Versicherungsbeitrag zur Eigenversicherung. Als Berechnungsgrundlage dienen Vergangenheitswerte. Liegen diese nicht vor, können Erfahrungswerte ähnlicher Unternehmen herangezogen werden.

Grundsätzlich lassen sich zwei Gruppen unterscheiden:

- Das *allgemeine Unternehmerwagnis* betrifft das Unternehmen als Ganzes. Hier handelt es sich um Risiken der Volkswirtschaft, Inflation, Konjunktur, Gesetze, Rechtsprechung, politische Änderungen, technischen Fortschritt und plötzlich auftretende Nachfrageverschiebungen. Diese Gruppe gehört nicht zu den kalkulatorischen Wagnissen. Sie ist vielmehr durch den Gewinn abzudecken.
- Die *speziellen Wagnisse*, auch *Einzelwagnisse* oder *betriebsbedingte Wagnisse* genannt, hängen direkt von der Leistungserstellung ab. Sie fallen auch bei solider Geschäftsführung an und werden bei der Kalkulation der Erzeugnisse berücksichtigt. Diese Gruppe ist nach *Haberstock* (1987, S. 114) mit Rückstellungen vergleichbar.

Der Gemeinschafts-Kontenrahmen der Industrie kennt in der Klasse 4 betriebsbedingte Wagnisprämien. Im einzelnen werden unterschieden:

- *Anlagenwagnis,* wie z.B. Schäden an Maschinen oder Gebäuden durch Explosion, Brand oder Wasser, Verrechnungsdifferenzen durch Fehleinschätzung bei Abschreibung (Nutzungsdauer oder Wiederbeschaffungspreis), außerordentliche Abschreibung durch technischen Fortschritt;
- *Beständewagnis,* wie Lagerverluste durch Schwund, Diebstahl, Verderb, Alterung, Güteminderung oder Preissenkung;
- *Fertigungswagnis,* wie Mehrkosten durch Konstruktions-, Fertigungs-, Arbeits- oder Materialfehler, Ausschuß;
- *Entwicklungswagnis,* wie z.B. Kosten für Fehlentwicklung und fehlgeschlagene Versuche;

Wagnisart	Wagnisbezugsgröße	Wagniszuordnung
Sachanlagenwagnis	Restbuchwert der Sachanlage	Kostenstelle, der die Sachanlage für die Zuordnung der kalkulatorischen Zinsen zugeordnet ist.
Beständewagnis	Buchwert der Vorräte an Material und Erzeugnissen	Kostenstelle, der die Vorräte für die Zurechnung der kalkulatorischen Zinsen zugeordnet sind.
Forderungsbestände	Buchwert der Forderungen	Kostenstelle, der die Forderungen für die Zurechnung der kalkulatorischen Zinsen zugeordnet sind.
sonstige Finanzwagnisse	je nach Geschäftsvorfall	Planung und Kontrolle
Gewährleistungswagnis	Umsatz der betreffenden Erzeugnisgruppe	Vertriebsgruppenkostenstelle
sonstige Wagnisse	je nach Geschäftsvorfall	Planung und Kontrolle

Tabelle 13: Kalkulatorische Wagnisse, ihre Bezugsgrößen und ihre Verrechnung

- *Vertriebswagnis,* wie z. B. Forderungsausfälle und nicht durch Termingeschäft gesicherte Währungsverluste;
- *Gewährleistungswagnis,* wie Verluste aus Garantieverpflichtungen, Mängelrügen und Kulanz;
- *sonstige Wagnisse,* typische branchenspezifische Risiken wie Bergschäden, Schäden, die durch Sprengung und bei Abbrucharbeiten entstehen, Transportverluste, Diebstahl von Lkw und Untergang von Schiffen.

Die Wagnisverrechnungssätze sollten grundsätzlich jährlich ermittelt und für das kommende Geschäftsjahr neu festgelegt werden. Aus Vereinfachungsgründen bietet sich oft der Umsatz als Bezugsbasis an. Andere Bezugsgrößen werden gewählt, wenn hierdurch die Wagnisverrechnung exakter wird. Die Ausführungsbestimmung der AEG empfiehlt das in Tabelle 13 dargestellte Vorgehen.

Um das Anlagewagnis zu ermitteln, überprüft die Anlagenbuchhaltung routinemäßig die kalkulatorische Abschreibung. Zwei Fehlerquellen können zu falschen Abschreibungssätzen führen. Erstens wird die *Nutzungsdauer* entweder zu *kurz* oder zu *lang* angesetzt. Die Maschine mit Inventarnummer 4711 wird bisher kalkulatorisch in acht Jahren abgeschrieben. Man

stellt fest, daß die Maschine wahrscheinlich jedoch zwölf Jahre genutzt werden kann. Bei einem Wiederbeschaffungswert von 100 000 Mark wird eine
Korrektur von 12 500 Mark auf 8 333 Mark notwendig. Jährlich wurden
also 4 167 Mark zuviel abgeschrieben. Bei einer Nutzung von sechs Jahren
sind dies 25 002 Mark. Eine Korrektur des Abschreibungssatzes ist notwendig. Zweitens ist der *Wiederbeschaffungspreis gestiegen* oder *gefallen*. Bei der
Maschine mit Inventarnummer 0815 ging man stets von einem Wiederbeschaffungswert von 80 000 Mark aus. Bei der Überprüfung wird festgestellt,
daß, durch technischen Fortschritt verursacht, ein Wiederbeschaffungswert
von 120 000 Mark realistisch ist. Wird an der Abschreibungsdauer von zehn
Jahren festgehalten, so wird der jährliche Abschreibungssatz von 8 000 Mark
auf 12 000 Mark erhöht. Ist die Maschine fünf Jahre in Betrieb, sind 20 000
Mark zu korrigieren.

Um das *Anlagenwagnis* zu kalkulieren, kann die Anlagenbuchhaltung alle
Abweichungen in einer Liste erfassen (vgl. Tabelle 14).

Die Differenz zwischen allen vorgenommenen kalkulatorischen Abschreibungen und dem korrekten Wert beträgt 60 000 Mark. Es sind dies
0,22 % der bisher vorgenommenen Abschreibung. Pro abgeschriebene Mark
liegt ein Fehlbetrag von 0,22 Pfennig vor. Peanuts? Dies hat jeder Unternehmer für sich zu entscheiden.

Wagnisverrechnungssatz: Verrechnungsergebnis kalkulatorische Abschreibung				
Wagnisart		Anlagenwagnis		
Bezugsgröße		Abschreibungsvolumen		
Kostenstelle	Inventarnummer	vorgenommene Abschreibung	korrigierte Abschreibung	Saldo
71	4711	75 000	49 998	+25 002
112	0815	40 000	60 000	−20 000
⋮	⋮	⋮	⋮	⋮
⋮	⋮	⋮	⋮	⋮
⋮	⋮	⋮	⋮	⋮
Summe		27 272 727	27 212 727	60 000
Anlagenwagnis				0,22 %

Tabelle 14: Ermittlung des Zuschlagssatzes für das Anlagewagnis

Nachdem die Firma »Jeans In« ein Warenwirtschaftssystem angeschafft hatte, stellte sie fest, daß jede neunte Jeans gestohlen wurde. Der Diebstahl läßt sich kalkulatorisch durch einen Zuschlagssatz für *Beständewagnis* berücksichtigen. Für 3 600 Jeans bezahlte »Jeans In« selbst 216 000 Mark. Der Preis für eine Jeans lag für das Unternehmen somit bei 60 Mark. In den Verkauf gelangten 3 200 Jeans. Diese haben den Einstandswert der gestohlenen 400 Stück mitzutragen. Die 216 000 Mark werden auf 3 200 Stück verteilt. Jede Jeans kostet 67,50 Mark im Wareneinsatz anstelle von bisher 60 Mark als Einstandspreis. Dies entspricht einem Diebstahlzuschlag von 12,5 Prozent auf den Einkaufspreis. Sofern der Markt es zuläßt, wird dieser Zuschlag nun bei der Kalkulation des Verkaufspreises berücksichtigt.

Ein Versandhaus für Friseurbedarf stellt jährlich die Entwicklung der Forderungsausfälle fest. Kunden können ihre Rechnung nicht bezahlen, mel-

	Wagnisverrechnungssatz: Forderungsausfälle							
Wagnisart	Vertriebswagnis							
Bezugsgröße	durchschnittlicher Forderungsbestand							
	Bezugsgröße TDM		eingetretenes Wagnis			verrechnetes Wagnis		Abweichung	
Jahr	im Jahr	Durch-schnitt 5 Jahre	Forder ungs-ausfall TDM	Durch-schnitt 5 Jahre	Verrech-nungs-satz	Verrech-nungs-satz	ver-rech-neter Betrag	im Jahr TDM	kum. Jahr TDM
t–7	11 000	10 940	420	433,6	3,96 %	4,00 %	440	20	20
t–6	12 000	11 340	480	446,6	3,96 %	4,00 %	480	0	20
t–5	13 200	11 780	520	465,6	3,95 %	4,00 %	528	8	28
t–4	14 500	12 440	580	492,0	3,95 %	3,95 %	573	–7	2
t–3	16 000	13 340	640	528,0	3,96 %	3,95 %	632	–8	13
t–2	17 400	14 620	650	574,0	3,93 %	3,95 %	687	37	50
t–1	18 000	*15.820*	720	*602,0*	3,81 %	3,95 %	711	9	59
t						*3,95 %*			
t+1									

Tabelle 15: Ermittlung des Zuschlagssatzes für das Vertriebswagnis

den Vergleich an oder gehen in Konkurs. Dieses Risiko wird durch den Zuschlag für *Vertriebswagnis* berücksichtigt. Der Vertriebswagniszuschlagssatz für das Jahr t wird ermittelt aus den durchschnittlichen Forderungsbeständen und dem durchschnittlichen Forderungsausfall der vergangenen fünf Jahre. Im vorliegenden Fall erhält man als durchschnittlichen Forderungsbestand 15 820 TDM und als durchschnittliche Forderungsausfälle 602 TDM. Hieraus wird der Verrechnungssatz des tatsächlich eingetretenen Wagnisses ermittelt. Die Geschäftsleitung legt den für die Kosten- und Leistungsrechnung gültigen Verrechnungssatz fest. Sie orientiert sich an den Vergangenheitswerten, dem tatsächlich eingetretenen Wagnis und persönlichen Einschätzungen für die Zukunft. Im Beispiel wird für das Jahr t ein Soll-Verrechnungssatz für Forderungsausfälle von 3,95 Prozent angesetzt (vgl. Tabelle 15).

Nach Abschluß der Betrachtungsperiode liegen die tatsächlichen Forderungsausfälle vor und eine Kontrolle kann erfolgen. Die Über-/Unterdeckung der Kostenart »Forderungsausfälle« wird festgestellt. Diese Prozedur wird im nachfolgenden Jahr ebenso vorgenommen.

Fall 1: Beschäftigungsabhängige Kosten der Gießerei Diabolus

Mephisto Beelzebub, der Leiter der Gießerei Diabolus, fertigt ausschließlich Motivplatten für Kaminöfen. Zusammen mit seinem Buchhalter Anton Mammon erhebt er die Gesamtkosten in Abhängigkeit von der hergestellten Menge. Sie erhalten:

Produktions- und Absatzmenge x	Gesamtkosten K (x)
0	100
1	130
2	150
3	165
4	175
5	183
6	190
7	195

Sie beauftragen den Praktikanten Christian Engel, eine Kostenanalyse durchzuführen.

Um den Kostenverlauf zu illustrieren, stellt der Praktikant die Entwicklung der Kosten mit Hilfe eines Tabellenkalkulationsprogramms grafisch dar. Er erhält:

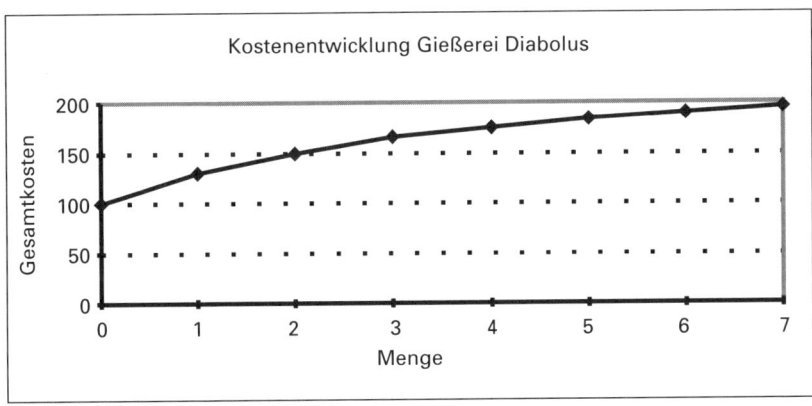

Der erste Blick auf die Grafik zeigt ihm, daß die fixen Kosten 100 Mark betragen und die variablen Kosten sich degressiv entwickeln. Wie kann er diese elementaren Aussagen über die Kostenentwicklung seinen Vorgesetzen erklären?

- Die fixen Kosten K_F fallen an, wenn nicht produziert wird ($x = 0$). Direkt aus der Kostenaufstellung lassen sich die fixen Kosten ablesen. Er ermittelt für K_F 100 Mark.
- Die Gesamtkosten setzen sich aus fixen und variablen Kosten zusammen. Es gilt: $K(x) = K_F + K_V(x)$. Um die variablen Kosten zu erhalten, ist eine Spaltung der Gesamtkosten in fixe und variable Teile notwendig. Zieht man von den Gesamtkosten jeweils die fixen Kosten von 100 Mark ab, so sind die variablen Kosten gegeben.

Produktions- und Absatzmenge	0	1	2	3	4	5	6	7
Gesamtkosten	100	130	150	165	175	183	190	195
fixe Kosten	100	100	100	100	100	100	100	100
variable Kosten	0	30	50	65	75	83	90	95

Kostenkategorie	Reagibilität
fixe Kosten	0
proportionale variable Kosten	1
progressive variable Kosten	Reagibilität > 1
degressive variable Kosten	0 < Reagibilität < 1
regressive Kosten	die Reagibilität ist negativ Reagibilität < 0

Übersicht 13: Zusammenhang von Kostenkategorie und Reagibilität

Der Grad der Reagibilität gibt Auskunft über den Kostenverlauf der variablen Kosten. Es gelten generell die Beziehungen in Übersicht 13.

Um die Reagibilität zu bestimmen, setzt der Praktikant Christian Engel zwei beliebige Punkte in die Formel der Reagibilität ein.

$$\text{Grad der Reagibilität} = \frac{\frac{K(x_6)-K(x_2)}{K(x_2)}}{\frac{x_6-x_2}{x_2}} = \frac{\frac{190-150}{150}}{\frac{6-2}{2}} = \frac{40/150}{4/2} = 2/15$$

Die Reagibilität liegt zwischen Null und Eins. Der Verlauf der variablen Kosten ist degressiv.

Neben diesen Grundinformationen interessieren ihn die

• Stückkosten k
• fixen Kosten pro Stück k_F
• variablen Stückkosten k_v
• Grenzkosten bei Produktion einer weiteren Mengeneinheit K'.

Um die Stückkosten zu erhalten, dividiert er die Gesamtkosten durch die erzeugte Menge:

$$k = \frac{K}{x}$$

Die fixen Kosten pro Stück erhält er durch Division der gesamten fixen Kosten durch die erzeugte Menge:

$$k_F = \frac{K_F}{x}$$

Um die variablen Stückkosten zu erhalten, geht er analog vor. Er dividiert die variablen Kosten durch die erzeugte Menge:

$$k_v = \frac{K_v}{x}$$

Die Grenzkosten K' für die Produktion einer weiteren Mengeneinheit erhält er über die Zwei-Punkte-Form:

$$K' = \frac{K(x_{i+1}) - K(x_i)}{x_{i+1} - x_i}$$

Hier wählt er jeweils zwei benachbarte Punkte und setzt die Daten ein.

Abschließend stellt er die ermittelten Werte in einer Tabelle dar (vgl. Tabelle 16).

Produktions- und Absatzmenge	0	1	2	3	4	5	6	7
Gesamtkosten K	100	130	150	165	175	183	190	195
fixe Kosten K_F	100	100	100	100	100	100	100	100
variable Kosten K_v	0	30	50	65	75	83	90	95
Stückkosten k		130,00	75,00	55,00	43,75	36,60	31,67	27,86
fixe Kosten pro Stück k_F		100,00	50,00	33,33	25,00	20,00	16,67	14,29
variablen Stückkosten k_v		30,00	25,00	21,67	18,75	16,60	15,00	13,57
Grenzkosten K'		30,00	20,00	15,00	10,00	8,00	7,00	5,00

Tabelle 16: Analyse der Kostenentwicklung der Gießerei Diabolus

In der Praxis werden Einzelkosten oft als variable Kosten bezeichnet und umgekehrt. Ob diese Aussage richtig oder falsch ist, zeigt der nächste Fall. Im wesentlichen geht es um die Diskussion, inwieweit sich die Kriterien »Zurechenbarkeit der Kosten« und »Abhängigkeit der Kosten von der Beschäftigung« decken. Die Beziehungen zwischen diesen beiden Kriterien werden durch den Fall 2 aufgezeigt. Dieser Fall geht auf *Schierenbeck* (1989, S. 505) zurück.

Fall 2: Gesamtkosten bei Brauerei Schloß Waldsee

Die Brauerei Schloß Waldsee, die als einziges Produkt ihr berühmtes Studentenaltbier herstellt, hat bei einer maximalen möglichen Produktion von 30 Hektoliter (1 hl = 100 l) pro Monat folgende Kosten:

- (Variable Kostenträger-) Einzelkosten: 2 000 DM/Monat,
- fixe Kosten: 1 200 DM/Monat,
- proportionale variable Kosten: 0,80 DM/Liter.

Es interessieren

- die Gesamtkosten pro Periode bei Vollauslastung,
- die Gegenüberstellung von fixen und variablen Kosten einerseits und Einzel- und Gemeinkosten andererseits,
- die Auswirkung eines Beschäftigungsrückgangs von 100 Prozent Auslastung auf 50 Prozent Auslastung.

Die Gesamtkosten sind einerseits durch die Summe von fixen und variablen Kosten, andererseits durch die Summe von Einzel- und Gemeinkosten gegeben. In der Kostenartenrechnung gehen keine Kosten verloren. Jede Gliederung führt zum selben Betrag der Gesamtkosten.

Die beschäftigungsabhängigen Gesamtkosten lassen sich leicht aus fixen und variablen Kosten ermitteln. Man erhält:

$$K (30hl) = 1\ 200\ DM + 0{,}80\ DM/Liter \times 3\ 000\ Liter = 3\ 600\ DM.$$

Diese Gesamtkosten setzen sich aus Einzel- und Gemeinkosten zusammen. Da die Einzelkosten mit 2 000 Mark gegeben sind, bleiben für die Gemeinkosten noch 1 600 Mark übrig. Abbildung 46 zeigt die Gegenüberstellung beschäftigungsabhängiger Kosten und zurechenbarer Kosten.

Aus Abbildung 46 sind folgende Gesetzmäßigkeiten zu erkennen:

- Fixe Kosten sind immer Gemeinkosten.
- Gemeinkosten können sowohl fix als auch variabel sein.
- Kostenträger-Einzelkosten sind immer variable Kosten.

Generell erhält man die Stückkosten durch

$$k (x) = K (x) / x$$

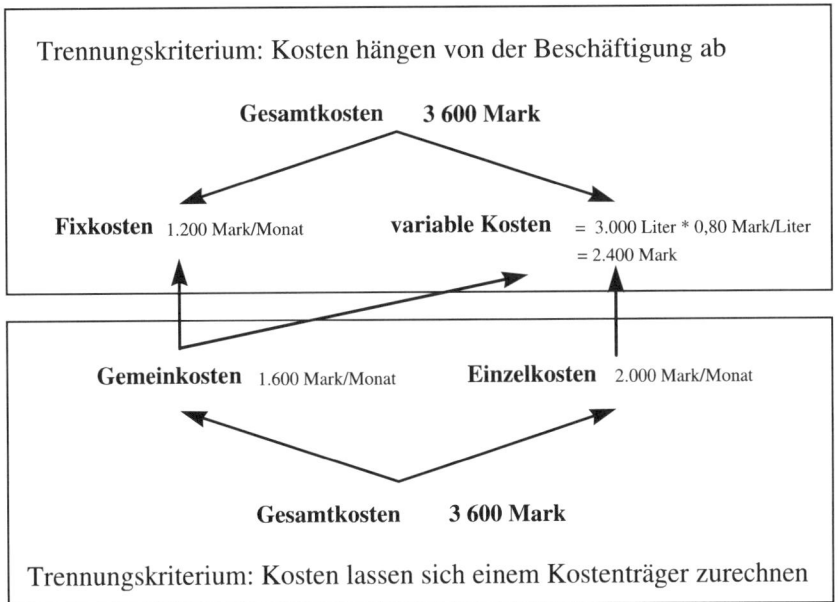

Abbildung 46: Gegenüberstellung von fixen und variablen Kosten einerseits und Einzel- und Gemeinkosten andererseits

Bei Vollauslastung betragen diese

$$k\,(3\,000) = \frac{3\,600}{3\,000} = 1{,}20\ \text{DM/Liter}$$

Sinkt die Auslastung von 100 Prozent auf 50 Prozent, dann werden 1 500 Liter produziert. Die Gesamtkosten für diese Menge betragen

$$K(1\,500) = 1\,200 + 0.80 \times 1\,500 = 2\,400\ \text{DM}$$

Dann ermittelt man die Stückkosten

$$k\,(1\,500) = \frac{2\,400}{1\,500} = 1{,}60\ \text{DM/Liter}$$

Eine kleinere Produktionsmenge führt somit zum Ansteigen der Stückkosten. Ursache hierfür sind die fixen Kosten. Sie werden auf eine kleinere Stückzahl verteilt. Die Leerkosten steigen und die Nutzkosten sinken. Bei Vollbeschäftigung fallen keine Leerkosten an.

Fall 3: Analyse des Materialverbrauchs

Anton Gsundi, Reformhausbesitzer in Bad Waldsee, stellt für die Studenten der Internationalen Business School Studentenfutter her. Für 250 Gramm Studentenfutter benötigt er 200 Gramm ungeschwefelte Rosinen, 20 Gramm Haselnüsse, 15 Gramm blanchierte Mandelkerne, 5 Gramm Paranußkerne, 5 Gramm Pekanußkerne und 5 Gramm Cashewkerne.

Anton Gsundi möchte zuerst den Materialverbrauch für Rosinen ermitteln. Er beauftragt den Lehrbub Penibel, alle Daten zur Ermittlung des Rosinenverbrauchs zusammenzutragen. Der Lehrbub erfaßt folgende Daten:

Tag	Vorgang	Menge
01.09.	Anfangsbestand	20 kg
02.09.	Verbrauch lt. Materialentnahmeschein	15 kg
20.09.	Zugang lt. Eingangsrechnung	50 kg
01.10.	Verbrauch lt. Materialentnahmeschein	30 kg
15.10.	Verbrauch lt. Materialentnahmeschein	20 kg
01.11.	Zugang lt. Eingangsrechnung	50 kg
20.11.	Verbrauch lt. Materialentnahmeschein	12 kg
05.12.	Verbrauch lt. Materialentnahmeschein	20 kg

Die Inventur am 31.12. ergab einen Bestand von 21 Kilogramm Rosinen. Hergestellt wurden insgesamt 480 Packungen Studentenfutter.

Gemeinsam ermitteln Anton Gsundi und Lehrbub Penibel den Materialverbrauch nach der Skontrationsmethode, der Inventurmethode und der retrograden Methode.

a) Skontrationsmethode

Um den Endbestand nach der *Skontrationsmethode* zu erhalten, werden zum Anfangsbestand alle Zugänge addiert und hiervon alle Abgänge subtrahiert. In der Materialbuchhaltung werden alle Abgänge erfaßt und gebucht. Dargestellt im T-Kontensystem erhält man:

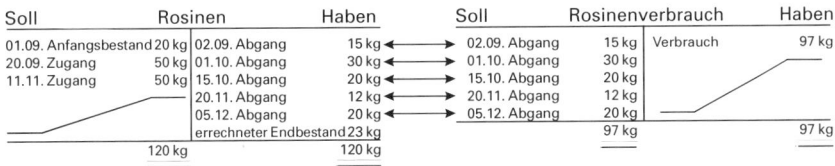

Soll		Rosinen		Haben		Soll		Rosinenverbrauch	Haben
01.09. Anfangsbestand	20 kg	02.09. Abgang	15 kg ←		→	02.09. Abgang	15 kg	Verbrauch	97 kg
20.09. Zugang	50 kg	01.10. Abgang	30 kg ←		→	01.10. Abgang	30 kg		
11.11. Zugang	50 kg	15.10. Abgang	20 kg ←		→	15.10. Abgang	20 kg		
		20.11. Abgang	12 kg ←		→	20.11. Abgang	12 kg		
		05.12. Abgang	20 kg ←		→	05.12. Abgang	20 kg		
		errechneter Endbestand	23 kg				97 kg		97 kg
	120 kg		120 kg						

Schließt man das Konto »Rosinenverbrauch«, erhält man den buchtechnischen Verbrauch von Rosinen nach der Skontrationsmethode. Es wurden 97 Kilogramm Rosinen verbraucht. Auf dem Konto »Rosinen« läßt sich der buchtechnische Endbestand der Rosinen ablesen. Er beträgt 23 Kilogramm.

b) Inventurmethode

Bei der *Inventurmethode* ist der Verbrauch gegeben durch die Gleichung:

Verbrauch = Anfangsbestand + Zugänge – Endbestand laut Inventur

Man erhält im T-Kontensystem:

Soll		Rosinen	Haben
01.09. Anfangsbestand	20 kg	Endbestand lt. Inventur	21 kg
20.09. Zugang	50 kg	Saldo: Verbrauch	99 kg
11.11. Zugang	50 kg		
	120 kg		120 kg

Der Praktikant Christian Penibel ermittelt nach der Inventurmethode einen Verbrauch von 99 Kilogramm Rosinen.

c) Retrograde Methode

Der Sollverbrauch nach der *retrograden Methode* ist durch das Produkt aus Sollverbrauch pro Packung und hergestellter Stückzahl gegeben. Wir erhalten:

Sollverbrauch = 200 g pro Packung × 480 Packungen = 96 kg

d) Analyse

Durch den Vergleich des Verbrauchs nach der Inventurmethode mit dem Verbrauch nach der Skontrationsmethode werden die irregulären Abgänge ermittelt. Es sind dies hier zwei Kilogramm Rosinen. Ursachen für diesen

Differenzbetrag könnten sein, daß das Abfüllpersonal genascht hat oder während der Lagerzeit die Rosinen austrockneten. Durch den Vergleich des Verbrauchs nach der Skontrationsmethode mit dem Verbrauch nach der retrograden Methode läßt sich die Wirtschaftlichkeit feststellen. Es wurde ein Kilogramm Rosinen mehr verbraucht. Dies ist wenig, wenn man bedenkt, daß keine Überfüllung der Packungen, kein Abfall und auch kein sonstiger Verbrauch bei der Herstellung berücksichtigt wurde. Eine Sollverbrauchsmenge von 200 Gramm ist bei einem Abfüllgewicht von 200 Gramm kaum zu erreichen.

Fall 4: Personalkosten in der Pumpenfabrik Maloche GmbH

Herr Treiber, einer der Geschäftsführer der Pumpenfabrik Maloche GmbH, diskutiert angeregt mit dem Vertreter der Gewerkschaft, Herrn Samariter. Dieser behauptet, daß die Personalnebenkosten von Herrn Treiber nach oben gerechnet werden. Herr Samariter wirft Herrn Treiber vor, schlecht informiert zu sein. Er vertritt die Meinung, daß die gesamten Personalkosten des Unternehmens nicht das Doppelte vom Bruttolohn betragen. Herr Treiber müsse sich nur einmal den Auszug der Personalkosten aus der Personalabteilung kommen lassen, dann würde er sofort sehen, daß nur 40 Prozent Personalnebenkosten anfallen, davon 25 Prozent für Sozialleistungen und nur 15 Prozent für tarifliche Leistungen. Herr Treiber ruft sofort die Leiterin der Personalabteilung, Frau Stellein, und seinen Controller, Herrn Klever, an und bittet sie, mit den entsprechenden Unterlagen bei ihm vorbeizukommen.

Nach Einsicht in die Unterlagen von Frau Stellein fühlt sich Herr Samariter bestätigt. Herr Klever stärkt seinem Geschäftsführer jedoch den Rücken und argumentiert:

Für die Arbeiter der Pumpenfabrik Maloche GmbH gelten:

- tarifliche Wochenarbeitszeit (5 Tagewoche)   37 Stunden
- Feiertage im Planjahr   12 Tage
- tariflicher Urlaub   28 Tage
- Ausfallzeiten wegen Krankheit   13 Tage
- bezahlter Sonderurlaub (Fortbildung)   2 Tage

Das Controlling rechnet des weiteren mit:

- betrieblich bedingte Wartezeiten   : 4 %
- persönlich bedingte Ausfallzeiten   : 4 %
- betrieblich bedingte Nebenarbeiten : 7 %.

Der Controller behauptet: »Berücksichtigen wir diese Zeiten, und rechnen die Personalnebenkosten auf der Basis der effektiven Arbeitszeit aus, dann liegen wir mit den Personalnebenkosten bei über 100 Prozent.« Herr Treiber nickt zustimmend, und Herr Samariter schüttelt den Kopf. Wer hat recht?

Alle im Unternehmen anfallenden Kosten müssen letztendlich von der Kundschaft bezahlt werden. Den Kunden interessiert nicht, wie lange ein Firmenmitarbeiter Urlaub hat, krank ist oder ob die Feiertage bezahlt werden. Er sieht nur die Leistung am Ende der Wertschöpfungskette. Repariert ein Mechaniker eine Waschmaschine, so achtet die Hausfrau penibel auf die Reparaturzeit. Sie ist Grundlage der Abrechnung und der Kalkulation. Sämtliche Kosten, welche ein Mitarbeiter verursacht, sind daher auf diese effektive Arbeitszeit zu beziehen. Der Controller rechnet:

tarifliche Wochenarbeitszeit		52 Wochen × 37 Stunden	1 924,0 Stunden
– Feiertage im Planjahr	12 Tage		
– tariflicher Urlaub	28 Tage		
– Ausfall wegen Krankheit	13 Tage		
– bezahlter Sonderurlaub	2 Tage		
= Ausfallzeiten	55 Tage	11 Wochen × 37 Stunden	407,0 Stunden
verbleiben			1 517,0 Stunden
– betrieblich bedingte Wartezeiten	4 %		
– persönlich bedingte Ausfallzeiten	4 %		
– betrieblich bedingte Nebenarbeiten	7 %		
= sonstige Ausfallzeiten	15 %		227,5 Stunden
Effektive Arbeitszeit			1 289,5 Stunden

Die gesamten Personalkosten von insgesamt 1 924 Stunden werden von 1 289,5 Stunden getragen. Diese Stunden werden produktiv abgerechnet. Die Personalkosten müssen daher mit dem Faktor

$$\frac{1\ 924\ \text{Stunden}}{1\ 289,5\ \text{Stunden}} = 1,49$$

multipliziert werden. Ausgehend vom Bruttoverdienst kommen nun 40 Prozent Personalnebenkosten hinzu, und diese sind mit dem Faktor 1,49 zu multiplizieren. Die gesamten Personalkosten betragen also 1,4 × 1,49 bzw. 208,6 Prozent vom Bruttolohn, d. h. auf den Bruttolohn von 100 Prozent sind 108,6 Prozent für Personalnebenkosten aufzuschlagen. In dem Faktor von 208,6 Prozent sind die Personalverwaltungskosten noch nicht enthalten.

Fall 5: Abschreibung der Druckmaschine Rotoprint

Der Druckermeister Johannes Gutenberg überprüft die Daten der kalkulatorischen Anlagenbuchhaltung. Bei der Anlagenkarte der Druckmaschine Rotoprint stutzt er. Diese hatte er vor sechs Jahren für 100 000 Mark angeschafft. Damals hatte er die Nutzungsdauer auf acht Jahre geschätzt und entsprechend 12 500 Mark jährlich abgeschrieben. Jetzt, nach sechs Jahren stellt er fest, daß diese Maschine voraussichtlich nochmals vier Jahre nutzbar sein wird. Der Meister ruft seinen Gesellen Johann Fust. Für ihn ist Fust eine gute Hilfe. Dieser beherrscht die Tabellenkalkulation. Er soll ihm für die drei folgenden alternativen Abschreibungsverfahren eine Tabelle entwikkeln:

1) Er behält den bisherigen Abschreibungsbetrag bis Ende des zehnten Jahres bei.
2) Er schreibt den am Ende des sechsten Jahres vorhandenen Restbuchwert nunmehr gleichmäßig in der »neuen« Restnutzungsdauer ab.
3) Er ermittelt den Abschreibungsbetrag aus dem Ausgangswert und der neuen Nutzungsdauer und verrechnet diesen Betrag in den folgenden Perioden.

Den Meister interessiert besonders der Abschreibungsbetrag nach Alternative (1), (2) und (3) sowie die Frage, welche der Abschreibungsalternativen aus der Sicht des Kostenrechners die zweckmäßigste ist.

Der Geselle Johann Fust erstellt die gewünschte Tabelle (s. nächste Seite).

Im Fall (1) behält der Meister Gutenberg den bisherigen Abschreibungsbetrag von 12 500 Mark bei. Er schreibt unter Null ab. Hier wird nicht der tatsächliche Wertverzehr abgeschrieben. Nach *Haberstock* (1987, S. 105) verfährt die Praxis gerne aus Bequemlichkeitsgründen nach dieser Methode. Die Methode ist jedoch falsch, da sie nicht den tatsächlichen Wertverzehr erfaßt.

Jahr	Anfangsbuchwert (AW)		Abschreibung (Absch.)		Endbuchwert (EW)	
1	100 000		12 500		87 500	
2	87 500		12 500		75 000	
3	75 000		12 500		62 500	
4	62 500		12 500		50 000	
5	50 000		12 500		37 500	
6	37 500		12 500		25 000	

	(1)			(2)			(3)		
	AW	Absch.	EW	AW	Absch.	EW	AW	Absch.	EW
7	25 000	12 500	12 500	25 000	6 250	18 750	25 000	10 000	15 000
8	12 500	12 500	0	18 750	6 250	12 500	15 000	10 000	5 000
9	0	12 500	–12 500	12 500	6 250	6 250	5 000	10 000	–5 000
10	–12 500	12 500	–25 000	6 250	6 250	0	–5 000	10 000	–15 000

Im Fall (2) wird auf Null abgeschrieben. Hier wird quasi der erste Fehler (falsche Nutzungsdauer) mit einem zweiten Fehler (einem falschen Abschreibungssatz) behoben. Man verteilt den restlichen Buchwert auf die Restlaufzeit. Auch diese Methode muß abgelehnt werden, da auch hier keine verursachungsgerechte Verrechnung der tatsächlichen Kosten erfolgt.

Im Fall (3) wird der richtige Abschreibungssatz ermittelt und verrechnet. Die kumulierten Abschreibungsbeträge führen zu einem Endbuchwert unter Null. Es wird ein zu hoher Betrag abgeschrieben. Dieser wird innerhalb der kalkulatorischen Wagnisse als Verrechnungsergebnis kalkulatorischer Abschreibungen berücksichtigt.

Literatur zu Kapitel 2

AWV – Arbeitsgemeinschaft für Wirtschaft und Verwaltung e. V., Personalkosten und Personalzusatzkosten in der betrieblichen Praxis, Eschborn 1995

Däumler K. D.; Grabe J., Kostenrechnung 1 – Grundlagen, 6. Aufl., Herne/Berlin 1993

Däumler K.-D.; Grabe J., Kalkulationsvorschriften bei öffentlichen Aufträgen, Herne 1984

Deutsche Gesellschaft für Personalführung e. V., Personalzusatzaufwand – System zur Inhaltsbestimmung und Gliederung, Freiburg 1980

Eisele W., Technik des betrieblichen Rechnungswesens, 4. Aufl., München 1990

EUROSTAT Statistisches Amt der Europäischen Gemeinschaft, Gemeinschaftliche Arbeitskostenerhebung – Methoden und Definitionen 1992, Brüssel 1996

Grochla E.; Schönbohm P., Beschaffung in der Unternehmung, Stuttgart 1980

Grünfeld H.-G., Steuerung und Kontrolle des Personalaufwands, Wiesbaden 1983

Gutenberg E., Grundlagen der Betriebswirtschaft, Erster Band: Die Produktion, 21. Aufl. Berlin, Heidelberg, New York 1975

Haberstock L., Kostenrechnung I – Einführung, 8. Aufl., Hamburg 1987

Hummel S.; Männel W., Kostenrechnung 1, Grundlagen, Aufbau und Anwendung, 4. Aufl., Wiesbaden 1986

Institut der Deutschen Wirtschaft, Zahlen zur wirtschaftlichen Entwicklung der Bundesrepublik Deutschland, Köln, erscheint jährlich neu.

Kilger W., Einführung in die Kostenrechnung, 2. Aufl., Wiesbaden 1980

Kilger W., Flexible Plankostenrechnung und Deckungsbeitragsrechnung, 10. Aufl., Wiesbaden 1993

Kosiol E., Kostenrechnung, Wiesbaden 1968

Lang H., Kosten- und Leistungsrechnung, 2. Aufl., München 1991

Mellerowicz K., Kosten- und Leistungsrechnung, Band I, Theorie der Kosten, 5. Aufl., Berlin 1973

Preißler P.; Dörrie U., Grundlagen der Kostenrechnung und Leistungsrechnung, 2. Aufl., München 1987

Riebel P., Einzelkosten- und Deckungsbeitragsrechnung, Grundfragen einer markt- und entscheidungsorientierten Unternehmensrechnung, 5. Aufl., Wiesbaden 1985

Scherrer G., Kostenrechnung, 2. Aufl., Stuttgart-New York 1991

Schierenbeck H., Übungsbuch zu Grundzüge der Betriebswirtschaftslehre, 5. Aufl., München 1989

Schweitzer M.; Küpper H.-U., Systeme der Kostenrechnung, 4. Aufl., Landsberg am Lech 1986

Sorg P., Kosten- und Leistungsrechnung – 50 praktische Fälle, Achim 1993

Warnecke H. J. u. A., Kostenrechnung für Ingenieure, 4. Aufl., München Wien 1993

Zimmermann G., Grundzüge der Kostenrechnung, 5. Aufl., München 1993

3 Kostenstellenrechnung

3.1 Aufgaben der Kostenstellenrechnung

Die Kosten werden durch die Kostenartenrechnung systematisch erfaßt und gegliedert. Die Fragen nach Höhe und Art der Kosten sind beantwortet. Auf dieser Datenbasis bauen die Kostenstellenrechnung und die Kostenträgerrechnung auf. Von der Kostenartenrechnung ausgehend, werden die Kostenträgereinzelkosten direkt auf den kostenverursachenden Kostenträger gebucht. Die Kostenträgergemeinkosten nimmt die Kostenstellenrechnung als Kostenstelleneinzelkosten oder Kostenstellengemeinkosten auf. Die Kostenstellenrechnung ist ein wichtiges Instrument der Kostenabrechnung und der Kostenkontrolle. In der Vollkostenrechnung verbindet sie die Kostenartenrechnung mit der Kostenträgerrechnung (vgl. Abbildung 47).

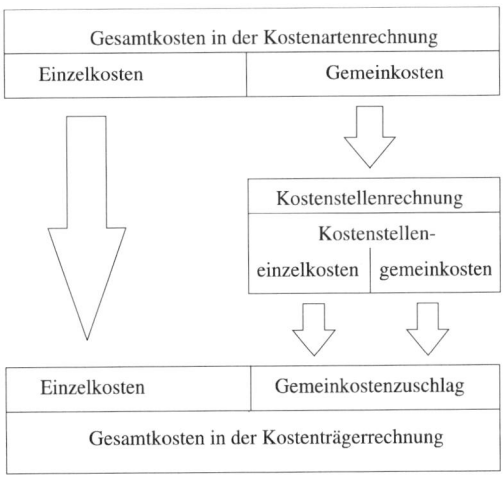

Abbildung 47: Kostenstellenrechnung als Bindeglied zwischen Kostenartenrechnung und Kostenträgerrechnung

Über Zuschlagssätze erfolgt die Verrechnung der Gesamtstellenkosten der Hauptkostenstellen auf Kostenträger.

Die Aufbauorganisation hat das Unternehmen in Teilbereiche gegliedert. Die kleinste selbständig handelnde Einheit in der Unternehmensorganisation bezeichnet man als Stelle. Werden die Kosten einer Stelle erfaßt und abgerechnet, dann spricht man von einer Kostenstelle. Die *Kostenstellen* sind definiert als homogene, überschaubare, klar abgegrenzte, betriebliche selbständige Verantwortungsbereiche, in denen sich die Kosten selbständig abrechnen lassen.

Nach *Haberstock* (1987, S. 118) erfaßt die Kostenstellenrechnung die Kosten am Ort ihrer Entstehung, um folgende Fragen zu beantworten:

- Wo sind die Kosten und Leistungen entstanden?
- Wurden die Leistungen wirtschaftlich erbracht?
- Wer hat die Kosten zu verantworten?
- Können wir durch geeignete Bildung von Kostenstellen die Genauigkeit der Kalkulation erhöhen?
- Wie können die Gemeinkosten verursachungsgerecht auf die Kostenträger verteilt werden?

Die Kostenstellenrechnung hat vier Aufgaben zu erfüllen:

- Die nach Kostenarten gegliederten Gemeinkosten einer Abrechnungsperiode werden in der Kostenstellenrechnung denjenigen Kostenstellen belastet, die für ihre Entstehung verantwortlich sind.
- Sobald eine Kostenstelle Leistungen für eine andere Kostenstelle erbringt, wird dieser Leistungstransfer mit Hilfe der Kostenstellenrechnung innerbetrieblich abgerechnet.
- Für Hauptkostenstellen bildet die Kostenstellenrechnung Kalkulationszuschlagssätze. Diese werden sowohl in der Vollkostenrechnung als auch in der Teilkostenrechnung zur Verrechnung der Gemeinkosten der Hauptkostenstellen benötigt.
- Mit Hilfe der Kostenstellenrechnung erfolgt eine Kostenkontrolle. Sie klärt, ob betriebliche Leistungen wirtschaftlich erbracht werden.

Der *Betriebsabrechnungsbogen* (BAB) beantwortet sämtliche von *Haberstock* gestellten Fragen, und er ist so aufgebaut, daß er den gestellten Aufgaben optimal nachkommt. Daher wird die Kostenstellenrechnung vielfach dem BAB gleichgesetzt.

3.2 Bildung von Kostenstellen

Die Bildung von Kostenstellen erfolgt im Einvernehmen mit der Aufbauorganisation des Betriebes. Grundsätzlich herrscht zwischen dem Organisationsplan und dem Kostenstellenplan Harmonie. Kostenstellen entstehen parallel zu den Stellen der Aufbauorganisation und umgekehrt. Natürlich ist es erlaubt, die Kostenstellen tiefer zu gliedern. Aus einer Stelle können mehrere Kostenstellen und aus Kostenstellen können dann wiederum mehrere Platzkostenstellen entstehen.

Die Aufbauorganisation geht bei der Stellenbildung meist nach dem Analyse-Synthese-Konzept von *Kosiol* vor. Die Aufgabenanalyse spaltet, ausgehend von den Unternehmenszielen, die Gesamtaufgabe eines Betriebes in Teilaufgaben auf. Auf der untersten Gliederungsebene stehen die Elementaraufgaben. Sie sind nicht mehr zerlegbar. Die Aufgabensynthese fügt die Elementaraufgaben zu Stellen zusammen. Diese bilden die kleinste selbständig handelnde Einheit im Unternehmen. Die *Kostenstelle* ist eine Stelle, in der sich die Kosten selbständig abrechnen lassen.

Bei der Bildung von Kostenstellen werden die gleichen Kriterien wie bei der Bildung von Stellen angewendet. Diese Kriterien werden im folgenden näher erläutert.

3.2.1 Kriterien für die Bildung von Kostenstellen

Die Zerlegung der Gesamtaufgabe und die Zusammenfassung von Elementaraufgaben zur Stelle (Kostenstelle) kann nach den folgenden Kriterien vorgenommen werden:

- *Objekt:* Ein Zahnarzt kümmert sich um das Objekt »Zahn«. An diesem nimmt er unterschiedliche Tätigkeiten vor. Er bohrt, zieht, plombiert oder poliert am Objekt »Zahn«. Wenn wir Kostenstellen nach Objekten bilden, orientieren sich die Namen der Kostenstellen an stofflichen Gegenständen (Rohstoffe, Zwischen- oder Endprodukte, Kostenträger) oder nichtstofflichen Objekten (Daten- und Informationsverarbeitung). Typische Namen der Kostenstellen sind »Beschaffung Rohstoffe«, »Gehäusebau«, »Fertigung Schraubenspindelpumpe« und »elektrische Werkstatt«.
- *Verrichtungen:* Hier wird ein und dieselbe Tätigkeit an unterschiedlichen

Objekten vorgenommen. Es entstehen Kostenstellen wie »CNC-Drehen«, »Langfräsen«, »CNC-Bohren«, »Brennscheiden«, »Einkauf«, »Verkauf«, »Versand«, »Montage« oder »Wareneingangskontrolle«.

- *Rang:* Die Ranganalyse unterscheidet zwischen Entscheidungs- und Ausführungsaufgaben. Typische Kostenstellen sind die Leitungsstellen, wie das »Meisterbüro« oder die »Leitung Produktion«.
- *Phase:* Viele betriebliche Prozesse laufen in den Phasen Planung, Durchführung und Kontrolle ab. Wir kennen in der Produktion Kostenstellen wie »Fertigungsvorbereitung«, »Fertigungssteuerung«, »Montage« und »Endkontrolle« und im kaufmännischen Bereich das »Controlling« und die »Revision«.
- *Zweck:* Zweckaufgaben, auch Primäraufgaben genannt, orientieren sich direkt am Unternehmensziel. Typisch hierfür sind die Elementarfunktionen Beschaffung, Produktion und Vertrieb. Verwaltungsstellen übernehmen Sekundäraufgaben und unterstützen die Beschaffung, die Produktion und den Vertrieb. Das »Personalwesen«, das »Finanz- und Rechnungswesen«, die »Datenverarbeitung«, das »Controlling« und die »Revision« sind solche Kostenstellen.
- *Sachmittel:* Im Vordergrund der Bildung von Kostenstellen stehen hier teure Anlagen oder Maschinen. Die Kostenstellen werden nach diesen Anlagen oder Maschinen benannt.
- *Region:* Die Trennung von Kostenstellen erfolgt hier nach geographischen Gesichtspunkten. Es handelt sich um Niederlassungen, Filialen oder Zweigstellen. Aber auch das Zentrallager fällt unter diese Rubrik.
- *Person:* Hier wird die Kostenstelle für eine Person mit besonderen Erfahrungen, Eigenschaften, Fähigkeiten oder Befugnissen eingerichtet. Die Theorie lehnt diese Kostenstellen ab. In der betrieblichen Praxis kommen sie jedoch oft vor, z. B. als Kostenstellen für den Erben. Im Kostenstellenplan findet man diese Stelle nicht als Personenstelle, sondern unter einem anderen Namen.

Abschließend stellt sich die Frage, wie detailliert die Zerlegung eines Unternehmens in Kostenstellen sein soll. Hier gibt es keine allgemeine Lösung. Jedes Unternehmen sollte sich bei der Organisation der Kostenstellen immer wieder fragen:

- Ist die Unterteilung klar und übersichtlich?
- Kann das Unternehmen mit dieser Organisation gut gesteuert werden?

- Erhalten die Manager die benötigten Informationen zur Steuerung?
- Können Profitcenter abgerechnet werden?
- Dient die Unterteilung einer genauen Kalkulation?
- Dient die Unterteilung einer effektiven Kosten- und Leistungskontrolle?
- Ist die Unterteilung wirtschaftlich oder verursacht sie selbst einen hohen Abrechnungsaufwand?

In wenigen Fällen können eindeutige Empfehlungen gegeben werden. Wenn ein Unternehmen in ein und derselben Kostenstelle einerseits preiswerte Montagen und billige Maschinenarbeit durchführt und andererseits teure CNC-Maschinen oder ein flexibles Bearbeitungszentrum einsetzt, dann sollte die *kalkulatorische Fehlerrechnung* durchgeführt werden.

Die kalkulatorische Fehlerrechnung spaltet probeweise die bisher existierende Kostenstelle in zwei neue Kostenstellen auf. In jeder neuen Kostenstelle werden die Kosten und Leistungen getrennt erfaßt. Auch bildet man für jede neue Kostenstelle entsprechende Kalkulationssätze. Der alte Kalkulationssatz wird mit den neuen Kalkulationssätzen verglichen. Überschreitet die Abweichung eine bestimmte prozentuale Schranke, dann erfolgt die endgültige Aufspaltung der alten Kostenstelle in zwei neue. Der folgende Fall verdeutlicht das Problem und beschreibt das Vorgehen.

In einem Unternehmen der Lohnfertigung werden Montagearbeiten und CNC-Arbeiten in einer Kostenstelle gemeinsam durchgeführt. Bisher fielen monatlich 50 000 Mark Gemeinkosten an. Die Analyse der Lohnscheine zeigt, daß durchschnittlich 2 000 Fertigungsstunden abgerechnet wurden. Inklusive der Personalnebenkosten bezahlte der Unternehmer 40 Mark pro Fertigungsstunde. Das Unternehmen ermittelt und verrechnet den Gemeinkostensatz:

$$\text{Gemeinkostensatz} = \frac{\text{Gemeinkosten}}{\text{Fertigungsstunden}} = \frac{50\,000\ \text{DM}}{2\,000\ \text{Stunden}} = 25\ \text{DM/Stunde}$$

Der Unternehmer hatte folgende Angebotskalkulation:

Fertigungslohn	40,00 DM/Stunde
+ Gemeinkostensatz	25,00 DM/Stunde
Selbstkosten	65,00 DM/Stunde
+ Gewinnzuschlag 10 %	6,50 DM/Stunde
= Angebotspreis	71,50 DM/Stunde

Seit längerem stellt der Chef fest, daß CNC-Arbeiten sich gut absetzen lassen, die Montage jedoch schlecht zu verkaufen ist. Er schildert das Problem dem Praktikanten Neunmalklug. Dieser schlägt vor, Montage und CNC-Arbeiten zu trennen und eine kalkulatorische Fehlerrechnung durchzuführen.

Im Folgemonat werden die Kosten und Leistungen für Montage und CNC-Arbeiten getrennt ermittelt. Man erhält die in Tabelle 17 aufgeführten Werte.

	Gesamt	Montage	CNC-Arbeiten
Gemeinkosten	50 000 DM	3 000 DM	47 000 DM
Fertigungsstunden	2 000	600	1 400
Gemeinkostensatz	25 DM/Stunde	5 DM/Stunde	33,57 DM/Stunde

Tabelle 17: Tabelle zur kalkulatorischen Fehlerrechnung

Der Chef ist verwundert über die Abweichung in der Montage und stellt sofort eine neue Angebotskalkulation auf.

	Montage	CNC-Arbeiten
Fertigungslohn	40,00 DM/Stunde	40,00 DM/Stunde
+ Gemeinkostensatz	5,00 DM/Stunde	33,57 DM/Stunde
= Selbstkosten	45,00 DM/Stunde	73,57 DM/Stunde
+ Gewinnzuschlag 10 %	4,50 DM/Stunde	7,35 DM/Stunde
= Angebotspreis	49,50 DM/Stunde	80,92 DM/Stunde

Bisher hatte das Unternehmen Montage- und CNC-Arbeiten für 71,50 Mark/Stunde angeboten. Nach der Trennung in zwei Kostenstellen erhält man die Information, daß Montagen für 49,50 Mark/Stunde und CNC-Arbeiten für 81 Mark/Stunde angeboten werden müßten. Jetzt ist dem Chef klar, warum in den letzten Monaten das Akquirieren von Montagen so schwer war im Gegensatz zu der Akquisition von CNC-Arbeiten.

3.2.2 Aufbauorganisation und Kostenstellenrechnung

Ergebnis der Kostenstellenbildung ist ein Kostenstellenplan, der mit dem Organisationsdiagramm (Organisationsplan) des Unternehmens harmoniert. Der Kostenstellenplan kann detaillierter als das Organisationsdiagramm sein, braucht es aber nicht.

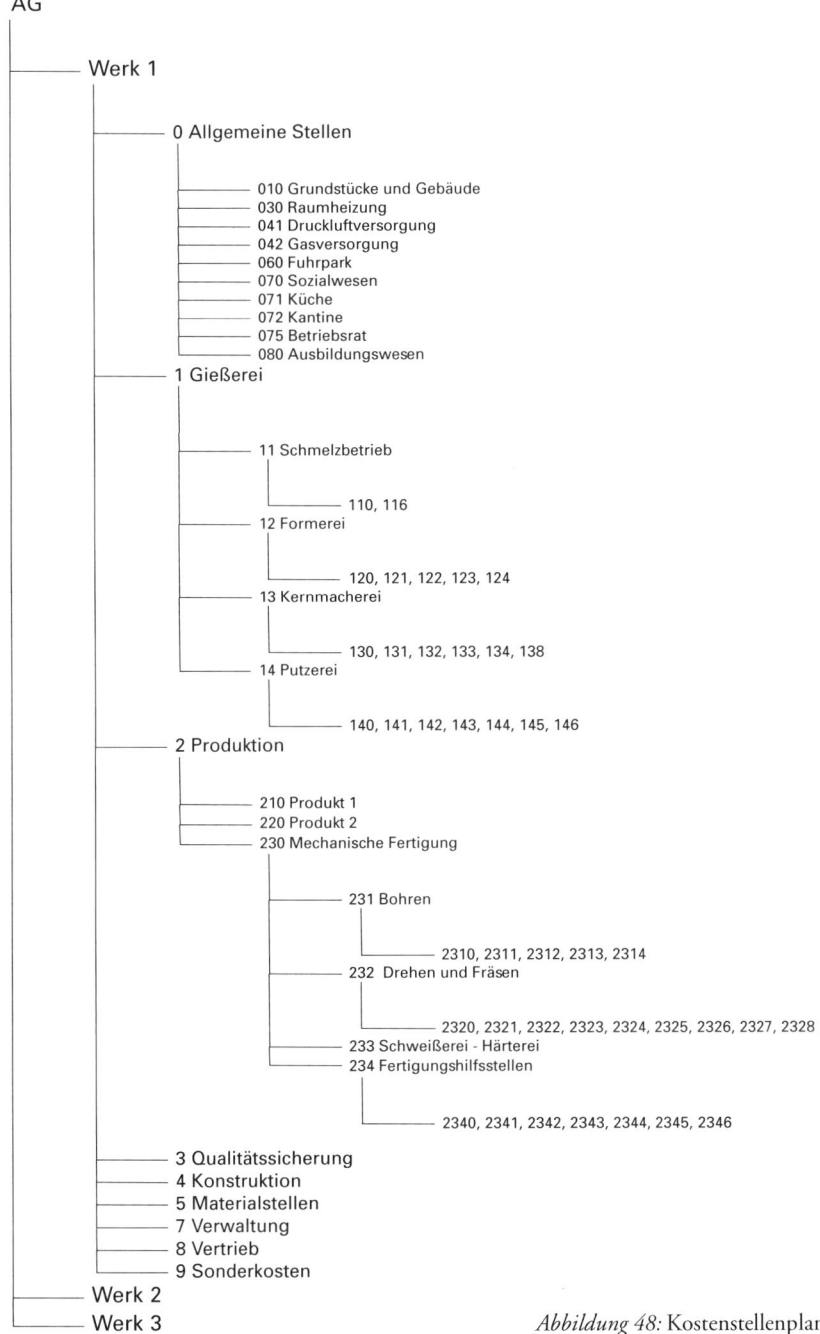

Abbildung 48: Kostenstellenplan

Abbildung 48 zeigt einen Kostenstellenplan. Für die allgemeinen Stellen und die Gießerei ist der Kostenstellenplan vollständig dargestellt. Aus Platzgründen unterbleibt für andere Abteilungen eine weitere Detailgliederung in die einzelnen Stellen. Jedes Werk, jeder Bereich und jede Hauptabteilung läßt sich nach dem vorliegenden Muster organisieren.

Die *Allgemeinen Kostenstellen* erbringen Leistungen für den gesamten Betrieb. Zu dieser Kostenstellen-Gruppe gehören üblicherweise die Hausverwaltung, Energie- und sonstige Versorgung, das Sozialwesen mit der Küche und der Kantine, die Betriebsfeuerwehr, der Wachdienst und der betriebliche Transport.

Die *Materialstellen* versorgen das Unternehmen mit Stoffen und Betriebsmitteln. Typische Materialkostenstellen sind Beschaffung, Warenannahme, Eingangsprüfung, Lager und Materialausgabe.

Die *Fertigungsstellen* erbringen die eigentliche Leistung. Hier werden die Kostenträger hergestellt. Die Fertigungsstellen werden nach Objekten (Kostenträger – Gießerei, Produkt 1 und Produkt 2) oder Verrichtungen (Drehen, Fräsen, Bohren und Montieren) unterschieden.

Die *Konstruktion, Forschung und Entwicklung* werden als eigene Kostenstellen geführt oder als Hilfskostenstellen den Allgemeinen Kostenstellen oder der Fertigung zugeordnet.

Unter *Verwaltungsstellen* versteht man die Geschäftsführung und ihren Stab, das gesamte Rechnungswesen, die Personalabteilung, die Datenverarbeitung, die Poststelle und die sonstige Verwaltung.

Die *Vertriebsstellen* sind zuständig für das Marketing, den Verkauf, die Lagerung und den Versand von Fertigerzeugnissen.

Oft ist es sinnvoll, Kostenstellen zum Zweck der betrieblichen Abrechnung nach ihrer Beteiligung an der Endleistung (Kostenträger) weiter zu systematisieren. Je nachdem, ob eine Kostenstelle direkt oder indirekt an der Leistungserstellung des Kostenträgers beteiligt ist, unterscheidet man zwischen Haupt-, Neben- und Hilfskostenstellen.

- *Hauptkostenstellen* sind Kostenstellen, die unmittelbar mit der Fertigung und der Verwertung der Kostenträger zu tun haben. Es sind dies üblicherweise die Kostenstellen »Material«, »Fertigungsstellen«, »Verwaltung« und »Vertrieb«.
- *Nebenkostenstellen* erzeugen Nebenprodukte oder verwerten Abfälle. Stellt die Schreinerei einer Maschinenfabrik Kisten für den Versand her oder verkauft der Wertstoffhof Humus, ist eine Nebenkostenstelle gegeben.

- *Hilfskostenstellen* unterstützen Hauptkostenstellen als *Vorkostenstellen* oder erbringen allgemeine Leistungen für Hauptkostenstellen. Hilfskostenstellen gehen nicht direkt in die Kostenträger ein und haben daher auch keine eigenen Gemeinkostenzuschlagssätze. Sie sind kalkulatorisch unselbständig. Ihre Entlastung erfolgt durch Umlage.

Im Gemeinschafts-Kontenrahmen für die Industrie ist die Kontenklasse 5 für Kostenstellen reserviert.

3.3 Durchführung der Kostenstellenrechnung mit Hilfe des Betriebsabrechnungsbogens

3.3.1 Aufbau und Aufgaben des Betriebsabrechnungsbogens

Im Rahmen der Kostenstellenrechnung ist der Betriebsabrechnungsbogen (BAB) von zentraler Bedeutung. In der Praxis gehört er zu den wichtigsten Abrechnungs- und Steuerungsinstrumenten. Man benutzt ihn, um:

- der Kostenstelle ihre Kostenstelleneinzelkosten zu belasten,
- die Gemeinkosten möglichst verursachungsgerecht auf die Kostenstellen zu verteilen,
- die innerbetrieblichen Leistungsverrechnungen vorzunehmen,
- im Rahmen der Voll- und Teilkostenrechnung Zuschlagssätze zu ermitteln und
- Soll- und Ist-Kosten pro Kostenstelle zu vergleichen, zu kontrollieren und zu steuern.

Der klassische Betriebsabrechnungsbogen (BAB) ist formal eine Matrix, in der die Kostenstellen durch Spalten abgebildet sind und die Verrechnung der Gemeinkosten pro Kostenarten und die innerbetriebliche Leistungsverrechnung über Zeilen erfolgt. Sein formaler Aufbau folgt dem in Abbildung 49 gezeigten Schema.

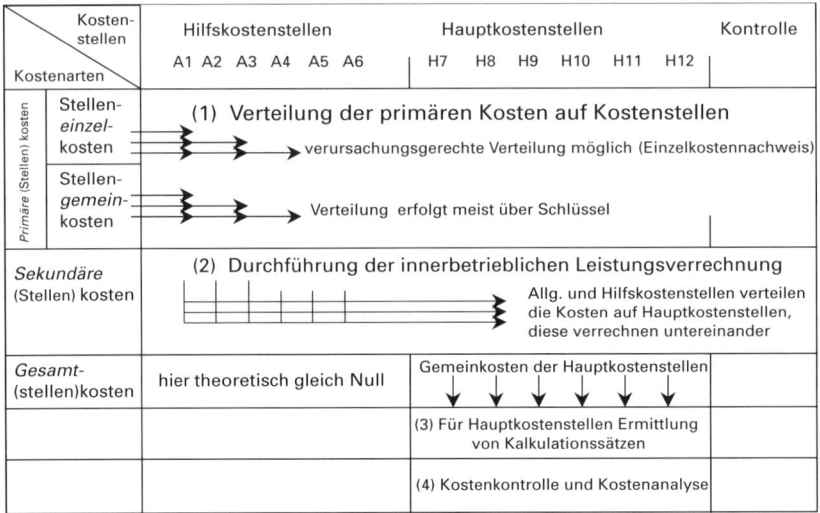

Abbildung 49: Klassischer Betriebsabrechnungsbogen

Die Kosten aus der Kostenartenrechnung durchlaufen im Betriebsabrechnungsbogen vier Stufen.

- In der ersten Stufe übernimmt die Kostenstellenrechnung aus der Kostenartenrechnung alle Gemeinkosten. Diese werden dann auf die einzelnen Kostenstellen verteilt. Wenn Belege existieren oder eine klare Verursachung festzustellen ist, liegen Kostenstelleneinzelkosten vor, im anderen Fall Kostenstellengemeinkosten, welche über Schlüssel verteilt werden. Die Summe über alle Kosten nennt man *primäre Kostenstellenkosten.*
- In der zweiten Stufe werden die innerbetrieblichen Leistungen verrechnet. Die Kosten der allgemeinen und der Hilfskostenstellen werden auf die Hauptkostenstellen verteilt, und innerhalb der Hauptkostenstellen wird die innerbetriebliche Leistung verrechnet. Zum Beispiel leiht sich der Kostenstellenleiter A vom Kostenstellenleiter B Personal aus. Die Kantine erhält von allen Kostenstellen einen Zuschuß pro Mitarbeiter.
- Im dritten Schritt bildet man Zuschlagssätze. Auf der Basis von Kostenträgereinzelkosten oder von Kostentreibern (Ein- und Auslagerungen) werden Zuschlagssätze in Prozent der Einzelkosten oder Verrechnungspreise für Aus- und Einlagerungen ermittelt.

Abbildung 50: Betriebsabrechnungsbogen in der Praxis   →

2	SOL-ISTKOSTEN-VERGLEICH (BAB)		U	Werk	Bereich	Kostenstelle
3			1	1	226*	264
4		Fertigungsmontage	Thomas			

5 A. Kostenarten — im Monat: März — kumuliert: Jan - März

6	Gr.Nr.		Istkosten	Sollkosten	Abw.	in %	Istkosten	Abw.	in %
7	Fertigungslohn für Produkte		24.001	24.943	-942	-4%	72.325	-2.821	-4%
8	Sonstige Fertigungslöhne		456		456	/	1.045	1.045	/
9	Löhne für Vorarbeiter und Einrichter					/			/
10	Löhne für Transport, Lager und Versand		1.581	1.667	-86	-5%	3.555	-1.466	-29%
11	Löhne für Ausfallzeiten						84	84	/
12	Sonstige Hilfslöhne								
13	Zulagen und Zuschläge								
14	Kalk. Sozialaufwand Lohn		19.738	19.904	-166	-1%	58.376	-1.589	-3%
15	Gehälter								
16	Kalk. Sozialaufwand Gehalt								
17	Betriebs- und Hilfsstoffe		867	1.073	-206	-19%	2.473	-759	-29%
18	Werkzeuge		1.272	1.306	-34	-3%	2.191	-1.745	-44%
19	Vorrichtungen			55	-55		1.656	1.490	898%
20	Energie Fremdbezug, Treib- und Brennstoffe								
21	Fremdinstandhaltung		378	239	139	58%	1.493	775	108%
22	Eigeninstandhaltung		86	142	-56	-39%	1.088	662	155%
23	sonst. betriebliche Leistungen		130		130		803	803	/
24	Steuern, Beiträge, Gebühren								
25	Mieten und Leasing								
26	Rechts-, Prüfungs- und Beratungskosten								
27	Sachversicherungen								
28	Inserate, Literatur								
29	Verkaufsförderung								
30	Postkosten								
31	Büromaterial								
32	Reinigung und Wartung		90	8	82	>1T	180	156	6,5%
33	Bewirtungskosten								
34	Reisekosten								
35	sonst. Gemeinkosten								
36	Kalk. Abschreibung		835	835		0%	2.505		/
37	Kalk. Zinsen und Wagnisse		492	492		0%	1.476		/
38	Kalk. Raumkosten		1.242	1.242		0%	3.726		/
39	Kalk. Sozialkosten								
40	Kalk. Energiekosten								
41	Kalk. Leitungskosten		10.190	10.190		0%	30.698		/
42	Sonst kalk. Kosten		20.177	20.177		0%	60.531		/
43	*Gesamtkosten I*		81.535	82.273	-738		244.205	-3.365	
44									

45 B. Kostenartengruppen und Abweichungen

46	Kostenartengruppen		Istkosten	Sollkosten	Abw.	in %	Istkosten	Abw.	in %
47	1 Personalkosten	Z 07 - 16	45.776	46.514	-738	-2%	135.385	-4.747	-3%
48	2 Gemeinkostenmaterial	Z 17 - 20	2.139	2.434	-295	-12%	6.320	-1.014	-14%
49	3 Instandhaltungskosten	Z 21 - 22	464	381	83	22%	2.581	1.437	126%
50	4 Sonst. Gemeinkosten	Z 23 - 35	220	8	212	>1 T	983	959	>1 T
51	5 Kalk. Kapitalkosten	Z 36 - 37	1.327	1.327			3.981		
52	6 Sonst. kalk. Kosten	Z 38 - 42	31.609	31.609			94.955		
53	*Gesamtkosten I*	Z 47 - 52	81.535	82.273	-738	-1%	244.205	-3.365	-1%
54	Tarifabw. Lohn einschl. Soz.Aufwand		-1.776				-5.193		
55	Tarifabw. Gehalt einschl. Soz.Aufwand								
56	Preisdifferenzen								
57	Abweichungen fremder Stellen								
58	*Gesamtkosten II*	Z 53 - 57	79.759	82.273	-738	-1%	239.012	-3.365	-1%

62 C. Fixkostendeckung

62			Planfix- kosten	Gedeckte Fixkosten	Beschäft. Abw.	in %	Ged. Fix- kosten kum	Beschäft. Abw. kum.	in %
63			22.824	26.161	-3.337	-15%	78.813	-10.341	15%

64	D. Bezugsgrößen	Bezugsgröße		Beschäftigungs-		Proportionale		Vollkosten-	
	und Kostensätze	Ist-	Plan-	grad		Kostensätze		sätze	
65	Nr. Bezugsgrößenart	Bezugsgr.	Bezugsgr.	Monat	kum.	Plan	Ist	Ist-kum.	Plan	Ist-kum.
66	1 Fertigungsstunden	1.184	1.033	115	115	50,2	47,1	47,1	72,3	66,7
67	2									
68	3									
69	4									
70	5									

- Die Kostenkontrolle erfolgt durch Vergleich von Sollvorgaben und ermittelten Ist-Kosten. Die Abweichungen werden analysiert und ihre Ursachen transparent gemacht. Überschreitet die Abweichung ein signifikantes Niveau, greift das Management ein und steuert entsprechend.

In der Praxis wird der Betriebsabrechnungsbogen pro Kostenstelle ausgedruckt (vgl. Abbildung 50). Die Köpfe dieser Blätter sind sich sehr ähnlich. Oft wird der Betriebsabrechnungsbogen für eine Kostenstelle auf einer DIN A4-Seite ausgegeben. Kostenstellenleiter sind den Umgang mit DIN A4-Blättern gewohnt, und das Abheften in handelsübliche Ordner ist einfach.

Im Block A der Abbildung 50 sind alle Kostenarten des Betriebes erfaßt. Auf einem DIN A4-Blatt haben nicht alle Kostenarten des Unternehmens Platz. Daher müssen verwandte Kostenarten zusammengefaßt werden. Hinter der Kostenart »Fertigungslohn für Produkte« stehen »Zeitlohn«, »Akkordlohn« und »Prämienlohn«. Im Controlling ist eine Liste hinterlegt, auf der die gesamten Zuordnungen der Kostenarten erläutert sind.

Im Block B werden die wichtigen Kostengruppen »Personalkosten«, »Gemeinkostenmaterial« und »Instandsetzung« dargestellt. Um die gesamten Personalkosten zu erhalten, werden die Zeilen 07–16 im Betriebsabrechnungsbogen addiert. Hierdurch kann sich der Manager schnell einen Kostenüberblick verschaffen.

Im Block C sind die Fixkostendeckung und die Beschäftigungsabweichung ausgewiesen. Block D enthält die Bezugsgrößen und Kostensätze nach Voll- und Teilkostenrechnung. Diese letzten beiden Blöcke sind für die Kostenanalyse wichtig.

Der Kostenstellenleiter und das Controlling können diese Form von Betriebsabrechnungsbögen leicht in einem Ordner ablegen. Schnelles Informieren ist hier auch ohne Online-Technologie möglich. Der Kostenstellenleiter braucht keinen Netzanschluß und keine Software-Kenntnisse, um seinen Betriebsabrechnungsbogen zu studieren.

Um den Betriebsabrechnungsbogen einer Abteilung zu erhalten, werden die einzelnen Blätter der entsprechenden Kostenstellen kumuliert (vgl. Abbildung 51). Der Betriebsabrechnungsbogen der Abteilung hat denselben Aufbau wie der Betriebsabrechnungsbogen der Kostenstelle.

Die Kostenstelle »Fertigungsmontage« in Abbildung 51 ist Kostenstelle im Unternehmen 1, Werk 1, Bereich 2, Abteilung 26. Die Kostenstellen 264–267 gehören der Abteilung 26 an. Den Betriebsabrechnungsbogen der Abteilung erkennt man an einem Stern als Platzhalter für die einzelnen

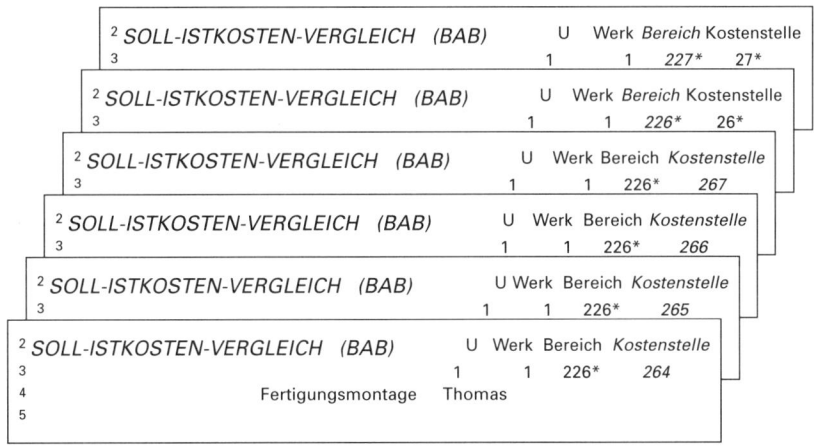

Abbildung 51: Loseblattsammlung von Betriebsabrechnungsbögen

Kostenstellen. Von Hierarchiestufe zu Hierarchiestufe wächst die Anzahl der Sterne. Der Betriebsabrechnungsbogen des Bereichs 2 lautet 112****. Ein kundiger Leser weiß nun, daß damit der Betriebsabrechnungsbogen von Unternehmen 1, Werk 1, Bereich 2 vorliegt. Über derartige Nummernsysteme erhalten die Manager auf allen Stufen schnell Informationen über ihren Bereich. So lassen sich auch komplexe Kostenbeziehungen leicht nachvollziehen.

3.3.2 Verteilung der primären Stellenkosten

Entsprechend der vier Stufen hat der Betriebsabrechnungsbogen vier Aufgaben zu erfüllen.

- Zuerst ist die Verteilung der Gemeinkosten auf die Kostenstellen vorzunehmen. Pro Kostenstelle werden die verteilten Kosten addiert. Diese Summe bezeichnet man als *primäre Stellenkosten* der Kostenstellen.
- Der innerbetriebliche Leistungsaustausch wird verrechnet.
- Kostenstellenüber- und -unterdeckung wird festgestellt und analysiert.
- Für die Hauptkostenstellen werden Gemeinkostenzuschlagssätze ermittelt.

Die Kostenartenrechnung hat die Kosten nach Einzel- und Gemeinkosten getrennt. Wie man in Abbildung 47 sieht, lassen sich die Kostenträgerein-

zelkosten einem Kostenträger direkt zurechnen. Der Rest, die Kostenträgergemeinkosten, wird auf die Kostenstellen verteilt. Hierbei folgt man den
Kostenzurechnungsprinzipien der Kosten- und Leistungsverrechnung
(Übersicht 7). Erfolgt die Kostenverrechnung nach dem Kausalprinzip und
ist damit eine verursachungsgerechte Verteilung der Kosten gegeben, dann
spricht man von *Kostenstelleneinzelkosten*. Wird das Proportionalitätsprinzip, das Durchschnittsprinzip oder das Tragfähigkeitsprinzip angewendet,
liegen *Kostenstellengemeinkosten* vor.

Für *Kostenstelleneinzelkosten* existieren interne oder externe Belege, welche die kostenverursachende Kostenstelle nennen. Zum Beispiel kauft Herr
Müller, Leiter der Kostenstelle 4711, bei Bürobedarf Martin eine Schere. Er
unterschreibt einen Lieferschein. Auf der Rechnung von Büro Martin ist
Herr Müller als Käufer angeben. Die Finanzbuchhaltung und die Kostenartenrechnung können auf Grund der Rechnung und der Unterschrift von
Herrn Müller die Schere der Kostenstelle 4711 belasten. Jeden Monat werden Betriebsabrechnungsbögen erstellt und die Gemeinkosten den einzelnen Kostenstellen belastet. Im *Ist-Kostennachweis* der Kostenstelle, auch *Einzelpostenliste* oder *Einzelkostennachweis* genannt, kann der Kostenstellenleiter alle direkten und indirekten Belastungen des abgerechneten Monats
finden. Der Ist-Kostennachweis hat den in Abbildung 52 ausgewiesenen
Aufbau.

Ist-Kostennachweis: Monat März						KSt. 4711
						Hr. Müller
Kosten. Art	Buchungsdatum	Text	Lieferant Herkunft	Menge	Preis	Istkosten
:	:	:	:	:	:	:
:	:	:	:	:	:	:
:	:	:	:	:	:	:
45211	23.03.98	Schere	Martin	1	28,90	28,90
:	:	:	:	:	:	:
:	:	:	:	:	:	:
:	:	:	:	:	:	:
Summe primäre Stellenkosten Kostenstelle 4711:						3 765,89

Abbildung 52: Aufbau eines Ist-Kostennachweises

Kostenart	Verteilungsgrundlage	Ermittlung
Büromaterial	Entnahmeschein	Menge × Verrechnungspreis
Hilfs- und Betriebsstoffe	Entnahmeschein	Menge × Verrechnungspreis
Hilfslöhne	Stempelkarten	Stunden × Stundenlohn
Zusatzlöhne und Prämien	Zusatzlohnschein	
Gehälter	Gehaltsliste	Beschäftigte in Kostenstelle
Fremdleistungen	Rechnungen	
Strom, Gas, Wasser	Zähler	kWh, m^3, m^3 lt. Zähler
kalkulatorische Abschreibung	Anlagekartei	Verfahren beachten
kalkulatorische Zinsen	Anlagekartei	Restbuch- o. Durchschnittswert
Fuhrpark (Kfz-Kosten)	Fahrtenbuch	km × Verrechnungspreis

Tabelle 18: Verteilungsgrundlage für Kostenstelleneinzelkosten

Herr Müller findet hier den Kauf der Schere dokumentiert. Der Ist-Kosten-nachweis enthält alle Ist-Kosten, das heißt alle primären und sekundären Kosten einer Kostenstelle. Er gibt Detailinformationen zu den Ist-Kosten des Monats wieder.

Im Ist-Kostennachweis sind die Kosten entsprechend der Reihenfolge der Kostenarten in der Kostenartenrechnung sortiert und ausgewiesen. Die Kostenstellenrechnung baut auf der Kostenartenrechnung auf und übernimmt die hier gesammelten Informationen. Basis für eine Kostenverteilung der Kostenstelleneinzelkosten sind Belege (vgl. dazu Tabelle 18).

In vielen betrieblichen Fällen ist die *direkte Verteilung* der Gemeinkosten als Kostenstelleneinzelkosten nicht möglich, zu teuer oder nicht zweckmä-ßig. Dies ist z. B. bei den Stromkosten der Fall. Diese können praktisch an jeder Maschine erfaßt werden. Hierzu installiert das Unternehmen an jeder einzelnen Maschine einen Stromzähler, und auch jede Kostenstelle erhält einen solchen. Die Stromkosten lassen sich jetzt verursachungsgerecht ver-teilen. Zu bedenken ist, daß jeder Stromzähler monatlich eine Grundgebühr und auch das monatliche Ablesen Geld kostet. In vielen Fällen ist eine indirekte Verteilung einfacher und preiswerter. In diesem Fall spricht man von *Kostenstellengemeinkosten.* Diese Kostenstellengemeinkosten werden über Schlüssel (indirekte Verteilung) auf die Kostenstellen verteilt. Zum Beispiel kann die Verteilung der Stromkosten auf der Basis der angeschlos-senen Kilowatt-Leistung erfolgen. Der Informationsstand ist trotz der ein-fachen Erfassung und Verrechnung über Schlüssel gut, der Fehler gering.

Das Elektrizitätswerk hat für den Monat Mai eine Stromrechnung über 1 200 Mark ausgestellt. Die Finanzbuchhaltung beglich die Rechnung und gab die Information an die Kostenartenrechnung weiter. Die Kostenart

»Stromkosten« kann nicht verursachungsgerecht verteilt werden, da innerbetrieblich keine Stromzähler installiert sind. Gemeinkosten sind gegeben.
Auf Basis der angeschlossenen Leistung erfolgt eine Verteilung der Stromkosten. Die einzelnen Kostenstellen haben folgende Anschlußleistung:

Fertigung I	5 000 kW
Fertigung II	5 000 kW
Materialstelle	500 kW
Verwaltungsstelle	1 000 kW
Vertriebsstelle	500 kW
Gesamte Anschlußleistung	12 000 kW

Die angeschlossene Leistung nennt man Schlüssel. Der Schlüssel gibt das
Verhältnis der Kostenverrechnung wieder und ist meist normiert. Die kleinste Einheit wird hierzu auf Eins gesetzt, und die restlichen Größen werden
im entsprechenden Verhältnis angepaßt. Schlüssel gelten im Regelfall für
einen längeren Zeitraum. Im Rahmen der Budgetplanung werden Schlüssel
meist für ein Jahr festgelegt. Pro Schlüssel von 500 kW werden

$$\frac{1\,200\,\text{DM}}{24} = 50\,\text{DM}$$

verrechnet.

	angeschlossene Leistung	Schlüssel	verteilte Kosten
Fertigung I	5 000 kW	10	500 DM
Fertigung II	5 000 kW	10	500 DM
Materialstelle	500 kW	1	50 DM
Verwaltungsstelle	1 000 kW	2	100 DM
Vertriebsstelle	500 kW	1	50 DM
Gesamte Anschlußleistung	12 000 kW	24	1 200 DM

Die Qualität der Kostenstellenrechnung hängt wesentlich von der Wahl
dieser Schlüssel ab. Von den Schlüsseln wird gefordert:

• Proportionalität zwischen Schlüssel und Verbrauch
• einfache Ermittlung
• verursachungsgerechte Kostenzurechnung.

Schweitzer/Küpper (1995, S. 134 ff.) unterscheiden Mengen- und Wertschlüssel (vgl. Übersicht 14).

Mengenschlüssel	
Kriterium	Beispiel
Menge	Beschäftigte, Zahl der eingesetzten hergestellten Stücke, Zahl der Buchungen, Konten, Prozesse
Zeit	Arbeits-, Fertigungs-, Maschinen- und Meisterstunden, Kalender-, Schicht-, Putz- und Rüstzeiten
Raum	Länge, Fläche, Volumen
Gewicht	Einsatz- und Transportgewicht, Produktmengen in Gewichtseinheiten
technische Größen	installierte kWh, PS, Kalorien, Heizwerte

Wertschlüssel	
Kriterium	Beispiel
Einstand	Einkaufs-, Eingangs- und Lagerwerte
Bestandsgrößen	Wert der Stoffe, Zwischen- und Fertigerzeugnisse, Wert der Anlagen
Absatzgrößen	Umsätze jeder Art (Bar-, Ziel-, Versandumsatz, Kreditvolumen)
Kostengrößen	Lohn-, Material-, Herstell- und Selbstkosten
Verrechnungsgrößen	Verrechnungspreise

Übersicht 14: Mengen- und Wertschlüssel für Kostenstellengemeinkosten

Folgendes Beispiel zeigt die Verteilung der primären Kosten auf die Kostenstellen.[1]

Das Unternehmen ist in die sechs Kostenstellen »Stromversorgung«, »Fertigung I«, »Fertigung II«, »Material«, »Verwaltung« und »Vertrieb« gegliedert. Die Kostenartenrechnung hat die Daten der Buchhaltung überarbeitet. Die Hilfs- und Betriebsstoffe werden mit Verrechnungspreisen angesetzt, der kalkulatorischen Abschreibung liegen Wiederbeschaffungspreise zugrunde. Es sind die in Tabelle 19 zusammengestellten Kosten gegeben.

---

1 Dieses Beispiel verdanke ich Herrn Püschel, Kollege am Lehrstuhl von Prof. Dr. L. Pack an der Universität Konstanz.

Kostenarten	Zahlen der Buchhaltung	Korrekturen ±	Basis für die Verteilung
Hilfs- u. Betriebsstoffe	900	100	1 000
Hilfslöhne	1 600	0	1 600
Gehälter	2 000	0	2 000
Abschreibung	1 600	200	1 800
Steuern	700	0	700
Kalk. Zinsen	0	850	850
Diverse Kosten	850	300	1 150

Tabelle 19: Abgrenzungsrechnung zwischen Aufwand und Kosten

Es werden nun die einzelnen Kostenarten verteilt. Jeder Kostenstellenleiter erhält einen Ist-Kostennachweis, in dem er die Belastung seiner Kostenstelle nachvollziehen kann. Im einzelnen wird wie folgt verteilt:

- Die Hilfs- und Betriebsstoffe werden direkt verteilt. Hier existieren Materialentnahmescheine. Die Beträge werden den betreffenden Kostenstellen direkt belastet. Der »Stromversorgung« werden 50 Mark, der »Fertigung I« 500 Mark und der »Fertigung II« 450 Mark zugerechnet.
- Die Verteilung der kalkulatorischen Abschreibungen erfolgt direkt über die Anlagenbuchhaltung. Die Kostenstelle »Stromversorgung« trägt 100 Mark, »Fertigung I« 700 Mark, »Fertigung II« 700 Mark, »Material« 50 Mark, »Verwaltung« 100 Mark und »Vertrieb« 150 Mark.
- Die kalkulatorischen Zinsen ermittelt man aus dem durchschnittlich in der Kostenstelle gebundenen Anlagevermögen und dem kalkulatorischen Zinssatz. Wir erhalten für die »Stromversorgung« 50 Mark, für die »Fertigung I« 350 Mark, für die »Fertigung II« 300 Mark, sowie je 50 Mark für die Kostenstellen »Material«, »Verwaltung« und »Vertrieb«.

Die restlichen Kostenarten werden indirekt über Schlüssel verteilt (vgl. Tabelle 20). Im Rahmen der Budgetplanung werden die Tabellen mit den Verteilungsschlüsseln vom Controlling jährlich den aktuellen Gegebenheiten angepaßt.

Kostenarten	Allg. KST	Fertigung I	Fertigung II	Material	Verwaltung	Vertrieb
Hilfslöhne	2	12	10	6	1	1
Gehälter	3	9	8	3	12	5
Steuern	1	6	5	0	1	1
Diverse Kosten	4	14	14	3	4	7

Tabelle 20: Verteilungsschlüssel für indirekte Gemeinkostenarten

Bei der indirekten Verteilung addiert man zeilenweise die einzelnen Schlüssel. Die Hilfslöhne sind im Verhältnis 2:12:10:6:1:1 zu verteilen. Die Summe über die Schlüssel beträgt 32. Der zu verteilende Betrag wird durch die Schlüsselsumme dividiert. Man erhält den Belastungsbetrag pro Schlüsseleinheit. Eine Schlüsseleinheit »Hilfslöhne« kostet somit 1 600 Mark : 32 = 50 Mark/Schlüssel. Dieser wird dann mit der Schlüsselzahl der jeweiligen Kostenstelle multipliziert. Die »allgemeine Kostenstelle« trägt zwei Einheiten. Dies sind hier zwei Schlüsseleinheiten, multipliziert mit 50 Mark/Schlüssel, was 100 Mark ergibt. Dies führt bei den Hilfslöhnen zur folgenden Verteilung:

Kostenart		Allg. KST	Ferti-gung I	Ferti-gung II	Material	Verwal-tung	Vertrieb	Kontrolle
	Schlüssel	2	12	10	6	1	1	32
Hilfslöhne	1 600	100	600	500	300	50	50	1600

Die Verteilung der primären Kosten (PSK) ist im BAB (Tabelle 21) durchgeführt.

Fassen wir die wichtigsten Ergebnisse zusammen: Die gesamten Gemeinkosten betragen 9 100 Mark. Diese in der Kostenartenrechnung gesammelten Gemeinkosten werden auf die Kostenstellen verteilt. Jeder Kostenstellenleiter kann durch seinen Betriebsabrechnungsbogen und den Einzelko-

Kostenart	Zu verteilen	Allg. KST	Fertigung I	Fertigung II	Material	Verwal-tung	Vertrieb
HuB Stoffe	1 000	50	500	450	0	0	0
Hilfslöhne	1 600	100	600	500	300	50	50
Gehälter	2 000	150	450	400	150	600	250
Abschreibung	1 800	100	700	700	50	100	150
Steuern	700	50	300	250	0	50	50
kalk. Zinsen	850	50	350	300	50	50	50
versch. Kosten	1 150	100	350	350	75	100	175
Summe PSK	9 100	600	3 250	2 950	625	950	725

Tabelle 21: Betriebsabrechnungsbogen nach Verteilung der primären Gemeinkosten

stennachweis die Kostenentstehung in seiner Kostenstelle kontrollieren und nachvollziehen. Die »Fertigung I« ist mit 3 250 Mark belastet. Diese Summe bezeichnet man als primäre Stellenkosten der Kostenstelle »Fertigung I«. Summiert man die primären Kosten über alle Kostenstellen, so erhält man den Ausgangswert der Kostenartenrechnung von 9 100 Mark. Es gehen keine Kosten auf dem Weg von der Kostenartenrechnung in die Kostenstellen verloren.

Es folgt nun die *zweite* Verrechnungsstufe im Betriebsabrechnungsbogen, die innerbetriebliche Leistungsverrechnung.

3.3.3 Innerbetriebliche Leistungsverrechnung

Liefert eine Kostenstelle einer anderen Kostenstelle eine Leistung, dann ist eine innerbetriebliche Leistungsverflechtung gegebenn, und eine innerbetriebliche Leistungsverrechnung wird notwendig. In Unternehmen sind viele innerbetriebliche Leistungsverflechtungen möglich. Die betriebliche Stromerzeugung liefert z. B. Energie. Die Kantine und die Sozialstation sind für alle Mitarbeiter da. Der Portier öffnet an jedem Arbeitstag die Fabrik-

Grundtypen innerbetrieblicher Leistungsverrechnung		
Typ 1:	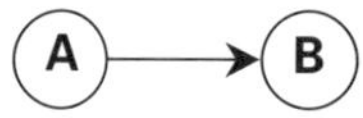	Im einfachsten Fall liefert die KSt. A Leistungen ausschließlich an KSt. B. Der Leistungsaustausch ist einstufig und einseitig.
Typ 2:	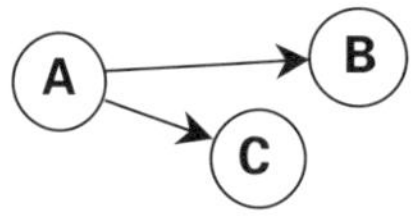	Die KSt. A liefert an KSt. B und KSt. C. Der Leistungsaustausch bleibt einstufig und einseitig.
Typ 3:	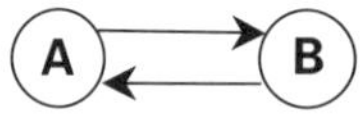	Die KSt. A liefert an KSt. B und umgekehrt. Es existiert ein wechselseitiger Leistungsaustausch.
Typ 4:	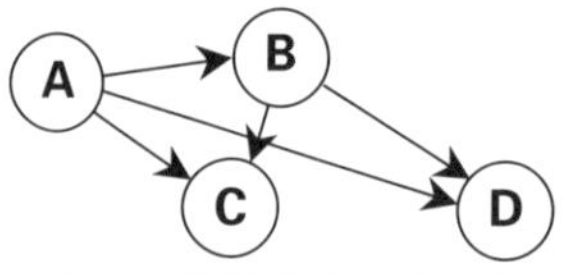	Die KSt. A liefert an KSt. B, C und D. Die KSt. B liefert an C und D. Der Leistungsaustausch ist einseitig und mehrstufig.

Abbildung 53: Grundtypen der innerbetrieblichen Leistungsverflechtung

tore. Die Werkzeugausgabe stellt der Fabrikation bestens gewartete Schneidwerkzeug zur Verfügung. Der Meister Müller leiht dem Meister Schulze einen Mitarbeiter aus, da dieser eine Terminarbeit zu erledigen hat. All diese Leistungsverflechtungen müssen innerbetrieblich abgerechnet werden. Die innerbetriebliche Leistungsverrechnung, auch *sekundäre Leistungsverrechnung* genannt, übernimmt diese Aufgabe.

Generell werden vier Grundtypen innerbetrieblicher Leistungsverrechnung unterschieden. *Hummel/Männel* (1986, S. 211 ff.) systematisieren diese wie in Abbildung 53 dargelegt.

Bei der innerbetrieblichen Leistungsverrechnung entstehen immer dann Probleme, wenn Kostenstellen Leistungen wechselseitig (vgl. Typ 3 in Abbildung 53) austauschen. Die betriebliche Stromversorgung liefert z. B. der Reparaturwerkstatt Strom und läßt von dieser ihre Anlagen warten. Die Abrechnung auf Basis von Vollkosten wird problematisch. Die Stromversorgung kann ihre Leistungen erst abrechnen, wenn sie die Rechnungen der Reparaturwerkstatt vorliegen hat, und diese kann die Rechnung erst schreiben, wenn sie die Kosten für Energie kennt.

Hier eine befriedigende Problemlösung anzubieten, ist Aufgabe der Verfahren der innerbetrieblichen Leistungsverrechnung. Im wesentlichen unterscheidet man drei Verfahrensgruppen (vgl. Abbildung 54).

Welches Verfahren das zweckmäßige für den einzelnen Betrieb ist, kann nicht generell beantwortet werden. Eine wichtige Rolle spielen der Typ der Leistungsverflechtung, die Kosten der Verfahrensabwicklung und die gewünschte Genauigkeit bei der Abrechnung. In der betrieblichen Praxis werden die Verfahren zum Teil nebeneinander eingesetzt.

Die Verfahren werden nun vorgestellt. Um die Probleme aufzuzeigen, wird von einem einheitlichen Beispiel ausgegangen und die Zweckmäßigkeit diskutiert.[1]

Ein Unternehmen ist in drei Hilfskostenstellen A_1, A_2 und A_3 und drei Hauptkostenstellen H_4, H_5 und H_6 gegliedert. Der Be-

Hauptkostenstellenverfahren
Kostenstellenumlage nach dem – Anbauverfahren – Treppenverfahren – Sprungverfahren
Gleichungsverfahren

Abbildung 54: Verfahren der innerbetrieblichen Leistungsverrechnung

---

1 Dieses Beispiel verdanke ich Herrn Püschel, Kollege am Lehrstuhl von Prof. Dr. L. Pack an der Universität Konstanz.

triebsabrechnungsbogen (BAB) weist bereits die primären Gemeinkosten der Kostenstellen aus.

Kostenart	Kosten	A_1	A_2	A_3	H_4	H_5	H_6	Kontrolle
				Verteilung der primären Gemeinkosten				
PSK	2 430	270	280	300	490	520	570	2 430

Mit Hilfe von Belegen wird festgestellt, daß die Hilfskostenstelle A_1 durchschnittlich zehn Prozent ihrer Kapazität der Kostenstelle A_2 liefert. Die Kostenstelle H_4 erhält 20 Prozent, H_5 30 Prozent und H_6 40 Prozent. Die Leistungsverflechtungen zwischen allen Kostenstellen werden ermittelt und in der *Leistungsaustausch-Matrix* (vgl. Tabelle 22) übersichtlich dargestellt. In den Zeilen der Leistungsaustausch-Matrix sind die Kostenstellen aufgeführt, welche die Leistungen abgeben, in den Spalten sind die Kostenstellen, welche die Leistungen empfangen.

von/nach	A_1	A_2	A_3	H_4	H_5	H_6
A_1		0,1		0,2	0,3	0,4
A_2			0,2	0,5		0,3
A_3	0,1	0,3			0,2	0,4
H_4					0,1	0,05
H_5						
H_6					0,15	

Tabelle 22: Leistungsaustausch-Matrix von Kostenstellen

3.3.3.1 Hauptkostenstellenverfahren

Beim *Hauptkostenstellenverfahren*, auch *Nullverfahren* genannt, werden die primären Stellenkosten der Hilfskostenstelle jeweils der Hauptkostenstelle belastet, welche der größte Leistungsempfänger der Hilfskostenstelle ist. »Papa zahlt« – so spottet man über dieses Verfahren.

In unserem Beispiel liefert die Hilfskostenstelle A_1 40 Prozent ihrer Gesamtleistung an die Hauptkostenstelle H_6. Diese ist somit der größte Leistungsempfänger von A_1 und trägt daher die gesamten Kosten. Führen wir das Hauptkostenstellenverfahren durch, erhalten wir den in Tabelle 23 wiedergegebenen Betriebsabrechnungsbogen.

Kostenart	Kosten	A_1	A_2	A_3	H_4	H_5	H_6	Kontrolle
PSK	2.430	270	280	300	490	520	570,	
Schlüssel			10 %		20 %	30 %	40 %	40 %
Umlage A_1		(270)					270	0
Schlüssel				20 %	50 %		30 %	50 %
Umlage A_2			(280)		280			0
Schlüssel		10 %	30 %			20 %	40 %	40 %
Umlage A_3				(300)			300	0
SSK		(270)	(280)	(300)	280	0	570	
GSK	2 430	0	0	0	770	520	1 140	2 430

Tabelle 23: Betriebsabrechnungsbogen nach Durchführung des Hauptkostenstellenverfahrens

Die Summe der Umlagen nennt man *sekundäre Stellenkosten (SSK)*. Die
Addition der primären Stellenkosten (PSK) und der sekundären Stellenkosten (SSK) heißt *Gesamtstellenkosten* oder *Endstellenkosten* (GSK = PSK +
SSK). Alle Hilfskostenstellen sind entlastet, d. h. nach Umlage sind die Gesamtstellenkosten jeder Hilfskostenstelle Null. Betrachtet man eine Zeile,
so sieht man auch hier, daß Entlastung und Belastung zur Kontrollsumme
Null führen. Bei der Umlage der primären Kosten der Kostenstelle A_1 sieht
man, daß die an die Kostenstellen A_2, H_4 und H_5 abgegebene Leistung
nicht berücksichtigt wird (im Betriebsabrechnungsbogen grau dargestellt).
60 Prozent der Leistungsverflechtungen von A_1 bleiben unberücksichtigt.
Die gesamten Kosten werden von der Hauptkostenstelle H_6 getragen. Diese
ist mit 40 Prozent der größte Leistungsempfänger und muß daher alle Kosten der Hilfskostenstelle A_1 übernehmen. Auch bei der Umlage der Kostenstelle A_2 sind 50 Prozent und bei A_3 60 Prozent nicht berücksichtigt
worden. Dieses Verfahren entspricht bei der vorliegenden Leistungsverflechtung nicht den Grundsätzen einer ordentlichen Kostenrechnung. Jedoch
kann das Hauptkostenstellenverfahren sinnvoll eingesetzt werden, wenn
eine Leistungsverflechtung vom Typ 1 vorliegt, der Leistungsaustausch also
einstufig und eindeutig ist. Dies ist der Fall, wenn die Schreinerei eines
Möbelhauses ausschließlich Küchen aufbaut oder eine Werkzeugausgabe
ausschließlich für eine Fertigungsabteilung arbeitet.

3.3.3.2 Kostenstellenumlageverfahren

Die *Kostenstellenumlageverfahren* sind Näherungsverfahren, die generell die primären Stellenkosten der Hilfskostenstellen an nachgelagerte Kostenstellen verteilen. Diese Verfahren können bei Leistungsverflechtungen vom Typ 2 (einseitig und einstufig) und Typ 4 (einseitig und mehrstufig) angewendet werden. Sobald ein wechselseitiger Austausch stattfindet, werden die Kosten nicht mehr verursachungsgerecht verteilt. Im einzelnen ist zu prüfen, ob die Fehler bei Anwendung der Kostenstellenumlageverfahren innerhalb der betrieblichen Toleranz liegen und daher akzeptabel sind.

a) Anbauverfahren oder Blockverfahren

Beim *Anbauverfahren* wird ausschließlich der Leistungsaustausch von Hilfskostenstellen an Hauptkostenstellen berücksichtigt. In diesem Verfahren werden zwei Blöcke betrachtet. Der Kosten abgebende Block der Hilfskostenstellen steht dem Kosten tragenden Block der Hauptkostenstellen gegenüber. Der Leistungsaustausch innerhalb der Hilfskostenstellen oder der Hauptkostenstellen findet keine Berücksichtigung. Da der Austausch zwischen den beiden Blöcken verrechnet wird, nennt man dieses Verfahren auch *Blockverfahren*.

Der innerbetriebliche Verrechnungssatz wird gebildet, indem man die primären Kosten der Kostenstelle durch die Leistungsabgabe an Hauptkostenstellen dividiert:

$$\text{Innerbetrieblicher Verrechnungssatz} = \frac{\text{primäre Kosten der Kostenstelle (PSK)}}{\text{Leistungsabgabe an Hauptkostenstellen}}$$

Die innerbetriebliche Leistungsverrechnung hat die primären Stellenkosten der Kostenstelle A_1 von 270 TDM auf die Hauptkostenstellen H_4, H_5 und H_6 aufzuteilen. Dies erfolgt im Verhältnis 2: 3: 4. Als innerbetrieblichen Verrechnungssatz erhalten wir:

$$\text{Innerbetrieblicher Verrechnungssatz} = \frac{270\ \text{TDM}}{9} = 30\ \text{TDM / Einheit}$$

Da die Hauptkostenstelle H_4 zwei Einheiten zu bezahlen hat, beträgt die Belastung der Kostenstelle 60 TDM. H_5 wird mit drei Einheiten und H_6 mit vier Einheiten belastet. Die Leistungsabgabe von A_1 an A_2 bleibt unberücksichtigt. Wir haben hier also kein exaktes Verfahren. Gegenüber einer

Kostenart	Kosten	A_1	A_2	A_3	H_4	H_5	H_6	Kontrolle
PSK	2 430	270	280	300	490	520	570	
Schlüssel			10 %		20 %	30 %	40 %	90 %
Umlage A_1		(270)			60	90	120	0
Schlüssel				20 %	50 %		30 %	80 %
Umlage A_2			(280)		175		105	0
Schlüssel		10 %	30 %			20 %	40 %	60 %
Umlage A_3				(300)		100	200	0
SSK		(270)	(280)	(300)	235	190	425	
GSK	2 430	0	0	0	725	710	995	2 430

Tabelle 24: Betriebsabrechnungsbogen nach Durchführung des Anbauverfahrens

exakten Verteilung beträgt der Fehler zehn Prozent der Leistungsabgabe und entspricht hier 30 TDM.

Nach diesem Vorgehen erfolgt auch die Umlage der Hilfskostenstellen A_2 und A_3. Wir erhalten die in Tabelle 24 aufgeführten Betriebsabrechnungsbogen.

Das Anbauverfahren führt zu einer exakten innerbetrieblichen Leistungsverrechnung, wenn zwischen den Hilfskostenstellen und den Hauptkostenstellen ein einseitiger Leistungsaustausch gegeben ist. In allen anderen Fällen liegt ein Näherungsverfahren vor. In unserem Beispiel blieben in den Hilfskostenstellen zehn Prozent Leistungsverflechtung bei A_1, 20 Prozent bei A_2, 40 Prozent bei A_3 und in den Hauptkostenstellen bei H_4 und H_6 15 Prozent unberücksichtigt (in Tabelle 24 grau dargestellt). *Haberstock* (1987, S. 152 f.) kommt zu dem Schluß, daß das Anbauverfahren ein grobes Näherungsverfahren ist, bei dem in der Regel erhebliche Verzerrungen auftreten, die das Verfahren praktisch unbrauchbar machen.

b) Treppenverfahren (Stufenleiterverfahren, Stufenleitersystem, step-ladder-system)

Das *Treppenverfahren (Stufenleiterverfahren, Stufenleitersystem, step-ladder-system)* läuft in zwei Arbeitsgängen ab.

- Im ersten Arbeitsgang werden die Kostenstellen so geordnet, daß die hauptsächlich Leistungen abgebenden Kostenstellen im Betriebsabrechnungsbogen nach links und die empfangenden Kostenstellen nach rechts rücken. Gelingt es, eine Ordnung zu finden, wo keine rechts liegende Kostenstelle an eine links liegende Leistung abgibt, ist dieses Verfahren exakt.
- Im zweiten Arbeitsgang erfolgt die eigentliche Umlage. Diese Umlage läßt sich nun mit dem Fegen von Treppen vergleichen. Die einzelnen Kostenstellen sind Treppenstufen, auf denen Dreck (Kosten) liegt. Eine gute Hausfrau kehrt die Treppe von oben nach unten. Der Dreck sammelt sich auf jeder tiefer gelegenen Treppenstufe.

Der innerbetriebliche Verrechnungssatz berechnet sich wie folgt:

$$\frac{\text{primäre Kosten der Kostenstelle} + \text{sekundäre Kosten aus der Verrechnung links liegender Kostenstellen}}{\text{Leistungsabgabe an rechts liegende Kostenstellen}}$$

Auf der Endstufe (Hauptkostenstellen) läßt sich der Dreck trefflich auf die Kehrschaufel (Zuschlag auf Kostenträger) nehmen.

Wenden wir das Treppenverfahren auf unser Beispiel an. Im ersten Arbeitsgang erfolgt die Neuordnung des Betriebsabrechnungsbogens. Die Kostenstellen, die hauptsächlich Leistung abgeben, rücken nach links, die anderen Kostenstellen rücken nach rechts. Paarweise Vergleiche helfen uns hierbei. Verglichen wird zuerst die Leistungsverflechtung zwischen den Kostenstellen A_1 und A_2:

Lieferung:	A_1 an A_2:	10 % von 270 = 27	
	A_2 an A_1:	nichts	d. h. A_1 kommt vor A_2.

In identischer Weise erfolgen die restlichen paarweisen Vergleiche:

	A_2 an A_3:	20 % von 280 = 56	
	A_3 an A_2:	30 % von 300 = 90	d. h. A_3 kommt vor A_2
	A_1 an A_3:	nichts	
	A_3 an A_1:	10 % von 300 = 30	d. h. A_3 kommt vor A_1

Durch paarweise Vergleiche erhalten wir folgende Treppe: A_3, A_1, A_2, H_4, H_6 und H_5. Wir sehen, daß einzig die Leistungsverflechtung A_2 an A_3 nicht berücksichtigt wird. Das Treppenverfahren ist hier ein Näherungsverfahren, auch wenn es im Vergleich zum Anbauverfahren wesentlich genauer ist.

Nachdem die Reihenfolge im Betriebsabrechnungsbogen fest steht, kann die Verteilung der primären Stellenkosten erfolgen. Die Kostenstelle A_3

steht an erster Stelle. A_3 gibt 100 Prozent Leistung ab. Sie verteilt an A_1 zehn Prozent, an A_2 30 Prozent, an H_4 20 Prozent, an H_6 40 Prozent und an H_5 30 Prozent. Die Verteilung erfolgt exakt. A_1 wird mit 30 TDM, A_2 mit 90 TDM, H_4 mit 60 TDM, H_6 mit 120 TDM und H_5 mit 90 TDM belastet.

Die Kostenstelle A_1 ist augenblicklich belastet mit den primären Stellenkosten in Höhe von 270 TDM und mit der innerbetrieblichen Leistungsverrechnung durch Kostenstelle A_3 in Höhe von 30 TDM. Die Entlastung von A_1 erfolgt daher über den Betrag von 300 TDM. Die Kostenstelle A_2 wird nach eben beschriebenem Muster (eine Treppe kehren) abgerechnet.

In Hauptkostenstellen werden wie bisher die angefallenen Kosten summiert. Die innerbetriebliche Leistungsverrechnung erfolgt dann auf der Basis dieser Summe. In der Hauptkostenstelle H_4 sind 800 TDM angefallen. H_4 gibt nun 85 Prozent Leistung an Kostenträger ab, und 15 Prozent Lei-

	Kosten	A_3	A_1	A_2	H_4	H_6	H_5	Kontrolle
PSK	2 430	300	270	280	490	570	520	
Schlüssel			10 %	30 %	0 %	40 %	20 %	100 %
Umlage A_3		−300	30	90		120	60	0
bisher angefallene Kosten			300					
Schlüssel				10 %	20 %	40 %	30 %	100 %
Umlage A_1			−300	30	60	120	90	0
bisher angefallene Kosten				400				
Schlüssel		*20 %*			50 %	30 %		80 %
Umlage A_2				−400	250	150		0
bisher angefallene Kosten					800			
Schlüssel					−15 %	5 %	10 %	0 %
Umlage H_4					−120	40	80	0
bisher angefallene Kosten						1 000		
Schlüssel						−15 %	15 %	0 %
Umlage H_6						−150	150	0
SSK		−300	−270	−280	190	280	380	0
GSK	2 430	0	0	0	680	850	900	2 430

Tabelle 25: Betriebsabrechnungsbogen nach Durchführung des Treppenverfahrens

stung wird innerbetrieblich verbraucht. Die innerbetriebliche Leistungsverrechnung entlastet H_4 in Höhe dieser 15 Prozent. Die Kostenstellen H_6 und H_5 werden belastet. H_6 trägt fünf Prozent und H_5 zehn Prozent von 800 TDM.

Nach Verteilung der primären Kosten liegt der in Tabelle 25 aufgeführte Betriebsabrechnungsbogen vor.

Wir sehen, daß einzig die Leistungsverflechtung von A_2 nach A_3 unberücksichtigt bliebt. Es handelt sich um Kosten in Höhe von 80 TDM, d. h. 20 Prozent der bisher angefallenen Kosten in Höhe von 400 TDM. Ansonsten hat das Verfahren verursachungsgerecht die Kosten verrechnet.

Das Treppenverfahren gehört nach *Eisele* (1990, S. 563) zu den am häufigsten angewendeten Methoden. Dies liegt an der relativ einfachen Handhabung und an der relativ hohen Genauigkeit bei innerbetrieblichen Leistungsverflechtungen vom Typ 1, 2 und 4.

Schlüssel für A_3	A_3	A_1	A_2	H_4	H_6	H_5	Kontrolle
PSK	100 %						
Schlüssel		10 %	30 %	0 %	40 %	20 %	100 %
Umlage A_3	−100 %	10 %	30 %	0 %	40 %	20 %	0 %
bisher angefallene Kosten	10 %						
Schlüssel			10 %	20 %	40 %	30 %	100 %
Umlage A_1		−10 %	1 %	2 %	4 %	3 %	0 %
bisher angefallene Kosten		31 %					
Schlüssel	*20 %*			50 %	30 %		80 %
Umlage A_2			−31 %	19,375 %	11,625 %		0 %
bisher angefallene Kosten				21,375 %			
Schlüssel				−15 %	5 %	10 %	0 %
Umlage H_4				−3,206 %	1,069 %	2,138 %	0 %
bisher angefallene Kosten				56,694 %			
Schlüssel				−15 %	15 %		0 %
Umlage H_6					−8,504 %	8,504 %	0 %
Schlüssel für A_3				*18,17 %*	*48,19 %*	*33,64 %*	100 %

Tabelle 26: Ermittlung von Schlüsselgrößen nach dem Sprungverfahren

c) Sprungverfahren

Das *Sprungverfahren* ist ein Treppenverfahren auf Prozentbasis. Je Kostenstelle werden spezielle Prozentschlüssel ermittelt. Diese Prozentschlüssel geben an, wieviel Prozent der Kosten die Leistungen empfangende Kostenstelle zu tragen hat. Die ermittelten Prozentschlüssel gelten in der Regel mehrere Perioden. Die Abrechnung wird durch diese Prozentschlüssel einfach und schnell. Als Nachteil gilt die relativ aufwendige Ermittlung der Prozentsätze.

Vom Treppenverfahren können wir den Aufbau des Betriebsabrechnungsbogens übernehmen. Anstelle von Geld werden im Sprungverfahren Prozentanteile verteilt. Die Ermittlung der Schlüsselgrößen und die Verteilung erfolgt für jede Kostenstelle separat. Wir beginnen die Ermittlung der Prozentschlüssel mit der Kostenstelle A_3 (vgl. Tabelle 26).

Der Schlüssel von A_1 wird nach der gleichen Methode ermittelt. Die Tabelle wird jedoch kleiner. Es fehlt die Spalte mit der Kostenstelle A_3. Da diese vorgelagert ist, und man von links nach rechts verteilt, fehlt sie (der Dreck einer höher gelagerten Treppen wird stets nach unten gekehrt).

Schlüssel für A_1	A_1	A_2	H_4	H_6	H_5	Kontrolle
PSK	100 %					
Schlüssel		10 %	20 %	40 %	30 %	100 %
Umlage A_1	−100 %	10 %	20 %	40 %	30 %	0 %
bisher angefallene Kosten		10 %				
Schlüssel			50 %	30 %		80 %
Umlage A_2		−10 %	6,25 %	3,75 %		0 %
bisher angefallene Kosten			26,25 %			
Schlüssel			−15 %	5 %	10 %	0 %
Umlage H_4			−3,938 %	1,313 %	2,625 %	0 %
bisher angefallene Kosten				45,063 %		
Schlüssel				−15 %	15 %	0 %
Umlage H_6				−6,759 %	6,759 %	0 %
Schlüssel für A_1			22,31 %	38,30 %	39,38 %	100 %

Die Ermittlung der Schlüssel von A_2 geschieht folgendermaßen:

Schlüssel für A_2	A_2	H_4	H_6	H_5	Kontrolle
PSK	100%				
Schlüssel		50%	30%		80%
Umlage A_2	−100%	62,5%	37,5%		0%
bisher angefallene Kosten		62,50%			
Schlüssel		−15%	5%	10%	0%
Umlage H_4		−9,375%	3,125%	6,250%	0%
bisher angefallene Kosten			40,625%		
Schlüssel			−15%	15%	0%
Umlage H_6			−6,094%	6,094%	0%
Schlüssel für A_2		53,13%	34,53%	12,34%	100%

Wir bestimmen nun noch die Schlüssel für die Hauptkostenstellen H_4 und H_6.

Schlüssel für H_4	H_4	H_6	H_5	Kontrolle
PSK	100%			
Schlüssel	−15%	5%	10%	0%
Umlage H_4	−15%	5%	10%	0%
bisher angefallene Kosten		5%		
Schlüssel		−15%	15%	0%
Umlage H_6		−0,75%	0,75%	0%
Schlüssel für H_4	85,00%	4,25%	10,75%	100%

Schlüssel für H_6	H_6	H_5	Kontrolle
PSK	100%		
Schlüssel	−15%	15%	0%
Umlage H_6	−15,00%	15,00%	0%
Schlüssel für H_6	−15,00%	15,00%	0%

Kosten-art	Kosten	A_1	A_2	A_3	H_4	H_5	H_6	Kon-trolle
PSK	2 430	270	280	300	490	520	570	2 430
Umlage A_1		(270)			0,2231 60,24	0,3938 106,34	0,3830 103,42	0
Umlage A_2			(280)		0,5313 148,75	0,1234 34,56	0,3453 96,69	0
Umlage A_3				(300)	0,1817 54,51	0,3364 100,92	0,4819 144,57	0
Umlage H_4					(0,1500) (73,50)	0,1075 52,68	0,0425 20,83	0
Umlage H_6						0,1500 85,50	(0,1500) (85,50)	
SSK		(270)	(280)	(300)	190	380	280	(0)
GSK	2 430	0	0	0	680	900	850	2 430

Tabelle 27: Betriebsabrechnungsbogen nach Durchführung des Sprungverfahrens

Diese Schlüssel werden für die eigentliche Umlage verwendet. Wir erhalten den in Tabelle 27 aufgeführten Betriebsabrechnungsbogen.

Das Sprungverfahren führt zum gleichen Ergebnis wie das Treppenverfahren. Die Schlüsselbildung verursacht einen großen Rechenaufwand. Wenn die Schlüssel existieren, kommt man mit wenig Rechnungen bei der Verteilung aus. Aus diesem Grund werden die Schlüssel in größeren Zeitabschnitten gebildet und gelten dann für einen entsprechenden Zeitraum.

3.3.3.3 Gleichungsverfahren

Das *Gleichungsverfahren* ist das einzig exakte Verfahren der innerbetrieblichen Leistungsverrechnung. Nur beim Gleichungsverfahren werden wechselseitige Leistungsbeziehungen verursachungsgerecht berücksichtigt. Für jede einzelne Kostenstelle ist eine Gleichung aufzustellen. Das lineare Gleichungsverfahren wird dann simultan gelöst.

Wir formulieren jetzt das Gleichungsverfahren unter Verwendung folgender Symbole:

L_j = Gemeinkostenwert der Leistung der Kostenstelle j
M_j = Leistungsmenge der Kostenstelle j
p_j = eine Mengeneinheit der Kostenstelle j kostet p_j
m_{ji} = die Kostenstelle j empfängt den prozentualen Anteil m_{ji} von Kostenstelle i
PSK_j = primäre Stellenkosten der Kostenstelle j

Das Gleichungsverfahren folgt der Idee, daß die Kosten einer Kostenstelle der erbrachten Leistung entsprechen. Somit gilt:

Kosten der Kostenstelle j = Leistung der Kostenstelle j

Die Kosten der Kostenstelle j setzen sich zusammen aus den primären Stellenkosten von j (PSK_j) und allen empfangenen innerbetrieblichen Leistungen. Es gilt:

PSK_j + empfangene Leistungen = Leistung der Kostenstelle j

In die Sprache der Mathematik übersetzt, erhält man:

$$PSK_j + \sum_{i \neq j} m_{ji} \times L_i = L_j$$

Zu beachten ist, daß die Summierung über alle Kostenstellen außer der aktuellen erfolgt. Diese kann sich selbst keine Leistung geben. Der Verbrauch von selbst erstellter Eigenleistung bleibt unberücksichtigt.

Die Spalten unserer *Leistungsaustausch-Matrix* geben die empfangenen Leistungen an. Somit erhalten wir für die Kostenstellen A_1, A_2, A_3, H_4, H_5 und H_6 das Gleichungssystem:

270			$+0,1\,L_3$			=	L_1
280	$+0,1\,L_1$		$+0,3\,L_3$			=	L_2
300		$+0,2\,L_2$				=	L_3
490	$+0,2\,L_1$	$+0,5\,L_2$				=	L_4
520	$+0,3\,L_1$		$+0,2\,L_3$	$+0,1\,L_4$	$+0,15\,L_6$	=	L_5
570	$+0,4\,L_1$	$+0,3\,L_2$	$+0,4\,L_3$	$+0,05\,L_4$		=	L_6

Dieses Gleichungssystem ist nun zu lösen. Die Lösung kann über die einfache Additionsmethode erfolgen. Man stellt die Gleichungen derart um, daß die PSK rechts und alle Leistungen links vom Gleichheitszeichen stehen. Es ergibt sich folgendes Bild:

$$\begin{pmatrix} 1 & 0 & -0,1 & 0 & 0 & 0 \\ -0,1 & 1 & -0,3 & 0 & 0 & 0 \\ 0 & -0,2 & 1 & 0 & 0 & 0 \\ -0,2 & -0,5 & 0 & 1 & 0 & 0 \\ -0,3 & 0 & -0,2 & -0,1 & 1 & -0,15 \\ -0,4 & -0,3 & -0,4 & -0,05 & 0 & 1 \end{pmatrix} \times \begin{pmatrix} L1 \\ L2 \\ L3 \\ L4 \\ L5 \\ L6 \end{pmatrix} = \begin{pmatrix} 270 \\ 280 \\ 300 \\ 490 \\ 520 \\ 570 \end{pmatrix}$$

Überträgt man das Gleichungssystem in ein Lösungstableau, erhält man:

Tableau 1:							
1	0	-0,1	0	0	0		270
-0,1	1	-0,3	0	0	0		280
0	-0,2	1	0	0	0		300
-0,2	-0,5	0	1	0	0		490
-0,3	0	-0,2	-0,1	1	-0,15		520
-0,4	-0,3	-0,4	-0,05	0	1		570

Kursiv gestellt ist das erste Pivot-Element. Mit Hilfe der Additionsmethode (Lösungsmethode von Gleichungen) räumt man die Pivot-Spalte so auf, daß eine Eins als Pivot-Element steht und sonst eine Null. Dieses Verfahren wenden wir dann von Tableau zu Tableau an.

Tableau 2:							
1	0	-0,1	0	0	0		270
0	*1*	-0,31	0	0	0		307
0	-0,2	1	0	0	0		300
0	-0,5	-0,02	1	0	0		544
0	0	-0,23	-0,1	1	-0,15		601
0	-0,3	-0,44	-0,05	0	1		678

Tableau 3:							
1	0	-0,1	0	0	0		270
0	1	-0,31	0	0	0		307
0	0	*0,938*	0	0	0		361,4
0	0	-0,175	1	0	0		697,5
0	0	-0,23	-0,1	1	-0,15		601
0	0	-0,533	-0,05	0	1		770,1

Tableau 4:							
1	0	0	0	0	0		308,53
0	1	0	0	0	0		426,44
0	0	1	0	0	0		385,29
0	0	0	*1*	0	0		764,93
0	0	0	-0,1	1	-0,15		689,62
0	0	0	-0,05	0	1		975,46

Tableau 5:							
1	0	0	0	0	0		308,53
0	1	0	0	0	0		426,44
0	0	1	0	0	0		385,29

0	0	0	1	0	0	764,93
0	0	0	0	*1*	–0,15	766,11
0	0	0	0	0	1	1 013,71

Tableau 6:

1	0	0	0	0	0	308,53
0	*1*	0	0	0	0	426,44
0	0	*1*	0	0	0	385,29
0	0	0	*1*	0	0	764,93
0	0	0	0	*1*	0	918,17
0	0	0	0	0	*1*	1 013,71

Wenn die Diagonalen des Tableaus durchgängig mit dem Wert 1, die übrigen Plätze mit Null belegt sind, ist das Gleichungssystems gelöst. In der letzten Spalte des Tableaus stehen die Preise für 100 Prozent Leistung. Hier kostet die Leistung der Kostenstelle A_1 308,53 TDM, A_2 426,44 TDM, A_3 385,29 TDM, H_4 764,93 TDM, H_5 918,17 TDM und H_6 1.013,71 TDM.

Legen wir diese Kosten (Leistung) der Umlage zugrunde, erhalten wir den in Tabelle 28 aufgeführten Betriebsabrechnungsbogen.

Einzig das Gleichungsverfahren liefert das exakte Ergebnis. Trotzdem ist es als monatliches Abrechnungsverfahren ungeeignet. *Haberstock* (1987, S. 146) schreibt: »Wenn man bedenkt, daß die empfangenden Stellen nur

Kostenart	Kosten	A_1	A_2	A_3	H_4	H_5	H_6	Kontrolle
PSK	2.430	270	280	300	490	520	570	
Schlüssel			10 %		20 %	30 %	40 %	100 %
Umlage A_1		(308,53)	30,85		61,71	92,56	123,41	0
Schlüssel				20 %	50 %		30 %	100 %
Umlage A_2			(426,44)	85,29	213,22		127,93	0
Schlüssel		10 %	30 %			20 %	40 %	100 %
Umlage A_3		38,53	115,59	(385,29)		77,05	154,12	0
Schlüssel					–15 %	10 %	5 %	
Umlage H_4					(114,74)	76,49	38,25	0
Schlüssel						15 %	–15 %	
Umlage H_6						152,06	(152,06)	0
SSK		(270)	(280)	(300)	160,19	398,16	291,65	
GSK	2.430	0	0	0	650,19	918,16	861,65	2 430

Tabelle 28: Betriebsabrechnungsbogen nach Durchführung des Gleichungsverfahrens

Kostenart	Kosten	A_1	A_2	A_3	H_4	H_5	H_6
PSK	2 430	270	280	300	490	520	570
Hauptkostenstellen-verfahren	2 430	0	0	0	770	520	1140
Anbauverfahren	2 430	0	0	0	725	710	995
Treppenverfahren	2 430	0	0	0	680	900	850
Sprungverfahren	2 430	0	0	0	680	900	850
Gleichungsverfahren	*2 430*	*0*	*0*	*0*	*650,19*	*918,16*	*861,65*

Tabelle 29: Verfahrensvergleich innerbetrieblicher Umlageverfahren

für die Mengen verantwortlich sind, die sie empfangen und nicht für die Kosten, mit denen sie belastet werden, dann wird deutlich, daß sich bei einer Istkostenüberwälzung Unwirtschaftlichkeiten und Beschäftigungs-schwankungen auf Kostenstellen übertragen, die dafür nicht verantwortlich sind.« Daher erfolgt die Kostenabrechnung im Betriebsabrechnungsbogen mit Hilfe von bezogenen Mengen und Verrechnungspreisen. Das Glei-chungsverfahren ist in Planungssituationen für die Ermittlung von Preisen für innerbetriebliche Leistungen hervorragend geeignet. Das Management legt die Verrechnungspreise fest. Dabei orientiert es sich am Ergebnis des Gleichungsverfahrens, dem Marktpreis und der Zielsetzung.

Vergleicht man nun abschließend die einzelnen Verfahren der innerbe-trieblichen Leistungsverrechnung, so wird bewußt, daß allein die Gesamtstel-lenkosten, die nach dem Gleichungsverfahren ermittelt wurden, exakt gewe-sen sind (vgl. Tabelle 29). Diese Kosten sollen die Vergleichsbasis bilden.

Man stellt im vorliegenden Fall erhebliche Abweichungen bezüglich der Höhe der Gesamtstellenkosten fest. Akzeptiert man eine Abweichung der Kosten von zehn Prozent gegenüber den exakten Werten, dann könnten wir hier noch das Treppen- und das Sprungverfahren anwenden. Das Hauptko-stenstellenverfahren und das Anbauverfahren scheiden wegen Toleranzüber-schreitung aus.

Zusammenfassend läßt sich feststellen, daß bei allen besprochenen Ver-fahren die Hilfskostenstellen entlastet wurden. Die Gesamtstellenkosten ei-ner Hilfskostenstelle sind nach Umlage stets Null. Letzte Aussage gilt nur in der Theorie. In der Praxis können durch Rundungen oder durch Anwen-dung von Verrechnungspreisen Abweichungen entstehen. Diese Abwei-chungen nennt man *Verrechnungsergebnis.*

3.3.4 Gewinnung von Kalkulationssätzen

Zwei Aufgaben des Betriebsabrechnungsbogens sind gelöst. Bekannt sind die primären Kosten pro Kostenstelle, und die innerbetriebliche Leistungsverrechnung wurde durchgeführt. Jede Hilfskostenstelle ist entlastet. Die gesamten Gemeinkosten aus der Kostenartenrechnung wurden auf die Hauptkostenstellen verteilt. Dort sammeln sie sich als Gesamtstellenkosten der Hauptkostenstellen. Die Summe aller Gesamtstellenkosten der Hauptkostenstelle entspricht der Summe der Gemeinkostenarten der Kostenartenrechnung. Die dritte Aufgabe des Betriebsabrechnungsbogens ist die Bildung geeigneter Kalkulationssätze.

- In der Vollkostenrechnung benötigt man die Kalkulationssätze als Bindeglied zwischen der Kostenstellenrechnung und der Kostenträgerrechnung. Alle Gemeinkosten der Hauptkostenstellen sind dem Kostenträger zuzurechnen. Ziel ist es, daß der Kunde die Gesamtkosten, bestehend aus Einzelkosten und anteiligen Gemeinkosten, bezahlt.
- In der Teilkostenrechnung (Deckungsbeitragsrechnung) sind über die Zuschlagssätze ausschließlich die variablen Gemeinkosten den Kostenträgern zuzurechnen. Nur in der Teilkostenrechnung erfolgt eine verursachungsgerechte Verteilung der Gemeinkosten. Die restlichen Gemeinkosten, Kostenstellengemeinkosten, werden zentral gesammelt. Dieser Gemeinkostenblock wird durch die Deckungsbeiträge bezahlt.

Beschrieben wird nun das Vorgehen in der Vollkostenrechnung.

Die Kostenstelle »Material« rechnet mit einem Soll-Zuschlagssatz von 20 Prozent. Ein Angebot wird kalkuliert. Man plant Materialeinzelkosten in Höhe von 3 000 Mark:

Materialeinzelkosten	3 000 DM
+ Materialgemeinkosten (20 % der Einzelkosten)	600 DM
Materialkosten	3 600 DM

Dem Kunden werden 3 600 Mark für Material belastet. Die Gemeinkosten der Kostenstelle »Material« werden über Aufträge vom Kunden bezahlt. Die Hauptkostenstelle »Material« bekommt aus dem Auftrag 600 Mark für die Deckung der Gemeinkosten gutgeschrieben.

Wie entsteht in der Kostenrechnung ein *Gemeinkostenzuschlagssatz*? Generell entsteht er als Quotient aus den Gesamtstellenkosten einer Hauptkostenstelle und ihrer Bezugsbasis. Der *Ist-Gemeinkostenzuschlagssatz* (Kalkulationssatz) der Kostenstelle j berechnet sich wie folgt:

$$\text{Ist-Kalkulationssatz } j = \frac{\text{Ist–Gemeinkosten der Kostenstelle } j}{\text{Bezugsbasis der Kostenstelle } j}$$

Werden Soll-Kalkulationssätze für die Angebotskalkulation gesucht, geht man in der Normalkostenrechnung wie folgt vor: Aus den Ist-Kalkulationssätzen vergangener Perioden berechnet man den Mittelwert. In Tabelle 30 sind die Istwerte der vergangenen drei Perioden und die aktuellen Zahlen in t_0 aufgeführt. Der Kalkulationssatz ist pro Periode ermittelt worden, ebenso der Mittelwert. Der Mittelwert ist Ausgangsbasis der weiteren Überlegung. Das verantwortliche Management berücksichtigt Kostentrends, saisonale Schwankungen und aus der Zukunft bereits bekannte Daten bei der Festlegung eines Verrechnungssatzes.

	t_{-3}	t_{-2}	t_{-1}	t_0	Berechnung Mittelwert	t_1 Festlegung
Gemeinkosten GSK $_j$	3 780	3 800	2 000	3 960	13 540	
Einzelkosten $_j$	18 000	20 000	8 000	22 000	68 000	
Kalkulationssatz $_j$	21 %	19 %	25 %	18 %	19,91 %	*20 %*

Tabelle 30: Ermittlung und Festlegung von Zuschlagssätzen

Hier einigte man sich auf einen Zuschlagssatz von 20 Prozent.

Sind die Kosten und die Bezugsgröße geplante Werte, dann entstehen *Plankalkulationssätze.*

Die Auswahl der richtigen Bezugsbasis ist ein großes Problem bei der Ermittlung von Kalkulationssätzen. Dies zeigt besonders die Diskussion um die Prozeßkostenrechnung. Schon bei der Kostenstellenbildung muß auf geeignete Bezugsbasen geachtet werden. Generell stellt man an eine Bezugsbasis folgende Anforderungen:

- Zwischen den Gemeinkosten und der Bezugsbasis muß ein proportionaler Zusammenhang bestehen.
- Die Bezugsbasis muß wesentlicher Kostenverursacher (Kostentreiber) der Gemeinkosten sein. Die Prozeßkostenrechnung weist zu Recht darauf hin, daß z. B. Ein- und Auslagerungsvorgänge die Kostentreiber der Ma-

terialwirtschaft sind. In der Materialprüfung ist die Zahl der untersuchten Proben oder die Anzahl der durchgeführten Analysen der Kostentreiber bei den Gemeinkosten.

- Der Quotient aus Gemeinkosten und Bezugsbasis muß möglichst klein sein. Nur so ist gewährleistet, daß Fehler bei der späteren Erfassung der Bezugsbasis keine großen Auswirkungen auf die Gemeinkostenverrechnung haben. Kalkulationssätze über 500 Prozent sind abzulehnen.

Immer dann, wenn produktbedingte Heterogenität der Kostenverursachung festgestellt wird, empfiehlt es sich mehrere Bezugsbasen zu wählen. Im Kühlhaus können die Gemeinkosten vom Gewicht und vom Volumen des Lagergutes abhängen. Beim Walzen von Kupfer- oder Aluminiumprodukten sind sogar für jede Produktgruppe gesonderte Bezugsgrößen anzusetzen.

Kalkulationssätze sind nur für Hauptkostenstellen zu bilden. Im einzelnen wird empfohlen:

Der *Materialbereich* unterstellt üblicherweise Proportionalität zwischen Materialgemeinkosten und den Materialeinzelkosten. Durch die Prozeßkostenrechnung kommen als Bezugsbasis aber auch die Anzahl der Ein- und Auslagerungen, mengen- oder wertmäßig durchschnittliche Lagerbestände, beanspruchte Lagerflächen in Quadratmeter oder Kubikmeter zum Einsatz. Der Gemeinkostenzuschlagssatz (Kalkulationssatz) wird hier ermittelt aus

$$\text{Materialgemeinkostenzuschlagssatz} = \frac{\text{Materialgemeinkosten}}{\text{Materialeinzelkosten}}$$

Im *Fertigungsbereich* kommen bei lohnintensiver Produktion als Bezugsbasis der Fertigungslohn oder Fertigungsstunden in Frage. In Kostenstellen mit hohem Automationsgrad sind die Lohnkosten meist unbedeutend. Hier werden Maschinenstunden als Basis empfohlen, oder es erfolgt die Trennung in fertigungslohn- und maschinenstundenabhängige Zuschlagssätze. Bei einer differenzierten Zuschlagskalkulation können in der Kostenstelle auch mehrere Positionen (Fertigungsstunden, Maschinenstunden und Rüstzeiten) angesetzt werden. Reicht dies nicht aus, kann eine Fertigungskostenstelle in Kostenplätze zerlegt werden. Pro Kostenplatz wird ein eigener Gemeinkostenzuschlagssatz ermittelt. Generell wird der Gemeinkostenzuschlagssatz der Fertigung ermittelt aus

$$\text{Fertigungsgemeinkostenzuschlagssatz} = \frac{\text{Fertigungsgemeinkosten}}{\text{Fertigungseinzelkosten (meist Löhne)}}$$

Im *Verwaltungs- und Vertriebsbereich* dominieren gewöhnlich die Herstellkosten. Deshalb errechnen sich die Gemeinkostenzuschlagssätze für die Verwaltung und den Vertrieb folgendermaßen:

$$\text{Verwaltungsgemeinkostenzuschlagssatz} = \frac{\text{Verwaltungsgemeinkosten}}{\text{Herstellkosten}}$$

$$\text{Vertriebsgemeinkostenzuschlagssatz} = \frac{\text{Vertriebsgemeinkosten}}{\text{Herstellkosten}}$$

Im Verwaltungs- und Vertriebsbereich sind kaum verursachungsgerechte Beziehungen zu erkennen. Hier stehen eher das Tragfähigkeitsprinzip oder Durchschnittsprinzip Pate bei der Verrechnung der Gemeinkosten. Wie sonst wäre zu erklären, daß ein Auftrag im Wert von 10 000 Mark Herstellkosten mit höheren Verwaltungs- und Vertriebsgemeinkosten belastet wird als ein solcher im Wert von 1 000 Mark. Die Buchungen in der Finanzbuchhaltung kosten schließlich in beiden Fällen das gleiche.

3.3.5 Über- und Unterdeckung im Betriebsabrechnungsbogen

Als letzte Aufgabe im Betriebsabrechnungsbogen bleibt die Kostenkontrolle und Analyse der Kostenabweichungen. Um eine wirkungsvolle Kontrolle durchführen zu können, müssen Vergleichsgrößen existieren. Sollvorgaben sind gegeben durch die Plangrößen einer Plankostenrechnung oder durch Durchschnittsgrößen einer Normalkostenrechnung. Neben diesen Sollgrößen existieren historische Vergleichsdaten und Zahlen von Verbänden und statistischen Ämtern. Der Soll-Ist-Vergleich zeigt die Problemfelder auf, welche dann einer Analyse unterzogen werden.

In der Kostenstelle »Material« sind im abgerechneten Monat Gesamtstellenkosten von 3 000 Mark angefallen. Die Materialeinzelkosten betrugen 50 000 Mark. Der Soll-Zuschlagssatz betrug 5,5 Prozent. Die Soll-Gemeinkosten der Kostenstelle »Material« werden auf der Basis der Materialeinzelkosten kalkuliert. Sie betragen 5,5 Prozent von 50 000 Mark. Die Entlastung erfolgt mit 2 750 Mark. Die Differenz zu den Ist-Gemeinkosten bezeichnet man als Unter- und Überdeckung. Hier klafft eine Lücke von 250 Mark. Eine Unterdeckung ist gegeben. Es gelten die in Tabelle 31 aufgeführten Definitionen.

Unterdeckung: Soll-Gemeinkosten < Ist-Gemeinkosten
Überdeckung: Soll-Gemeinkosten > Ist-Gemeinkosten

Tabelle 31: Über- und Unterdeckung einer Kostenstelle

Überdeckung der Kostenart »Fertigungslohn« für Produkte von Januar bis März

Überdeckung der Kostenart »Fertigungslohn« für Produkte im Monat März

2 SOLL-ISTKOSTEN-VERGLEICH (BAB)				U	Werk	Bereich	Kostenstelle	
3				1	1	226*	264	
4		Fertigungsmontage		Thomas				
5 **A. Kostenarten**		im Monat: März			kumuliert: Jan.–März			
6 Gr.Nr.		Istkosten	Sollkosten	Abw.	in %	Istkosten	Abw.	in %
7	Fertigungslohn für Produkte	24.001	24.943	-942	-4%	72.325	-2.821	-4%
8	Sonstige Fertigungslöhne	456		456	/	1.045	1.045	/
9	Löhne für Vorarbeiter und Einrichter				/			/
10	Löhne für Transport, Lager, Versand	1.581	1.667	-86	-5%	3.555	-1.466	-29%
11	Löhne für Ausfallzeiten					84	84	/
12	Sonstige Hilfslöhne							
13	Zulagen und Zuschläge							
14	Kalk. Sozialaufwand Lohn	19.738	19.904	-166	-1%	58.376	-1.589	-3%
15	Gehälter							
16	Kalk. Sozialaufwand Gehalt							

45 **B. Kostenartengruppen und Abweichungen**								
46	Kostenartengruppen		Istkosten	Sollkosten	Abw.	in %	Istkosten	Abw.	in %
47	1	Personalkosten	Z 07 - 16	45.776	46.514	-738	-2%	135.385	-4.747	-3%
48	2	Gemeinkostenmaterial	Z 17 - 20	2.139	2.434	-295	-12%	6.320	-114	-14%
49	3	Instandhaltungskosten	Z 21 - 22	464	381	83	22%	2.581	1.437	126%
50	4	Sonst. Gemeinkosten	Z 23 - 35	220	8	212	>1 T	983	959	>1 T
51	5	Kalk. Kapitalkosten	Z 36 - 37	1.327	1.327			3.981		
52	6	Sonst. kalk. Kosten	Z 38 - 42	31.609	31.609			94.955		
53		*Gesamtkosten I*	Z 49 - 54	81.535	82.273	-738	-1%	244.205	-3.365	-1%

Abweichung der gesamten Personalkosten im Monat März   von Januar bis März

Abweichung der
Gesamtstellenkosten
im Monat März

Abbildung 55: Über- und Unterdeckung im Betriebsabrechnungsbogen

Im Betriebsabrechnungsbogen lassen sich verschiedene Kostenvergleiche durchführen. Diese können zum Beispiel im Rahmen der primären Kostenstellenrechnung auf Ebene der Kostenarten oder Kostenartengruppen, pri-

- Preisabweichungen bei Einzel- und Gemeinkostenmaterial
- Tarifabweichung bei Löhnen und Gehältern
- Abweichungen im Verbrauch von Material und Personal
- Beschäftigungsabweichung (Mengenabweichung bei Fertigerzeugnissen)
- Sortimentsabweichung
- Verfahrensabweichung und Abweichung im Arbeitsablauf

Übersicht 15: Ursachen einer Kostenabweichung

märer Stellenkosten (PSK), der innerbetrieblichen Leistungsverrechnung (SSK) und der Gesamtkosten (GSK) erfolgen. Der Vergleich kann im Berichtsmonat oder kumuliert per Monat erfolgen. Über- und Unterdekkungen im Betriebsabrechnungsbogen (vgl. Abbildung 55) lösen eine Analyse aus, wenn vorgegebene Schranken überschritten werden. Die Kostenabweichungen können mehrere Ursachen haben (vgl. Übersicht 15). In Kapitel 5 wird auf Kostenabweichungen im speziellen eingegangen.

Abschließend ist festzustellen: Ein Betriebsabrechnungsbogen ohne Ist-Kostennachweis ist das Papier, auf dem er steht, nicht wert. Hier kann nicht überprüft werden, welche Kosten von der Kostenstelle verursacht wurden. Ohne Prüfung kann keine Stelle Verantwortung für die Kosten übernehmen. Nach jeder Verteilung des Betriebsabrechnungsbogens und des Ist-Kostennachweises sollte der Kostenstellenleiter diese prüfen. Wenn Abweichungen auftreten, so sind diese zu analysieren. Das Controlling unterstützt den Kostenstellenleiter gerne bei der Analyse seines Betriebsabrechnungsbogens. Ein kritisches Nachhaken im Controlling wird nicht als Kritik aufgefaßt, sondern kennzeichnet ein verantwortungsvolles Handeln. Am Jahresende werden Kostenstellenleiter an ihrem Erfolg gemessen. Erfolg stellt sich immer dar als Leistung minus Kosten. Ein Senken der Kosten führt zu größerem Erfolg, sofern die Leistung gleich bleibt.

Hauptursachen für Abweichungen sind:

- besondere Maßnahmen,
- Periodenverschiebungen zwischen Plan- und Ist-Größen,
- Falschbuchungen,
- richtige/falsche Kostenart in falscher/richtiger Soll-Ist-Vergleichszeile.

Ein Kostenbudget ist nicht starr. Kosten variieren mit Aufträgen. Wer viel leistet, der kann daher auch höhere Kosten verantworten. Fehlen der Kostenstelle Aufträge, dann sollte man versuchen, diese intern zu akquirieren.

Denn nur Kostenstellen, die gut ausgelastet sind, können mit Investitionen rechnen.

Fall 6: Wer bezahlt Arthur Anderson?

Die fürstlichen Kliniken von Bad Wohlgut hatten aufgrund der Gesundheitsreform erhebliche Kapazitätsprobleme. 40 Prozent der Betten standen leer. Die Klinik am See war bereits geschlossen worden, und die dort verweilenden Kurgäste waren in das Parksanatorium verlegt worden. 20 Mitarbeitern wurde gekündigt. Nicht so Arthur Anderson. Arthur Anderson war ein begnadeter Masseur und Bademeister. Er beherrschte wie kein anderer die klassischen Massagen, Bindegewebsmassagen, Lymphdrainagen und Massagen nach Penzel. Die Geschäftsleitung und der Betriebsrat waren sich einig, daß dieser Mann gehalten werden mußte. Man war sich sicher, daß man Herrn Anderson als Springer und als Urlaubsvertretung sowohl in der Bäderabteilung als auch in der Massage würde einsetzen können. Herr Anderson verdiente bisher 32 Mark pro Stunde. Herr Spitz, der Chef der Bäderabteilung, und Herr Kürten, der Abteilungsleiter der Massage des Parksanatoriums, lehnten es ab, Arthur Anderson zu übernehmen. Einen solch hohen Lohn könnten sie nicht vertreten. In der Bäderabteilung wurden im Durchschnitt 22 Mark bezahlt, und in der Massage betrug der Normallohn 26 Mark. Unklar war auch, wer Herrn Anderson bezahlt, wenn er nicht benötigt wurde. Wie würden Sie die Lohnkosten von Herrn Anderson verrechnen?

Mehrere Interessen kollidieren im vorliegenden Fall. Es besteht ein Zielkonflikt zwischen der Kostenminimierung der Abteilungsleiter, dem Unternehmensziel, fähige Mitarbeiter zu beschäftigen, und dem Harmoniestreben, Herrn Anderson nicht entlassen zu müssen.

Laden Sie bitte ein paar Kommilitonen zu einem Glas Wein ein. Verteilen Sie die Rolle von Herrn Spitz, Herrn Kürten sowie die des Geschäftsführers und des Betriebsrats unter den Anwesenden. Schnell wird sich eine angeregte Diskussion entfachen. Ob sie fünf oder zehn Minuten dauert oder bis spät in die Nacht geführt wird, ist in diesem Fall nicht abzusehen.

Grundsätzlich besteht die Möglichkeit, Herrn Anderson einer speziellen Kostenstelle zuzuordnen und im Fall eines Einsatzes intern die Leistung zu verrechnen. Der Verrechnungspreis löst wiederum eine eigene Diskussion aus.

Fall 7: Verrechnung bei dem Unternehmen »Transfer«[1]

Die Abrechnung der Gemeinkosten erfolgt im Unternehmen »Transfer« über fünf Kostenstellen, die Hilfskostenstelle »Allgemeine Kostenstelle« und die Hauptkostenstellen »Fertigung I«, »Fertigung II«, »Material«, »Verwaltung« und »Vertrieb«. In der Budgetplanung wurde der Verteilungsschlüssel für die primären Kostenarten auf Kostenstellen festgelegt. Es entstand folgende Tabelle:

Kostenarten	Strom-erzeugung	Fertigung I	Fertigung II	Material-kostenstelle	Verwaltungs-kostenstelle	Vertriebs-kostenstelle
HuB Stoffe	1	10	9	0	0	0
Hilfslöhne	2	12	10	6	1	1
Gehälter	3	9	8	3	12	5
Abschreibung	2	14	14	1	2	3
Steuern	1	6	5	0	1	1
Kalk. Zinsen	1	7	6	1	1	1
Diverse Kosten	4	14	14	3	4	7

Mit diesen Verteilungsschlüsseln rechnen die beiden Controller Püschel und Rommel den Betriebsabrechnungsbogen durch. Sie gehen für einen fiktiven Monat von folgenden primären Ist-Kosten aus: Hilfs- und Betriebsstoffe 1 000 Mark, Hilfslöhne 1 600 Mark, Gehälter 2 000 Mark, Abschreibungen 1 800 Mark, Steuern 700 Mark, kalkulatorische Zinsen 850 Mark und sonstige Kosten 1 150 Mark.

Im Durchschnitt stellt die betriebliche Stromerzeugung 13 000 kWh Strom her. Dieser wird an die betrieblichen Verbraucher abgegeben. Die beiden Controller gehen von folgenden Verbrauchsmengen aus:

---

1 Diesen Fall verdanke ich Herrn Püschel und Herrn Rommel, Kollegen am Lehrstuhl von Prof. Dr. Pack an der Universität Konstanz.

Allgemeine Kostenstelle	1 000 kWh
Fertigung I	5 000 kWh
Fertigung II	5 000 kWh
Materialstelle	500 kWh
Verwaltungsstelle	1 000 kWh
Vertriebsstelle	500 kWh

Neben der Verteilung der primären Kostenarten auf die Kostenstellen und der betrieblichen Leistungsverrechnung möchten sie wissen, wie sich die Istkostenzuschlagssätze und die Über- und Unterdeckung in den einzelnen Kostenstellen entwickeln werden. Wenn die Kostenüber- oder -unterdeckung mehr als zehn Prozent vom Sollwert abweichen sollte, dann sind sie sich einig, daß die Sollzuschlagssätze entsprechend angepaßt werden müßten. Bei ihrer Berechnung gehen sie von folgender Basis aus: Basis für den Fertigungsgemeinkostenzuschlagsatz der »Fertigung I« sind die Fertigungslöhne von 2 800 Mark, der »Fertigung II« die Fertigungslöhne von 1 600 Mark, der »Materialkostenstelle« das Fertigungsmaterial von 3 250 Mark und der »Verwaltungskostenstelle« und der »Vertriebskostenstelle« die Herstellkosten. Bisher wurde bei »Transfer« mit folgenden Sollzuschlagssätzen gerechnet: bei der Fertigung I mit 130 Prozent, bei der Fertigung II mit 190 Prozent, bei der Materialkostenstelle mit 18 Prozent, bei der Verwaltungskostenstelle mit sieben Prozent und bei der Vertriebskostenstelle mit sechs Prozent.

Im ersten Arbeitsgang verteilen die Herren Püschel und Rommel die primären Kosten auf die Kostenstellen. Um einen Kostenanteil für die Hilfs- und Betriebsstoffe (HuB Stoffe) zu bestimmen, wird die Zeilensumme gebildet. Sie beträgt 20. Pro Schlüsseleinheit sind hier 1 000 : 20 = 50 Mark anzusetzen. Da die Stromversorgung einen Anteil erhält, wird sie mit 50 Mark belastet. Mit den restlichen Kostenstellen und primären Umlagen verfahren sie ebenso. Sie erhalten:

Kostenart	Zahlen der Buch- haltung	Strom	Fertigung I	Fertigung II	Material KST	Verwalt. KST	Vertriebs KST	Kontrolle
Schlüssel		1	10	9	0	0	0	20
HuB Stoffe	1 000	50	500	450	0	0	0	1000
Schlüssel		2	12	10	6	1	1	32
Hilfslöhne	1 600	100	600	500	300	50	50	1600
Schlüssel		3	9	8	3	12	5	40
Gehälter	2 000	150	450	400	150	600	250	2000
Schlüssel		2	14	14	1	2	3	36
Abschreibung	1 800	100	700	700	50	100	150	1800
Schlüssel		1	6	5	0	1	1	14
Steuern	700	50	300	250	0	50	50	700
Schlüssel		1	7	6	1	1	1	17
Kalk. Zinsen	850	50	350	300	50	50	50	850
Schlüssel		4	14	14	3	4	7	46
diverse Kosten	1 150	100	350	350	75	100	175	1150
Summe PSK	9 100	600	3 250	2 950	625	950	725	9 100

Im zweiten Schritt erfolgt die innerbetriebliche Leistungsverrechnung der firmeneigenen Stromversorgung. Der Stromverbrauch der einzelnen Kostenstellen ist gegeben. Man kann somit eine verursachungsgerechte Verteilung vornehmen.

Wird die innerbetriebliche Leistungsverrechnung auf Basis der verbrauchten Strommenge vorgenommen, muß das Problem des *Eigenverbrauchs* berücksichtigt werden. Eine Einheit Strom kostet in diesem Fall 600 Mark : 13 000 kWh = 0,04615385 Mark/kWh. Da die Stromversorgung selbst Strom verbraucht wird sie mit 46,15 Mark belastet. Sie ist nicht vollständig entlastet. In einem zweiten Schritt erfolgt nun die Verteilung dieser 46,15 Mark. Wenn man wieder auf Basis der erzeugten Menge verteilt, verbleibt wieder ein Rest: 46,15 Mark : 13 000 kWh = 0,00355 Mark/kWh und 0,00355 Mark/kWh × 1 000 kWh = 3,55 Mark. Dieser Rest wird mit jeder Iteration stets kleiner, jedoch wird er nie Null. Daher empfiehlt es sich die abgegebene Menge als Basis zu nehmen. Der Schlüssel beträgt dann: Schlüssel = 600 Mark : 12 000 kWh = 0,05 Mark/kWh. Jetzt ist die Verteilung problemlos. Die Controller erhalten:

Kostenart	Zahlen der Buchhalt.	Strom	Fertigung I	Fertigung II	Material KST	Verwalt. KST	Vertriebs-KST	Kontrolle
Summe PSK	9 100	600	3 250	2 950	625	950	725	9 100
Verbrauch		1 000	5 000	5 000	500	1 000	500	12 000
Umlage		(600)	250	250	25	50	25	0
Summe SSK		(600)	250	250	25	50	25	0

Man sieht bei dieser Verteilung, daß die gesamten Gemeinkosten der Kostenartenrechnung auf die Hauptkostenstellen verteilt werden. Es kommen weder Kosten hinzu noch gehen Kosten verloren.

Die Gesamtstellenkosten der einzelnen Kostenstellen werden nun ins Verhältnis zu ihrer Bezugsbasis gesetzt. Im einzelnen erhält man als Istgemeinkostenzuschlagsatz:

Istgemeinkostenzuschlagssatz Fertigung I = 3 500 DM : 2 800 DM = 130 %
Istgemeinkostenzuschlagssatz Fertigung II = 3 200 DM : 1 600 DM = 200 %
Istgemeinkostenzuschlagssatz Material   =   650 DM : 3 250 DM = 20 %

Zur Ermittlung der Gemeinkostenzuschlagssätze für Verwaltung und Vertrieb benötigt man die Herstellkosten. Diese werden nach der differenzierten Zuschlagskalkulation sowohl im Soll als auch im Ist ermittelt.

		Ist		Soll	
(1)	Material – Einzelkosten		3 250		3 250
(2)	Materialgemeinkosten	20 % 650		18 % 585	
(3) = (1 + 2)	Materialkosten		3 900		3 835
(4)	Fertigungslöhne I		2 800		2 800
(5)	Fertigungsgemeinkosten I	125 % 3 500		130 % 3.640	
(6) = (4 + 5)	Fertigungskosten I		6 300		6 440
(7)	Fertigungslöhne II		1 600		1 600
(8)	Fertigungsgemeinkosten II	200 % 3 200		190 % 3 040	
(9) = (7 + 8)	Fertigungskosten II		4 800		4 640
(10) = (6 + 9)	Fertigungskosten		11 100		11 080
(11) = (3 + 10)	Herstellkosten		15 000		14 915

Man erhält:

Istgemeinkostenzuschlagssatz Verwaltung   =   1000 DM : 15 000 DM   =   6,67 %
Istgemeinkostenzuschlagssatz Vertrieb   =   750 DM : 15 000 DM   =   5,00 %

Im letzten Schritt stellen die Controller die Über- und Unterdeckungen der einzelnen Kostenstellen fest. Die Entlastung einer Kostenstelle erfolgt über die verrechneten Sollgemeinkosten. Während der Abrechnungsperiode wird die Kostenstelle mit jedem abgewickelten Auftrag entlastet. Am einfachsten stellt man sich hier ein Sparschwein vor, welches mit jedem Auftrag gefüllt wird. Am Ende der Periode wird der Inhalt des Sparschweins zur Bezahlung der tatsächlich angefallenen Istkosten verwendet. Reicht der Inhalt, dann ist eine Überdeckung, andernfalls eine Unterdeckung, gegeben. Hier erhält man:

	IST		SOLL		Unter- deckung	Über- deckung
Materialgemeinkosten	20,0 %	650	18,0 %	585	65	
Fertigungsgemeinkosten I	125,0 %	3 500	130,0 %	3 640		140
Fertigungsgemeinkosten II	200,0 %	3 200	190,0 %	3 040	160	
Vertriebsgemeinkosten	6,67 %	1 000	7,0 %	1 044		44
Verwaltungsgemeinkosten	5,0 %	750	6,0 %	895		145

Bei den Materialkosten und in der Verwaltung ist die Über- oder Unterdeckung kritisch. Bezogen auf die Gesamtstellenkosten der Kostenstellen beträgt die Abweichung zehn und mehr Prozent. Auch in der Fertigung II muß über eine Anpassung des Sollzuschlagsatzes nachgedacht werden. Hier fallen zehn Prozentpunkte an.

Im Betriebsabrechnungsbogen (Tabelle 32) sind alle vier Aufgaben übersichtlich dargestellt.

Kostenart	Zahlen d. Buchhalt.	Allg. KST	Fertigung I	Fertigung II	Material KST	Verwalt. KST	Vertriebs-KST	Kontrolle
HuB Stoffe	1 000	50	500	450	0	0	0	1 000
Hilfslöhne	1 600	100	600	500	300	50	50	1 600
Gehälter	2 000	150	450	400	150	600	250	2 000
Abschreibung	1 800	100	700	700	50	100	150	1 800
Steuern u. Gebühren	700	50	300	250	0	50	50	700
kalk. Zinsen	850	50	350	300	50	50	50	850
verschiedene Kosten	1 150	100	350	350	75	100	175	1 150
Summe PSK	9 100	600	3 250	2 950	625	950	725	9 100
Umlage Allg. KSt		(600)	250	250	25	50	25	0
Gesamtstellen-kosten		0	3 500	3 200	650	1 000	750	9 100
Bezugsbasis								
Fertigungslohn			2 800	1 600				
Material					3 250			
Ist-Herstellkosten						15 000	15 000	
Soll-Herstellkosten						14 915	14 915	
Zuschlagssatz (IST)			125,00 %	200,00 %	20,00 %	6,67 %	5,00 %	
Zuschlagssatz (Soll)			130,00 %	190,00 %	18,00 %	7,00 %	6,00 %	
Soll-Gemeinkosten			3 640	3 040	585	1 044	895	
Überdeckung			140			44	145	
Unterdeckung				160	65			

Tabelle 32: Betriebsabrechnungsbogen und seine vier Aufgaben

Literatur zu Kapitel 3

Bobins R. (Hrsg.), Handbuch der Kostenrechnung, München 1971

Däumler K. D.; Grabe J., Kostenrechnung 1 – Grundlagen, 6. Aufl., Herne/Berlin 1993

Ebert G., Kosten- und Leistungsrechnung, 7. Aufl., Wiesbaden 1994

Eisele W., Technik des betrieblichen Rechnungswesens, 4. Aufl., München 1990

Haberstock L., Kostenrechnung I – Einführung, 8. Aufl., Hamburg 1987

Hummel S.; Männel W., Kostenrechnung 1, Grundlagen, Aufbau und Anwendungen, 4. Aufl., Wiesbaden 1986

Kilger W., Einführung in die Kostenrechnung, 2. Aufl., Wiesbaden 1980

Mellerowicz K., Kosten- und Leistungsrechnung, Band I, Theorie der Kosten, 5. Aufl., Berlin 1973

Preißer P.; Dörrie U., Grundlagen der Kostenrechnung und Leistungsrechnung, 2. Aufl., München 1987

Rollwage N., Kosten- und Leistungsrechnung, 5. Aufl., Köln 1994

Schweitzer M.; Küpper H.-U., Systeme der Kostenrechnung, 6. Aufl., Landsberg am Lech 1995

Sorg P., Kosten- und Leistungsrechnung – 50 praktische Fälle, Achim 1993

Warnecke H. J. u. A., Kostenrechnung für Ingenieure, 4. Aufl., München Wien 1993

Wilkens K., Kosten- und Leistungsrechnung, 7. Aufl., München 1990

Zimmermann G., Grundzüge der Kostenrechnung, 5. Aufl., München Wien 1993

4 Kostenträgerrechnung

4.1 Aufgaben der Kostenträgerrechnung

Kostenträger sind Leistungen. Diese sind das positive Ergebnis der betrieblichen Tätigkeit und erhöhen das Betriebsvermögen. *Leistungen* können für den Absatz bestimmte Produkte sein, die man im Regal eines Geschäftes findet, oder Teile und Dienste, die ein Unternehmen an ein anderes Unternehmen verkauft. Hier spricht man von Marktleistung, von Außenaufträgen oder von Leistungen an Externe. Verbraucht ein Betrieb seine eigenen Produkte, dann spricht man von innerbetrieblicher Leistung oder Innenaufträgen. Abbildung 56 zeigt, wie sich Kostenträger systematisieren lassen.

Die Kostenträger eines Unternehmens werden systematisch im *Kostenträgerplan,* oder auch *Kostenträgerverzeichnis* genannt, erfaßt. Von zentraler Bedeutung sind Produktgruppen. Der Vertrieb vergibt bei Bestellungen auf der Grundlage des Kostenträgerplans Auftragsnummern. Die *Auftragsabwicklung* kann mit diesen Nummern verfolgt und überwacht werden.

Das Controlling benutzt das Nummernsystem, um Analysen über Produktgruppen, Auftragsarten, Absatzrichtung, Kundengruppen, Vertriebsniederlassungen und Verkäufer zu erstellen.

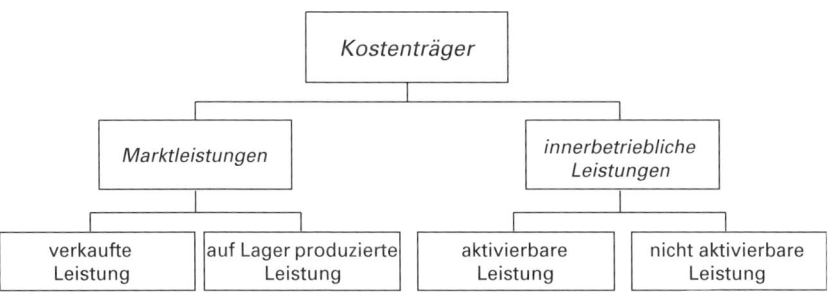

Abbildung 56: Gliederung der Kostenträger

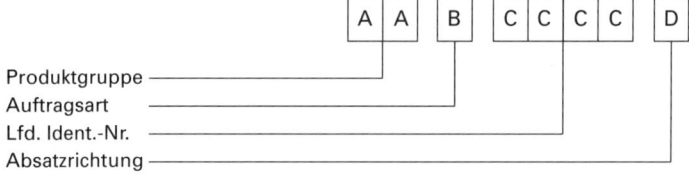

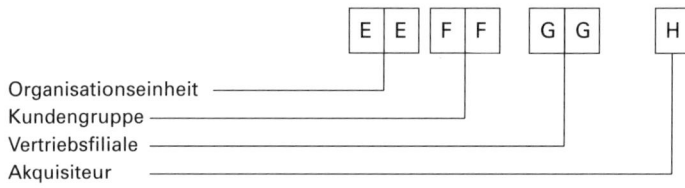

Abbildung 57: Nummernsystematik für Kostenträger

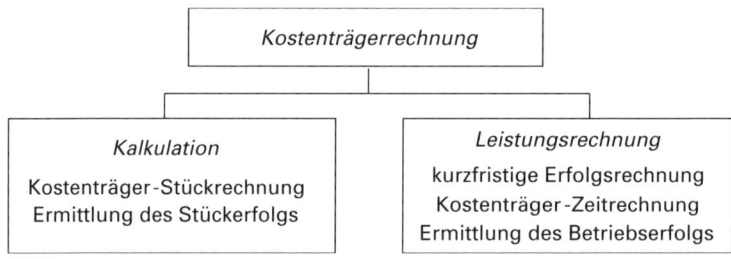

Abbildung 58: Übersicht Kostenträgerrechnung

Je nachdem, welche Analysen durchgeführt werden und welche Informationen die Geschäftsleitung zum Steuern der Kostenträger benötigt, werden das Nummernsystem der Kostenträgerrechnung und ein Kostenträgerplan aufgebaut (vgl. Abbildung 57).

In der Kostenträgerrechnung findet man alle Kosten und alle Leistungen der Kostenträger. Die Kostenträgerrechnung kann stückbezogen (Kostenträger-Stückrechnung) und zeitbezogen (Kostenträger-Zeitrechnung) erfolgen (vgl. Abbildung 58).

Bei der *Kostenträger-Stückrechnung* (Kalkulation) wird der Wertverzehr pro Kostenträger erfaßt. Die Herstellkosten geben die Kosten für Material und Produktion wieder und die Selbstkosten die Kosten für die Herstellung, die Verwaltung und den Vertrieb. Die Kostenträger-Stückrechnung liefert

Entscheidungshilfen für die betriebliche Preispolitik. Sie ist notwendig für die Bewertung im Rahmen der Inventur und Basis jeder stückbezogenen Verrechnung, Planung und Kontrolle.

Bei der *Kostenträger-Zeitrechnung* (Leistungsrechnung oder kurzfristige Erfolgsrechnung) wird der betriebliche Erfolg pro Produkt, Produktgruppe, Niederlassung oder Land für kurze Zeitabschnitte ermittelt. In Aktiengesellschaften ist es üblich, mindestens einmal im Quartal eine Leistungsrechnung durchzuführen. Die meisten Betriebe ermitteln jedoch monatlich den Erfolg. In Handelsbetrieben mit leistungsfähigem Warenwirtschaftssystem kann theoretisch sogar der Erfolg eines beliebigen Tages ermittelt werden.

Die Kostenträgerrechnung kann im System der Voll- und der Teilkostenrechnung als Ist-, Normal- oder Plankostenrechnung durchgeführt werden.

4.2 Kalkulation auf Basis der Vollkostenrechnung

Aufgabe der Kostenträger-Stückrechnung ist es, Daten zu liefern für

- die *betriebliche Preispolitik*. Von besonderer Bedeutung sind Preisuntergrenzen bei Ausschreibungen, Preisobergrenzen bei Eigenfertigung und Fremdbezug (Outsourcing) und die Ermittlung gewinnmaximaler Preise in Konkurrenzsituationen;
- die *Bewertung* von Lagerbeständen an Halb- und Fertigfabrikaten sowie aktivierbaren Eigenleistungen in Handels- und Steuerbilanz;
- die Bewertung aller Leistungen im Betriebsergebnis;
- die *Verrechnung* von innerbetrieblichen Leistungen und den Leistungsströmen innerhalb eines Konzerns;
- die *Planung* des optimalen Absatzprogramms, der betrieblichen Logistik und der Maschinenbelegung;
- die *Kontrolle* als Soll-Ist-Kostenvergleich, als Zeit-, Verfahrens- und als zwischenbetrieblicher Vergleich (Benchmarking). Eine Kontrolle ist auch zur stetigen Verbesserung der Planung notwendig.

Die Kostenträger-Stückrechnung wird zeitbezogen als Vor-, Zwischen- und Nachkalkulation durchgeführt (vgl. Abbildung 59). Zur Anwendung gelangen hierbei drei Gruppen von Kalkulationsverfahren: die Divisionskalkulation, die Zuschlagskalkulation und die Kalkulation von Kuppelprodukten.

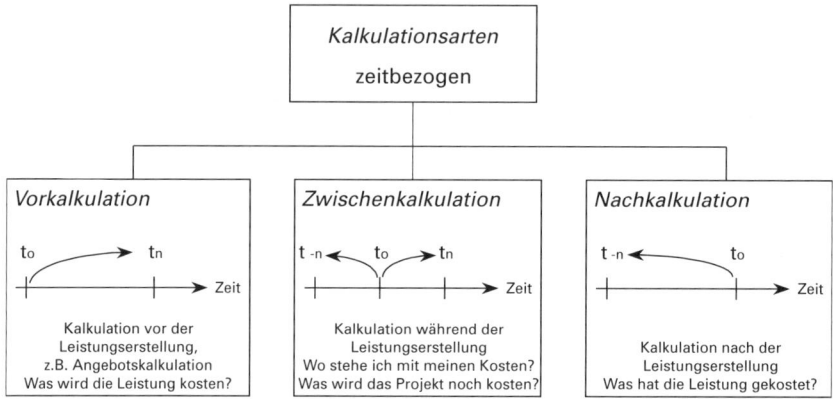

Abbildung 59: Zeitbezogene Kalkulationsarten: Vorkalkulation, Zwischenkalkulation und Nachkalkulation

Die *Vorkalkulation* erfolgt vor der Leistungserstellung. Ein Architekt rechnet aus, was ein Haus kosten wird. Die Qualität dieser Vorkalkulation hängt im wesentlichen von der Planungsqualität, den Erfahrungen des Architekten und den Angebotsdaten der Handwerker ab. Ähnlich verhält es sich bei der Angebotskalkulation für spezielle industrielle Leistungen.

Die *Zwischenkalkulation* erfolgt während der Leistungserstellung. Insbesondere bei größeren Projekten werden Meilensteine (Keller, Rohbau, diverse Ausbaustufen des Hauses) definiert und abgerechnet. Zwei Ziele werden hierdurch verfolgt. Zum einen kontrolliert man die bisherige Kostenentwicklung. Man will durch die Zwischenkalkulation wissen, wie teuer der Keller war. Zum anderen kann mit fortschreitendem Projekt die Kostenentwicklung prognostiziert werden.

Die *Nachkalkulation* rechnet die entstandenen Kosten für eine erbrachte Leistung oder eine vergangene Periode ab. Sie dient primär Kontrollzwekken. Durch einen Vergleich der Daten aus Vor- und Nachkalkulation lassen sich Schlüsse für künftige Kalkulationen ableiten. Die dem Soll-Ist-Vergleich verbundene Analyse soll in Zukunft Fehler verhindern und die Planungsqualität erhöhen.

Alle Kalkulationsverfahren bauen auf dem in Abbildung 60 wiedergegebenen gemeinsamen Grundschema auf.

Basis für die Ermittlung von Herstellkosten sind die produzierten Mengen. Die Verwaltungs- und Vertriebskosten werden üblicherweise mit Hilfe der verkauften Menge ermittelt. Dieses Grundschema wird in vielen Varia-

(1)	Materialkosten
(2)	Fertigungskosten
(3) = (1) + (2)	Herstellkosten
(4)	Verwaltungskosten
(5)	Vertriebskosten
(6) = (3) + (4) + (5)	Selbstkosten

Abbildung 60: Grundschema der Kalkulation

tionen eingesetzt. Welches Kalkulationsverfahren im einzelnen gewählt wird, hängt vom Ziel der Kostenrechnung ab.

Des weiteren unterscheidet man, wie in Abbildung 61 dargestellt, in Abhängigkeit von der Marktsituation die progressive Kalkulation, die retrograde Kalkulation und die Differenzkalkulation.

- Die *progressive Kalkulation,* auch *Vorwärtskalkulation* genannt, wird auf Märkten, auf denen der Preis eines Erzeugnisses frei kalkulierbar ist, angewendet. Die Kalkulation erfolgt vom Beschaffungsmarkt in Richtung Absatzmarkt. Ausgehend von den Einkaufspreisen oder den Herstellungskosten wird der Verkaufspreis schrittweise kalkuliert. Von Kalkulationsstufe zu Kalkulationsstufe nehmen die Kosten zu (progressiv). Das Kalkulationsverfahren ist in Unternehmen üblich, die eine quasi monopolistische Marktstellung besitzen. Eine solche Stellung ist z. B. bei einem Kiosk in einem Freibad gegeben. Hier kann der Kaufmann meist unabhängig vom Marktpreis die Preise festlegen.
- Die *retrograde Kalkulation,* auch *Rückrechnung* genannt, orientiert sich am Marktpreis und klärt, wie hoch die Kosten eines Produktes höchstens sein dürfen, um auf dem Markt Bestand zu haben. Der Konkurrenzdruck und gut informierte Käufer bestimmen den Preis. Der Kaufmann rechnet hier zurück. Er stellt sich die Frage: Wieviel darf ich für das Produkt im Einkauf bezahlen?
- Bei der *Differenzkalkulation* sind sowohl die Einkaufspreise als auch die Verkaufspreise für den Händler oder den Produzenten kaum beeinflußbar. Hier prüft der Händler, ob die Handelsspanne ausreicht, um die Handlungskosten und einen Soll-Gewinn zu decken. Der Hersteller orientiert sich in diesem Fall am vom Kunden wahrgenommenen Wert und kalkuliert die Kosten für die einzelnen Komponenten seines Produktes.

	Progressive Kalkulation	Retrograde Kalkulation	Differenz-kalkulation
Preis auf Beschaffungsmarkt	gegeben	gesucht	gegeben
+ Bezugskosten			
= Einstandspreis			
+ Handlungskosten/Herstellkosten			gesucht
= Selbstkosten			
+ Soll-Gewinn			
= Verkaufspreis	gesucht	gegeben	gegeben

Abbildung 61: Progressive, retrograde und Differenzkalkulation
Quelle: In Anlehnung an Preißler/Dörrie (1987, S. 193)

- Die Differenzkalkulation wird in neuerer Zeit modifiziert als *Target Costing* eingesetzt. Es wird versucht, den zukünftigen Marktpreis eines neu zu entwickelnden Produkts zu bestimmen. Dieser Preis wird zum Zielpreis. Bereits frühzeitig erfolgt in der Produktentwicklung eine zielorientierte Steuerung der Kosten. Kosten, welche die Produktion des neuen Produkts voraussichtlich verursachen wird, wenn die gegenwärtigen Produktionsverfahren und -prozesse beibehalten werden, nennt man *Drifting Costs*. Liegen die Drifting Costs über den Zielkosten, sind Anpassungsmaßnahmen notwendig.

Die Anwendung bestimmter Kalkulationsverfahren hängt stark vom Produktionsprogramm und den Fertigungsverfahren ab. Das Einproduktunternehmen wird mit der Divisionskalkulation arbeiten. In Mehrproduktunternehmen entscheidet der Fertigungstyp über den Einsatz des Kalkulationsverfahrens. Generell wird empfohlen:

- Bei *Massenfertigung* im Einproduktunternehmen, wie im Bergbau, in Gas-, Wasser-, Klär- und Elektrizitätswerken, Fuhrunternehmen mit homogenem Fuhrpark, Kies- und Sandgruben, im Zementwerk oder bei Zigarettenherstellern wird die einfache oder mehrstufige *Divisionskalkulation* eingesetzt.
- Bei *Sortenfertigung* werden auf ein und demselben Betriebsmittel aus gleichen Grundsubstanzen nacheinander verschiedene Sorten gefertigt, wie zum Beispiel Bretter, Rohre, Bleche, Dachziegel, Biersorten, Schokolade und Papier. Sorten weisen im wesentlichen gleiche Eigenschaften auf, unterscheiden sich jedoch nach *Eisele* (1990, S. 605) hinsichtlich der

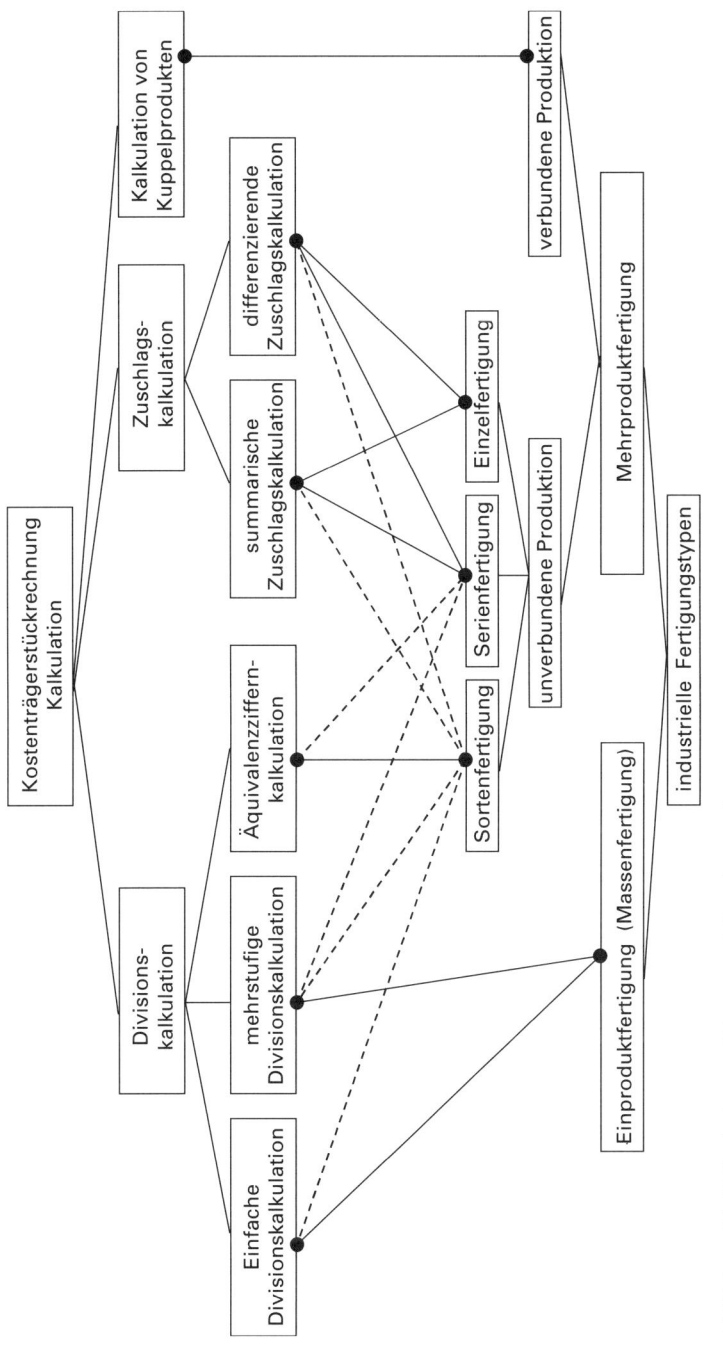

Abbildung 62: Kalkulationsverfahren und ihre Anwendung
Quelle: Modifiziert übernommen von Eisele (1990, S. 606)

Qualität und der Ausführung. Hier wird hauptsächlich die *Äquivalenz-ziffernkalkulation* angewendet. Vereinzelt setzen Firmen die einfache oder mehrstufige Divisionskalkulation oder die *Zuschlagskalkulation* ein.

- Bei *Serienfertigung* wird nacheinander eine bestimmte Anzahl gleichartiger Erzeugnisse hergestellt (Losgröße). Bei großen Serien (Automobilindustrie, Glasflaschen, Produktion in der Lebensmittel- und Elektroindustrie) entspricht die Serienfertigung einer Massenfertigung. Bei kleinen Serien (Porzellan, Glasherstellung und Produktion von Kleinserien als Zulieferung für die Investitionsgüterindustrie) nähert sich die Serienfertigung der Einzelfertigung. Hier wird ein breites Spektrum von Kalkulationsverfahren angewendet. Üblich sind die mehrstufige Divisionskalkulation, die Äquivalenzziffernkalkulation und alle Arten der Zuschlagskalkulation.

- Bei der *Einzelfertigung* wird jedes Produkt rein theoretisch nur einmal hergestellt. Dies ist der Fall, wenn das Produktionsprogramm aus einer Vielzahl von Einzelteilen zusammengesetzt wird, eine technische Individualität gegeben ist oder eine ausgeprägte Berücksichtigung besonderer Wünsche der Kunden erfolgt. Gewöhnlich erfolgt die Fertigung nach Beratung und Bestellung. So wird eine Küche oder ein Maßanzug nach dem Wunsch des Kunden hergestellt. Gleiches gilt im Wohnungs- und Industrieanlagenbau, bei Schiffen, Straßen und Bauten. Hier wird hauptsächlich die Zuschlagskalkulation angewendet.

- Bei der *Kuppelproduktion* (verbundene Produktion) entstehen in einem Produktionsprozeß aus einem gemeinsamen Ausgangsstoff zwangsläufig mehrere Produkte mit völlig unterschiedlichen technischen, chemischen oder physikalischen Eigenschaften. Die Kuppelproduktion findet man z. B. beim Hochofenprozeß, bei Raffinerien, in der Holzindustrie und bei der Schlachtung. Bei der Kalkulation von Kuppelprodukten kommen spezielle Verfahren zum Einsatz.

In der oberen Hälfte der Abbildung 62 sind die verschiedenen Kalkulationsmethoden dargestellt, in der unteren Hälfte die mit den Kalkulationsverfahren korrespondierenden möglichen industriellen Fertigungstypen. Die bei einzelnen Fertigungstypen vorherrschenden Kalkulationsmethoden sind durch Linien miteinander verbunden. Gestrichelte Linien verbinden die eher selten angewendeten Verfahren.

4.2.1 Divisionskalkulation

Hersteller einfacher Massengüter wenden drei Verfahren der Divisionskalkulation an: die einfache Divisionskalkulation, die mehrstufige Divisionskalkulation und die Äquivalenzziffernkalkulation. Nach *Kilger* (1980, S. 306) ist bei der Divisionskalkulation eine Differenzierung in Einzel- und Gemeinkosten nicht notwendig. Sie läßt sich auch ohne Kostenstellenrechnung durchführen. Bei allen Divisionskalkulationen werden die *Kosten einer Leistungseinheit* mittels Division der Gesamtkosten durch die hergestellte Menge ermittelt. Daher hat die Divisionskalkulation auch ihren Namen.

4.2.1.1 Einstufige Divisionskalkulation

Bei der *einfachen (kumulativen oder auch einstufigen) Divisionskalkulation* werden sämtliche während einer Periode entstandenen Kosten durch die in der Periode erstellte Leistungsmenge dividiert. Man setzt hier Unternehmen mit einer einheitlichen Leistung und ohne Lagerhaltung voraus. Diese Voraussetzungen schränken den Einsatz der einfachen Divisionskalkulation erheblich ein. Sind sie erfüllt, erhält man die Stückkosten durch

$$\text{Stückkosten } k\,(x) = \frac{\text{Gesamtkosten}}{\text{Leistungsmenge}} = \frac{K(x)}{x}$$

Ein Klärwerk reinigte im Monat Mai 200 000 Kubikmeter Abwasser. Die Betriebsbuchhaltung ermittelte Kosten in Höhe von 800 000 Mark. Wir ermitteln die Stückkosten:

$$\text{Stückkosten } k\,(x) = \frac{800\,000\text{ DM}}{200\,000\text{ Kubikmeter}} = 4{,}00\text{ DM/Kubikmeter}$$

Auch wenn die Betriebsbuchhaltung die Kosten nach Kostenarten im einzelnen erfaßt, ändert sich am Verfahren wenig. Bei der Divisionskalkulation benötigt man nur die Gesamtkosten und die Leistung. Das WISO-Steuersparbuch empfiehlt bei der Ermittlung der Kfz-Kosten die einfache Divisionskalkulation. Folgt man der Empfehlung, wird man systematisch nach allen Kraftfahrzeugkosten gefragt (vgl. Übersicht 16).

Ein Fahrzeughalter erhält bei einer Fahrleistung von 15 000 Kilometern als Kosten pro Kilometer:

Ermittlung der Fahrzeugkosten anhand von Belegen:	
Abschreibung	9 000 DM
Kosten für Öl, Benzin und sonstige Betriebsstoffe	2 500 DM
Kosten für Reparaturen, Inspektionen	600 DM
Kosten für Wagenpflege	100 DM
Kfz-Steuer	600 DM
Kfz-Versicherung	500 DM
Zinsen für aufgenommenen Kredite	2 000 DM
sonstige Kfz-Kosten	300 DM
Gesamtkosten	16 200 DM

Übersicht 16: Ermittlung der Kfz-Kosten

$$\text{Stückkosten } k\,(x) = \frac{16\,200\text{ DM}}{15\,000\text{ Kilometer}} = 1,08\text{ DM/Kilometer}$$

Die einfache Divisionskalkulation kann auch bei stufenweiser Fertigung angewendet werden. Vorausgesetzt wird jedoch eine lagerlose Produktion oder eine Kanban-Fertigung, bei der kein Lageraufbau oder -abbau erfolgt.

Ein Beispiel verdeutlicht das Vorgehen in diesem Fall. Ein Großhändler hat sich auf den Vertrieb eines einzigen Produktes spezialisiert. Er kauft das Produkt in Fernost für 200 Mark ein. In Deutschland durchläuft das Produkt synchron die drei Veredelungsstufen A, B und C. Pro Monat fertigt und verkauft man 300 Stück. Es fallen folgende Kosten an:

(1) Materialkosten:	300 Stück × 200 DM =	60 000 DM
+ (2) Fertigung: Stufe A:		3 000 DM
+ (3) Fertigung: Stufe B:		7 000 DM
+ (4) Fertigung: Stufe C:		5 000 DM
(5) Herstellkosten		*75 000 DM*
+ (6) Verwaltung und Vertrieb		15 000 DM
(7) Selbstkosten		*90 000 DM*

Die gesamten Herstellkosten betragen 75 000 Mark. Möchte man die Herstellkosten pro Stück (Stückkosten) k_H ermitteln, dividiert man durch die hergestellte Menge:

$$k_H\,(x) = \frac{75\,000\text{ DM}}{300\text{ Stück}} = 250\text{ DM/Stück}$$

Für die Selbstkosten pro Stück k_S erhält man:

$$k_S\,(x) = \frac{90\,000\text{ DM}}{300\text{ Stück}} = 300\text{ DM/Stück}$$

Existiert ein Lager, dann kann die einfache Divisionskalkulation nicht mehr angewendet werden. Die *mehrstufige Divisionskalkulation* wird notwendig.

4.2.1.2 Mehrstufige Divisionskalkulation

Ein Lager existiert, sobald keine Just-in-time-Anlieferung, kein stetiger Produktionsfluß und kein kontinuierlicher Absatz gegeben sind. Hier kommt die mehrstufige Divisionskalkulation zum Einsatz (vgl. Abbildung 63). In der Praxis werden für jede Produktionsstufe und für den Vertrieb eigene Kostenstellen eingerichtet. Jede Stufe wird als *Kostencenter* geführt, und auf jeder Stufe erfolgt die einfache Divisionskalkulation.

Auf jeder Stufe findet eine Divisionskalkulation nach gewohntem Muster statt:

(1) Materialkosten	(1) Materialkosten der Produktionsstufe
+ (2) Fertigungskosten	+ (2) Fertigungskosten der Produktionsstufe
(3) Herstellkosten	(3) Herstellkosten der Produktionsstufe

Die Herstellkosten der Produktionsstufe werden durch die erbrachte Leistung dividiert. Man erhält die Herstellkosten pro Stück der Fertigungsstufe. Die Leistung der Stufe geht grundsätzlich auf das Lager der Fertigungsstufe. Der Lagerzugang und die Entnahmen aus dem Lager werden mit diesen Stückkosten bewertet. Entnahmen der Folgestufe werden als Materialeinsatz der nachgelagerten Stufe angesehen. Ein neuer Kalkulationszyklus beginnt (vgl. auch Abbildung 63).

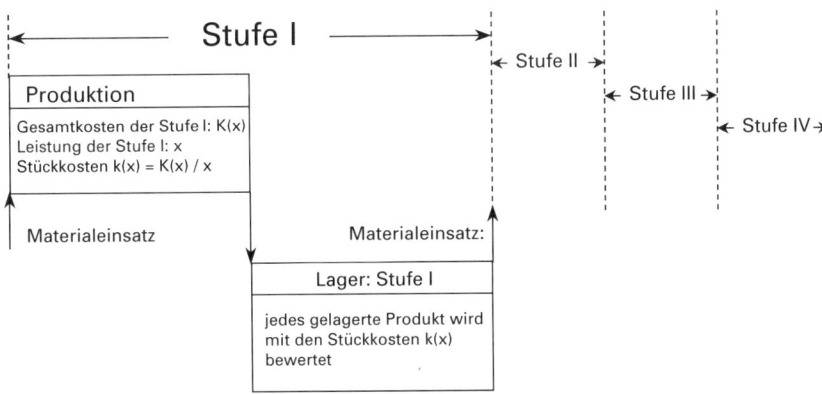

Abbildung 63: Grundkonzept der mehrstufigen Divisionskalkulation

Für die Stückkosten jeder Stufe gilt:

$$\text{Stückkosten } k_j(x_{aj}) = \frac{k_{i-1} \times x_{pj} + K_j}{x_{aj}}$$

mit k_j Stückkosten der Stufe j, K_j Fertigungskosten der Stufe j, k_{j-1} Stückkosten der Vorstufe j-1, x_{pj} Entnahmemenge aus Vorstufe j-1, x_{aj} dem Lager
tatsächlich zugeführte Menge (nach Ausschuß).

Auf der letzten Stufe sind die Selbstkosten pro Stück gegeben. Ein Verfahren, bei dem die angefallenen Kosten je Leistungseinheit ermittelt und
von Produktionsstufe zu Produktionsstufe weitergereicht werden, nennt
man auch *Durchwälzmethode*.

Angenommen, im Juni kommt es bei unserem Großhändler, hervorgerufen durch Urlaub, zu einer nicht synchronen Veredelung. Nach jeder Produktionsstufe muß also ein Lager angelegt werden. Die Produkte werden
wie bisher auch aus Fernost für 200 Mark pro Stück bezogen. Die Kostenstellenrechnung ermittelt am Ende des Monats für die Stufe A Produktionskosten von 5 000 Mark, für die Stufe B von 10 000 Mark und für Stufe C
von 6 000 Mark. Die durchgeführte Inventur ergibt einen Bestandsaufbau
in Stufe A von 100 Stück und in Stufe C von 50 Stück. Dem Vertrieb
entstanden Kosten von 17 500 Mark. Er konnte im Juni 350 Stück verkaufen. Der mehrstufigen Divisionskalkulation liegt nun das in Abbildung 64
dargestellte Modell zugrunde.

Nur ein systematisches Vorgehen verhindert hier Fehler. Es ist ratsam,
sich eine Skizze anzufertigen. Stufenweise trägt man die Kosten, die Leistung und die Bestandsveränderungen ein. Schon bei diesem einfachen Beispiel sieht man, daß die Ermittlung der Stufenleistung problematisch ist.
Liegt die Stufenleistung vor, dann können die Kosten durch das Modell
gewälzt werden:

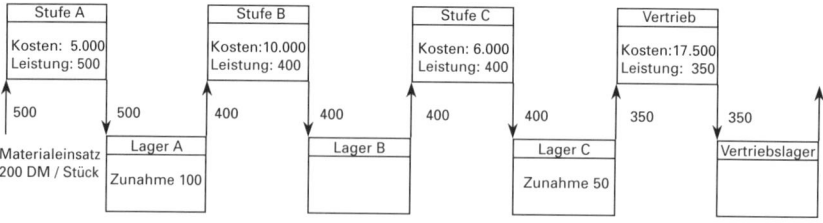

Abbildung 64: Modell einer mehrstufigen Divisionskalkulation

(1) Materialkosten Fremdbezug:	200 DM/Stück× 500 Stück =	100 000 DM
+ (2) Fertigungskosten der Stufe A		5 000 DM
(3) Herstellkosten der Stufe A		105 000 DM

Herstellkosten pro Stück bei Stufe A: 105 000 DM/500 Stück = 210 DM/ Stück

(1) Herstellkosten aus Stufe A:	210 DM/Stück× 400 Stück =	84 000 DM
+ (2) Fertigungskosten der Stufe B		10 000 DM
(3) Herstellkosten der Stufe B		94 000 DM

Herstellkosten pro Stück bei Stufe B: 94 000 DM/400 Stück = 235 DM/ Stück

(1) Herstellkosten aus der Stufe B:	235 DM/Stück× 400 Stück =	94 000 DM
+ (2) Fertigungskosten der Stufe C		6 000 DM
(3) Herstellkosten der Stufe C		100 000 DM

Herstellkosten pro Stück bei Stufe C: 100 000 DM/400 Stück = 250 DM/ Stück

(3) Herstellkosten aus der Stufe C:	250 DM/Stück× 350 Stück =	87 500 DM
+ (4) Verwaltungs- und Vertriebskosten		17 500 DM
(5) Selbstkosten der Produktionsstufe		105 000 DM

Selbstkosten pro Stück:105 000 DM/350 Stück = 300 DM/Stück

Zum gleichen Ergebnis kommt man mit der *Veredelungsmethode.* Hier werden die Materialkosten aus den Herstellkosten der verschiedenen Stufen isoliert und dem Endkostenträger direkt berechnet. Von Stufe zu Stufe erfolgt nun eine Veredelung des Endproduktes. Als Stückkosten der Stufe werden nur noch die jeweiligen Stufenkosten durch die Stufenleistung dividiert.

Man erhält für den Großhändler die Selbstkosten wie folgt:

$$k_S = 200 + 5\,000/500 + 10\,000/400 + 6\,000/400 + 17\,500/350 = 300 \text{ DM/Stück}$$

Allgemein lautet die Formel:

$$k_S = k_m + \frac{K_1}{x_{p1}} + \frac{K_2}{x_{p2}} + \ldots\ldots + \frac{K_m}{x_{pm}} + \frac{K_{\text{Verw.+Vertr.}}}{x_a}$$

oder

$$k_S = k_m + \sum_{j=1}^{m} \frac{K_j}{x_{pj}} + \frac{K_{Verw.+Vertr.}}{x_a}$$

mit k_m Materialkosten pro Stück, K_j Fertigungskosten der Stufe j, x_{pj} Leistung der Stufe j, $K_{Verw.+Vertr}$ Kosten der Verwaltung und des Vertriebs, x_a abgesetzte (verkaufte) Menge.

4.2.1.3 Äquivalenzziffernkalkulation

Die *Äquivalenzziffernkalkulation* nimmt innerhalb der Divisionskalkulation eine Sonderstellung ein. Die Anwendung der einfachen und mehrstufigen Divisionskalkulation setzt Einproduktunternehmen voraus. Die Äquivalenzziffernkalkulation findet Anwendung in der Sortenfertigung artverwandter Produkte wie bei der Herstellung von diversen Garn-, Stoff-, Draht- und Blechsorten, Bieren, Spirituosen, Ziegeln und Backwaren. Diese Annahme des Einproduktunternehmens kann aufgehoben werden, wenn Äquivalenzziffern für artverwandte Produkte existieren. Äquivalenzziffern sind Verhältniszahlen, welche die Kosten pro Produkteinheit eines Kostenträgers im verursachungsgerechten Verhältnis zu den Kosten pro Einheit eines Einheitsproduktes, dem *Standardkostenträger* mit der Äquivalenzziffer 1, angeben. Als Synonyme für Äquivalenzziffern benutzt man auch *Gewichtungsziffern, Wertigkeitsziffern, Umrechnungsfaktoren* oder *Verhältniszahlen*.

Die Ermittlung von Äquivalenzziffern erfolgt meist analytisch. Es gehen in der Vergangenheit gesammelte Erfahrungen über Kostenverursachung, produkttechnische Berechnungen, physikalische Gesetzmäßigkeiten bei der Ermittlung ein. Dabei ist zu beachten:

- Es liegt die Produktion artverwandter Erzeugnisse vor.
- Es existieren Äquivalenzziffern, die ein verursachungsgerechtes Verhältnis der Kosten zu einem Einheitsprodukt wiedergeben.
- Bei der einstufigen Äquivalenzziffernkalkulation existieren keine Lagerbestandsveränderungen an Halb- und Fertigfabrikaten.

In der Praxis findet man folgende Arten von Äquivalenzziffern:

- *Produktgewicht:* Ein Schokoladenproduzent möchte Schokoladentafeln mit einem Gewicht von 50 g, 100 g und 400 g herstellen. Für den Materialverbrauch kann er die Gewichtsverhältnisse ansetzen. Die Äquivalenzziffern lauten 1:2:8.

- *Produktabmessung:* Länge, Breite, Höhe, Fläche oder Volumen. Ein Produzent von Andenkenartikeln stellt Eiffeltürme her. Der Kunde wünscht Türme der Höhe 5 cm, 15 cm und 30 cm. Das Verhältnis 1:3:6 ist hier falsch. Zu beachten ist, daß die Eiffeltürme in der Länge, der Breite und der Höhe im gleichen Maß wachsen. Das Wachstum ist nicht linear, sondern kubisch mit der Länge, der Breite und der Höhe. Wir haben die Äquivalenzziffern $1^3:3^3:6^3$ gleich 1:27:216.
- *Physikalische Größen:* Heizwert, Energieverbrauch und Temperaturen.
- *Arbeits-, Maschinen- und Durchlaufzeiten:* Fertigungs-, Akkord-, Konstruktions-, Fahr-, Rüst- und Lagerzeiten.
- *Marktgrößen:* Ein Landwirt kalkuliert die Marktpreise in Abhängigkeit von den Güteklassen.

Bei der Äquivalenzziffernkalkulation sind die Äquivalenzziffern, die Gesamtkosten und die produzierte Menge je Sorte bekannt. Es empfiehlt sich, wie folgt vorzugehen:

1. Ermittlung der äquivalenten Leistungseinheiten. Hier erfolgt die Gewichtung der produzierten Mengen. Dies ist z. B. vergleichbar mit der Suche nach einem gemeinsamen Nenner in der Bruchrechnung.
2. Ermittlung der Summe äquivalenter Recheneinheiten.
3. Ermittlung der Kosten pro äquivalenter Leistungseinheit. Dies entspricht der einfachen Divisionskalkulation. Die Rechnung lautet:

$$k_{\ddot{a}} = \frac{\text{Gesamtkosten}}{\text{Summe äquivalenter Recheneinheiten}} = \frac{K}{\sum_i m_i \times a_i}$$

mit $k_{\ddot{a}}$ Kosten pro äquivalenter Recheneinheit, K Gesamtkosten, m_i hergestellte Menge der Sorte i, a_i Äquivalenzziffer der Sorte i.

4. Ermittlung der Kosten je Sorte
5. Ermittlung der Gesamtkosten über die Sorten als Kontrollgröße
6. Ermittlung der Kosten je Sorte und Stück

In der Praxis verwendet man hier Kalkulationsprogramme. Das Lösungsblatt der Äquivalenzziffernkalkulation ist wie in Tabelle 33 ersichtlich aufgebaut.

Sorte	Menge	Äquiv. Ziffer	äquiv. LE (1)	Kosten je Sorte (4)	Kosten je Stück und Sorte (6)
1	m_1	a_1	$m_1 \times a_1$	$k_ä \times m_1 \times a_1$	$k_ä \times a_1$
2	m_2	a_2	$m_2 \times a_2$	$k_ä \times m_2 \times a_2$	$k_ä \times a_2$
3	m_3	a_3	$m_3 \times a_3$	$k_ä \times m_3 \times a_3$	$k_ä \times a_3$
			(2) $\Sigma\, m_i \times a_i$	(5) K	

Tabelle 33: Grundschema einer Äquivalenzziffernkalkulation

Die Nummern (1), (2), (4), (5) und (6) im Kalkulationsblatt entsprechen den Lösungsschritten. Der dritte Lösungsschritt taucht im Kalkulationsblatt als Kosten pro äquivalente Recheneinheit $k_ä$ auf.

In einem Blechwalzwerk werden drei Blechsorten erzeugt:

Sorte	Menge	Äquivalenzziffer
1	5 000 t	0,8
2	8 000 t	1,0
3	12 000 t	1,5

Die Gesamtkosten betragen 90 000 000 Mark. Wie hoch sind die Kosten je Sorte insgesamt und je Tonne?

Man folgt der Lösungsempfehlung:

Sorte	Menge t	Äquiv. Ziffer	äquiv. LE (1)	Kosten je Sorte (4)	Kosten je Tonne und Sorte (6)
1	5 000	0,8	4 000	12 000 000	2 400
2	8 000	1,0	8 000	24 000 000	3 000
3	12 000	1,5	18 000	54 000 000	4 500
			(2) 30 000	(5) 90 000 000	

$$(3)\ k_ä = \frac{90\,000\,000\ \text{DM}}{30\,000\ \text{äquivalente Leistungseinheiten}} = 3000\ \text{DM/äquivalente LE}$$

Dem aufmerksamen Betrachter ist aufgefallen, daß sich die Sortenkosten (4) auch über das Produkt aus den Kosten je Sorte und Tonne (6) und der produzierten Menge ergeben.

Bei mehrstufigen Prozessen oder bei mehrstufiger Produktion läßt sich die Äquivalenzziffernkalkulation auf jeder Stufe isoliert anwenden. Eine mehrstufige Divisionskalkulation in Kombination mit einer Äquivalenzziffernkalkulation ist gegeben. Bei komplexen Produktionen kann kein Kalkulationsverfahren alleine angewendet werden. Meist werden mehrere Verfahren kombiniert. Ein praxisnahes Beispiel ist durch Fall 8 gegeben.

4.2.2 Zuschlagskalkulation

Die *Zuschlagskalkulation* ist die wohl am häufigsten angewandte Kalkulationsform. Sie kommt in Industrieunternehmen mit heterogener Fertigung, wie Einzelfertigung, Fertigung in Serien oder Losen, und – bedingt – bei Sortenfertigung zum Einsatz. Nach ihr kalkuliert der Groß-, Versand- und Einzelhandel. Selbst bei den sogenannten »Tante Emma«-Läden ist diese Form beliebt. Auch Banken und Versicherungen, Krankenhäuser und Gemeindeverwaltungen wenden die Zuschlagskalkulation an.

Bei der Zuschlagskalkulation werden in der Kostenartenrechnung die Kosten nach Einzel- und Gemeinkosten getrennt. Die Einzelkosten lassen sich dem Kostenträger direkt belasten. Für die Verrechnung der Gemeinkosten bildet die Kostenstellenrechnung für Hauptkostenstellen Zuschlagssätze.

Das in Übersicht 17 dargestellte Grundschema der Zuschlagskalkulation wird pro Hauptkostenstelle angewendet. Je nach Grad der Genauigkeit der Kalkulation wird zwischen *summarischer (kumulativer)* und *differenzierender (elektiver) Zuschlagskalkulation* unterschieden.

Einzelkosten	Bezugsbasis	100 %
+ Gemeinkosten	+ Gemeinkostenzuschlag	+ 140 %
= Gesamtkosten	= Gesamtkosten	= 240 %

Übersicht 17: Grundschema der Zuschlagskalkulation

4.2.2.1 Summarische Zuschlagskalkulation

Die *summarische Zuschlagskalkulation* ist die einfachste Variante der Zuschlagskalkulation. Die Gemeinkostenverrechnung erfolgt über einen einzigen Zuschlagssatz. Eine Kostenstellenrechnung ist daher nicht notwendig. Ausgangspunkt der Kalkulation ist eine Zeitraumbetrachtung. Es wird unterstellt, daß die Gemeinkosten sich in diesem Zeitraum proportional zu

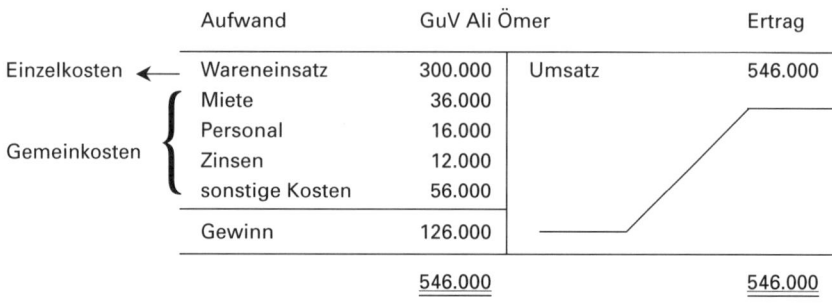

Abbildung 65: Gewinn- und Verlustrechnung als Ausgangsbasis der summarischen Zuschlagskalkulation

den Einzelkosten verhalten haben. Wenn dem so ist, dann kann man die durch Zeitraumbetrachtung gewonnenen Prozentsätze auf die Stückkalkulation übertragen. Als Bezugsbasis der Kalkulation kommen in Industrieunternehmen Materialkosten, Fertigungslöhne oder die gesamten Einzelkosten und im Handelsbetrieb der Wareneinstand in Frage.

Der türkische Feinkosthändler Ali Ömer blickt glücklich auf das abgelaufene Geschäftsjahr zurück. Seine Stammkundschaft ist gewachsen, alle Kunden waren mit seinem Warenangebot und mit seinen Preisen sehr zufrieden. Daher überlegt Herr Ömer, ob er nicht aus der Gewinn- und Verlustrechnung Kalkulationssätze ableiten kann.

Zuerst isoliert Herr Ömer in seiner Gewinn- und Verlustrechnung die Einzel- und Gemeinkosten (vgl. Abbildung 65).

Dann bildet Ali Ömer Zuschlagssätze:

$$\text{Gemeinkostenzuschlagssatz} = \frac{\text{Gemeinkosten}}{\text{Wareneinsatz}} = \frac{120\,000}{300\,000} = 40\,\%$$

$$\text{Gewinnzuschlagssatz} = \frac{\text{Gewinn}}{\text{Selbstkosten}} = \frac{126\,000}{420\,000} = 30\,\%$$

Diese beiden Zuschlagssätze bilden die Basis für die Kalkulation im nächsten Jahr. Wenn das Restaurant Istanbul 36 Flaschen Rotwein der Sorte Yakut Kavaklidere bestellt, gehen die Zuschlagssätze wie folgt in die Kalkulation von Herrn Ömer ein: Er kauft die Flaschen in Istanbul beim Großhändler für 2,00 Mark pro Flasche ein und bezahlt für Transport, Steuer und Versicherung ca. 0,75 Mark pro Flasche. Herr Ömer bietet dem Restaurant Istanbul die Flasche Rotwein für 5,75 DM an. Den Rechengang zur Ermittlung des Verkaufspreises zeigt Übersicht 18.

Wareneinkauf		2,75 DM/Flasche
+ Gemeinkostenzuschlag	40 %	1,10 DM/Flasche
= Selbstkosten		3,85 DM/Flasche
+ Gewinnzuschlag	30 %	1,15 DM/Flasche
= Verkaufspreis (netto)		5,00 DM/Flasche
+ Umsatzsteuer	15 %	0,75 DM/Flasche
= Verkaufspreis (brutto)		5,75 DM/Flasche

Übersicht 18: Grundschema einer summarischen Zuschlagskalkulation

In der betrieblichen Praxis ist festzustellen, daß es kaum eine Bezugsbasis gibt, die proportionale und verursachungsgerechte Beziehungen zu allen Gemeinkostenarten oder zu allen Produkten des Betriebes hat. Selbst in einfach strukturierten Kleinbetrieben führt daher dieses einfache Verfahren zu groben Ungenauigkeiten, wie das folgende Beispiel und Tabelle 34 zeigen.

	Material	Löhne	Summe Einzelkosten
Zuschlagssatz	$\dfrac{80\,000}{40\,000} = 200\,\%$	$\dfrac{80\,000}{120\,000} = 66{,}67\,\%$	$\dfrac{80\,000}{160\,000} = 50\,\%$

Tabelle 34: Zuschlagssätze in Abhängigkeit von der Bezugsbasis

In einem Betrieb betragen die Gesamtkosten einer Abrechnungsperiode 240 000 Mark. Diese setzen sich aus 40 000 Mark für Materialkosten, 120 000 Mark für Löhne und 80 000 Mark für Gemeinkosten zusammen. Das Problem besteht nun in einer geeigneten Wahl der Bezugsbasis. Wir haben die Möglichkeit, die Materialkosten, die Löhne oder die Summe aus Materialkosten und Löhnen zu nehmen. Je nach Wahl erhalten wir verschiedene, in Tabelle 34 festgehaltene Zuschlagssätze.

Die Anwendung dieser Zuschlagssätze ist problemlos, solange die Kostenstrukturen des kalkulierten Auftrags identisch mit der Kostenstruktur der Ausgangsbasis sind. Dort hatte man folgendes Verhältnis: Materialkosten : Löhne : Gemeinkosten = 1 : 3 : 2.

Weicht der zu kalkulierende Auftrag von dieser Kostenstruktur ab, dann läßt sich die summarische Zuschlagskalkulation nicht mehr anwenden. Angenommen, die Materialkosten betragen bei einem Auftrag 50 Mark und die Fertigungslöhne 100 Mark, dann weichen diese Einzelkosten von der gegebenen Kostenstruktur ab. War das Verhältnis der Ausgangsbasis zwischen Material und Lohn 1 : 3, so lautet es hier 1 : 2. Je nachdem, ob man

	Basis: Material		Basis: Löhne		Basis: Summe	
Material		50		50		50
Löhne		100		100		100
Summe Einzelkosten		150		150		150
Gemeinkostenzuschlag	200 %	100	66,67 %	66	50 %	75
Gesamtkosten		250		216		225

Tabelle 35: Gesamtkosten in Abhängigkeit von der Bezugsbasis

nun Material, Löhne oder die gesamten Einzelkosten als Basis nimmt, erhält man unterschiedliche Gesamtkosten, wie Tabelle 35 zeigt.

Ermittelt man die Gemeinkosten auf Basis der Materialeinzelkosten, so betragen sie (200 Prozent von 50 Mark) 100 Mark, auf Basis der Löhne (66,67 Prozent von 100 Mark) 66 Mark und auf Basis der »Summe aller Einzelkosten« (50 Prozent von 150 Mark) 75 Mark. Je nach Basis erhalten wir Gesamtkosten von 250 Mark, 216 Mark oder 225 Mark. In umkämpften Märkten sind Abweichungen dieser Größenordnung nicht tragbar.

Bei der summarischen Zuschlagskalkulation werden folgende Punkte bei der Kalkulation nicht berücksichtigt:

- Unterschiedliches *Fachwissen:* Es wird nicht berücksichtigt, daß der Ingenieur, der Meister, der Geselle oder der Auszubildende unterschiedliches Fachwissen besitzen und unterschiedliche Leistung bei der Ausführung von Arbeiten erbringen. Eine »Meisterstunde« ist eben nicht vergleichbar mit einer »Azubistunde«;
- unterschiedlicher *Maschineneinsatz:* Es wird nicht die Leistungsfähigkeit unterschiedlicher Maschinen berücksichtigt. Bei der kalkulatorischen Fehlerrechnung wurde auf diese Problematik bereits hingewiesen. Selbst dem Laien ist klar, daß es sich in einem 500er Daimler anders fährt als in einem Trabbi;
- unterschiedliches *Gemeinkostenmaterial:* Ein Schweißdraht kostet wesentlich weniger als das Silberlot;
- *Mehrarbeit* durch *speziellen Kundenwunsch:* grüner Anstrich anstelle von Standardrot.

Aus diesen Gründen wird anstelle der summarischen Zuschlagskalkulation die differenzierende Zuschlagskalkulation empfohlen.

4.2.2.2 Differenzierende Zuschlagskalkulation

Bei Anwendung der *differenzierenden Zuschlagskalkulation* werden die Mängel der summarischen Zuschlagskalkulation behoben. Dies geschieht durch die Bildung von Zuschlagssätzen für einzelne betriebliche Bereiche, Kostenstellen oder Kostenplätze und durch die Variation der Bezugsgrößen. Für jedes Produkt ist man bestrebt, entsprechend der Kostenverursachung gerechte Beziehungen herzustellen und abzurechnen.

Die Kalkulation, gleich ob Angebotskalkulation oder Nachkalkulation, erfolgt immer nach dem gleichen Schema (vgl. Abbildung 66).

- Die *Materialkosten* setzen sich aus Materialeinzelkosten und Materialgemeinkosten zusammen. Auf Basis der Materialeinzelkosten ermittelt man mit Hilfe des Gemeinkostenzuschlagssatzes die Materialgemeinkosten. Das Angebot wird auf der Basis von Stücklisten vorkalkuliert und mit Hilfe von Materialentnahmescheinen nachkalkuliert. Grundlage der Angebotskalkulation sind stets Soll-Gemeinkosten. Die Ist-Gemeinkosten lassen sich erst im Nachhinein ermitteln. Durch den Soll-Ist-Vergleich stellt man in der Materialkostenstelle Über- und Unterdeckung fest. Bei größeren Abweichungen erfolgt eine Analyse.
- *Fertigungskosten* setzen sich aus den Fertigungskosten der einzelnen Fertigungshauptkostenstellen zusammen. Betrachtet man die Fertigungskostenstellen in Abbildung 66, so fällt auf, daß sich hier die Fertigungskosten aus den Fertigungslöhnen (Lohneinzelkosten), den Sondereinzelkosten der Fertigung (z. B. Maschinenkosten) und den Fertigungsgemeinkosten zusammensetzen. Die Maschinenkosten sind unechte oder semivariable Einzelkosten. Innerhalb einer Fertigungshauptkostenstelle kann sehr differenziert vorgegangen werden (siehe 4.2.2.3). Für die Angebotskalkulation werden geplante oder normalisierte Fertigungszeiten und Kostensätze verwendet. In der Nachkalkulation erfolgt die Ermittlung der Istkosten auf der Grundlage von Lohnscheinen, Maschinenlaufzeiten und tatsächlichen Preisen.
- *Herstellkosten* setzen sich aus Material- und Fertigungskosten zusammen.
- *Verwaltungsgemeinkosten* werden bei der Angebotskalkulation auf Basis der Soll-Herstellkosten und in der Nachkalkulation auf Basis der Ist-Herstellkosten errechnet.
- *Vertriebskosten* setzen sich aus Vertriebseinzelkosten und Vertriebsgemeinkosten zusammen. Die Gemeinkosten werden auf Basis der Herstellko-

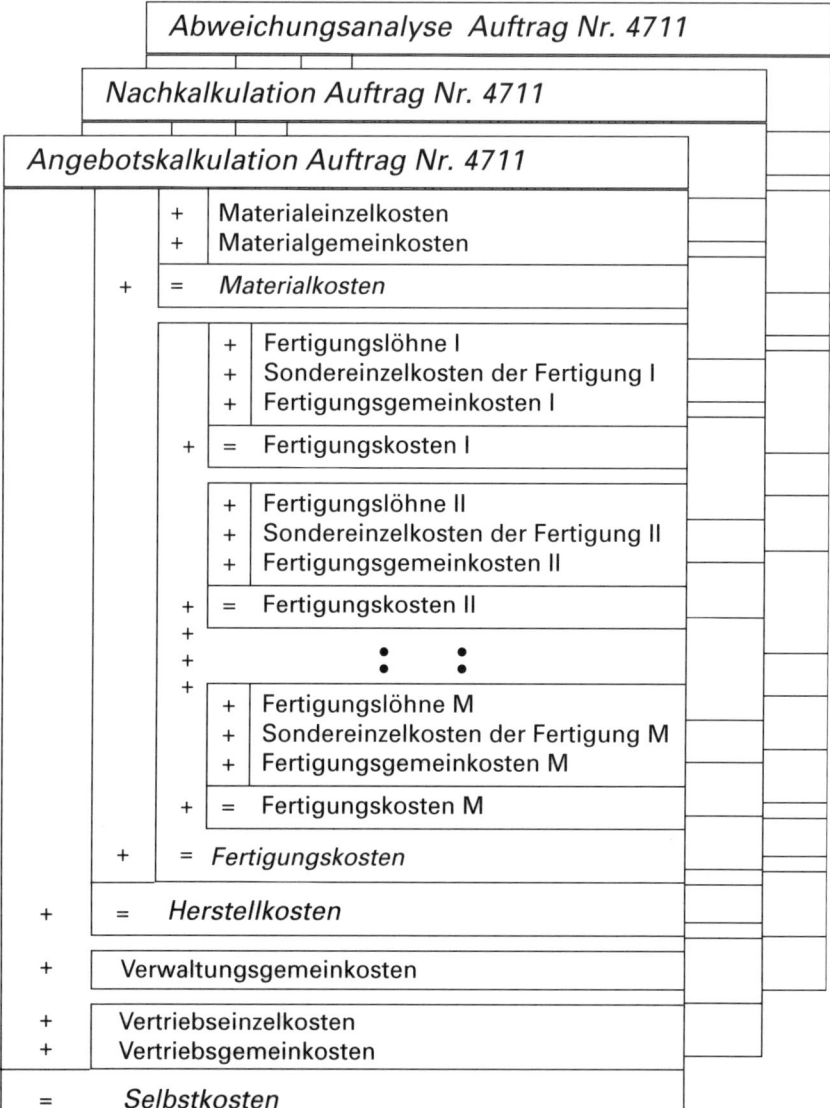

Abbildung 66: Grundschema der differenzierenden Zuschlagskalkulation

sten ermittelt. Vertriebseinzelkosten sind Sondereinzelkosten des Vertriebs wie Verpackung, Frachten, Provisionen und kundenspezifische oder länderspezifische Wagniszuschläge.

- *Selbstkosten* setzen sich aus den Herstellkosten, den Verwaltungsgemein-kosten und den Vertriebskosten zusammen.
- Der *Angebotspreis* orientiert sich an den Selbstkosten, jedoch werden Marktgesetze und das Wertempfinden des Kunden mit berücksichtigt.

4.2.2.3 Platzkostenrechnung

Die Einführung einer Platzkostenrechnung wurde in vielen Unternehmen durch die zunehmende Automatisierung in der Fertigung notwendig. Ausgelöst durch teure Maschinen und Roboter-Technologie, stiegen die Fertigungsgemeinkosten und sanken die Fertigungslöhne. Im deutschen Maschinenbau betrugen die direkten Personalkosten um die Jahrhundertwende über 90 Prozent der Wertschöpfung und sanken seither beständig bis auf 36 Prozent ab. Der abnehmende Lohnanteil an den Fertigungskosten in Abhängigkeit vom Automatisierungsgrad führte zu Gemeinkostenzuschlagssätzen von mehreren hundert Prozent. Die Schere zwischen Gemeinkosten und Bezugsbasis öffnete sich. Mit den hohen Zuschlagssätzen schleichen sich Fehler in die Kalkulation ein. Eine nicht exakte Erfassung der Produktionszeit führt über die Zuschlagssätze von mehreren hundert Prozent zu großen Kostenabweichungen. Ein Weiterentwicklung der differenzierenden Zuschlagskalkulation war notwendig. Mit der *Platzkostenrechnung* kann das Problem wesentlich entschärft werden. Im Rahmen der Kostenstellenrechnung werden einzelne Maschinengruppen, Maschinen oder Arbeitsplätze als Kostenstellen verwendet. Die Controller wenden bei der Spaltung die *kalkulatorische Fehlerrechnung* an. Die feinere Gliederung führt einerseits zu einer höheren Genauigkeit in der Kalkulation und andererseits zu einer aufwendigeren Kostenstellenrechnung und Kalkulation.

Durch die Platzkostenrechnung wird der große Block der Fertigungsgemeinkosten gespalten in Maschinenkosten und Restgemeinkosten (vgl. Abbildung 67). Die Platzkostenrechnung wird als *Maschinenstundensatzrechnung* und als *Arbeitsstundensatzrechnung* durchgeführt. Bei der Arbeitsstundensatzrechnung wird der Lohn für das Bedienungspersonal dem Maschinenstundensatz zugeschlagen. Ansonsten existieren zwischen diesen beiden Methoden keine Unterschiede.

Um den Maschinenstundensatz zu erhalten, werden in der Kostenartenrechnung bereits die Fertigungsgemeinkosten in Maschinenkosten (Platzkosten) und Restgemeinkosten der Fertigungsstelle getrennt. Den Maschinen-

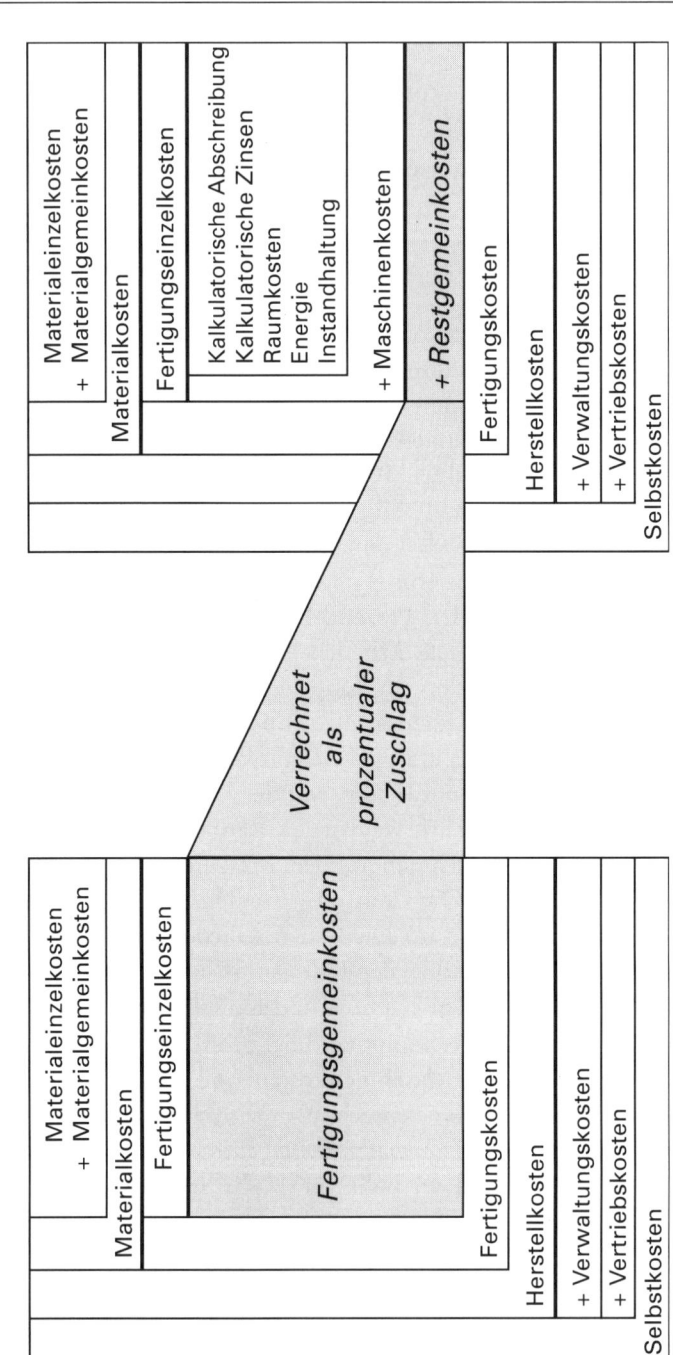

Abbildung 67: Kalkulation der Selbstkosten ohne und mit Maschinenkosten
Quelle: In Anlehnung an Warnecke (1993, Bild 3–20, S. 75)

stundensatz erhält man, indem man die gesamten Maschinenkosten durch die Maschinenlaufzeit (Nutzungszeit) dividiert.

Die Kostenartenrechnung stellt die nötigen Kosteninformationen zur Verfügung. Die kalkulatorische Abschreibung der Maschine wird unter Berücksichtigung des Wiederbeschaffungswertes und der wahrscheinlichen Nutzungsdauer bestimmt.

$$K_{Abschreibung} = \frac{360\,000\ DM}{10\ Jahre} = 36\,000\ DM/Jahr$$

Die kalkulatorischen Zinsen entstehen meist aus dem Produkt aus dem halben Wiederbeschaffungspreis und dem kalkulatorischen Zinssatz. Meist wird hier der Zinssatz für langfristiges Fremdkapital verwendet.

$$K_{Zinsen} = \frac{360\,000\ DM}{2} \times 10\,\%/Jahr = 18\,000\ DM/Jahr$$

An Instandhaltungskosten setzt man alle Kosten für laufende Wartung, Abnahme durch den TÜV und nutzungsbedingte Reparaturen an. Da viele dieser Kosten aperiodisch anfallen, sammelt man sie über einen längeren Zeitraum und ermittelt dann einen Verrechnungssatz. Da die Instandhaltungskosten mit dem Alter der Maschine steigen, ermitteln verschiedene Unternehmen hier auch Faktoren für die Verrechnung der Instandhaltung auf Basis der kalkulatorischen Abschreibung. Einen solchen Faktor erhält man durch die Formel:

$$F_{Instandhaltung} = \frac{Wartung\ und\ Instandhaltung\ der\ gesamten\ Nutzungsdauer}{Wiederbeschaffungswert}$$

$$= \frac{72\,000\ DM}{360\,000\ DM}$$

$$= 20\,\%$$

$$K_{Instandhaltung} = 36\,000\ DM/Jahr \times 20\,\% = 7\,200\ DM/Jahr$$

Die Energiekosten ermittelt man aus Motorleistung (50 kW laut technischen Angaben des Hersteller-Typenschildes), Leistungsgrad (60 %), Strompreis (0,12 Mark/kWh) und Nutzungszeit (1 200 Stunden/Jahr).

$$K_{Energie} = 50 \text{ kW} \times 60\% \times 0,12 \text{ DM/kWh} \times 1\,200 \text{ Stunden/Jahr} = 4\,320 \text{ DM/Jahr}$$

Die Raumkosten berechnen sich auf Basis der von der Maschine beanspruchten Grundfläche und der erforderlichen Nebenflächen für Handlung und Lagerung.

$$K_{Raum} = 40 \text{ m}^2 \times 20 \text{ DM/m}^2 \text{ und Monat} \times 12 \text{ Monate/Jahr} = 9\,600 \text{ DM/Jahr}$$

Als Maschinenlaufzeit wird die Nutzzeit der Maschine angesetzt. Die Maschine steht dem Unternehmen zwar an 365 Tagen jeweils 24 Stunden zur Verfügung, aber im Ein-Schichtbetrieb bleibt lediglich eine theoretische Nutzung von 1 965 Stunden. Hiervon sind nun die Ruhezeiten (wie Feiertage) und Instandhaltungszeiten abzuziehen. Im unserem Beispiel, dessen Ergebnis in Abbildung 68 zusammengefaßt ist, wird mit einer tatsächlichen Maschinenlaufzeit von 1 200 Stunden gerechnet.

Die Kalkulation eines Kostenträgers erfolgt in mehreren Stufen. Pro Kostenstelle gehen jetzt der spezifische Fertigungslohn, die Maschinenkosten, die Sonderkosten der Fertigung und die Restgemeinkosten dieser Stelle, ermittelt auf verursachungsgerechter Basis, ein. Die gesamten Fertigungskosten erhält man als Summe über alle Fertigungsstellen.

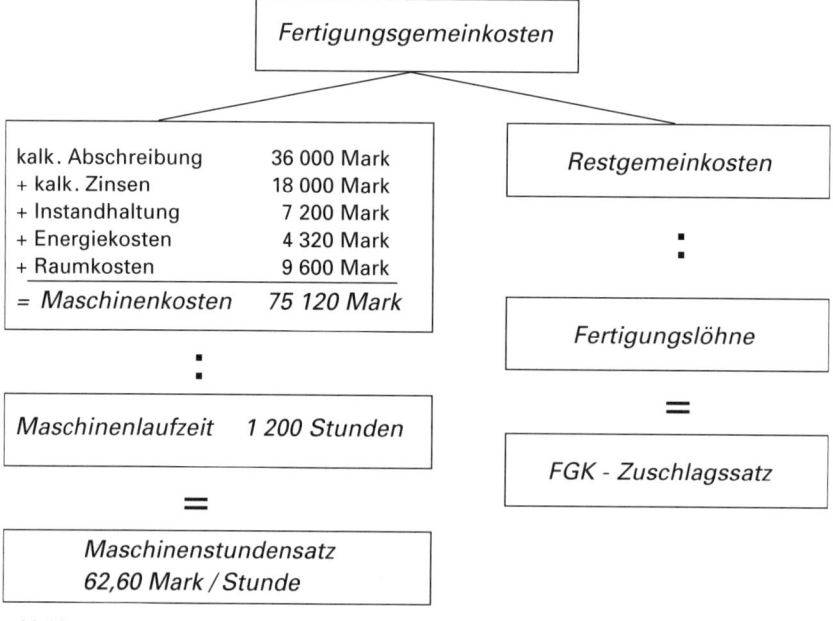

Abbildung 68: Ermittlung eines Maschinenstundensatzes

Bei einem Pumpenbauer fallen bei der Fertigung einer speziellen Chemie-pumpe folgende Kosten an:

für Material:
- Fertigungsmaterial: 4 000 Mark
- Materialgemeinkostenzuschlag 10 %
- Konstruktionskosten: 800 Mark

in Fertigung A:
- Fertigungslöhne: 1 000 Mark
- 5 Maschinenstunden zu 60 Mark
- Restgemeinkosten auf Basis der Fertigungslöhne von 50 %

in Fertigung M:
- Fertigungslöhne: 100 Mark
- 2 Maschinenstunden zu 110 Mark
- Restgemeinkosten auf Basis der Fertigungslöhne von 80 %
an auftragsbezogenen Verwaltungskosten: 200 Mark
an Verwaltungs- und Vertriebsgemeinkosten: 20 % der Herstellkosten

Mit diesen Angaben erfolgt die differenzierende Zuschlagskalkulation (vgl. Abbildung 69).

Die differenzierende Zuschlagskalkulation bietet viele Möglichkeiten, die Qualität der Kalkulation zu erhöhen. In der Praxis werden folgende Punkte bei einer Kalkulation berücksichtigt:

- Prozeßkosten,
- Rüstkosten,
- spezielle Länderrisiken im Vertrieb,
- erhaltene Subventionen,
- differenzierte Gemeinkostenzuschläge für Klein- und Großaufträge.

Ein Beispiel zeigt, wie durch eine feinere Differenzierung der Zuschlagssätze für Materialeinzelkosten die Qualität der differenzierenden Zuschlagskalkulation erhöht werden kann. Je nach Auftragsvolumen kommen differenzierte Zuschlagssätze, basierend auf dem Entnahmewert (EW), zum Einsatz:

- EW < 100 Mark   Mindermengenzuschlag 20 Mark
- 100 Mark < EW < 500 Mark   10 Mark + Zuschlagssatz 10 %
- 500 Mark < EW < 2 000 Mark   20 Mark + Zuschlagssatz 8 %
- EW > 2 000 Mark   80 Mark + Zuschlagssatz 5 %.

1			Materialeinzelkosten	4 000	
2			Materialgemeinkosten (10% v. 1)	400	
3			**Materialkosten**		**4 400**
4			**Konstruktionskosten**		**800**
5			Fertigungslöhne A	1 000	
6			Maschinenkosten A: 5 Std. × 60 DM / Std.	300	
7			Sondereinzelkosten der Fertigung A	0	
8			Fertigungsgemeinkosten A (50% v. 5)	500	
9			**Fertigungskosten A**		**1 800**
			⋮		
			⋮		
			⋮		
30			Fertigungslöhne M	100	
31			Maschinenkosten M: 2 Std. × 110 DM / Std.	220	
32			Sondereinzelkosten der Fertigung M	0	
33			Fertigungsgemeinkosten M (80% v. 30)	80	
34			**Fertigungskosten M**		**400**
			⋮		
			⋮		
40			**Fertigungskosten**		**2 200**
41			**Herstellkosten**		**7 400**
42			auftragsbezogene Verwaltungskosten	200	
43			Verwaltungs- und Vertriebsgemeinkosten (20% v. 41)	1 480	
44			**Selbstkosten**		**9 080**

Abbildung 69: Grundschema der differenzierenden Zuschlagskalkulation mit Maschinenkosten

Wird Material im Wert von 400 Mark aus dem Lager entnommen, dann werden hier 50 Mark Materialgemeinkosten verrechnet. Bei einem Entnahmewert von 700 Mark betragen die Gemeinkosten 76 Mark und bei einer Entnahme von 5 600 Mark 360 Mark.

4.2.3 Kalkulation der Kuppelproduktion

Bei der Kuppelproduktion handelt es sich um eine verbundene Produktion. Hier entstehen in einem Produktionsprozeß mit einem gemeinsamen Ausgangsstoff zwangsläufig mehrere Produkte mit völlig unterschiedlichen technischen, chemischen oder physikalischen Eigenschaften. Im Hochofenprozeß fallen neben dem Hauptprodukt »Roheisen« die Nebenprodukte »Gichtgas« und »Schlacke« an. Bei der Gewinnung von Gas aus Kohle entstehen gleichzeitig Koks, Teer, Ammoniak und Benzol. Die Kuppelproduktion findet man aber auch bei Raffinerien, in der chemischen Industrie, der Holzindustrie und bei der Schlachtung.

Bei der Kuppelproduktion sind nach dem Produktionsprozeß die einzelnen Erzeugnisse getrennt verwertbar, die Kosten der Produktion stellen hingegen Verbundkosten oder echte Gemeinkosten dar. Jede Aufspaltung und Verteilung der Kosten auf die einzelnen Produkte der Kuppelproduktion ist nicht ohne Willkür durchzuführen. Trotzdem erfolgt in praxi eine Kostenverteilung, um Bestände zu bewerten und Verrechnungspreise zu schaffen. Bei der Ermittlung der Produktkosten kommen das *Marktpreisverfahren*, die *Restwertmethode* und die *Verteilungsrechnung* (Äquivalenzziffernkalkulation) zum Einsatz.

4.2.3.1 Marktpreisverfahren

Beim *Marktpreisverfahren* werden die Marktpreise der Produkte oder der Preis eines Substituts als Basis der Bewertung herangezogen. Diese Bewertungsmethode ist unabhängig von den im Prozeß der Kuppelproduktion angefallenen Kosten. Den Unternehmer interessiert vielmehr, ob der Prozeß einen Gewinn bringt oder eine Vorgaberendite erzielt wird.

Das *Marktpreisverfahren* wird beispielsweise von einem Fruchthändler eingesetzt. Da er vom Marktpreis abhängig ist, überprüft er, ob sich für ihn einzelne Geschäfte lohnen. Nach seiner Ansicht ist dies der Fall, wenn sein Gewinnzuschlag 40 Prozent beträgt. Er beabsichtigt, eine Tonne Bodenseeäpfel direkt beim Erzeuger für 400 Mark frei Haus zu kaufen. Ein Blick des Fruchthändlers genügt, um die Ware zu taxieren. Er erwartet nach der Sortierung in der Güteklasse I 400 kg sowie in den Güteklassen II und III je 300 kg Äpfel. Die Marktpreise betragen derzeit 1,50 Mark/kg in Güteklasse I, 1,25 Mark/kg in Güteklasse II und 1,00 Mark/kg in Güteklasse III. Er überschlägt die Kosten und den Erfolg.

Angebotskalkulation		Marktpreisverfahren		
1 Tonne Bodenseeäpfel	400 DM	Güteklasse I:	400 kg × 1,50 DM/kg =	600 DM
Handlungskosten	500 DM	Güteklasse II:	300 kg × 1,25 DM/kg =	375 DM
Selbstkosten	900 DM	Güteklasse III:	300 kg × 1,00 DM/kg =	300 DM
Gewinnzuschlag (40 %)	360 DM			
Verkauf laut Angebotskalkulation	1 260 DM	Verkauf bringt zu Marktpreis		1 275 DM

Abbildung 70: Kalkulation der Kuppelproduktion nach dem Marktpreisverfahren

Wie Abbildung 70 zeigt, ist das geplante Geschäft von Vorteil, da der erwartete Gewinn mehr als 40 Prozent beträgt.

4.2.3.2 Restwertmethode

Bei der *Restwertmethode*, auch *Subtraktionsmethode* genannt, legt man ein Hauptprodukt fest. Alle anderen im Prozeß entstandenen Produkte bezeichnet man als Nebenprodukte. Von den Gesamtkosten des Prozesses werden die Gewinne der Nebenprodukte subtrahiert und eventuelle Verluste addiert. Man erhält so den Restwert. Die Division der Restkosten durch die Menge des Hauptproduktes liefert die Stückkosten des Hauptproduktes.

Hierzu nun folgendes Beispiel: Ein Unternehmer stellt in einem Produktionsprozeß (Kuppelproduktion) die Erzeugnisse A, B, C und D her. Der Prozeß kostet 246 000 Mark. Hergestellt werden 10 000 Stück des Hauptproduktes A, 2 000 Stück von Produkt B, 3 000 Stück von Produkt C und 1 000 Stück von Produkt D.

Alle Nebenprodukte lassen sich verkaufen. Die Verwertung verursacht jedoch Aufbereitungs- und Vertriebskosten. Nach der Verwertung bleibt ein Gewinn von 46 000 Mark. Dieser wird nun von den Prozeßkosten abgezogen. Dividiert man nun den Restwert von 200 000 Mark durch die Stückzahl des Hauptproduktes, erhält man Stückkosten von 20 Mark (vgl. Abbildung 71).

Gesamtkosten der Kuppelproduktion					246 000
Produkt	Marktpreis [DM/Stück]	Kosten [DM/Stück]	Stückerlös [DM/Stück]	Menge [Stück]	Gesamterlös [DM]
B	12,00	3,00	9,00	2 000	18 000
C	10,00	5,00	5,00	3 000	15 000
D	15,00	2,00	13,00	1 000	13 000
– Erlöse aus Verkauf Produkte B, C und D					46 000
Restwert					200 000
vom Hauptprodukt hergestellte Stückzahl					10 000
Stückkosten des Hauptproduktes					20

Abbildung 71: Kalkulation der Kuppelproduktion nach der Restwertmethode

4.2.3.3 Verteilungsrechnung

Alle Produkte sind bei der Verteilungsrechnung gleichwertig. Die gemeinsamen Kosten der Kuppelproduktion werden mittels Schlüssel auf die einzelnen Produkte verteilt. Schlüssel sind technische oder physikalische Merkmale, die allen entstandenen Produkten gemeinsam sind. In Frage kommen physikalische Schlüsselgrößen, wie Heizwert, Molekulargewicht, elektrische Leitfähigkeit oder Viskosität, Mengenschlüssel und Marktwerte der Enderzeugnisse.

Den Einsatz der *Verteilungsrechnung* zeigt folgendes Beispiel: In einem Gaswerk werden 8 000 t Koks und 40 Mio. m³ Stadtgas in einer Kuppelproduktion für 9 000 000 Mark gewonnen. Der Heizwert je Tonne Koks beträgt 4 500 kWh und der eines Kubikmeters Gas 6 kWh. Wie leicht zu sehen ist, können wir bei der Verteilungsrechnung das Schema der Äquivalenzziffernkalkulation anwenden (vgl. Abbildung 72).

Nach *Wöhe* (1993, S. 1331) zeigen sich die Grenzen der Kostenrechnung bei der Abrechnung der Kuppelprodukte. Er schreibt: »Die Feststellung des Erfolges der einzelnen verbundenen Produkte hat keinen großen Aussagewert, weil er erstens mehr oder weniger variiert werden kann, je nachdem, nach welcher Methode die Gesamtkosten verteilt werden, und da zweitens Folgerungen für die Betriebspolitik kaum aus der Erfolgshöhe gezogen werden können, denn eine Ausdehnung oder Einschränkung der Produktion nur eines Teilproduktes ist technisch nicht oder nur in sehr engen Grenzen möglich.« Für das Unternehmen ist nur wesentlich, ob der Prozeß im Gesamten eine befriedigende Rendite abwirft.

Sorte	Menge	Äquivalenzziffer	äquivalente LE (1)	Kosten je Sorte (4)	Kosten je Stück und Sorte (6)
Koks	8 000 t	4 500 kWh/t	36 000 000	5 400 000	675 DM/t
Gas	4 Mio. m³	6 kWh/m³	24 000 000	3 600 000	0,90 DM/m³
			(2) 60 000 000	(5) 9 000 000	

$$\text{pro äquivalente Recheneinheit} = \frac{9\,000\,000\text{ DM}}{60\,000\,000\text{ kWh}} = 0{,}15\text{ DM/kWh}$$

Abbildung 72: Kalkulation der Kuppelproduktion nach der Verteilungsrechnung

4.2.4 Spezielle Kalkulationsprobleme in der Vollkostenrechnung

Die Verfahren der Divisionskalkulation, der Zuschlagskalkulation und der Kalkulation der Kuppelproduktion werden branchenübergreifend eingesetzt. In speziellen Branchen oder auf einzelnen Märkten sind Vereinfachungen oder Verfeinerungen in der Kalkulation notwendig. Kalkulationsprobleme haben zu speziellen Lösungsansätzen geführt.

4.2.4.1 Handelsspanne, Kalkulationsfaktor, -zuschlag

Der Einzelhandel kommt oft mit einfachen Methoden aus, da den Händler lediglich die Einkaufspreise und die Verkaufspreise interessieren. Hieraus entwickelte sich eine spezielle einfache, sehr schnell durchzuführende Kalkulation. Diese geht von dem in Übersicht 19 aufgeführten Schema aus.

Die *Handlungskosten* enthalten die Kosten der Betriebsbereitschaft, wie die Kosten für Kapital, Raum und Personal, die allgemeinen Handlungskosten zur Vorbereitung, Abwicklung und Sicherung des Absatzes und die Kosten der Distribution, wie Verpackungskosten und Versandkosten.

Ist der Einstandspreis gegeben und interessiert den Händler der Verkaufspreis, so hat er die Möglichkeit, über den Kalkulationsfaktor oder den Kalkulationszuschlag schnell den Verkaufspreis zu ermitteln. Ist der Verkaufspreis vom Markt her fixiert, dann läßt sich ein Einstandspreis leicht über die Handelsspanne ermitteln.

Der Veranstalter »Cycle Tour« bietet einem Reisbüro eine Fahrradtour für 400 Mark (Einstandspreis) an. Im Katalog des Veranstalters kostet die Tour 480 Mark. Für die Vermittlung der Tour erhält das Reisebüro 80 Mark. Diese 80 Mark bezeichnet man als *Rohgewinn*. Der Rohgewinn setzt sich aus den Handlungskosten und dem Gewinn des Reisebüros zusammen. Aus diesen Angaben kann der Reisebürokaufmann Kalkulationsfaktor, Kalkulationszuschlag und Handelsspanne leicht errechnen und auf Basis dieser

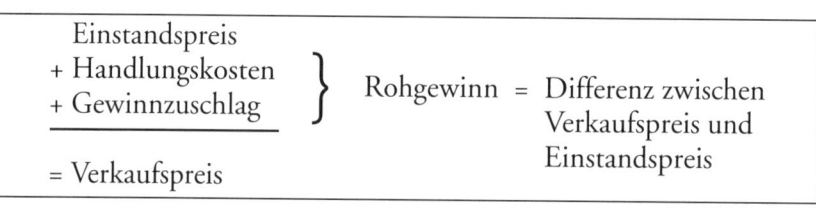

Übersicht 19: Einfache Kalkulation im Handel

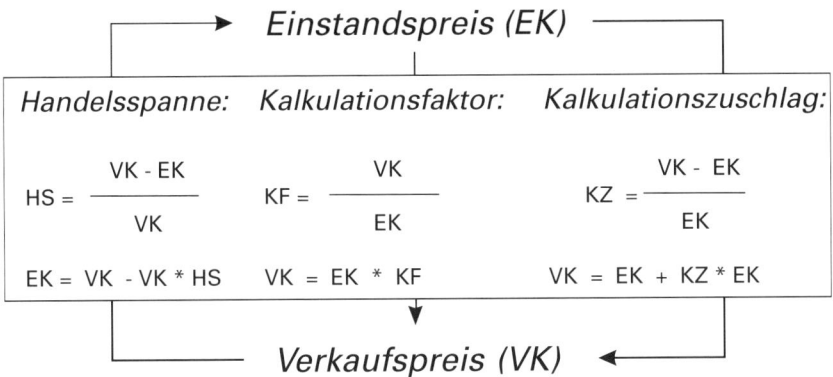

Abbildung 73: Kalkulationsfaktor, Kalkulationszuschlag und Handelsspanne

Kennzahlen schnell entscheiden, ob das Angebot attraktiv ist. Der Gang der Rechnung ist in Abbildung 73 wiedergegeben.

$$KF = \frac{\text{Verkaufspreis}}{\text{Einstandspreis}} = \frac{480 \text{ DM}}{400 \text{ DM}} = 120\,\%.$$

Der *Kalkulationsfaktor* KF ist die Zahl, mit der man den Einstandspreis multiplizieren muß, um den Verkaufspreis zu erhalten.

$$KZ = \frac{\text{Verkaufspreis} - \text{Einstandspreis}}{\text{Einstandspreis}} = \frac{480 \text{ DM} - 400 \text{ DM}}{400 \text{ DM}} = 20\,\%.$$

Der *Kalkulationszuschlag* KZ erfolgt auf den Einstandspreis. Eine typische Zuschlagskalkulation liegt vor. Die Summe aus Einstandspreis und Kalkulationszuschlag ergibt den Verkaufspreis. Zwischen Kalkulationsfaktor und Kalkulationszuschlag besteht eine Beziehung. Der Kalkulationszuschlag ist stets um Eins kleiner als der Kalkulationsfaktor. Der Beweis ist einfach. Es gilt:

$$KZ = \frac{\text{Verkaufspreis} - \text{Einstandspreis}}{\text{Einstandspreis}} = \frac{\text{Verkaufspreis}}{\text{Einstandspreis}} - 1 = KF - 1$$

Mit der *Handelsspanne* HS ist der Unterschied zwischen Verkaufspreis und Einstandspreis, bezogen auf den Verkaufspreis, gemeint.

$$HS = \frac{\text{Verkaufspreis} - \text{Einstandspreis}}{\text{Verkaufspreis}} = \frac{480 \text{ DM} - 400 \text{ DM}}{480 \text{ DM}} = 16{,}66\,\%.$$

4.2.4.2 Ausgleichskalkulation oder Kompensationskalkulation

Der Handel ist auf ein bestimmtes Warensortiment spezialisiert. Oft existieren Waren im Sortiment, die keinen zufriedenstellenden Gewinn erbringen. Diese Waren sind jedoch notwendig, um dem Kunden ein breites, ausgereiftes Warenangebot zu präsentieren. Ohne dieses umfassende Angebot käme der Kunde nicht ins Geschäft. Ein Drogeriemarkt kann nicht nur Après Lotion anbieten. Er muß dem sonnenhungrigen Kunden auch Sonnenmilch und dem Naturburschen auch Melkfett anbieten. Bilden die Produkte eine Produktgruppe, so kann durchaus ein Produkt der Gruppe ein anderes Produkt subventionieren. Die Gruppe wird als Einheit verstanden und entsprechend bewertet.

Ähnliche Verhältnisse existieren bei den sogenannten Lockvogelangeboten. Aus Werbezwecken wird mit einem besonders günstigen Artikel geworben, um den Kunden ins Haus zu holen. Die Brille zum Nulltarif entpuppt sich als Lockvogel. Der Kunden wünscht sich Gläser, welche entspiegelt und selbsttönend sind. Der Optiker läßt sich diese Wünsche vom Kunden fürstlich honorieren.

Eine Sofortbildkamera ist zwar preiswert, allerdings sind die Filme hierzu extrem teuer. In Fällen, in denen der Mindererlös aus einem Produkt von einem anderen Produkt oder mehreren anderen Produkten getragen wird, ist eine *Mischkalkulation, Ausgleichskalkulation* oder *Kompensationskalkulation* gegeben.

Der Staubsaugerhersteller »Saugfurie« überlegt, ob er einen neuen kleinen Handstaubsauger nicht preiswerter anbieten kann als die Konkurrenz. Die Marketingabteilung weist darauf hin, daß bei einem Preis von 49 Mark – anstelle von 68 Mark – die doppelte Absatzmenge zu erwarten ist. Eine Lösung ist schnell gefunden. Der Kunde soll für den Staubbeutel in Zukunft mehr bezahlen. Es wird überlegt, ob man anstelle von zehn Beuteln nur acht Beutel in die Packung füllt oder ob man den Preis der Beutel um 20 Prozent erhöht. Die Kosten- und Leistungsrechnung wird beauftragt, Lösungsvorschläge zu erarbeiten.

Die Ergebnisse sind in Tabelle 36 zusammengestellt. In der bisherigen Planung ging man von einer Absatzmenge von 20 000 Staubsaugern aus und nahm an, daß zu jedem verkauften Staubsauger zwei Packungen Staubbeutel pro Jahr abgesetzt werden. Die bisherige Planung führt zu einem Gewinn von insgesamt 440 000 Mark. Dieser Gewinn soll gehalten werden. Durch die Preissenkung sinkt der Plangewinn pro Staubsauger von 16 Mark

Kosten/Erlöse	bisheriger Planansatz		neue Planung		
	Staubsauger	Staubbeutel	Staubsauger	weniger Beutel	20 % Preiserhöhung
Selbstkosten	18,00 DM	4,50 DM	18,00 DM	4,00 DM	4,50 DM
Plangewinn	16,00 DM	3,00 DM	6,50 DM	3,50 DM	4,50 DM
Abgabepreis an Handel	34,00 DM	7,50 DM	24,50 DM	7,50 DM	9,00 DM
Preis im Handel	68,00 DM	15,00 DM	49,00 DM	15,00 DM	18,00 DM
geplante Absatzmenge	20 000 Stück	40 000 Stück	40 000 Stück	51 429 Stück	40 000 Stück
Plangewinn	320 000 DM	120 000 DM	260 000 DM	180 000 DM	180 000 DM
Planverlust			60 000 DM	– 60 000 DM	– 60 000 DM

Tabelle 36: Schema einer Kompensationskalkulation

auf 6,50 Mark. Da die doppelte Absatzmenge angenommen wird, sinkt der Gewinn jedoch nur um 60 000 Mark. Dieser Verlust ist jetzt durch die Staubsaugerbeutel zu kompensieren. Betrug der Gewinn der Staubbeutel bisher 120 000 Mark, so müssen nun 180 000 Mark Gewinn erwirtschaftet werden. Bei der Alternative »weniger Beutel« sinken die Selbstkosten auf 4,00 Mark. Der Gewinn pro Packung beträgt jetzt 3,50 Mark. Dividiert man die 180 000 Mark durch den Gewinn von 3,50 Mark, so erhält man die neue Absatzmenge von 51 429 Stück. Da mit einer Absatzmenge von Staubbeuteln in Höhe von (40 000 × 2 × 10/8) 100 000 Packungen gerechnet wird, ist die Stimmung in der Marketingabteilung positiv. Auch die Preiserhöhung von 20 Prozent führt zu einem besseren Ergebnis. Hier müssen nur noch 40 000 Packungen Staubsaugerbeutel verkauft werden, um den Verlust aus der Preissenkung wettzumachen.

4.2.4.3 Beschaffungskalkulation und Importkalkulation

Bei einer Lieferung frei Haus spricht man von einem *Einstandspreis*. Ein Händler kann jedoch selber Leistungen bei der Beschaffung übernehmen. Er kauft »ab Werk« ein und übernimmt selbst den Transport und die Zollabwicklung der Waren. Je mehr Leistungen ein Händler selbst erbringt, desto höher sind seine Handlungskosten. Um entscheiden zu können, welche Leistungen am Markt nachgefragt oder selbst erbracht werden, wird eine *Beschaffungskalkulation* durchgeführt. Die Beschaffungskalkulation wird vereinzelt auch als *Einkaufsrechnung* bezeichnet. Beim Einkauf im Ausland spricht man hier von einer *Importkalkulation*.

Der Bäckermeister Willi Brösel bezieht Nüsse mit einem Bruttogewicht von 10,20 Kilogramm zu 21,72 Mark je Kilogramm netto. Die Tara beträgt zwei Prozent. Der Lieferant gewährt ihm fünf Prozent Mengenrabatt und drei Prozent Skonto. Dem Einkaufskommissionär muß Herr Brösel 1,5 Prozent Provision vom Zieleinkaufspreis bezahlen. Daneben fallen für Zoll 15 Prozent vom Bareinkaufspreis, Bezugskosten in Höhe von 22 Mark sowie Kosten für Buchhaltung und Spesen in Höhe von 4,25 Mark an. Bäckermeister Brösel stellt die in Übersicht 20 wiedergegebene Rechnung an.

Bruttogewicht	10,20 Kilogramm
– Tara 2 %	–0,20 Kilogramm
= Nettogewicht	10,00 Kilogramm
Nettomenge × Preis je Einheit	
= Einkaufspreis	217,20 DM
– Lieferantenrabatt von 5 %	–10,86 DM
= Zieleinkaufspreis	206,34 DM
– Lieferantenskonto von 3 %	–6,19 DM
+ Provision	3,10 DM
= Bareinkaufspreis	203,25 DM
+ Bezugskosten	22,00 DM
+ Zoll	30,50 DM
+ Buchhaltung und Spesen	4,25 DM
= Einstandspreis	260,00 DM

Übersicht 20: Schema einer Beschaffungskalkulation

Die Nüsse kosten den Bäckermeister 26 Mark/Kilogramm.

Ein Kollege des Bäckermeisters sieht die leckeren Nüsse und möchte von Herrn Brösel fünf Kilogramm kaufen. Der Kollege wünscht den unter Bäckern üblichen Kollegenrabatt von 20 Prozent. Brösel weiß aber von seinem Kollegen, daß dieser nie bar bezahlt und stets drei Prozent Skonto abzieht. Daher kalkuliert er wie in Übersicht 21 wiedergegeben.

Herr Brösel ist ein guter Kaufmann. Da der Kunde Rabatte und Skonto vom Verkaufspreis abzieht, ist dies in der Kalkulation entsprechend zu berücksichtigen (Übersicht 22).

Einstandspreis	26,00	KF
+ Handelsspanne 1/3 vom Barverkaufspreis	13,00	
= Netto-Barverkaufspreis	39,00	1,5
+ Kundenskonto 3 % von Zielverkaufspreis	1,52	
+ Bäckerrabatt 20 % von Zielverkaufspreis	10,13	
= Zielverkaufspreis	50,65	1,95
+ Umsatzsteuer 15 % von Zielverkaufspreis	7,60	
= Bruttoverkaufspreis	58,25	2,24

Übersicht 21: Schema einer Verkaufskalkulation

Netto-Barverkaufspreis	39,00 DM =	77 %
Barverkaufspreis (Nettopreis)	49,13 DM =	97 %
+ Kundenskonto (!! in Hundert)	1,52 DM =	3 %
Zielverkaufspreis	50,65 DM =	100 %

Übersicht 22: Denkrichtung einer »In-Hundert-Kalkulation«

Da sich eine jede Kalkulation an Marktpreisen orientieren sollte, überdenkt Bäckermeister Brösel seine Kalkulation und verlangt 59,50 Mark pro Kilogramm. Der Kollege überschlägt das Angebot von Herrn Brösel. Vom Bruttoverkaufspreis in Höhe von 59,50 Mark pro Kilogramm zieht er insgesamt 23 Prozent ab (drei Prozent für Skonto und 20 Prozent Kollegenrabatt). Sein Einkaufspreis beträgt inklusive Umsatzsteuer 45,82 Mark pro Kilogramm. Er ist mit dem Preis einverstanden.

Je nach Ausgangslage und Zielsetzung werden unterschiedliche Kalkulationen zur Ermittlung des Verkaufspreises eingesetzt. Hier spricht man auch von einer *Verkaufsrechnung.* Der Händler definiert für sein Unternehmen je nach Ausgangsbasis verschiedene Handelsspannen, Kalkulationszuschläge und Kalkulationsfaktoren (siehe KF in Übersicht 21).

Die Handelsspanne HS1 entspricht der handelsüblichen Spanne: Barverkaufspreis minus Einstandspreis. Wird sie in Prozent angegeben, so dividiert man hier die Spanne durch den Barverkaufspreis. Mit der Handelsspanne HS2 kalkuliert man vom Zielverkaufspreis ausgehend den Einstandspreis. Als Bezugsbasis benutzt man hier den Verkaufspreis. Mit der Handelsspanne HS3 bestimmt man ausgehend vom Brutto-Verkaufspreis inklusive Kundenskonto, Vertreterprovision, gewährten Rabatten und Umsatzsteuer direkt den Einstandspreis. Auch die Rückrechnung auf einen Einkaufspreis ist

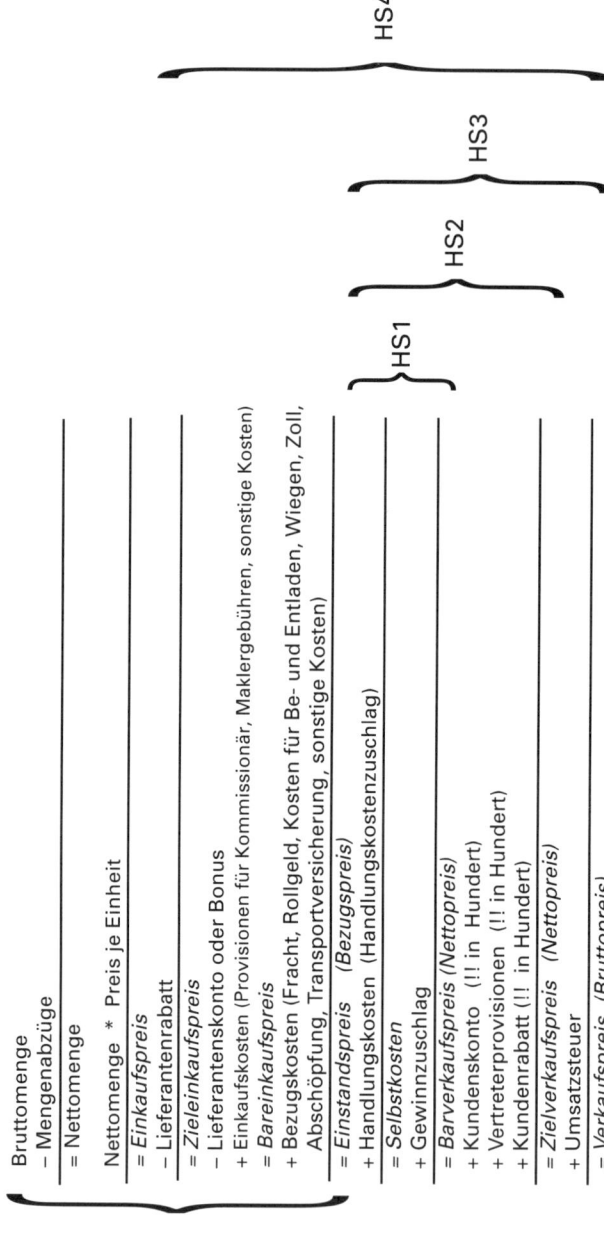

Abbildung 74: Erweiterte Handelskalkulation

möglich. Ausgehend vom Brutto-Verkaufspreis wird er direkt mit der Handelsspanne HS4 kalkuliert. Die einzelnen Spannen einer Beschaffungskalkulation sind in Abbildung 74 durch eine Klammer auf der linken Seite dargestellt.

4.2.4.4 Exportkalkulation

Auch beim Export sind spezielle Kalkulationen notwendig. Sie orientieren sich an den international gültigen Handelsklauseln, welche als *incoterms* (international commercial terms) oder trade terms bekannt sind. Einheitliche Abkürzungen erleichtern die Geschäftsbeziehungen und die Kommunikation zwischen den internationalen Partnern. Nach EG-Recht werden die Handelsklauseln in die vier Klassen C, D, F und E eingeteilt (vgl. auch Abbildung 75). Verkäufer, die sich der E-Klauseln bedienen, erfüllen kaum Leistungen. Hier wird die Ware auf dem Gelände des Verkäufers zur Verfügung gestellt, und der Käufer muß sie hier abholen. Man spricht von einer Lieferung ab Werk. Bei F-Klauseln übernimmt der Verkäufer alle Kosten und Gefahren des Haupttransports bis hin zum vereinbarten Lieferort. In den C-Klauseln übernimmt der Verkäufer alle Kosten inklusive Fracht und Risiko bis zum Bestimmungsort, und bei den D-Klauseln übernimmt der Verkäufer auch noch weitere Kosten. Im Fall einer DDP-Klausel (Delivered Duty Paid) bezahlt er sogar den Zoll. Je nach Risiko und je nachdem, welche Kosten vom Verkäufer zu tragen sind, fällt die Kalkulation entsprechend aus. Generell ist davon auszugehen, daß dem Kunden auf irgendeine Weise sämtliche Kosten in Rechnung gestellt werden. Dies erfolgt direkt durch eine eigene Kalkulationszeile oder indirekt über einen Kalkulationszuschlag. Autech, ein innovatives Unternehmen für Montagetechnologie, erhält einen

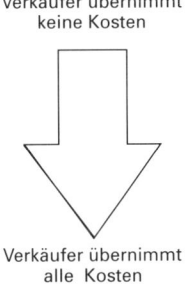

Verkäufer übernimmt keine Kosten	• EXW	Ex Works	E-Klausel: keine Kostenübernahme durch Verkäufer
	• FCA	Free Carrier	F-Klausel: der Verkäufer trägt die Kosten und die Gefahr bis ....
	• FAS	Free Alongside Ship	
	• FoB	Free on Board	
	• CFr	Cost and Freight	C-Klausel: der Verkäufer übernimmt Kosten, Fracht und ......
	• CiF	Cost, Insurance and Freight	
	• CPt	Carriage Paid to...	
	• CIP	Carriage, Insurance Paid to	
	• DAF	at Frontier	D-Klausel: der Verkäufer übernimmt alle Kosten bis ....
	• DES	at Frontier Ex Ship	
	• DEQ	at Frontier Ex Quay	
Verkäufer übernimmt alle Kosten	• DDU	Delivered Duty Unpaid	
	• DDP	Delivered Duty Paid	

Abbildung 75: Kostenübernahme durch Verkäufer im Exportgeschäft

Folgeauftrag aus New York. Der Kunde wünscht anstelle von »FoB« Hamburg ein Angebot »CiF« New York. In der letzten Kalkulation betrug der Preis »FoB« Hamburg 800 000 Mark. Der Geschäftsführer der Autech schaltet einen Exporteur ein. Dieser legt seine übliche Exportkalkulation zugrunde und rechnet mit fünf Prozent Gewinn vom Zielverkaufspreis »FoB« Hafen, 50 Mark Frachtrate je m³, kleinen Kosten von 600 Mark, einer Hafengebühr von 1 000 Mark, fünf Prozent Versicherungsprovision, 0,75 Prozent Bankspesen sowie 0,8 Prozent Seeversicherung jeweils vom »CiF«-Preis. Der Exporteur empfiehlt abschließend, einen Gewinnzuschlag von zehn Prozent auf die Seeversicherung anzusetzen und mit einen Dollarkurs von 1,70 Mark zu rechnen. Die Ermittlung des Angebotspreises geht aus Übersicht 23 hervor.

Einkaufspreis FoB Hafen	800 000 DM
– Händlerrabatt	–
= Zieleinkaufspreis FoB Hafen	800 000 DM
+ Händlergewinn (5% vom Zieleinkaufspreis FoB Hafen)	40 000 DM
= Händler FoB Preis	840 000 DM
+ Seefracht (16 cbm × 150 DM/cbm)	2 400 DM
+ Kleine Kosten	600 DM
+ Hafengebühren	1 000 DM
= c&f-Preis	844 000 DM
+ Versicherungsprovisionen (5% vom c&f-Preis)	42 200 DM
+ Bankspesen (0,75% vom c&f-Preis)	6 330 DM
+ Seeversicherung (0,8% vom c&f-Preis)	6 752 DM
+ 10% erhoffter Gewinn von der Seeversicherung	675 DM
= CiF-Preis	899 957 DM
Angebotspreis CiF New York in US-Dollar	529 386 Dollar

Übersicht 23: Grundschema einer Exportkalkulation

4.2.4.5 Prozeßkostenrechnung

Die *Prozeßkostenrechnung* ist kein völlig neues Kostenrechnungssystem. Es handelt sich um eine Vollkostenrechnung, welche durch Analyse der betrieblichen Prozesse versucht, Bezugsgrößen zu bestimmen, die eine verursachungsgerechte Verteilung der Gemeinkosten zulassen. Die klassische Vollkostenrechnung geht von relativ homogenen Fertigungsstrukturen, einer kontinuierlichen Beschäftigung und einem quasi-statischen Absatzprogramm aus. Die Verrechnung von Gemeinkosten der Hauptkostenstellen konnte auf einer breiten Bezugsbasis erfolgen, welche auf proportionalen Mengen- oder Wertschlüsseln beruhte. Computer integrated manufacturing (CIM) und eine neue Maschinengeneration, die flexiblen Fertigungszentren, haben indes die industrielle Produktion revolutioniert. Kundenorientierung und flexible Fertigung bis hin zur Losgröße Eins sind möglich geworden. Im Zentrum eines dynamischen Marktes steht der Kunde mit seinen Bedürfnissen. Erfolgreich ist, wer die Wünsche seiner Kundschaft schnell befriedigt. Durch Computer aided planning (CAP), Computer aided design (CAD) und Produktionsplanungs- und -steuerungssysteme (PPS) kann der Prozeß von der Beschaffung bis hin zur Auslieferung optimiert werden. Die Terminierung, die Kapazitätseinteilung, die Steuerung der Lagerhaltung, der Logistik und der Fertigung und die Qualitätssicherung verursachen in diesem Zusammenhang erhebliche Kosten. In den Unternehmen sind die Gemeinkosten stark angewachsen und die Lohneinzelkosten im Verhältnis zur Wertschöpfung gesunken. Zuschlagsätze von mehreren hundert Prozent gemäß der klassischen Vollkostenrechnung verfälschen in einem solchen Rahmen die Kalkulation. Eine Planung und Kontrolle der Kosten auf bestehenden Bezugsbasen ist kaum noch möglich. Ein Ausweg bietet hier die Prozeßkostenrechnung. Sie verrechnet die Gemeinkosten nicht über Kostenstellen und mengen- oder wertmäßige Bezugsgrößen, sondern über Prozesse und Prozeßgrößen.

Mit Hilfe der Prozeßkostenrechnung sollen folgende Aufgaben und Rechenziele erfüllt werden:

- eine detaillierte Abbildung der Unternehmensprozesse
- dadurch eine Verbesserung der Kostentransparenz
- eine verursachungsgerechte Verteilung der Kosten auf die Kostenträger
- die Vermeidung strategischer Fehlsteuerung durch geeignete Kosteninformationen
- die Kontrolle und Sicherstellung eines ökonomischen Ressourceneinsatzes.

Das System der Prozeßkostenrechnung baut auf folgenden Komponenten auf:

- Kostenartenrechnung,
- Kostenprozeßrechnung anstelle der Kostenstellenrechnung
- und Prozeßkalkulation.

Die Kostenartenrechnung kann in der Prozeßkostenrechnung in bisheriger Form beibehalten werden. Die Kosten werden systematisch erfaßt. Die Systematisierung der Kosten erfolgt nach den bekannten Kriterien, wie in Einzel- und Gemeinkosten, in primäre und sekundäre Kostenarten und in fixe und variable Kosten. Von besonderer Bedeutung sind die fixen Gemeinkosten. Diese haben zur Einführung der Prozeßkosten geführt. Für sie werden in der Kostenprozeßrechnung geeignete Bezugsgrößen *(Kostentreiber – cost drivers)* gesucht.

Das Herz der Prozeßkostenrechnung ist die Kostenprozeßrechnung. Nach *Horváth/Mayer* (1989, S. 226 f.) erfolgt die Kostenprozeßrechnung in fünf Schritten:

1. Erhebung der Tätigkeiten der Kostenstellen zur Identifikation von Prozessen
2. Wahl geeigneter Maßgrößen (Prozeßgrößen, Aktivitäten, cost drivers)
3. Festlegung von Planprozeßmengen
4. Planung der Prozeßkosten
5. Ermittlung der Prozeßkostensätze.

In der Kostenprozeßrechnung werden zunächst betriebliche Prozesse und ihre Prozeßgrößen, die später die Bezugsgrößen der Prozeßkalkulation bilden, gesucht. Bei *Schweitzer/Küpper* (1995, S. 327) ist »ein Prozeß dadurch gekennzeichnet, daß er eine Folge von Aktivitäten (Vorgänge, Tätigkeiten, Arbeitsgänge) umfaßt, die sich auf ein bestimmtes Arbeitsobjekt beziehen und bei erneutem Arbeitsvollzug an einem neuen Arbeitsobjekt identisch wiederholt werden.«

Nach *Miller/Vollman* (1985, S. 144 f.) eignen sich zur Prozeßbildung besonders logistische, ausgleichende, qualitätsbezogene und aktualisierende Aktivitäten. Die Materialwirtschaft wird von logistischen und ausgleichenden Aktivitäten bestimmt. Die Gestaltung und Durchführung des Materialflusses von der Bestellauslösung bis zum Versand des fertigen Produktes gehören zur Logistik *(logistische Aktivität)*. In der Prozeßkette des Materialflusses reihen sich Hauptprozesse aneinander. Material beschaffen, Produkt herstellen und verkaufen sind Beispiele für Hauptprozesse. Der Hauptprozeß zerfällt in Teilprozesse. Nach *Horváth/Mayer* läßt sich der Hauptprozeß »Material beschaffen« in die Teilprozesse »Material einkaufen«, »Materialeingang«, »Materialprüfung« und »Lagerhaltung« zerlegen. Kennzeichnend für eine *ausgleichende Aktivität* ist das Auffüllen eines Lagers, die Ermittlung des Kapitalbedarfs und die Sorge um die Liquidität. *Qualitätsbe-*

zogene Aktivitäten findet man in der Konstruktion, der Planung und der Kontrolle. *Aktualisierende Tätigkeiten* bringen eine Datenbasis auf den neuesten Stand.

Die Debitorenbuchhaltung hat die Aufgabe, den Geldeingang zu sichern. Hier findet man zum Beispiel alle vier oben genannten Aktivitäten. Die Forderungsbestände werden verwaltet, überprüft, es wird gemahnt und geklagt. Typische Tätigkeiten der Debitorenbuchhaltung sind die laufende Prüfung der Zahlungseingänge, das Ausstellen von Gut- und Lastschriften und das Eintreiben überfälliger Forderungen. Leicht lassen sich hier geeignete Prozeßgrößen finden. Von der Prozeßgröße fordert man Proportionalität zur Beanspruchung der Ressource und die einfache Ableitung aus den zur Verfügung stehenden Informationsquellen. Eine solche Prozeßgröße kann zum Beispiel die Anzahl der geprüften Kundenkonten, der Mahnungen oder der an ein Inkassobüro gegebenen Akten sein.

Im nächsten Schritt werden die Planprozeßmengen festgelegt und detailliert hierzu die Kosten ermittelt. *Deyhle* (1990, S. 112 f.) zeigt, wie mit Hilfe des *Zero Base Budgeting* für eine Debitorenbuchhaltung die Planprozeßmengen und Plankosten ermittelt werden können.

Abschließend erfolgt die Ermittlung des Prozeßkostensatzes:

$$\text{Prozeßkostensatz} = \frac{\text{Prozeßkosten}}{\text{Prozeßmenge}} = \frac{50\,000\ \text{DM}}{5\,000\ \text{Kundenkonten prüfen}} = 10\ \text{DM/Prüfung}$$

Prozesse	Prozeß-kosten	Prozeß-mengen	Prozeß-kostensatz (mi)	Umlage-satz (pmn)	Gesamt-prozeß-kosten
Angebote bearbeiten (mi)	200 000	1 000	200,00	20,00	220,00
Bestellungen durchführen (mi)	50 000	5 000	10,00	1,00	11,00
Material prüfen (mi)	50 000	100	500,00	50,00	550,00
Summe (mi) Prozeßkosten	300 000				
Abteilung leiten (lmn)	30 000	Umlagesatz = $\dfrac{\text{Prozeßkosten (pmn)}}{\Sigma\ \text{Prozeßkosten (mi)}} = \dfrac{30\,000\ \text{DM}}{300\,000\ \text{DM}} = 10\%$			

Tabelle 37: Umlage prozeßmengenunabhängiger Kosten

Es kommt vor, daß nicht alle Kosten einer Abteilung von der Prozeßmenge abhängen. Die Kosten für die Leitung der Abteilung sind beispielsweise fixe Kosten und somit prozeßmengenneutral (pmn). Die Leitungskosten werden auf den mengenindizierten Prozeßkostensatz durch Umlage aufgeschlagen. Wie dies geschieht, wird für den Prozeß »Material beschaffen« in Tabelle 37 dargestellt.

Auf den Prozeßkostensatz für den Prozeß »Angebot einholen« von 200 Mark werden nun zehn Prozent für das Leiten der Abteilung zugeschlagen. Die Gesamtprozeßkosten »Angebot einholen« betragen nun 220 Mark pro Angebot. Mit dieser Umlage ist sichergestellt, daß – wie in der Vollkostenrechnung üblich – alle betrieblichen Kosten einem Kostenträger zugerechnet werden.

Kostenkategorie	Prozeß-kostensatz	Bezugsbasis	zugerech-nete Kosten
Materialeinzelkosten			1 000,00
Materialgemeinkosten Kosten des Hauptprozesses 1 (Angebot einholen)	220,00	50% bei Mehrfachbestellung 100% bei Einzelbestellung	220,00
Kosten des Hauptprozesses 2 (Bestellung durchführen)	11,00	Pro Bestellung	11,00
Kosten des Hauptprozesses 3 (Material prüfen)	550,00	Pro Prüfung	550,00
Fertigungskosten direkte Leistungen			3 000,00
Fertigungskosten indirekt Kosten des Hauptprozesses 1	20,00	150% mit Losgröße 10	30,00
Kosten des Hauptprozesses 2	10,00	100% mit Losgröße 5	20,00
Kosten des Hauptprozesses 3	100,00	300% bei Stückzahl 100	30,00
Kosten des Hauptprozesses 4	50,00	200% bei Stückzahl 100	15,00
Abwicklung Hauptprozeß	25,00	Pro Hauptprozeß	100,00
Kosten des Auftrages bei Fertigung von 10 Stück			4 976,00
Stückkosten			497,60

Tabelle 38: Beispiel einer Prozeßkostenkalkulation

Die *Kosten eines Kostenträgers* setzen sich bei der Prozeßkostenrechnung aus den Einzelkosten und den Kosten aller beteiligten Prozesse zusammen. Wie man eine Einzelfertigung von Produkten kalkuliert, zeigt die Tabelle 38.

In manchen betrieblichen Bereichen führt die Prozeßkostenrechnung zu guten Kalkulationsergebnissen und erhöht die Qualität der Information zur Planung und Steuerung. Die Bedingungen, unter denen eine Prozeßkostenrechnung angewendet werden kann, sollten stets im Auge behalten werden. Es müssen für die indirekten Leistungsbereiche Kosteneinflußgrößen gefunden werden, die präzise abgrenzbar sind und bei denen sich die Bezugsgrößen proportional zu den Prozeßkosten entwickeln. Die Einführung der Prozeßkostenrechnung verursacht einen hohen organisatorischen Aufwand und führt zur Bildung von neuen Hierarchien. Aus dem Kostenstellenleiter wird ein Prozeßverantwortlicher. Durch Neuorganisation und prozeßorientiertes Denken kommt es bei der Einführung der Prozeßkostenrechnung in vielen Fällen zur Straffung der betrieblichen Abläufe. Die neue Aufbauorganisation liefert ein schlankeres Unternehmen. Die Zeit wird zeigen, ob die Prozeßkostenrechnung der Forderung nach einer verursachungsgerechten Verteilung der Gemeinkosten und nach Erhöhung der Information zur Steuerung des Unternehmens besser nachkommt als andere Systeme der Vollkostenrechnung. Empirische Studien hierzu stehen noch aus.

4.3 Kalkulation auf Basis von Teilkosten

Allen Systemen der Teilkostenrechnung ist die Forderung nach einer verursachungsgerechten Verteilung der Kosten gemein. Einzelkosten können direkt dem Kostenträger belastet werden – Gemeinkosten nicht. Grundsätzlich beziehen die Systeme der Voll- und der Teilkostenrechnung ihre Informationen von ein und derselben Kostenarten- und Kostenstellenrechnung. In der Kostenarten- und Kostenstellenrechnung existieren keine Unterschiede. Die Kostenträgerrechnung läuft verschieden ab. In der Vollkostenrechnung werden alle Gemeinkosten durch Zuschlagsätze auf die Kostenträger verteilt, in der Teilkostenrechnung nur die zurechenbaren Gemeinkosten. Diese Zusammenhänge sind in Abbildung 76 dargestellt.

Mit der Verrechnung der Gemeinkosten von Kostenstellen auf Kostenträger hat man generell Schwierigkeiten. In der Vollkostenrechnung werden

Im System der Vollkostenrechnung   **Im System der Teilkostenrechnung**

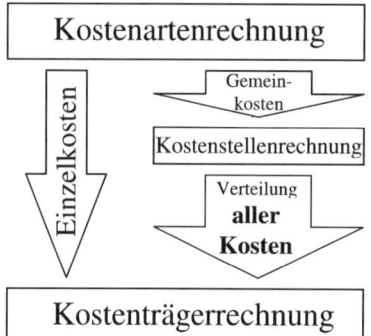 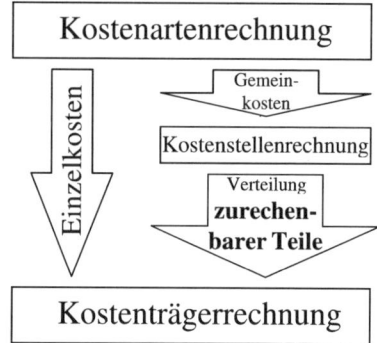

Abbildung 76: Unterschiede zwischen Voll- und Teilkostenrechnung

die gesamten Gemeinkosten einer Hauptkostenstelle (Gesamtstellenkosten oder Endstellenkosten genannt) per Zuschlagsatz auf die Kostenträger verteilt. Nicht immer geschieht dies verursachungsgerecht. Schnell entstehen bei Anwendung der Vollkostenrechnung Mißverständnisse und werden Fehlentscheidungen getroffen.

Typische Probleme der Gemeinkostenverrechnung sind:

- Produkte oder Produktgruppen beanspruchen die Kostenstelle unterschiedlich und verursachen auch unterschiedliche Gemeinkosten.
- Die Proportionalität zwischen verrechneten Gemeinkosten und verwendeter Basis ist nicht gegeben, und daher ist jede Proportionalisierung der Gemeinkosten willkürlich.
- Produkte mit geringen Herstellkosten verursachen hohe Verwaltungs- und Vertriebskosten.
- Bei Zuschlagsätzen von mehreren hundert Prozent führen Ermittlungsfehler in der Zuschlagsbasis zu groben Abweichungen in der Gemeinkostenverrechnung.
- Die Relation von Gemein- und Einzelkosten verschiebt sich im Laufe der Zeit.

Das System der Teilkostenrechnung verrechnet nur jene Gemeinkosten der Kostenstelle auf Kostenträger, welche der Kostenträger direkt verursacht. Es ergeben sich die in Abbildung 77 aufgeführten Kalkulationsunterschiede im Aufbau einer progressiven Angebotskalkulation.

Kalkulationsunterschiede	Teilkostenrechnung	Vollkostenrechnung
Materialverbrauch 10 kg/Stück * Preis 5 Mark/kg = Materialeinzelkosten 50 Mark/Stück	50 Mark/Stück	50 Mark/Stück
Materialgemeinkosten | Teilkosten | Vollkosten Zuschlagssatz | 10% | 20%	5 Mark/Stück	10 Mark/Stück
= Materialkosten	55 Mark/Stück	60 Mark/Stück
Fertigungsstunden 2 Stunden/Stück * Preis 50 Mark/Stunde = Fertigungslöhne 100 Mark/Stück	100 Mark/Stück	100 Mark/Stück
Fertigungsgemeinkosten | Teilkosten | Vollkosten Zuschlagssatz | 100% | 200%	100 Mark/Stück	200 Mark/Stück
= Fertigungskosten	200 Mark/Stück	300 Mark/Stück
= Herstellkosten	255 Mark/Stück	360 Mark/Stück
Verwaltungsgemeinkosten | Teilkosten | Vollkosten Zuschlagssatz | 20% | 30%	51 Mark/Stück	108 Mark/Stück
Vertriebsgemeinkosten | Teilkosten | Vollkosten Zuschlagssatz | 10% | 30%	25,50 Mark/Stück	108 Mark/Stück
= Selbstkosten	331,50 Mark/Stück	576,00 Mark/Stück

Abbildung 77: Unterschiede in den Kalkulationen von Teil- und Vollkostenrechnung
Quelle: in Anlehnung an Wöhe (1993, S. 1375)

In der Vollkostenrechnung sind sowohl die Herstellkosten als auch die Selbstkosten höher als in der Teilkostenrechnung, da in letzterer die Zuschlagssätze für Gemeinkosten geringer ausfallen. In der Teilkostenrechnung muß jedoch bei einer Ergebnisrechnung abschließend noch der Block der Fixkosten oder Gemeinkosten berücksichtigt werden.

Heute werden zwei Grundtypen der Teilkostenrechnung unterschieden. Als Fix-Variabel-Konzept bezeichnet man Systeme, welche die Kosten in variable und fixe Kosten trennen und somit eine Betrachtung der Kosten in Abhängigkeit von der Beschäftigung vornehmen. Als relative Deckungsbeitragsrechnung bezeichnet man Konzepte, die auf einer relativen Unterscheidung von Einzel- und Gemeinkosten beruhen (vgl. auch Abbildung 78).

Beim *einstufigen Direct Costing* erfolgt die Spaltung der Kosten in variable und fixe Kosten. Nur die variablen (proportionalen) Kosten werden dem Produkt oder den Produkten zugerechnet. Die fixen Kosten gelten als zeit-

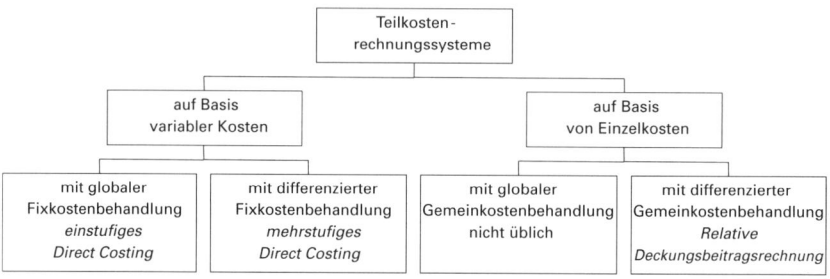

Abbildung 78: Systeme der Teilkostenrechnung
Quelle: in Anlehnung an Götzinger/Michael (1988, S. 206)

proportional, d. h. einer Periode zugehörig. Sie werden nicht durch die Herstellung einer bestimmten Anzahl von Produkten verursacht, sondern durch die Betriebsbereitschaft. In der Teilkostenrechnung werden die Fixkosten nicht über Zuschlagssätze in der Kalkulation berücksichtigt, sondern sie werden von Deckungsbeiträgen, den Überschüssen der Erlöse über die variablen Kosten, gedeckt. Beim *mehrstufigen Direct Costing* fallen die Fixkosten auf den einzelnen betrieblichen Hierarchien an. Jedes Produkt trägt zuerst seine eigenen produktspezifischen Fixkosten. Die Produktgruppe bezahlt ihre Produktgruppenfixkosten. Jede folgende Hierarchiestufe trägt ebenfalls ihre eigenen spezifischen Fixkosten. Eine weitere Verfeinerung der Deckungsbeitragsrechnung ist die auf *Riebel* zurückgehende Deckungsbeitragsrechnung auf Basis »relativer« Einzelkosten. Nach *Riebel* (1993, Sp. 364 f.) beruht die relative Deckungsbeitragsrechnung »auf der – vor allem an der Kuppelproduktion gewonnenen – Einsicht, daß sich die Verteilung echter Gemeinkosten nicht logisch zwingend lösen läßt«. Er fordert daher, daß nur Kosten, welche eindeutig mit einer Leistung verbunden sind, dieser auch zuzurechnen sind. Auch hier werden die Gemeinkosten von den Deckungsbeiträgen beglichen.

4.3.1 Deckungsbeitragsrechnung im Fix-Variablen-Konzept

Die Deckungsbeitragsrechnung im Fix-Variablen-Konzept (Deckungsbeitragsrechnung auf Basis variabler Kosten) geht von folgenden Prämissen aus:

• Allein die Beschäftigung (Ausbringung) ist die relevante Einflußgröße.

- Sämtliche Kosten lassen sich eindeutig in Fixkosten und variable Kosten trennen.
- Die variablen Kosten sind proportional zur Menge und lassen sich eindeutig einer Leistung zurechnen.
- Auch die Erlöse sind proportional zur Menge und lassen sich eindeutig einer Leistung zurechnen.
- Die Fixkosten sind konstant und lassen sich eindeutig einer Abrechnungsperiode zurechnen.

Von zentraler Bedeutung ist die Spaltung der Kosten in Fixkosten und variable Kosten.

4.3.1.1 Methoden der Kostenspaltung

In der Kostenartenrechnung erfolgt für die Zwecke der Teilkostenrechnung die Aufspaltung der Gesamtkosten in variable und fixe Kosten. Die Kostenrechnung wendet hierzu die *buchhalterische Methode*, die *mathematische Methode* oder die *Methode der kleinsten Quadrate* an. Eine differenzierte Betrachtung erfolgt immer dann, wenn fixe und variable Kosten in ihrer Abhängigkeit von Produktionsstufen wie Produkt, Produktgruppe, Bereich und Profitcenter betrachtet und untersucht werden.

a) Buchhalterische Methode

Bereits bei der Belegerfassung entscheidet ein qualifizierter Buchhalter, ob der Beleg im Fach »fixe Kosten« oder im Fach »variable Kosten« abgelegt wird. Daher auch der Name *buchhalterische* oder *buchtechnische Kostenaufspaltung*. Die *semivariablen Kosten* – es sind dies Kosten, die sowohl fixe als auch variable Kostenteile enthalten – werden vom Sachbearbeiter entsprechend ihrer Bedeutung einem der beiden Kosten»fächer« zugeordnet. Die Zuordnung der Kosten hängt bei dieser Methode stark von den Erfahrungen des einzelnen Buchhalters ab. Herr Schwabe, Buchhalter bei der Firma Penibel, trennt die Kraftfahrzeugkosten der Firma nach dem in Abbildung 79 wiedergegebenen Katalog.

Trotz dieser perfekten Checkliste liegt der Kostenauflösung kein objektives Kriterium der Aufspaltung zugrunde. Kritiker halten dieses Verfahren daher für grob und willkürlich. Das nachfolgende Beispiel zeigt jedoch, daß bei entsprechender Erfahrung mit dieser Methode hervorragende Ergebnisse erzielbar sind. Tests in der Praxis zeigen, daß dieses Verfahren »Trennung

Fixe Kosten	DM
Versicherung	
– Kfz-Haftpflichtversicherung	
– Kfz-Vollkaskoversicherung	
– Kfz-Teilkaskoversicherung	
– Prämienrückerstattung	
Kfz-Steuer	
Garagenkosten und Einstellplatzkosten	
Zinsen	
– Anteil Disagio	
– laufende Zinsen für Darlehen	
Leasing	
– Anteilige Leasingsonderzahlung	
– laufende Leasingraten	
Abschreibung	
Fahrzeugreinigung und Pflege	
Summe fixe Kosten	
variable Kosten	
Treibstoffkosten laut Beleg	
Öle und Schmierstoffe laut Beleg	
Wartung	
– Inspektionen	
– laufende Reparaturen	
– sonstige laufende Wartung	
Ersatz- und Verschleißteile	
– Reifen	
– Lampen, Scheibenwischer und sonstiges	
Summe variable Kosten	
Gesamtkosten	

Abbildung 79: Checkliste zur Kostenspaltung von Kfz-Kosten nach der buchhalterischen Methode

Abbildung 80: Einfache Kostenspaltung nach der buchhalterischen Methode

per Kopf und Hand« bei entsprechender Qualifikation des Buchhalters zu sehr guten Ergebnissen in der Kostenaufspaltung führt.

Jedesmal, wenn der Buchhalter und Autofahrer Heinrich Schwabe etwas für sein Privatauto ausgibt, läßt er sich einen Beleg geben und sammelt diesen in einem Schuhkarton. Am Ende des Jahres sortiert Herr Schwabe die Belege in fixe und variable Kosten. Er erhält die in Abbildung 80 aufgeführte Aufteilung.

Die Auswertung der einzelnen Fächer liefert fixe Kosten von 2 900 Mark und variable Kosten von 3 000 Mark. Die variablen Stückkosten betragen bei einer Fahrleistung von 20 000 Kilometer

$$\frac{3\,000\ \text{DM}}{20\,000\ \text{Kilometer}} = 0,15\ \text{DM/Kilometer}.$$

Die Kostenfunktion ist gegeben:

$$K(x) = 2\,900 + 0,15\ x.$$

Für die Steuererklärung setzt Herr Schwabe natürlich die Vollkosten an. Pro gefahrem Kilometer rechnet er mit

$$\frac{5\,900\ \text{DM}}{20\,000\ \text{Kilometer}} = 0,295\ \text{DM/Kilometer}$$

Da die Pauschale für die dienstlich gefahrenen Kilometer jedoch 0,52 Mark/Kilometer beträgt, setzt er privat die Pauschale an.

b) Mathematische Methode

Wenn zu zwei Ausbringungsmengen x_1 und x_2 die Kosten $K_1(x_1)$ und $K_2(x_2)$ gegeben sind, kann die *mathematische Methode* angewendet werden. Diese Methode geht auf die Zwei-Punkte-Form der Ermittlung von Geraden zurück. Herr Schwabe fuhr im vergangenen Jahr 20 000 Kilometer; es entstanden Kosten in Höhe von 5 900 Mark. Diese Daten ergeben den ersten Punkt P_1 mit der Koordinate (x_1 = 20 000; $K_1(x_1)$ = 5 900). Ein Jahr davor fuhr er 28 000 Kilometer; die Kosten betrugen hierfür 7 100 Mark. Der zweite Punkt P_2 lautet: (x_2 = 28 000; $K_2(x_2)$ = 7 100). Beide Punkte zeichnet er in ein Koordinatensystem ein. Er erhält die in Abbildung 81 wiedergegebene Grafik.

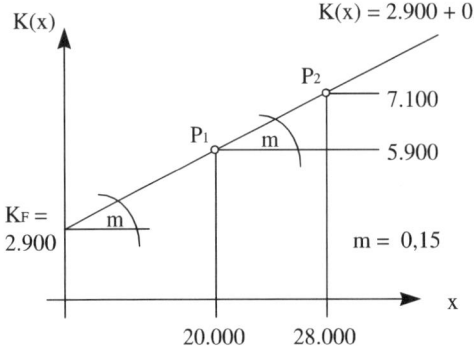

Abbildung 81: Mathematische Methode nach der Zwei-Punkte-Form

Legt er durch diese Punkte eine Gerade, so kann er an der Ordinate (y-Ko-ordinate) die Fixkosten in Höhe von 2 900 Mark ablesen. Die Steigung m der Geraden entspricht dem Tangens $= \dfrac{\text{Gegenkathete}}{\text{Ankathete}}$ zweier Punkte auf der Geraden. Setzt man die Punkte P_1 und P_2 ein, erhält man im vorliegenden Fall:

$$m = \frac{K(x_2) - K(x_1)}{x_2 - x_1} = \frac{7\,100 - 5\,900}{28\,000 - 20\,000} = 0{,}15 \text{ DM/Kilometer}$$

Auch mathematisch lassen sich die Fixkosten K_F ermitteln. Man erhält sie durch Einsetzen eines Punktes in die Geradengleichung: $K(x) = K_F + 0{,}15 \times x$. Für den Punkt (28 000, 7 100) bekommt man $7\,100 = K_F + 0{,}15 \times 28\,000$. Wird diese Gleichung nach den Fixkosten K_F aufgelöst, fallen 2 900 Mark an. Die Kostenfunktion des Autos lautet:

$K(x) = 2\,900 + 0{,}15 \times x.$

In der betrieblichen Praxis ist es oft schwer, Perioden mit repräsentativen Kosten und repräsentativen Auslastungen für das mathematische Verfahren zu finden. Ursache sind aperiodisch auftretende Kosten wie Reparaturen, TÜV, Steuern und Versicherungen. Sie erschweren die Anwendung der ma-thematischen Methode. Durch Wahl einer entsprechend langen Betrach-tungsperiode mildert man das Problem. Eine Möglichkeit, aperiodisch auf-tretende Kosten zu eliminieren, besteht durch die Bildung von Rückstellun-gen. Tritt das Risiko ein, dann erfolgt die Auflösung der Rückstellung. Die deutsche Stromindustrie bildet z. B. für den Abraum der Kernkraftwerke Rückstellungen. Sie berücksichtigt diese Kosten im Strompreis.

c) Methode der kleinsten Quadrate

Im Regelfall werden die Kosten während einer hinreichend langen Periode erfaßt. Der Fahrer des Autos führt ein Fahrtenbuch. Die monatliche Fahrleistung und die monatlichen Kosten können ermittelt werden. Die Buchhaltung sammelt die Kostenbelege in chronologischer Folge. Der Benzinverbrauch im Monat ist zu ermitteln. Die fixen Kosten wie die monatliche Garagenmiete, Reparaturen, Steuern und Versicherung sind bekannt. Die Buchhaltung erstellt eine Tabelle für ein Streudiagramm (vgl. Tabelle 39).

Um nun eine Regressionsgerade nach dem Prinzip der kleinsten Quadrate ermitteln zu können, sind die aperiodisch unter dem Jahr anfallenden Kosten für Reparaturen, Steuern und Versicherungen proportional auf die Monate zu verteilen. Dies ergibt monatlich durchschnittliche fixe Kosten von 241,70 Mark. Geht man nicht so vor, führt das Verfahren der linearen Regression zu einem falschen Block fixer Kosten und damit auch zu falschen variablen Kosten. Die monatlich gefahrenen Kilometer und die Gesamtkosten, ermittelt aus proportionalisierten fixen Kosten und Benzinverbrauch, bilden die Punkte in einem Streudiagramm. Im Dezember wurden 750 Kilometer gefahren. Die Gesamtkosten des Monats Dezember setzen sich zusammen aus 90 Mark für Benzin und durchschnittlichen fixen Kosten in Höhe von 241,70 Mark. Sie betragen folglich 331,70 Mark. Die so ermittelten Punkte ergeben die aufbereitete Tabelle zum Streudiagramm (vgl. Tabelle 40).

Monate	Jan.	Feb.	März	April	Mai	Juni	Juli	Aug.	Sep.	Okt.	Nov.	Dez.
km	1 950	1 450	1 480	1 520	1 050	1 500	1 600	3 000	1 550	1 700	2 450	750
K_F	50	50	450	50	350	650	1 050	50	50	50	50	50
Benzin	290	230	220	210	180	240	260	430	220	240	390	90
Gesamt	340	280	670	260	530	890	1 310	480	270	290	440	140

Tabelle 39: Tabelle für die Kostenspaltung nach der Methode der kleinsten Quadrate

Monate	Jan.	Feb.	März	April	Mai	Juni	Juli	Aug.	Sep.	Okt.	Nov.	Dez.
km	1 950	1 450	1 480	1 520	1 050	1 500	1 600	3 000	1.550	1 700	2.450	750
K_F	241,7	241,7	241,7	241,7	241,7	241,7	241,7	241,67	241,7	241,7	241,7	241,7
Benzin	290	230	220	210	180	240	260	430	220	240	390	90
Gesamt	531,7	471,7	461,7	451,7	421,7	481,7	501,7	671,67	461,7	481,7	631,7	331,7

Tabelle 40: Aufbereitete Tabelle für die Kostenspaltung nach der Methode der kleinsten Quadrate

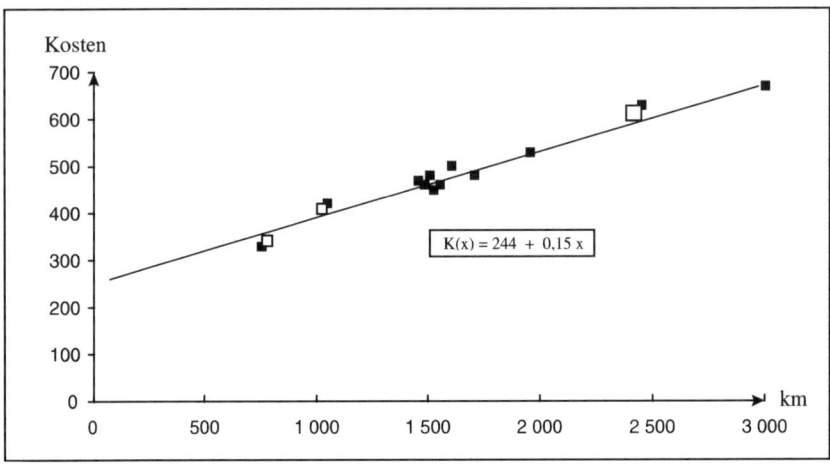

Abbildung 82: Grafische Kostenauflösung nach der Methode der kleinsten Quadrate

Die Gesamtkosten drücken die abhängige Variable und die gefahrenen Kilometer die unabhängige Variable aus. Eine Kostengerade wird nun so durch das Streudiagramm gelegt, daß die Summe der Quadrate der vertikalen Abstände von den Punkten zur Geraden minimal ist. Am einfachsten ist die Ermittlung der Geraden mit Hilfe moderner Tabellenkalkulationsprogramme wie Excel oder Lotus.

In Abbildung 82 sind die einzelnen Punkte aus gefahrenen Kilometern und Kosten schwarz dargestellt. Weiß zu sehen sind die Quadrate, deren Summe zu minimieren ist. Wenn keine Tabellenkalkulation zur Verfügung steht, erfolgt die Berechnung der Regressionsgeraden $y = b + m \times x$ nach der Methode der kleinsten Quadrate über:

$$m = \frac{\sum\limits_{i=1}^{n} (x_i - \overline{x})(y_i - \overline{y})}{\sum\limits_{i=1}^{n} (x_i - \overline{x})^2} \quad \text{und } b = \overline{y} - m \times \overline{x}$$

Tabelle 41 weist beispielhaft die einzelnen Rechenschritte aus.

Durch das Einsetzen der konkreten Tabellenwerte in obige Formel erhält man für

$$m = \frac{570\,760}{3\,842\,467} = 0{,}1485 \text{ DM/Kilometer und für}$$

Kilometer x	Kosten y	$(x_i - \bar{x})$	$(x_i - \bar{x})^2$	$(y_i - \bar{y})$	$(x_i - \bar{x}) \times (y_i - \bar{y})$
1 950	531,7	283	80 278	40	11 334
1 450	471,7	−217	46 944	−20	4 333
1 480	461,7	−187	34 844	−30	5 600
1 520	451,7	−147	21 511	−40	5 866
1 050	421,7	−617	380 278	−70	43 165
1 500	481,7	−167	27 778	−10	1 666
1 600	501,7	−67	4 444	10	−667
3 000	671,7	1 333	1 777 778	180	239 963
1 550	461,7	−117	13 611	−30	3 500
1 700	481,7	33	1 111	−10	−333
2 450	631,7	783	613 611	140	109 669
750	331,7	−917	840 278	−160	146 664
$\bar{x} = 1667$	$\bar{y} = 491,7$		3 842 467		570 760

Tabelle 41: Arbeitstabelle zur Ermittlung von Steigung und Achsenabschnitt nach der Methode der kleinsten Quadrate

$K_F = 491,7 - 0,1485 \times 1\,667 = 244,15$ DM

Damit lautet die nach der Methode der kleinsten Quadrate ermittelte monatliche Kostengleichung

$K(x) = 244,15 + 0,1485 \times x$

Auf das Jahr bezogen erhält man

$K(x) = 2\,929 + 0,1485 \times x$

Somit weicht die Kostenspaltung nach der Methode der kleinsten Quadrate nur unwesentlich von den Ergebnissen nach der buchhalterischen Methode und der mathematischen Methode ab.

Bei den hier beschriebenen Verfahren der Kostenauflösung waren Istkosten die Datenbasis. Inwieweit die Vergangenheitsdaten geeignet sind, die zukünftige Entwicklung wiederzugeben, muß im Einzelfall entschieden werden. Bereits dieses einfache Kraftfahrzeug-Beispiel läßt erkennen, daß der Zeitfaktor einen großen Einfluß auf die Kosten ausübt. Zu bedenken ist, daß unfallfreies Fahren die Versicherungsprämien sinken läßt. Der Gesetzgeber entscheidet über die Kfz-Steuer, und mit zunehmendem Alter des Autos nehmen die Reparaturkosten zu. Es empfiehlt sich daher, besonders kritisch zu prüfen, ob die Übertragbarkeit der Daten auf die Zukunft möglich ist.

Generell ist festzustellen, daß die zukünftigen Kosten wesentlich von folgenden Faktoren abhängen:

- Investitions- und Rationalisierungsmaßnahmen
- Bereiche mit hoher Innovation oder technischem Fortschritt
- laufende Projekte wie Wertanalyse, Gemeinkostenwertanalyse oder Zero Base Budgeting
- Beschäftigungsänderungen
- Expansion in neue Märkte
- anstehende Änderungen der Gesetze
- anstehende Preisverhandlungen.

Viele diese Kostenprobleme können durch die Plankostenrechnung gelöst oder im Rahmen eines operativen Controlling bei der Budgetplanung berücksichtigt werden.

4.3.1.2 Anwendung des einstufigen Direct Costing

Das *Direct Costing* orientiert sich am Verkaufspreis, der durch den Markt vorgegeben ist. Durch Rückrechnung (*retrograde* Betrachtungsweise) bestimmt sich der Deckungsbeitrag (vgl. Übersicht 24).

Der Deckungsbeitrag eines Produktes oder eines Auftrages ergibt sich als Differenz zwischen dem Erlös und den entsprechenden variablen Kosten oder den Einzelkosten des Produktes/des Auftrages. Der Deckungsbeitrag

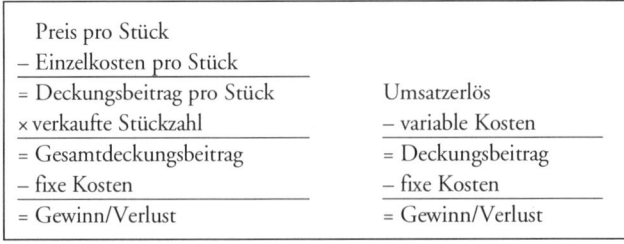

Übersicht 24: Formel zur Errechnung des einfachen Deckungsbeitrags

einer Produkteinheit wird *Stückdeckungsbeitrag* genannt. Er errechnet sich aus der Differenz zwischen Stückpreis und variablen Stückkosten. Wird der Stückdeckungsbeitrag mit der verkauften Menge multipliziert, dann erhält man den Gesamtdeckungsbeitrag der Produktart. Zieht man vom Gesamtdeckungsbeitrag die fixen Kosten ab, ist der Gewinn oder der Verlust gegeben. Jeder Stückdeckungsbeitrag trägt zur Deckung der Fixkosten bei.

a) Deckungsbeitrag und Break-Even-Punkt

Der Deckungsbeitrag wird nun genutzt zur Bestimmung des *Break-even-Punktes.* Unter Break-even-Punkt versteht man die Mindestabsatzmenge (Mindestumsatz), bei der bei einem gegebenen Marktpreis von einem Unternehmen keine Verluste mehr gemacht werden.

Jeder Deckungsbeitrag pro Stück kann als Tropfen betrachtet werden, der ein Gefäß füllt. Das Gefäß hat in Höhe der Fixkosten einen Ablauf. Am Gefäß selbst sind Marken aufgetragen, an denen der Verlust abzulesen ist. Tropfen nun Deckungsbeiträge pro Stück hinein, so werden die fixen Kosten Schritt für Schritt gedeckt. Der Punkt, an dem die vollständige Deckung erreicht ist, wird *Break-Even-Punkt* genannt. Jeder darüber hinaus erzielte Deckungsbeitrag ist Gewinn. Dieser wird in einem weiteren Gefäß gesammelt. An der hier angebrachten Skala kann der Gewinn abgelesen werden (vgl. Abbildung 83).

Das Gefäßmodell läßt sich leicht in ein Koordinatensystem übertragen. Auf der Abszisse (x-Koordinate) wird die abgesetzte Menge oder der Umsatz abgetragen. Pro abgesetzter Einheit fällt ein Deckungsbeitrag pro Stück an, der dann zur Deckung der Fixkosten beiträgt. Links vom Break-even-Punkt liegt die Verlustzone und rechts die Gewinnzone. Gefäßmodell und Koor-

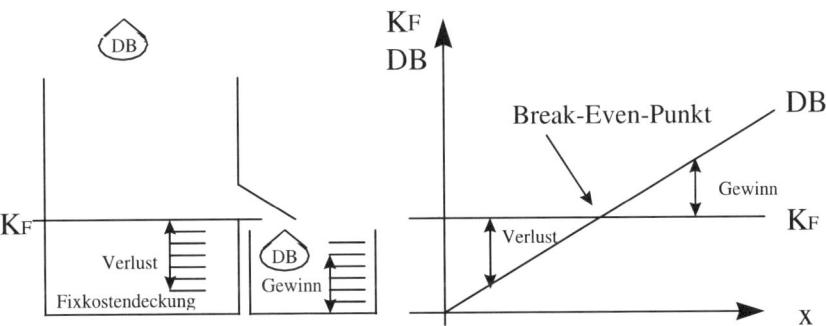

Abbildung 83: Deckungsbeitrag und Break-even-Punkt

dinatenmodell entsprechen einander. Im Break-even-Punkt ist der Gewinn gleich Null. Es gilt:

$$
\begin{aligned}
G &= 0 \\
G &= U - K \\
U &= K \\
p \times x &= K_F + k_v \times x \\
p \times x - k_v \times x &= K_F \\
(p - k_v) \times x &= K_F
\end{aligned}
$$

Die Mindestabsatzmenge x*, bei der das Unternehmen keinen Verlust, aber auch keinen Gewinn macht, erhält man durch Auflösen nach x:

$$
x^* = \frac{K_F}{(p - k_v)} = K_F/db
$$

mit: G = Gewinn, U = Umsatz, K = Gesamtkosten, p = Marktpreis, x = abgesetzte Menge, K_F = Fixkosten, k_v = variable Kosten pro Stück, db = Stückdeckungsbeitrag.

Multipliziert man die Break-even-Menge mit dem Marktpreis, dann erhält man den Break-even-Umsatz.

Der Spielzeughersteller Kindy stellt Häuser für Schlümpfe her. Die Fixkosten betragen pro Monat 27 000 Mark. Pro Haus fallen variable Kosten für Material, Energie und Löhne in Höhe von 26 Mark an. Die Geschäftsleitung fragt nach der Mindestmenge, welche zu einem Preis von 35 Mark verkauft werden muß, um alle Kosten zu decken.

Im Break-even-Punkt gilt:

$$
x^* = \frac{K_F}{(p - k_v)} = \frac{K_F}{db} = \frac{27\,000\,\text{DM}}{9\,\text{DM / Stück}} = 3\,000\,\text{Stück}
$$

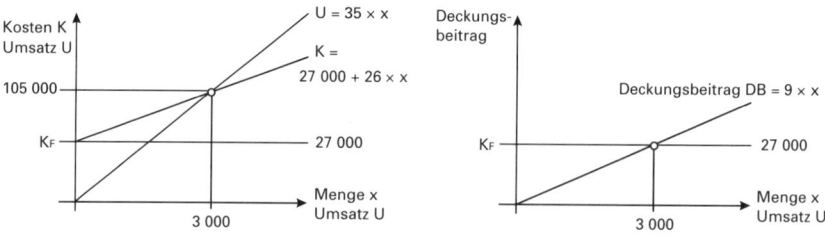

Abbildung 84: Break-even-Analyse im System der Vollkosten- und der Teilkostenrechnung

Wenn das Unternehmen 3 000 Stück pro Monat herstellt und verkauft, dann werden alle Kosten gedeckt. Verkauft das Unternehmen weniger, so entsteht ein Verlust; verkauft es mehr, so entsteht ein Gewinn. Die grafische Lösung zeigt Abbildung 84.

b) Die Wirkung von Kosten- oder Preisänderungen

Eine *Preisänderung* oder eine *Änderung der variablen Kosten* wirkt direkt auf den Deckungsbeitrag. Bei einer Preiserhöhung steigt der Deckungsbeitrag. Der Winkel im Koordinatenursprung wird größer, der Schnittpunkt der Geraden von Deckungsbeitrag und Fixkosten wandert nach links. Gleiches gilt, wenn die variablen Kosten sinken. Bei einer Preissenkung oder einem Anwachsen der variablen Kosten sinkt der Deckungsbeitrag, der Break-even-Punkt wandert nach rechts (vgl. Abbildung 85).

Angenommen, Kindy gelingt es, den Absatzpreis auf 36 Mark zu erhöhen. In diesem Fall steigt der Deckungsbeitrag um eine Mark auf 10 Mark an. Um eine Kostendeckung zu erreichen, müssen jetzt nur noch 2 700 Stück pro Monat verkauft werden. Die gleiche Wirkung zeigt ein Sinken der variablen Stückkosten auf 25 Mark. Der Break-even-Punkt verschiebt sich ebenfalls nach links. Steigen die variablen Kosten um 2,25 Mark auf 28,25 Mark an, dann sinkt der Deckungsbeitrag auf 6,75 Mark pro Stück. Jetzt müssen 4 000 Stück im Monat verkauft werden. Der Break-even-Punkt verschiebt sich nach rechts.

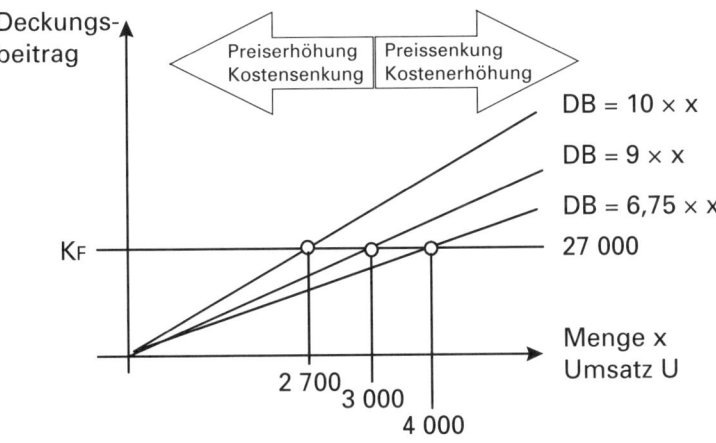

Abbildung 85: Wirkung einer Änderung der Preise oder der variablen Kosten auf den Break-even-Punkt

Typische Preissenkungen findet man beim Jubiläumsverkauf oder bei Aktionen des Handels. Jede Preissenkung und jeder gewährte Rabatt wirken direkt auf die Deckungsbeiträge und die Umsatzrentabilität. Jeder Rabatt schlägt voll auf den Gewinn durch. Erfahrene Verkäufer vermeiden es, Rabatte zu gewähren.

Die Firma Profitable befindet sich rechts vom Break-even-Punkt. In diesem Fall ist der Deckungsbeitrag Gewinn. Hier entspricht der Quotient aus Deckungsbeitrag und Umsatz der Umsatzrentabilität. Angenommen, die Firma Profitable hat eine Umsatzrentabilität von 40 Prozent. Da sie ihr 25jähriges Jubiläum feiert, gewährt sie einen Jubiläumsrabatt von 20 Prozent. Die Geschäftsleitung möchte vorab wissen, welche Wirkung die Rabattgewährung auf den Gewinn hat und wie hoch der Umsatzzuwachs sein muß, um den Gewinn zu halten.

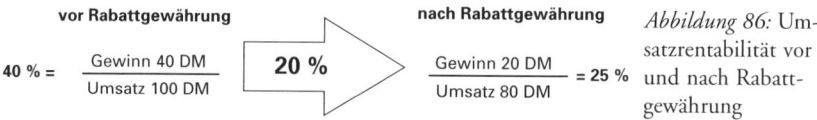

Abbildung 86: Umsatzrentabilität vor und nach Rabattgewährung

Wie Abbildung 86 zeigt, gelten folgende Zusammenhänge: Wird bei einer Umsatzrentabilität von 40 Prozent ein Rabatt von 20 Prozent gewährt, dann sinkt die Umsatzrentabilität auf 25 Prozent ab. Dies entspricht einem Rückgang um 37,5 Prozent. Um wieviel Prozent der Umsatz steigen muß, damit der gleiche Gewinn wie vor der Preissenkung erzielen wird, zeigt die folgende Rechnung:

$$
\begin{aligned}
G_{alt} &= G_{neu} \\
R_{Ualt} \times U_{alt} - K_F &= R_{Uneu} \times U_{neu} - K_F \\
R_{Ualt} \times U_{alt} &= R_{Uneu} \times U_{neu}
\end{aligned}
$$

Angenommen, U_{alt} ist Eins, dann gilt

$$
U_{neu} = \frac{R_{Ualt}}{R_{Uneu}} = \frac{40\%}{25\%} = 160\%
$$

Der neue Umsatz muß mindestens 60 Prozent über dem alten Umsatz liegen, damit der Gewinn gleich bleibt.

Tabelle 42 zeigt für verschiedene Kombinationen von Umsatzrendite und Rabatt bzw. Preiserhöhung, wie sich der Umsatz ändern muß, um einen gleichbleibenden Gewinn zu erzielen. Beträgt bspw. die Umsatzrendite R_U

	Gewährter Rabatt				Preiserhöhung			
R_U	5%	10%	20%	25%	5%	10%	20%	25%
50%	105,6%	112,5%	133,3%	150,0%	–4,5%	–8,3%	–14,3%	–16,7%
40%	108,6%	120,0%	160,0%	200,0%	–6,7%	–12,0%	–20,0%	–23,1%
30%	114,0%	135,0%	*240,0%*	450,0%	–10,0%	–17,5%	–28,0%	–31,8%
25%	118,8%	150,0%	400,0%	∞	–12,5%	–21,4%	–33,3%	–37,5%
20%	126,7%	180,0%	∞	Verlust	–16,0%	–26,7%	–40,0%	–44,4%
15%	142,5%	270,0%	Verlust	Verlust	–21,3%	–34,0%	–48,6%	–53,1%
10%	190,0%	∞	Verlust	Verlust	–30,0%	–45,0%	–60,0%	–64,3%

Tabelle 42: Wirkung von Rabattgewährung oder Preiserhöhung auf den Umsatz

30 Prozent und wird ein Rabatt von 20 Prozent gewährt, dann muß der neue Umsatz auf 240 Prozent des Altumsatzes steigen.

c) Der Einfluß der Fixkosten

Betrachten wir nun den Einfluß von *steigenden Fixkosten* auf den Break-even-Punkt. Steigt der Versicherungsbeitrag, liegt eine Steuererhöhung vor, steigt die Abschreibung hervorgerufen durch eine Ersatzinvestition, verursacht ein Zusatzauftrag fixe Kosten oder unterstützt eine Werbeaktion den Verkauf eines Produktes, dann steigen die Fixkosten an. Im Koordinatensystem verschiebt sich die Kurve der Fixkosten parallel zur x-Achse nach oben. Bei sonst gleichen Daten wandert der Break-even-Punkt nach rechts (vgl. Abbildung 87). Das Unternehmen muß nun überprüfen, ob die zusätzlich

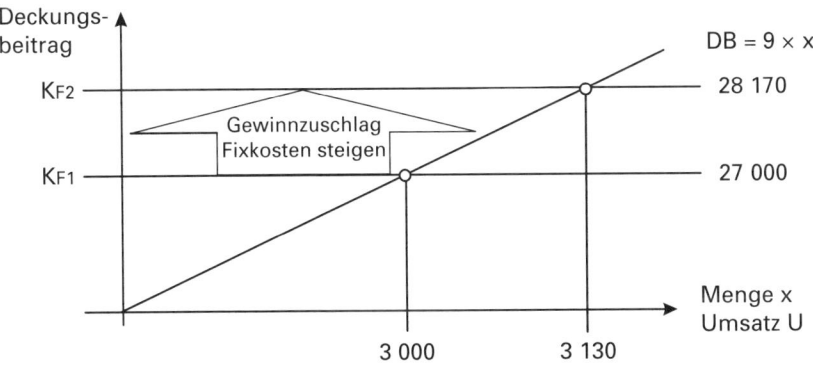

Abbildung 87: Wirkung einer Änderung von Fixkosten auf den Break-even-Punkt

anfallenden Fixkosten durch entsprechende Deckungsbeiträge getragen sind. Sobald dies der Fall ist, lohnt sich die zusätzliche Aktivität.

Das Unternehmen Kindy verkauft die Häuser für Schlümpfe bestens. Es wird überlegt, spezielle Häuser für Kindereierfiguren zu spritzen. Hierfür benötigt man jedoch eine zusätzliche Spritzgußmaschine. Von einer Leasinggesellschaft liegt ein Angebot vor. Die monatliche Leasingrate würde 1 170 Mark betragen. Angenommen, der Deckungsbeitrag für die neuen Häuser betrage ebenfalls neun Mark, dann gilt:

$$\text{Grenzmenge} = \frac{\text{zusätzliche Fixkosten}}{\text{Deckungsbeitrag pro Stück}} = \frac{1\,170\,\text{DM}}{9\,\text{DM / Stück}} = 130\,\text{Stück}$$

Sobald mehr als 130 zusätzliche Häuser verkauft werden, hat sich die Anschaffung der neuen Maschine rentiert.

Auch im Fall eines vorgegeben Gewinns kann dieses Verfahren angewendet werden. Der Gewinn ist zu den Fixkosten zu addieren.

d) Die Ermittlung von Preisuntergrenzen

Die Vollkostenkalkulation benutzt ein progressives Vorgehen bei der Ermittlung des Verkaufspreises. Ausgangsbasis der Angebotserstellung sind Kosten. Der Marktpreis oder die Wertvorstellung des Kunden werden primär nicht berücksichtigt. Die Vollkostenrechnung ist als Dispositionsgrundlage für Preisentscheidungen nicht geeignet. Das folgende Beispiel zeigt, wie sich der Schreinermeister Holzwurm durch Anwendung der Vollkostenrechnung »aus dem Markt« rechnet und wie ihm ein lukratives Geschäft entgeht.

Der Schreinermeister Holzwurm kalkuliert auf Basis der Vollkostenrechnung Stühle für die Kantine der Schlemmer AG.

Einzelkosten: Holz und Löhne	50 DM
+ Gemeinkostenzuschlag 200 %	100 DM
Selbstkosten	150 DM
+ Gewinnzuschlag 30 %	45 DM
Angebotspreis	195 DM

Der Kunde verhandelt hart und bietet für eine Abnahmemenge von 500 Stück lediglich 145 Mark/Stück an. Herr Holzwurm empfindet dieses Preisgebot als zu niedrig. »Ich verkaufe meine Stühle doch nicht unter Selbstkosten«, denkt er und lehnt ab. Ein grober Fehler?

Bei einem Preis von 145 Mark/Stück erzielt Schreinermeister Holzwurm einen Deckungsbeitrag von 95 Mark/Stück. Angenommen, die fixe Kosten betragen 20 900 Mark, dann kann er den Break-even-Punkt ermitteln:

$$x^* = \frac{20\ 900\ DM}{95\ DM\ /\ Stück} = 220\ Stück$$

Bereits ab einer Verkaufsmenge von 220 Stück sind die fixen Kosten gedeckt. Der Break-even-Punkt ist erreicht, und jede nun verkaufte Mengeneinheit steigert den Gewinn um den Deckungsbeitrag pro Stück. Die Meinung von Herrn Holzwurm, daß er bei einem Stückpreis von 145 Mark noch nicht einmal seine Selbstkosten decken würde, war falsch. Der Schreinermeister verzichtete auf einen Gewinn in Höhe von 280 Stück × 95 Mark/Stück gleich 26 600 Mark – ein fataler Fehler. Preisentscheidungen können nicht auf der Basis der Vollkostenkalkulation, sondern müssen mit Hilfe der Deckungsbeitragsrechnung getroffen werden.

Langfristig kann ein Unternehmen nur überleben, wenn es seine gesamten Kosten deckt. Die *langfristige Preisuntergrenze* hängt von den Gesamtkosten und der Verkaufsmenge ab. Sie variiert mit der Auslastung. Je höher die Auslastung ist, desto kleiner ist die langfristige Preisuntergrenze. Die Fixkosten werden dann auf eine größere Stückzahl verteilt. Angenommen, Herr Holzwurm kann maximal 500 Stühle fertigen, dann ist die langfristige Preisuntergrenze definiert durch

$$P_{langfristig} = \frac{Gesamtkosten\ (500\ Stück)}{500\ Stück} = \frac{20\ 900 + 50 \times 500}{500} \left[\frac{DM}{Stück} \right] = 91,80\ DM/Stück$$

Zieht man von diesem Preis die variablen Kosten ab, erhält man den Mindestbetrag, der notwendig ist, um die Fixkosten zu decken. Er beträgt 41,80 Mark/Stück. Diesen Betrag erhält man auch, wenn man die Fixkosten durch die Kapazität dividiert.

$$db_{Langfristig} = \frac{Fixkosten}{Kapazität} = \frac{20\ 900\ DM}{500\ Stück} = 41,80\ DM/Stück$$

Alle Aufträge, die keinen Deckungsbeitrag bringen, werden abgelehnt, da sie nicht zur Deckung der fixen Kosten beitragen. Das Gefäß der Fixkosten läßt sich ohne Deckungsbeitrag nicht füllen. Ist ein Deckungsbeitrag null, so entspricht der Preis gerade den variablen Kosten.

Ein Preis, der unter den variablen Kosten liegt, ist nicht tragbar. In dieser mißlichen Lage würde das Unternehmen einen Verlust in Höhe der Differenz zwischen Preis und den variablen Kosten machen. Es subventionierte mit diesem Differenzbetrag seinen Kunden. Spätestens wenn keine Deckungsbeiträge mehr erzielt werden, dann verschwindet ein Unternehmen vom Markt. Erzielt ein Unternehmen keinen Deckungsbeitrag, dann trägt es seine Fixkosten selbst. Ein Verlust in Höhe der fixen Kosten ist zu verkraften. Dies gilt allerdings nur kurzfristig. Die *kurzfristige Preisuntergrenze* ist dort gegeben, wo die Preise den variablen Kosten entsprechen. Der Deckungsbeitrag ist hier Null.

e) Einstufiges Direct Costing in Mehrproduktunternehmen

Das eben dargestellte Einproduktunternehmen ist ein Sonderfall und kommt in der betrieblichen Praxis kaum vor. Trotzdem ließen sich hier die wesentlichen Grundgedanken der Teilkostenrechnung erklären.

Auch in Unternehmen, die mehrere Produkte herstellen, läßt sich das einstufige Direct Costing anwenden. Zum Beispiel produziert und verkauft ein Unternehmen die drei Produkte A, B und C (vgl. Tabelle 43). Für jedes Produkt wird der Deckungsbeitrag pro Stück berechnet. Multipliziert man den Deckungsbeitrag pro Stück mit der verkauften Menge, erhält man den Deckungsbeitrag der einzelnen Sorte. Der Gesamtdeckungsbeitrag des Unternehmens ist die Summe über die einzelnen Sorten. Das Betriebsergebnis ist die Differenz zwischen dem Gesamtdeckungsbeitrag und den Fixkosten.

Produktart	A	B	C
Preis/Stück	4,00	6,50	5,50
variable Kosten/Stück	2,00	3,50	3,00
Deckungsbeitrag pro Stück	2,00	3,00	2,50
Menge in Stück	3 000	4 000	6 000
Deckungsbeitrag pro Sorte	6 000	12 000	15 000
Gesamtdeckungsbeitrag	33 000		
– Fixkosten	30 000		
= Betriebsergebnis	3 000		

Tabelle 43: Direct Costing im Mehrproduktunternehmen

Mathematisch wird dies wie folgt ausgedrückt:

$$G_B = \sum_{i=1}^{n} (p_i - k_{vi}) \times x_{ai} - K_F$$

mit G_B = Betriebsergebnis, p_i = Preis pro Stück von Produkt i, k_{vi} = variable Kosten pro Stück von Produkt i, x_{ai} = abgesetzte Menge von Produkt i.

Sobald mehrere Produkte hergestellt werden, entsteht ein Kampf um die Ressourcen. Auf die Frage nach dem optimalen Produktionsprogramm wird in Abschnitt 4.3.3.1. eingegangen.

Die einfachste Form des Direct Costing ist eine retrograde Rechnung. Vom Marktpreis ausgehend, wird der Deckungsbeitrag ermittelt. Vorausgesetzt wurde, erstens, die Existenz von Marktpreisen und, zweitens, die Spaltung der Kosten in fixe und variable Bestandteile. Die Methode kann also dort, wo keine Marktpreise existieren, nicht angewendet werden. Auch bei der Kalkulation von Unikaten und bei Sonderanfertigung oder Variation versagt das Direct Costing. Im Mehrproduktunternehmen wird der Block der »fixen Kosten«, welcher sich aus den Fixkosten der einzelnen Kostenstellen zusammensetzt, von den Deckungsbeiträgen der einzelnen Produkte getragen. *Eisele* (1990, S. 619) kritisiert: »Diese Verrechnungstechnik ist von ihrem Ansatz her zu global und beinhaltet im Grunde einen Rückfall in summarische Rechnungsmethoden, so daß die der Vollkostenrechnung anhaftenden Mängel prinzipiell fortbestehen.« Das mehrstufige Direct Costing ist einen Weiterentwicklung des einstufigen Direct Costing. Die Verrechnung der Fixkosten erfolgt stufenweise. Auf den Betrachtungsebenen »Produkt«, »Produktgruppe« und »Profit-center« werden die entsprechenden Fixkosten stufenweise vom jeweiligen Deckungsbeitrag subtrahiert.

4.3.1.3 Anwendung des mehrstufigen Direct Costing

Urvater des mehrstufigen Direct Costings ist *Heiser*. Im deutschsprachigen Raum wurde diese Methode durch *Aghte* und *Mellerowicz* weiterentwickelt und verbreitet. Auch das mehrstufige Direct Costing ist eine retrograde Kostenrechnung. Vom Marktpreis ausgehend, werden die variablen Kosten der Erzeugnisse abgezogen. Der Deckungsbeitrag auf Produktebene ist gegeben. Entstehen bestimmte Fixkosten nur durch ein bestimmtes Produkt, so werden diese nun vom Deckungsbeitrag abgezogen. Bilden mehrere Produkte eine Produktgruppe und ist eine Vertriebsabteilung nur für diese Produkte zuständig, dann werden die Kosten der Verkaufsabteilung von den Deckungsbeiträgen der Produkte abgezogen. Stufenweise erfolgt mit allen Fixkosten diese Behandlung. Das mehrstufige Direct Costing hängt sehr stark von der Betriebsorganisation ab. Für die Unternehmen läßt sich kein einheitliches Kalkulationsschema bilden. Im Gegensatz zur Vollkostenrechnung werden die Fixkosten nicht über Schlüssel oder Zuschlagssätze verrechnet. Sie werden der Stufe, in der sie anfallen, zugerechnet. Stets wird dabei geprüft, wer die Fixkosten durch Kapazitätsvorhaltung verursacht. Meist unterscheidet man entsprechend der betrieblichen Hierarchien:

❶ Produkt- und Erzeugnisfixkosten

Auf dieser ersten Betrachtungsebene werden alle Kosten, welche durch ein spezielles Produkt entstehen, abgezogen. Es sind dies die variablen Kosten und die Produktfixkosten oder auch Erzeugnisfixkosten. Es handelt sich um Fixkosten der Produktion und des Absatzes, selten um Entwicklungskosten. Typische Produktfixkosten der Produktion sind Spezialwerkzeuge, Spezialmaschinen, Patent- und Lizenzgebühren. Typische Produktfixkosten des Absatzes sind spezielle Werbe- oder Verkaufsförderungsaktionen, Marktforschungsaktivitäten, eine neue Verpackung oder Kosten für Vertriebsmitarbeiter, welche sich nur um ein Produkt kümmern. Diese Kosten werden bereits in der Kostenartenrechnung dem Produkt oder einer speziell geschaffenen Kostenstelle zugerechnet. Mit dem Umweg über eine Kostenstelle erhöht sich die Kostentransparenz.

❷ Produktgruppen- und Erzeugnisgruppenfixkosten

Sobald eine Kostenstelle für mehrere Produkte einer Produktgruppe arbeitet, faßt man diese Kosten zusammen. Das Meistergehalt oder die Kosten für eine Abfüllmaschine einer Produktgruppe sind Erzeugnisgruppenfixkosten. Wirbt bspw. Maggi für eine Gewürzmischung, eine Suppe oder einen Tiefkühlsnack, so sind typische Produktgruppenfixkosten gegeben. Generell können alle Erzeugnisfixkosten auch Erzeugnisgruppenfixkosten sein. Die Möglichkeit, Fixkosten spezifisch zuzuordnen, entscheidet über die Einstufung als Erzeugnisfixkosten oder Erzeugnisgruppenfixkosten.

❸ Bereichsfixkosten

Hier werden Kostenstellen abgerechnet, welche weder einem Produkt noch einer Produktgruppe zugehören. Eine Gießerei, welche Pumpengehäuse so-

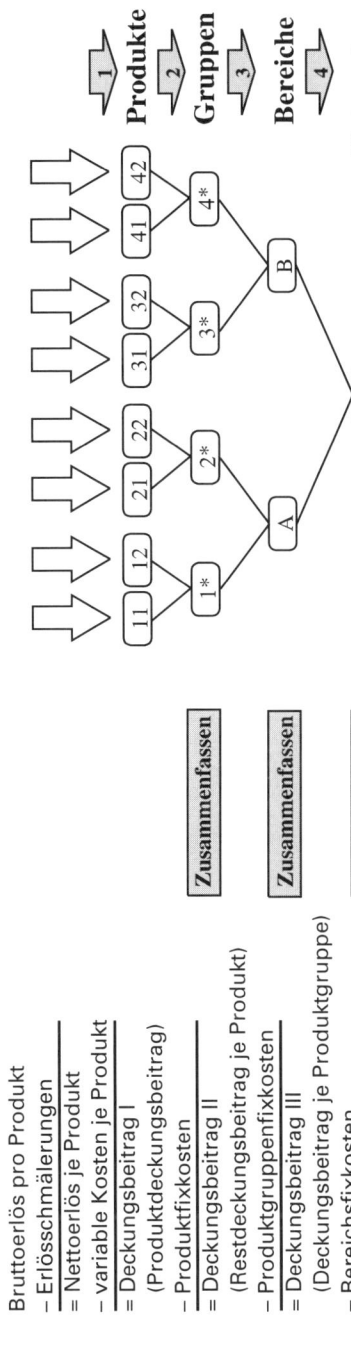

Bruttoerlös pro Produkt
– Erlösschmälerungen
= Nettoerlös je Produkt
– variable Kosten je Produkt
= Deckungsbeitrag I
   (Produktdeckungsbeitrag)
– Produktfixkosten
= Deckungsbeitrag II
   (Restdeckungsbeitrag je Produkt)
– Produktgruppenfixkosten
= Deckungsbeitrag III
   (Deckungsbeitrag je Produktgruppe)
– Bereichsfixkosten
= Deckungsbeitrag IV
– Unternehmensfixkosten
= Betriebserfolg (Nettoerfolg)

Abbildung 88: Kalkulationsschema eines mehrstufigen Direct Costing

wohl für Kreiselpumpen als auch für Schraubenspindelpumpen gießt, kann auf dieser Betrachtungsstufe abgerechnet werden. Durchlaufen die Erzeugnisse, wie im Maschinenbau üblich, Kostenstellen wie Zuschnitt, Dreherei, Fräserei, Montage und Malerei, so kann diese spezielle Fertigungsstruktur hier berücksichtigt werden. Die Abschreibung für ein Fabrikgebäude, in welchem mehrere Produktgruppen gefertigt werden, eine gemeinsam genutzte Sozialstation, eine Reparaturabteilung oder eine Transportabteilung, die ausschließlich für einen Bereich arbeitet, gehören hierzu.

❹ Unternehmensfixkosten

Alle Kosten, die nur dem Unternehmen als Ganzes zu belasten sind, werden hier angesetzt. Üblicherweise gehören Kostenarten wie Versicherungen und Steuern, Kosten der Kostenstellen »Geschäftsleitung«, »Verwaltung«, »Pförtner«, »Hauspost«, »Fuhrpark« und allgemeine Betriebseinrichtungen wie die Kantine hierzu.

Das mehrstufige Direct Costing verrechnet Fixkosten auf einzelne Bezugsgrößen wie Produkte, Produktgruppen und Bereiche nur, wenn eine verursachungsgerechte Zurechnung möglich ist. Es wird auf jede sonstige Umlage verzichtet. Alle restlichen Kosten werden vom Unternehmen als Ganzes getragen. Entsprechend den Hierarchiestufen erfolgt die retrograde Kalkulation im mehrstufigen Direct Costing nach dem in Abbildung 88 aufgeführten Schema.

Auch beim mehrstufigen Direct Costing tropfen die Deckungsbeiträge der einzelnen Produkte in das pro Produkt bereitgestellte Gefäß. Sobald die Produktfixkosten gedeckt sind, läuft der Behälter über und füllt das Gefäß mit den Gruppenfixkosten. Alle Produkte, die zu einer Produktgruppe gehören, bringen dieses Gefäß zum Überlaufen. Am Ende der Kaskade steht das Gesamtunternehmen mit seinen Fixkosten. Erst wenn dieser letzte Topf gefüllt ist, liegt ein positives Betriebsergebnis vor.

Ein Unternehmer stellt zehn verschiedene Produkte her, welche in fünf Produktgruppen eingeteilt sind. Die erste Zahl bezeichnet stets die Produktgruppe und die zweite Zahl die Produktart. Auf den Marktpreis und die variablen Kosten hat das Unternehmen keinen Einfluß. Die Buchhaltung liefert folgende Daten:

Die Produktgruppen zwei und drei bilden den Bereich I und die Produktgruppen vier und fünf den Bereich II. Im Bereich I fallen Fixkosten in Höhe

Produkt	11	12	21	22	31	32	41	42	51	52
Preis	4,00	3,60	1,50	1,00	3,50	4,00	9,80	9,30	6,50	6,80
variable Kosten										
– Material	0,20	0,20	0,10	0,15	0,80	1,00	2,20	2,10	1,80	2,00
– Löhne	1,20	1,10	0,50	0,55	1,40	1,50	2,20	2,00	1,00	1,20
– Gemeinkosten	0,40	0,30	0,10	0,20	0,30	0,20	0,40	0,60	0,70	0,60
Produktfixkosten	700	800	1 000	600	2 400	1 500	500	1 200	3 500	4 000
Verkaufte Menge	1 000	2 150	5 000	1 000	5 400	5 000	900	2 000	3 500	4 000

von 3 000 Mark und im Bereich II Fixkosten in Höhe von 8 000 Mark an. Die Unternehmensfixkosten betragen 12 000 Mark.

Entsprechend der Abbildung 88 kann das Kalkulationsschema aufgebaut werden. Man erhält die in Tabelle 44 aufgeführten Ergebnisse.

Das mehrstufige Direct Costing, auch *Fixkostendeckungsrechnung* genannt, zeigt, ob der Deckungsbeitrag der Produkte, Produktgruppen und Bereiche zur Deckung der zugehörigen Fixkosten ausreicht. Die Fixkostendeckungsrechnung gibt einen guten Einblick in die Erfolgsstruktur. Jedes einzelne Produkt, jede Produktgruppe und jeder Bereich wird beurteilt, und es werden Empfehlungen für die Zukunft erarbeitet.

Gut verdient wurde mit den Produktgruppe 4 und 5. Die Deckungsbeiträge pro Stück sind relativ hoch. Eine Stärkung dieser Produkte könnte von Vorteil sein. Über absatzfördernde Maßnahmen und vielleicht auch über Erweiterungsinvestitionen ist hier nachzudenken.

Ganz anders ist die Situation von Produkt 22. Ein negatives Ergebnis von 500 Mark fällt hier an. Sollte man dieses Produkt langfristig nicht stillegen? Handelt es sich um einen Verlust, der durch eine Sonderaktion hervorgerufen wurde oder durch einen Sonderverkauf zu Sonderkonditionen oder eine Aktion mit großem Werbeaufwand, dann ist der Verlust meist geplant und bedarf keiner weiteren Analyse. Ist dies nicht der Fall, dann findet eine weitere Untersuchung des negativen Ergebnisses statt.

Generell kann davon ausgegangen werden, daß in den einzelnen Stufen nur direkt zurechenbare Fixkosten abgerechnet wurden. Im ersten Schritt untersucht das Controlling die Struktur der Fixkosten und versucht abbaubare Fixkosten zu finden. Bleibt das Ergebnis negativ, so wird eine Eliminierung des Produktes oder der Produktgruppe erwogen. Fixkosten können meist nicht von heute auf morgen abgebaut werden *(Kostenremanenz)*. Der

Produkt	11	12	21	22	31	32	41	42	51	52
Preis	4,00	3,60	1,50	1,00	3,50	4,00	9,80	9,30	6,50	6,80
– variable Kosten	1,80	1,60	0,70	0,90	2,50	2,70	4,80	4,70	3,50	3,80
Stückdeckungsbeitrag je Produkt	2,20	2,00	0,80	0,10	1,00	1,30	5,00	4,60	3,00	3,00
× Menge	1 000	2 150	5 000	1 000	5 400	5 000	900	2 000	3 500	4 000
Deckungsbeitrag I je Produkt	2 200	4 300	4 000	100	5 400	6 500	4 500	9 200	10 500	12 000
– Produktfixkosten	700	800	1 000	600	2 400	1 500	500	1 200	3 500	4 000
Deckungsbeitrag II je Produkt	1 500	3 500	3 000	*–500*	3 000	5 000	4 000	8 000	7 000	8 000
Restdeckungsbeitrag II aller Produkte	5 000		2 500		8 000		12 000		15 000	
– Produktgruppenfixkosten	1 000		500		2 000		3 000		4 000	
Deckungsbeitrag III je Produktgruppe	4 000		2 000		6 000		9 000		11 000	
Restdeckungsbeitrag III aller Produktgruppen	4 000		8 000				20 000			
– Bereichsfixkosten			3 000				8 000			
Deckungsbeitrag IV je Bereich	4 000		5 000				12 000			
Restdeckungsbeitrag IV aller Bereiche	21 000									
Unternehmensfixkosten	12 000									
Betriebsergebnis	9 000									

Tabelle 44: Tabelle zur Kalkulation bei mehrstufigem Direct Costing

Abbau von Fixkosten hängt wesentlich von der Zeit ab. So ist zum Beispiel ein Versicherungsvertrag nur im Rahmen der Kündigungsfrist kündbar. Bei jeder betrieblichen Stillegung unterliegen Fixkosten Abbaufristen, und bei Verträgen sind Ablauffristen zu beachten. Nach einer gewissen Zeit kann aber damit gerechnet werden, daß die Aktionen wirken und der Gewinn steigt.

In vereinzelten Fällen besteht zwischen den Produkten eine Abhängigkeit. So kann ein Absatzverbund gegeben sein. Zu einer Sofortbildkamera gehört der passende Film, zu einer Sonnenlotion die passende Aprés Lotion und zu einem Staubsauger der passende Beutel. Hier läßt sich ein Produkt innerhalb einer Produktgruppe nicht eliminieren. In solchen Fällen ist nicht mehr das einzelne Produkt zu beurteilen, sondern immer die gesamte Produktgruppe oder das Gesamtsortiment *(Kompensationskalkulation)*.

Auch das mehrstufige Direct Costing läuft retrograd ab. Sofern Angebotspreise zu kalkulieren sind, wird auf die Nachkalkulation zurückgegriffen und auf die Erfahrung verwiesen. Pro Stufe werden die anteiligen Fixkosten mittels der Kosten der Vorstufe kalkuliert. Für Produkt 11 wird der Zuschlagssatz für die Produktfixkosten ermittelt.

$$\text{Zuschlagssatz Produktfixkosten Produkt 11} = \frac{\text{Produktfixkosten}}{\text{variable Kosten}} = \frac{700 \text{ DM}}{1\,800 \text{ DM}} = 38,88\,\%$$

Entsprechend lassen sich alle anderen Zuschlagssätze ermitteln (vgl. Tabelle 45). Die ermittelten Zuschläge setzt man nach bekanntem Muster zur Kalkulation der Angebotspreise ein. Es entsteht eine differenzierte Zuschlagskalkulation, welche nur für ein Produkt gilt. Für Produkt 11 könnte die Kalkulation wie in Übersicht 25 wiedergegeben aussehen.

Die Deckungsbeitragsrechnung nach dem Fix-Variabel-Konzept wird in vielen Punkten kritisiert. Viele Autoren bezeichnen die Kostenspaltung in proportionale variable Kosten und Fixkosten als subjektiv und wirklichkeitsfremd. Auf relevante Kosten wird hier keine Rücksicht genommen. Nach *Pack* können bei vielen Fragestellungen variable Kosten nicht entscheidungsrelevant sein, andererseits können Teile der Fixkosten entscheidungsrelevant werden. Zum Beispiel wird der Zusammenhang der sprungfixen Kosten mit der Ausbringungsmenge nicht berücksichtigt und führt zu einer falschen Kostenspaltung. Besonders kritisch ist die Annahme proportionaler variabler Kosten. Kennt die Kostenrechnung doch vier Klassen variabler Kosten: proportional, progressiv, degressiv oder regressiv variable Kosten. Bis auf den Verzicht der Proportionalisierung der Fixkosten werden im System der Teilkostenrechnung auf Basis variabler Kosten (Deckungsbeitragsrechnung nach dem Fix-Variablen-Konzept) alle Mängel der Vollkostenrechnung beibehalten. Aus diesem Grund entwickelte *Riebel* die Deckungsbeitragsrechnung auf Basis *relativer Einzelkosten* – die *Relative Deckungsbeitragsrechnung*.

Produkt	11	12	21	22	31	32	41	42	51	52
variable Kosten	1,80	1,60	0,70	0,90	2,50	2,70	4,80	4,70	3,50	3,80
Menge	1 000	2 150	5 000	1 000	5 400	5 000	900	2 000	3 500	4 000
Bezugsbasis Stufe 1	1 800	3 440	3 500	900	13 500	13 500	4 320	9 400	12 250	15 200
Produktfixkosten	700	800	1 000	600	2 400	1 500	500	1 200	3 500	4 000
Zuschlagssatz Stufe I	38,9 %	23,3 %	28,6 %	66,7 %	17,8 %	11,1 %	11,6 %	12,8 %	28,6 %	26,3 %
Bezugsbasis Stufe II	6 740		6 000		30 900		15 420		34 950	
Produktgruppen-fixkosten	1 000		500		2 000		3 000		4 000	
Zuschlagssatz Stufe II	14,8 %		8,3 %		6,5 %		19,5 %		11,4 %	
Bezugsbasis Stufe III	7 740		39 400				57 370			
Bereichsfixkosten			3 000				8 000			
Zuschlagssatz Stufe III	0,0 %		7,6 %				13,9 %			
Bezugsbasis Stufe IV	115 510									
Unternehmens-fixkosten	12 000									
Zuschlagssatz Stufe IV	10,4 %									

Tabelle 45: Ermittlung von Zuschlagssätzen für die Angebotskalkulation auf Basis von Vollkosten im System des mehrstufigen Direct Costing

variable Kosten Produkt 11	1,80 DM/Stück
+ anteilige Produktfixkosten Produkt 11 (38,9%)	0,70 DM/Stück
= Kosten der ersten Stufe	2,50 DM/Stück
+ anteilige Produktgruppenfixkosten Produktgruppe 1 × (14,8%)	0,37 DM/Stück
= Kosten der zweiten Stufe	2,87 DM/Stück
+ anteilige Bereichsfixkosten Bereich A (0,0%)	
= Kosten der dritten Stufe	2,87 DM/Stück
+ anteilige Unternehmensfixkosten (10,4%)	0,30 DM/Stück
= Kosten der vierten Stufe	3,17 DM/Stück
+ Gewinnzuschlag Produkt 11 (26,2%)	0,83 DM/Stück
= Angebotspreis Produkt 11	4,00 DM/Stück

Übersicht 25: Angebotskalkulation bei mehrstufigem Direct Costing

4.3.2 Deckungsbeitragsrechnung auf Basis von relativen Einzelkosten

Riebel entwickelte die relative Deckungsbeitragsrechnung mit dem Rechnungsziel, auf die Aufspaltung verbundener Kosten gänzlich zu verzichten. Die Verteilung echter Gemeinkosten läßt sich nicht allgemein lösen und ist daher strikt zu unterlassen. Nach *Riebel* (1994, S. 36) soll die Bezeichnung *Einzelkostenrechnung* darauf hinweisen, »daß in diesem System nur mit Einzelkosten oder mit direkt zurechenbaren Kosten gerechnet wird«. Er weist darauf hin (ebenda), daß die Frage »Wem können die Kosten zugerechnet werden?« immer nur relativ beantwortet werden kann. Ob ein bestimmtes Kostenelement Einzel- oder Gemeinkostencharakter hat, hängt vom betrachteten Bezugsobjekt ab. Die Stromkosten eines Unternehmens sind auf der Betrachtungsebene »Unternehmen« Einzelkosten und auf der Betrachtungsebene »Bereich« Gemeinkosten. Erhält jeder Bereich jedoch einen eigenen Stromzähler und entscheiden die Bereichsleiter über den Stromverbrauch, so werden die Stromkosten zu Einzelkosten. Diese Iteration läßt sich bis auf die Maschinenebene herunterbrechen. Eine an der Maschine angebrachte Datenerfassung könnte theoretisch die Stromkosten als Einzelkosten auf Produkte verrechnen. Nach dem *Einzelkostenprinzip* sind für einzelne betriebliche Leistungen (Produkte, Aufträge, Kunden und Verkaufsbezirke) nur solche Erlöse und damit verbundene Kosten zu verrechnen, welche eindeutig miteinander verkettet sind. Die Verrechnung (Zurechnung) verbindet stets zwei Größen eindeutig miteinander, z. B. Kosten und Erlöse, Kosten und Produkte, Erlöse und Produkte oder andere Bezugsobjekte. Werden Größen einander gegenübergestellt, welche auf einen identischen dispositiven Ursprung zurückgehen, dann ist das *Identitätsprinzip* (*Riebel*, 1994, S. 418 f.) gegeben. Die nach dem Identitätsprinzip zurechenbaren Kosten nennt man Einzelkosten. Die Überschüsse der Einzelerlöse über die Einzelkosten nennt man Deckungsbeiträge. Werden Produkte gemeinsam disponiert, so können die Deckungsbeiträge dieser Produkte genutzt werden, um die gemeinsam verursachten Gemeinkosten zu decken. Dabei ist es unerheblich, welchen Anteil jede Leistung zur Deckung beiträgt. Diese Art der Verrechnung der Gemeinkosten wird *Deckungsprinzip* genannt.

Als Bezugsgrößen kommen nicht nur Produkte, sondern jede Art von Objekten, zum Beispiel Aufträge, Kunden, Verträge, Marktsegmente und Verkaufsbezirke in Betracht. Je nach Zurechenbarkeit unterscheidet man

- *objektbezogene* Bezugsgrößen: Hier erfolgt die Zurechnung nach sachlichen Gesichtspunkten wie einzelne Produkte, Aktivitäten, Kostenstellen, Unternehmensbereiche, Kunden, Marktsegmente, Beschäftigungseinfluß und Zahlungswirksamkeit. Zwischen den Bezugsgrößen lassen sich mehrstufige oder mehrdimensionale Zurechnungshierarchien aufbauen. Innerhalb der Hierarchien sind Einzel- und Gemeinkosten wieder relativ zu betrachten;

- *zeitliche* Bezugsgrößen: Hier werden Objekte mit unterschiedlich langen Zeiträumen oder mit einer unterschiedlichen Lage innerhalb des Bezugszeitraumes betrachtet. Als periodenidentisch werden Objekte bezeichnet, welche dieselbe Stunde oder Schicht, denselben Tag etc. als Bezugszeit haben. Als phasenverschoben periodisch bezeichnet man Objekte, welche nach einer festen Anzahl von Tagen abgerechnet werden. (Zum Beispiel: Die Zahlung erfolgt beim Zielkauf nach 30 Tagen, und der Wechsel kommt nach 90 Tagen zur Diskontierung.) Daneben existieren noch aperiodische und mehrjährige Objekte.

Im Teilkostenrechnungssystem auf Basis von Einzelkosten ist eine Vielzahl von Abrechnungen möglich. Es können hierarchisch mehrstufige, mehrdimensionale, zeitlich feste oder zeitlich rollierende Systeme der Erfolgsrechnung oder einer Liquiditätsbetrachtung gebildet werden. Jedes Unternehmen muß eine geeignete Auswahl selbst treffen. Üblicherweise installiert man Abrechnungssysteme für Profitcenter, Key-Accounter und andere Kundengruppen, Bereiche, Niederlassungen, Filialen, Verkaufsbezirke oder Länder. Damit solche Systeme effizient arbeiten können, muß eine gemeinsame zweckneutrale Datenbasis geschaffen werden, welche *Grundrechnung* genannt wird (vgl. Tabelle 46). Alle für aktuelle und künftige Auswertungen bedeutsamen Merkmale sind beim Aufbau der Grundrechnung zu beachten. Die Rechnungsgrößen müssen homogen und frei von Überschneidung sein. Eine Verteilung einer Kostenart auf zwei Kostenkategorien darf nicht vorkommen, und die Rechnungsgrößen sollten auf der hierarchischen Ebene dem Betrachtungsobjekt verrechnet werden, bei dem keine willkürliche Aufteilung mehr möglich ist.

Die Unterscheidung zwischen variablen Kosten und Fixkosten ist zu grob, daher unterscheidet Riebel (1994, S. 82) zwischen Leistungskosten und Bereitschaftskosten. *Leistungskosten* hängen vom Leistungsprogramm direkt ab und ändern sich mit der Menge, der Art und dem Wert des erzeugten oder abgesetzten Leistungsprogrammes. Die *Bereitschaftskosten* sind

			Kostenarten	Zurechnungsobjekte			
Kostenkategorien				für alle Kostenstellen		für alle Kostenträger	
				Soll	Ist	Soll	Ist
Leistungskosten	absatzabhängige Kosten	preisabhängige Vertriebseinzelkosten	Rabatte Provisionen Umsatzlizenz Zölle				
		mengenabhängige Vertriebseinzelkosten	Verpackung Frachten				
	erzeugnisabhängige Kosten	erzeugnismengen-abhängige Einzelkosten	Rohstoffe Hilfsstoffe Energie Akkordlohn				
		erzeugnismengen-unabhängige Einzelkosten	Rüsten				
Bereitschaftskosten	Monatseinzelkosten		Fertigungslöhne fremde Dienste				
	Quartalseinzelkosten		Gehälter Miete				
	Jahreseinzelkosten		Versicherung Miete Steuern				

Tabelle 46: Aufbau der Grundrechnung im System der relativen Einzelkostenrechnung

Vorhaltekosten für ein geplantes Leistungsprogramm. Durch sie wird die Voraussetzung zur Realisierung des Leistungsprogramms gelegt. Üblicherweise gliedert man die Bereitschaftskosten aufsteigend nach ihrer zeitlichen Disponierbarkeit in monatlich, quartalsweise oder jährlich kündbare Bereitschaftskosten.

Auf diese Datenbasis greift die EDV zurück und wertet die Daten zielorientiert aus.

Ausgehend von der gemeinsamen Datenbasis, können nun diverse Deckungsbeitragsrechnungen durchgeführt werden, so zum Beispiel für einen Artikel oder für den Key-Account-Kunden (vgl. Übersicht 26).

Artikeldeckungsbeitragsrechnung	Kundendeckungsbeitragsrechnung
Bruttoumsatz zu Listenpreis	Bruttoumsatz zu Listenpreis
– Umsatzsteuer	– Umsatzsteuer
= Nettoumsatz zu Listenpreis	= Nettoumsatz zu Listenpreis
– Rabatte	– Rabatte
– preisabhängige Vertriebseinzelkosten (Provision)	– preisabhängige Vertriebseinzelkosten
= Nettoerlös I	= Nettoerlös I
– mengenabhängige Vertriebseinzelkosten (Fracht)	– mengenabhängige Vertriebseinzelkosten
= Nettoerlös II	= Nettoerlös II
– Rohstoffe, sofern Artikeleinzelkosten	– Kunden Sonderkonditionen
– Verpackung	– Kundenwerbung
– Artikelsondereinzelkosten	– Kundenaußendienst
= Deckungsbeitrag I	– kundenvariable Verwaltungskosten
– Fertigungslöhne, sofern Artikeleinzelkosten	– Rohstoffe, sofern Artikeleinzelkosten
= Deckungsbeitrag II	– Verpackung
	– Artikelsondereinzelkosten
	= Kundendeckungsbeitrag I
	– Fertigungslöhne, sofern Artikeleinzelkosten
	= Kundendeckungsbeitrag II

Übersicht 26: Kalkulationsschema einer Artikel- und Kundendeckungsbeitragsrechnung

Eisele (1990, S. 629) bezeichnet die Deckungsbeitragsrechnung auf Basis der relativen Einzelkosten »als das hinsichtlich der verursachungsgerechten Kostenzurechnung exakteste Verfahren.«

4.3.3 Spezielle Kalkulationsprobleme in der Teilkostenrechnung

4.3.3.1 Bestimmung des optimalen Produktionsprogramms

Wie der einzelne Mensch auch, ist das Unternehmen gezwungen, wirtschaftlich zu handeln. Das *Maximalprinzip* verlangt vom Unternehmen, daß es mit gegebenen Mitteln eine möglichst hohe Leistung erzielt. Dem Unternehmen stehen nur beschränkt Ressourcen zur Verfügung. Langfristig lassen sich die meisten betrieblichen Engpässe beseitigen. Anders ist die Situation im operativen Bereich. Für ein Unternehmen gehören Engpässe zum täglichen Geschäft. Engpässe können auf den Beschaffungsmärkten, auf dem Kapitalmarkt und im Unternehmen selbst auftreten. Zum Beispiel kann ein Lieferant nur eine begrenzte Stückzahl liefern. Dringend benötigtes Personal ist kurzfristig nicht zu bekommen. Eine Maschine fällt aus, und die nun verfügbare Kapazität reicht nicht aus, um die geplante Stückzahl zu fertigen. Durch Beschränkungen auf dem Absatzmarkt sieht sich das Unternehmen gezwungen, das *Minimalprinzip* anzuwenden. Dieses verlangt vom Unternehmen, daß eine vorbestimmte Leistung mit möglichst geringen Mitteln erzielt wird.

Sowohl das Maximal- als auch das Minimalprinzip verlangen vom Unternehmer ein ständiges Anpassen des Produktionsprogramms an die dynamischen Gegebenheiten des Marktes und des Unternehmens selbst. In folgenden Situationen kann die Kosten- und Leistungsrechnung zum betrieblichen Optimum beitragen:

- Optimierung des Produktionsprogramms, wenn keinerlei Engpässe existieren
- Optimierung bei einem Engpaß und Absatzrestriktionen
- Optimierung des Produktionsprogramms bei zwei Engpässen
- Optimierung des Produktionsprogramms bei zwei und mehr Engpässen (lineare Programmierung und Simplex-Methode)
- Bestimmung von Preisobergrenzen für den Zukauf von Leistungen bei betrieblichen Engpässen
- Zusatzauftrag (Preisuntergrenze bei betrieblichen Engpässen)

a) Optimierung des Produktionsprogramms, wenn keinerlei Engpässe existieren

Horst Sparsam, Hersteller flauschiger Wollpullover, hat in den letzten Jahren die Vollkostenrechnung mit gutem Erfolg angewendet. Stets brachten seine drei Produkte »Flauschy« (A), »Pully« (B) und »Rolly« (C) gute Erfolge. Da hochwertige Wolle im Preis stark anstieg und er die Kostensteigerung nicht weitergeben kann, muß er sein Produktionsprogramm überdenken. Seine neue Kalkulation auf Basis der Vollkosten zeigt folgende Stückerfolge:

Produkt	A	B	C
Einzelkosten	50	20	30
+ Gemeinkostenzuschlag 200 %	100	40	60
Selbstkosten	150	60	90
Verkaufspreis	145	80	95
Stückerfolg	−5	20	5

Wenn Herr Sparsam von »Flauschy« (A), »Pully« (B) und »Rolly« (C) je 100 Pullover verkauft, sieht seine Ergebnisrechnung folgendermaßen aus:

Produkt	A	B	C	Σ
Umsatzerlös	14 500	8 000	9 500	32 000
– Kosten	15 000	6 000	9 000	30 000
Erfolg	–500	2 000	500	2 000

Schweren Herzens trennt sich Herr Sparsam von »Flauschy«. Nach Ablauf der Periode stellt er fest, daß er anstelle des erwarteten Gewinns in Höhe von 2 500 Mark einen Verlust in Höhe von 7 500 Mark gemacht hat. Wie kommt es hierzu? Herr Sparsam hat das falsche Rechnungssystem für seine Entscheidung verwendet. Die Bereinigung des Produktionsprogrammes darf nicht mit Hilfe der Vollkostenrechnung geschehen. Hier ist die Deckungsbeitragsrechnung anzuwenden. Der Pullover »Flauschy« brachte pro Stück einen Deckungsbeitrag von 95 Mark. Bei einer Verkaufsmenge von 100 Stück verzichtet Herr Sparsam auf 9 500 Mark Deckungsbeitrag.

Produkt	A	B	C	Σ
Umsatzerlös	14 500	8 000	9 500	32 000
– variable Kosten	5 000	2 000	3 000	10 000
Deckungsbeitrag	9 500	6 000	4 500	22 000
– fixe Kosten				20 000
Gesamterfolg				2 000

Wenn er die von »Flauschy« getragenen Fixkosten nicht abbauen kann, dann haben »Pully« und »Rolly« diese Kosten zu übernehmen.

Die kurzfristige Preisuntergrenze liegt bei einem Deckungsbeitrag von Null. Jedes Produkt, welches einen Deckungsbeitrag bringt, bleibt kurzfristig im Programm. Hätte Herr Sparsam das einstufige Direct Costing im Mehrproduktunternehmen angewendet, dann hätte er keine Fehlentscheidung getroffen.

b) Optimierung bei einem Engpaß und Absatzrestriktionen

Der Scheinwerferhersteller Solar AG stellt für die Autoindustrie vier verschiedene Leuchten her. Alle Leuchten durchlaufen eine Endkontrolle. Seit seiner Zertifizierung nach ISO 9000 hat die Solar AG Kapazitätsprobleme in der Endkontrolle. Bis zur Installation eines neuen, dritten Arbeitsplatzes verfügt die Endkontrolle über eine Kapazität von 14 400 Minuten/Monat. Nach Auftragseingangsplanung des Vertriebs könnten pro Monat 2 500 Scheinwerfer des Typs A, 3 000 Scheinwerfer des Typs B, 5 000 Innenleuchten und 800 Positionsleuchten verkauft werden. Welche Produkte sind im optimalen Produktionsprogramm, wenn folgende Daten gegeben sind?

	Preis DM/Stück	Materialkosten DM/Stück	Gehäusebau Min/Stück	Lackiererei Min/Stück	Montage Min/Stück	Kontrolle Min/Stück
Scheinwerfer A	15,00	5,70	5	0	10	2
Scheinwerfer B	20,00	6,50	10		12	2
Innenleuchte	3,00	1,95	2			1
Pos. Leuchte	5,00	1,65	3	2	4	1
Kosten pro min			0,20	0,10	0,10	0,15

Die Optimierung erfolgt in drei Schritten. Im ersten Arbeitsgang ist der Deckungsbeitrag der einzelnen Artikel zu ermitteln. Dann wird der relative Deckungsbeitrag bestimmt und abschließend die Reihenfolge der Produktion festgelegt.

Für den Scheinwerfer vom Typ A wird nun der Deckungsbeitrag ermittelt. Vom Verkaufspreis subtrahiert man die Materialeinzelkosten und die Fertigungseinzelkosten. Der Deckungsbeitrag pro Scheinwerfer vom Typ A beträgt:

Verkaufspreis	15,00 DM/Stück
– Materialeinzelkosten	5,70 DM/Stück
– Fertigung Gehäusebau: 5 Minuten/Stück × 0,20 DM/Minute =	1,00 DM/Stück
– Fertigung Lackiererei:	
– Fertigung Montage: 10 Minuten/Stück × 0,10 DM/Minute =	1,00 DM/Stück
– Kontrolle: 2 Minuten/Stück × 0,15 DM/Minute =	0,30 DM/Stück
Deckungsbeitrag	7,00 DM/Stück

Der relative Deckungsbeitrag läßt sich wie folgt berechnen:

$$\text{relativer Deckungsbeitrag} = \frac{\text{absoluter Deckungsbeitrag}}{\text{Ausbringungszeit je Stück im Engpaß}}$$

$$\text{relativer Deckungsbeitrag Scheinwerfer A} = \frac{7,00 \text{ DM / Stück}}{2 \text{ Minuten}} = 3,50 \text{ DM/Stück} \times \text{Min}$$

Tabelle 47 faßt die Ergebnisse der Rechnung über alle Produkte zusammen.

Die Produktion erfolgt nun entsprechend der ermittelten Reihenfolge. Zuerst werden die Scheinwerfer vom Typ B gefertigt. Von der Ausgangskapazität wird der Verbrauch für die Scheinwerfer vom Typ B abgezogen. Diese Restkapazität steht nun weiter zur Verfügung. Jetzt durchlaufen die

Produkte	Preis DM/Stück	Materialkosten DM/Stück	Gehäusebau DM/Stück	Lackiererei DM/Stück	Montage DM/Stück	Kontrolle DM/Stück	absoluter Deckungsbeitrag DM/Stück	relativer Deckungsbeitrag DM/Stück × Minute	Rangfolge
Scheinwerfer A	20,00	5,70	1,00	0	1,00	0,30	7,00	3,50	2
Scheinwerfer B	15,00	6,50	2,00	0	1,20	0,30	10,00	5,00	1
Innenleuchte	3,00	1,95	0,40	0	0	0,15	0,50	0,50	4
Positionsleuchte	5,00	1,65	0,60	0,20	0,40	0,15	2,00	2,00	3

Tabelle 47: Optimierung bei einem Engpaß und Absatzrestriktionen (relativer Deckungsbeitrag)

Scheinwerfer vom Typ A die Kontrolle, dann die Positionsleuchten und zum Schluß die Innenleuchten, bis die Gesamtkapazität in der Abteilung »Endkontrolle« verbraucht ist. Dieses Vorgehen maximiert gleichzeitig den Deckungsbeitrag. Man hat die Kapazität innerhalb der Kontrolle optimal genutzt, da pro verbrauchte Kapazität jeweils der höchste Deckungsbeitrag realisiert wurde. So erhält man:

	Bedarf in Stück	Verbrauch in Minuten	Gesamt-verbrauch	Restkapa-zität in Minuten	Produzier-te Anzahl	Deckungs-beitrag pro Stück	Gesamt-deckungs-beitrag
Scheinwerfer B	3 000	2	6 000	8 400	3 000	10,00	30 000
Scheinwerfer A	2 500	2	5 000	3 400	2 500	7,00	17 500
Positionsleuchte	800	1	800	2 600	800	2,00	1 600
Innenleuchte	5 000	1	2 600		2 600	0,50	1 300
Gesamtdeckungsbeitrag							50 400

Der Bedarf an Innenleuchten konnte nicht gedeckt werden. Durch die Kapazitätsrestriktion können nur 2 600 Innenleuchten produziert werden, dann ist die Kapazität der Kontrolle erschöpft.

c) Optimierung des Produktionsprogramms bei zwei Engpässen

Der Schreinermeister Holzwurm ist gezwungen, seine Produktion infolge eines Lieferboykotts von Tropenholz zu optimieren. Für seine luxuriöse Serie Tropica hat er noch 240 m² Platten und 320 m Leisten auf Lager. Pro Sideboard »De Lux« benötigt man 3,5 m² Platten und 3 m Leisten. Für einen Tisch »De Lux« werden 2 m² Platten und 4 m Leisten benötigt. Der Deckungsbeitrag pro Sideboard beträgt 160 Mark und pro Tisch 100 Mark.

Der Schreinermeister Holzwurm maximiert den Gewinn. Er weiß, daß rechts vom Break-even-Punkt der Gewinn voll dem Deckungsbeitrag entspricht. Daher setzt er die Maximierung von Gewinn und Deckungsbeitrag gleich. Der zu maximierende Deckungsbeitrag setzt sich zusammen aus 160 Mark/Stück, multipliziert mit der Anzahl produzierter Sideboards (x), und 100 Mark/Stück, multipliziert mit der Anzahl produzierter Tische (y). Daneben werden auch die Materialrestriktionen berücksichtigt. Er stellt folgende Gleichungen und Ungleichungen auf.

DB		=	$160 \times x + 100 \times y$	ist zu maximieren
Nebenbedingungen:				
Platten:		240	$\geq$	$3,5 \times x + 2 \times y$
Leisten:		320	$\geq$	$3 \times x + 4 \times y$
x, y	$\geq$	0		

Man sieht leicht, daß das Problem im ersten Quadranten des Koordinatensystems zu lösen ist (vgl. Abbildung 89).

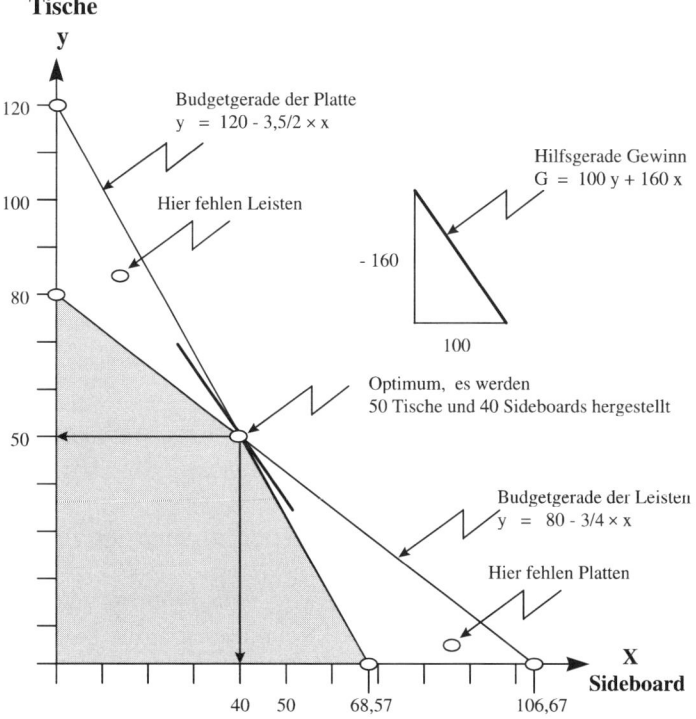

Abbildung 89: Grafische Lösung des Produktionsprogramms bei zwei Engpässen

Würde Meister Holzwurm nur Tische herstellen, dann könnte er aus den Platten 120 Tische und aus den Leisten 80 Tische produzieren. Der Engpaß bei der Tischproduktion ist durch Leisten gegeben. Fertigt er nur Sideboards, so kann er aus den Platten 68,57 Sideboards und aus den Leisten 106,67 Sideboards herstellen. Hier beschränken die Platten die Produktion. Nur im grauen Bereich der Abbildung 89 läßt sich produzieren. Der Rand, gegeben durch die Verbindung der Punkte (0/80), (40/50) und (68,57/0), kennzeichnet eine effiziente Produktion. Die Steigung der Gewinngeraden bestimmt das Gewinnoptimum. Dieses ist gegeben durch den am weitesten rechts liegenden Tangentialpunkt aus Hüllkurve und Gewinngerade. Der Schreinermeister Holzwurm legt an diese Hüllkurve die Gewinngerade mit der Steigung (–160/100) an und erhält im Tangentialpunkt (40/50) das Gewinnoptimum. Er hat hier einen Deckungsbeitrag von:

40 Sideboards zu 160 DM Deckungsbeitrag pro Stück	6 400 DM
+ 50 Tische zu 100 DM Deckungsbeitrag pro Stück	5 000 DM
Gesamtdeckungsbeitrag im Optimum	11 400 DM

Dieses Optimierungsproblem läßt sich auch mit Hilfe der *linearen Programmierung*, der *Simplex-Methode*, lösen. Jedoch wendet man diese Methode meist erst ab drei Restriktionen an. Die Simplex-Methode wird nun auf das Problem von Herrn Holzwurm angewendet.

d) Optimierung des Produktionsprogramms bei zwei und mehr
   Engpässen – lineare Programmierung und Simplex-Methode –

Mit dem Rechenverfahren der linearen Programmierung wird es dem Unternehmen möglich, optimale Verhaltensweisen festzulegen. Damit man das Verfahren anwenden kann, sind vier Eigenschaften notwendig:

- Es bestehen lineare Relationen,
- es liegen lineare Restriktionen vor,
- es existieren nicht-negative Zielgrößen,
- man hat die Möglichkeit, zu minimieren oder zu maximieren.

Zur Erläuterung der Simplex-Methode wird vom Problem des Schreinermeisters Holzwurm ausgegangen: Der Deckungsbeitrag ist gegeben durch $DB = 160 \times x + 100 \times y$, und die Nebenbedingungen lauten für Platten $240 \geq 3,5 \times x + 2 \times y$ und für Leisten $320 \geq 3 \times x + 4 \times y$. Daneben sind die Nicht-Negativitätsbedingungen $x, y \geq 0$ erfüllt.

Aus den Ungleichungen der Nebenbedingungen müssen zuerst Gleichungen entstehen. Dies geschieht durch die Addition der Schlupfvariable S. Dieser Schlupf sorgt dafür, daß keine Reste übrig bleiben. Der Schlupf ist unersättlich und verbraucht grundsätzlich den Rest. So werden Ungleichungen aus dem vorangegangenen Beispiel mit Hilfe des Schlupfs zu neuen Gleichungen:

Gewinn:	$DB - 160 \times x - 100 \times y$	=	0
Platten:	$S_1 + 3,5 \times x + 2 \times y$	=	240
Leisten:	$S_2 + 3 \times x + 4 \times y$	=	320

Aus diesen Gleichungen entsteht das Schema der Simplex-Methode. So wird zum Beispiel aus der Gleichung für Platten: $1 \times S_1 + 0 \times S_2 + 3,5 \times x + 2 \times y = 240$ die zweite Zeile des *Simplex-Tableaus* (vgl. Tabelle 48).

S_1	S_2	x	y	Kapazität
1	0	3,5	2	240
0	1	3	4	320
0	0	−160	−100	0

Tabelle 48: Ausgangstableau eines Simplex

Um nun einen Simplex zu generieren, müssen zwei eindeutig definierte Rechenregeln angewendet werden.

1. Die erste Rechenregel besagt, daß bei jeder Iteration aus dem Simplex-Tableau eine Spalte und eine Zeile ausgewählt werden. Als *Spalte* wird jene ausgewählt, bei der in der letzten Zeile die kleinste Zahl steht. In unserem Fall ist dies der Wert (−160), der Deckungsbeitrag eines Sideboards. Schreinermeister Holzwurm startet im Nullpunkt der Abbildung 89 und stellt erst einmal Sideboards her. Er bewegt sich entlang der x-Achse, bis ihm die Platten ausgehen. Er befindet sich im Punkt (68,57/0). Diese Erkenntnis ist wichtig für die Auswahl der richtigen Zeile. Für die *Auswahl der Zeile* kommen alle Zeilen mit positiver Zahl in der ausgewählten Spalte in Betracht. Ausgewählt wird die Zeile mit dem absolut betrachtet kleinsten Quotienten aus Restriktion und positiver Zahl.
   Dieses Vorgehen liefert den Wert 3,5 und damit das künftige Pivot-Element (vgl. Tabelle 49).

X	y	Kapazität	Bedingung
3,5	2	240	$^{240}/_{3,5} = 68,57$
3	4	320	$^{320}/_3 = 106,67$
−160	−100	0	

Tabelle 49: Bestimmung des Pivot-Elements durch Auswahl der Pivot-Spalte und Pivot-Zeile

2. Die zweite Regel verlangt, daß man die ausgewählte Zeile durch das ausgewählte Element dividiert. Dann ist für jede weitere Zeile ein geeignetes Vielfaches der erhaltenen Zeile von den übrigen in die Auswahl einbezogenen Zeilen zu subtrahieren oder zur letzten Zeile zu addieren, bis in der ausgewählten Spalte alle Zahlen bis auf die der ausgewählten Zeile verschwinden. Im ersten Arbeitsgang erhalten wir:

S_1	S_2	x	y	Kapazität
0,2857142	0	*1*	0,5714284	68,571428
0	1	3	4	320
0	0	−160	−100	0

Jetzt muß jede Zahl in der Spalte, außer der Eins, in der ausgewählten Zeile verschwinden. Zuerst kommt die »3« an die Reihe. Am einfachsten multipliziert man die ausgewählte Zeile mit minus Drei und addiert das Ergebnis zur dritten Zeile. Dies führt zu:

−0,8571426	0	*−3*	−1,7142852	−205,71422
0	1	3	4	320
−0,8571426	1	0	2,2857148	114,28578

Dann multipliziert man die zweite Zeile mit der Zahl 160 und addiert das Ergebnis zur letzten Zeile. Man erhält:

45,7142272	0	*160*	91,428544	10.971
0	0	−160	−100	0
45,7142272	0	0	−8,57146	10.971

Aus diesen Ergebnissen entsteht das neue Simplex-Tableau (vgl. Tabelle 50).

S_1	S_2	x	y	Kapazität
0,2857142	0	*1*	0,5714284	68,57
−0,8571426	1	0	2,2857148	114,28578
45,7142272	0	0	−8,57146	10.971

Tabelle 50: Simplex-Tableau nach der ersten Iteration

Dieses Tableau kann wie folgt interpretiert werden: Wenn der Schreinermeister 68,57 Sideboards herstellt, dann erhält er einen Deckungsbeitrag von 10 971 Mark. Der Leistenvorrat ist noch nicht aufgebraucht. Er hat jetzt noch 114,28 Meter auf Lager. Wenn er sich nun entschließt, auf ein Sideboard zu verzichten und stattdessen einen Tisch zu bauen, dann erhält er einen zusätzlichen Deckungsbeitrag von 8,57 Mark. Bildlich gesprochen, bewegt sich der Schreinermeister mit dieser Entscheidung in der Abbildung 89 von dem Punkt (68,57/0) weg, hin zum Punkt (40/50). Eine neue Iteration wird gestartet.

Man wendet wieder die erste Rechenregel an. Es bleibt die Spalte mit dem Wert (−8,57146) übrig. Nun wird die Zeile ausgewählt.

X	y	Kapazität	Bedingung
1	0,5714284	68,57	$\frac{68,57}{0,5714284} = 120$
0	*2,2857148*	114,28578	$\frac{114,28578}{2,2857148} = 50$
0	−8,57146	10.971	

Man führt jetzt einen zweiten Arbeitsgang durch. Als Ergebnis erhält man das dritte Simplex-Tableau mit der Simplex-Lösung (vgl. Abbildung 90).

Nach diesem Tableau hat der Schreinermeister 40 Sideboards und 50 Tische zu produzieren. Der Deckungsbeitrag für diese optimale Kombination beträgt 11 400 Mark. Dieses Simplex-Ergebnis entspricht der grafischen Lösung. Weitere Ergebnisse liefert der linke Teil des Simplex-Tableaus. Man verwendet das Ergebnis zur Klärung der Preisobergrenze für den Zukauf von Leistungen bei betrieblichen Engpässen. Hier handelt es sich um Platten und Leisten.

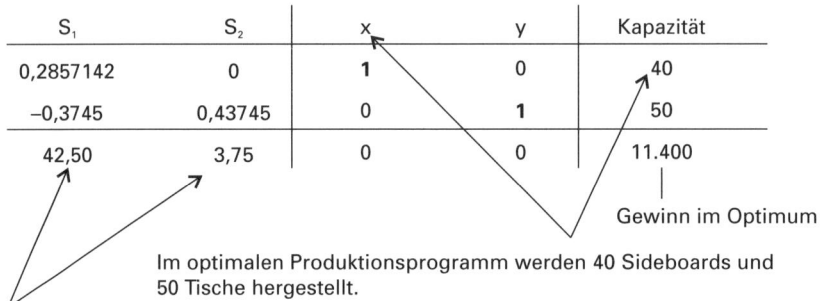

S_1	S_2	x	y	Kapazität
0,2857142	0	1	0	40
−0,3745	0,43745	0	1	50
42,50	3,75	0	0	11.400

Gewinn im Optimum

Im optimalen Produktionsprogramm werden 40 Sideboards und 50 Tische hergestellt.

Schattenpreise: geben die Preisobergrenze beim Zukauf an. Für einen Quadratmeter Tischplatte können 42,50 Mark und für einen Meter Leisten 3,75 Mark bezahlt werden, ohne daß für den Hersteller ein Verlust entsteht.

Abbildung 90: Interpretation der Simplexlösung

e) Bestimmung von Preisobergrenzen für den Zukauf von Leistungen bei betrieblichen Engpässen

Unter den Schlupfvariablen sind in der letzten Zeile der Simplex-Lösung die *Schattenpreise* gegeben. Schattenpreise stellen eine Preisobergrenze für den Zukauf von Leistungen bei betrieblichen Engpässen dar.

S_1	S_2
0,2857142	0
-0,3745	0,43745
42,50	3,75

Im vorliegenden Fall kann der Schreinermeister für einen Quadratmeter Platte 42,50 Mark und für den laufenden Meter Leiste 3,75 Mark als Preisobergrenze bezahlen. Diese Preise verbrauchen den gesamten Deckungsbeitrag. Eine einfache Rechnung belegt diesen Zusammenhang. Um ein Sideboard herstellen zu können, benötigt man 3,5 m² Platten und 3 m Leisten. Bewertet man den Verbrauch mit den Schattenpreisen, dann erhält man die entsprechenden Kosten.

Kosten Sideboard $K = 3,5 \text{ m}^2 \times 42,50 \text{ DM/m}^2 + 3 \text{ m} \times 3,75 \text{ DM/m} = 160 \text{ DM}$

Die Kosten entsprechen exakt dem Deckungsbeitrag für ein Sideboard. Gleiches gilt auch für den Tisch. In Abschnitt 4.3.3.2 wird auf das Problem des Zukaufs noch näher eingegangen.

f) Zusatzauftrag – Preisuntergrenze bei betrieblichen Engpässen

Ein Zusatzauftrag ist generell dann anzunehmen, wenn er einen positiven Deckungsbeitrag erwirtschaftet. Jeder Deckungsbeitrag füllt das Gefäß der Fixkosten und wird nach dem Break-even-Punkt zu einem Gewinn. Verursacht ein Zusatzauftrag zusätzliche Fixkosten, so sind diese vom Deckungsbeitrag des Zusatzauftrages zu tragen. Problematisch ist die Annahme eines Zusatzauftrages, wenn hierdurch ein Engpaß entsteht und eine Änderung des Produktionsprogrammes notwendig wird. In diesem Fall muß auf die Fertigung anderer Erzeugnisse oder auf die Produktion eines Produktes gänzlich verzichtet werden. Jetzt hat der Zusatzauftrag die verlorenen Deckungsbeiträge der reduzierten Produkte mit zu übernehmen.

Der Schreinermeister Holzwurm erhält gleichzeitig zwei Aufträge. Die Schlemmer AG bestellt eine Lieferung von 500 Stühlen, und die Berufsakademie möchte 300 Stühle vom Typ »Dreaming Student« haben. Die Berufsakademie kann den Auftrag splitten und einen weiteren Schreiner mit der Herstellung der fehlenden Stühle beauftragen. Herr Schlemmer beauftragt den Praktikanten Studiosus mit der Kalkulation der Preisuntergrenze für die Stühle der Schlemmer AG, wenn folgende Daten gegeben sind:

Modell:	Kantine Schlemmer	»Dreaming Student«	Kapazität
Menge	500	300	
Preis	145	250	
variable Kosten	50	130	
Verbrauch Säge	12 Minuten	20 Minuten	160 Stunden
Verbrauch Schleifmaschine	10 Minuten	10 Minuten	140 Stunden
Verbrauch Bohrmaschine	6 Minuten	12 Minuten	80 Stunden

Der Praktikant sucht zuerst den Engpaß. Für die Herstellung von 500 Stühlen für die Schlemmer AG und 300 Stühlen des Typs »Dreaming Student« benötigt er:

Verbrauch Säge	6 000 Minuten	6 000 Minuten	200 Stunden
Engpaß			– 40 Stunden
Verbrauch Schleifmaschine	5 000 Minuten	3 000 Minuten	134 Stunden
Verbrauch Bohrmaschine	3 000 Minuten	3 600 Minuten	110 Stunden
Engpaß			– 30 Stunden

An der Säge fehlen Herrn Holzwurm 40 Stunden Kapazität, um beide Aufträge abwickeln zu können. Entscheidet er sich für die Stühle der Schlemmer AG, dann verzichtet er auf die Produktion von 120 Stühlen »Dreaming Student«. An der Bohrmaschine fehlen 30 Stunden. Da die Produktion für einen Stuhl »Dreaming Student« 12 Minuten dauert, wird somit auf 150 »Dreaming Student«-Stühle verzichtet. Da jeder einzelne »Dreaming Student«-Stuhl einen Deckungsbeitrag von 120 Mark bringt, wird auf 150 Stühle × 120 Mark/Stuhl gleich 18 000 Mark verzichtet. Diesen Betrag haben nun die 500 Stühle der Kantine zu tragen. Pro Stuhl sind dies 36 Mark. Für die Preisuntergenze gilt nun:

variable Kosten pro Stuhl Kantine Schlemmer	50 DM
+ entgangener Deckungsbeitrag	36 DM
Preisuntergrenze pro Stuhl Kantine Schlemmer	86 DM

4.3.3.2 Outsourcing und Insourcing (Make-or-buy-Entscheidung)

Outsourcing und Insourcing behandeln die Frage, ob ein Unternehmen bestimmte Teile, die es zur Fertigung seiner Produkte benötigt, selber fertigen oder kaufen soll (Make-or-buy-Entscheidung). Die Make-or-buy-Entscheidung wird einerseits beherrscht von unternehmerischen und strategischen Gesichtspunkten und andererseits von operativen, auf Kostenreduktion zielenden Strategien. Die langfristige, strategische Entscheidung für Outsourcing wird durch die Unternehmensumwelt dem Unternehmen vorgegeben. Die Risiken und Chancen der Umwelt, die potentiellen Stärken und Schwächen der Unternehmung sind durch eine Unternehmensanalyse festzustellen. Der Vergleich mit den strategischen Plänen zeigt eventuell Lücken auf, ein Handlungsbedarf ist gegeben. Derzeit besinnt man sich in Unternehmen auf die Kernkompetenzen. Der Weg hin zum »schlanken Unternehmen« wird gesucht. Im Management werden daher diverse Möglichkeiten des Outsourcing diskutiert (vgl. Übersicht 27).

- Zukauf von Norm- und Standardteilen
- Lohnarbeit
- Fremdfertigung durch eine verlängerte Werkbank
- Auslagern von Aufgaben (z. B. Factoring)
- Produktion in Billiglohnländern (Global Sourcing und Outsourcing)
- Internationale Zusammenarbeit (z. B. in Forschung und Entwicklung)

Übersicht 27: Möglichkeiten und Situationen für ein Outsourcing

Die Kosten- und Leistungsrechnung ist operativ ausgerichtet. Der Planungszeitraum geht über das Budgetjahr normalerweise nicht hinaus. Die Kosten- und Leistungsrechnung liefert die Datenbasis und Rechenmethoden für kurzfristige Outsourcing- und Insourcing-Entscheidungen. Immer wenn sich Datenänderungen auf dem Beschaffungsmarkt oder innerhalb des Unternehmens ergeben, hat die Kosten- und Leistungsrechnung oder das Controlling Vergleichsrechnungen anzustellen. Nach *Reichmann/Palloks* (1995, S. 4) ermittelt die Kosten- und Leistungsrechnung *Preisobergrenzen.* Diese geben den Wert an, den ein Unternehmen maximal für Leistungen am Beschaffungsmarkt bezahlen kann. Bei der Preisobergrenze ist das Unternehmen indifferent zwischen Eigen- und Fremdfertigung. Liegt der Beschaffungspreis unter der Preisobergrenze, dann entsteht durch den Zukauf ein Gewinn, andernfalls ein Verlust. Mit dem Schattenpreis der linearen Programmierung ist eine solche Preisobergrenze gegeben.

In vielen Fällen werden Projekte durch die in Übersicht 28 aufgeführten Gegebenheiten ausgelöst.

Bei der Ermittlung der Preisobergrenze empfiehlt sich ein systematisches Vorgehen. Das Rad der Kalkulation braucht nicht neu erfunden werden. Das normale Kalkulationsschema des Betriebes ist Basis der Vergleichsrech-

Outsourcing: von der Eigenfertigung zum Kauf	*Insourcing: vom Kauf zur Eigenfertigung*
– Vollbeschäftigung	– Unterbeschäftigung
– Kapazitätsengpässe, fehlender Raum, Liquidität	– Ablauf von langfristigen Beschaffungsverträgen
– kostengünstige Lieferanten	– Investitionen
– Fertigungs-Know-how beim Lieferanten	– Änderungen bei Steuern und Zöllen
– Investitionen sind notwendig	– Probleme mit Lieferanten
– interne Kostensteigerungen	– Preiserhöhungen
– Auslauf von Lizenzverträgen	– Bedarfsanstieg
– sinkender Bedarf	

Übersicht 28: Gründe für Outsourcing und Insourcing

Make or buy: Selbst fertigen oder kaufen?			
Untersuchungsobjekt:	Artikelnummer:		
Betrachtungszeitraum:	Volumen (Stück):		
Engpässe in	Abteilungen:		
	Maschinen		
	variable Kosten	Zusätzlich (+) abbaubare (–) Fixkosten	Opportunitäts- kosten
hier folgt die im Betrieb angewendete Zuschlagskalkulation Materialeinzelkosten			
Materialgemeinkosten			
Fertigungslöhne			
Maschinenkosten			
Fertigungsgemeinkosten			
Sondereinzelkosten Fertigung			
Entwicklung u. Konstruktion			
Verwaltungsgemeinkosten			
Vertriebsgemeinkosten			
Sondereinzelkosten Vertrieb			
Maschinenkosten			
Fertigungsgemeinkosten			
Sondereinzelkosten Fertigung			
Kosten der Eigenfertigung			
hier folgt die im Betrieb angewendete Beschaffungskalkulation, Einzelpreis lt. Rechnung			
+ Zurechnungsbeträge (Verpackung, Verladung, Wiegen, Gebühren)			
+ Fracht, Roll- und Standgelder			
– Rabatte und Vergütungsbeträge			
+ Einlagerung und Qualitätssicherung			
Kosten des Fremdbezugs (Bereitstellungspreis)			
Ergebnis:	Einsparung durch Vergabe:		
	Mehrkosten durch Vergabe:		
Entscheidung:	gerechnet von: Datum:	Stellungnahme:	

Tabelle 51: Kalkulationsschema für Make-or-Buy-Entscheidungen
Quelle: in Anlehnung an VDMA/Andreas/Reichle (1988, Anlage 6)

nung. Das Kalkulationsschema wird jedoch ergänzt und wie in Tabelle 51 aufgebaut.

Der Kauf von Norm- und Standardteilen wird generell als unproblematisch angesehen. Die Preisobergrenze orientiert sich hier an der Beschäftigungslage. Im Fall der Unterbeschäftigung (das Unternehmen hat freie Kapazitäten) werden als Preisobergrenze die variablen Herstellkosten angesetzt. Treten jedoch Engpässe auf, dann stellt sich die Preisobergrenze als Summe aus variablen Herstellkosten und Opportunitätskosten dar.

Im Fall von Fremdfertigung durch eine verlängerte Werkbank, das Auslagern von Aufgaben (z. B. Factoring) oder der Produktion in Billiglohnländern (Global Sourcing und Outsourcing) werden üblicherweise Kapazitäten abgebaut. Maschinen und maschinelle Anlagen werden stillgelegt, Abteilungen oder Produktionsstandorte geschlossen. In diesem Fall veränderlicher Kapazitäten müssen zu den obigen Kosten zusätzlich die abbaubaren Fixkosten berücksichtigt werden.

Man unterscheidet vier Make-or-buy-Entscheidungssituationen (vgl. Abbildung 91).

Der Spielzeughersteller Kindy befindet sich in einer Vollbeschäftigungsphase. In dieser Situation bestellt der Schokoladenhersteller Leckerlein für seine Wundereier 100 000 kleine Tierfiguren. Eine Eigenfertigung wäre nur mit Aushilfen im Schichtbetrieb möglich. Das Unternehmen überlegt, ob

Beschäftigung / Kapazitätsrestriktion	Vollbeschäftigung	Unterbeschäftigung
unveränderliche Kapazitäten	Preisobergrenze = variable Herstellkosten + Opportunitätskosten	Preisobergrenze = variable Herstellkosten
veränderliche Kapazitäten	Preisobergrenze = variable Herstellkosten + Opportunitätskosten + abbaubare Fixkosten	Preisobergrenze = variable Herstellkosten + abbaubare Fixkosten

Abbildung 91: Make-or-buy-Entscheidungssituationen
Quelle: Reichmann/Palloks (1995, S. 7)

es den Auftrag fremdvergeben kann, wenn der Lieferant 40 000 Mark für den Auftrag haben möchte.

Das Unternehmen Kindy fordert seine Abteilung »Kosten- und Leistungsrechnung« auf, auf Basis folgender Zahlen einen Kostenvergleich anzustellen: Material 20 000 Mark, Materialgemeinkosten zehn Prozent, Akkordlöhne 8 000 Mark, Lohnnebenkosten und Nachtzuschläge 100 Prozent, Fertigungsgemeinkostenzuschlag 200 Prozent auf Akkordlohn, Verwaltung, Vertrieb, Konstruktion und Modell 20 Prozent Zuschlag auf die Herstellkosten. Aus Erfahrung weiß der Kostenrechner, daß die Hälfte der Fertigungsgemeinkosten fix ist. Nach folgendem Schema erfolgt der Vergleich:

	variable Kosten	Opportunitätskosten	abbaubare Fixkosten	Basis für Preisobergrenze
Materialeinzelkosten	20 000			
+ Materialgemeinkosten	*fix*			
= Materialkosten				20 000
Fertigungslöhne	8 000			8 000
+ Fertigungsgemeinkosten	16 000			16 000
+ Sondereinzelkosten				
= Kosten der Fertigung				24 000
Herstellkosten				44 000
+ Verwaltung/Vertrieb	*fix*			
Preisobergrenze				44 000

Fixkosten, welche nicht abgebaut werden können, finden bei der Make-or-buy-Entscheidung keine Berücksichtigung. Die Materialgemeinkosten werden daher nicht angesetzt. Sie haben den Charakter nicht abbaubarer Fixkosten. Auch in der Fertigung, der Verwaltung und dem Vertrieb bleiben Fixkosten außen vor. Kindy könnte somit 44 000 Mark für die Fremdfertigung bezahlen. Da ein Angebot mit 40 000 Mark vorliegt, spart Kindy bei der Fremdvergabe 4 000 Mark.

Angenommen jedoch, das Unternehmen ist nicht voll beschäftigt. Arbeiter mit Zeitverträgen sind nicht ausgelastet. In diesem Fall gilt folgende Rechnung:

	variable Kosten	Opportuni-tätskosten	abbaubare Fixkosten	Basis für Preisobergrenze
Materialeinzelkosten + Materialgemeinkosten	20 000 *fix*			
= Materialkosten				20 000
Fertigungslöhne	*fix*			
+ Fertigungsgemeinkosten	8 000			8 000
+ Sondereinzelkosten				
= Kosten der Fertigung				8 000
Herstellkosten + Verwaltung/Vertrieb	*fix*			28 000
Preisobergrenze				28 000

Die untätigen Mitarbeiter können jetzt für den Auftrag eingesetzt werden. Der Lohn hat fixen Charakter und darf daher nicht angesetzt werden. Er dient jedoch zur Ermittlung der variablen Fertigungsgemeinkosten. Jetzt ist Eigenfertigung preiswerter als Fremdbezug.

Wenn Kindy langfristig mit Unterbeschäftigung rechnet, wird es Personal freisetzen. Können zwei Arbeiter entlassen werden, dann wird deren Lohn in Höhe von 14 000 Mark gespart. Dieser Betrag stellt abgebaute Fixkosten dar und muß gemäß der folgenden Rechnung berücksichtigt werden.

	variable Kosten	Opportuni-tätskosten	abbaubare Fixkosten	Basis für Preisobergrenze
Materialeinzelkosten + Materialgemeinkosten	20 000 *fix*			
= Materialkosten				20 000
Fertigungslöhne			14 000	14 000
+ Fertigungsgemeinkosten	8 000			8 000
+ Sondereinzelkosten				
= Kosten der Fertigung				22 000
Herstellkosten + Verwaltung/Vertrieb	*fix*			42 000
Preisobergrenze				42 000

Der Fremdbezug ist nun wieder günstiger.

Generell ist festzustellen, daß Unternehmen im Fall von kurzfristiger Vollbeschäftigung eher zum Fremdbezug tendieren. *Andreas/Reichle* (1988, S. 96) sprechen hier von »Jonglieren mit Engpässen«. Bei Unterbeschäftigung heißt es dagegen »Selbermachen«.

Langfristig gesehen führt die Make-or-buy-Entscheidung zum Abbau von Kapazitäten. Dies gilt für Voll- und Unterbeschäftigung.

4.4 Leistungsrechnung

Die Finanzbuchhaltung erstellt die Gewinn- und Verlustrechnung nach § 275 HGB in Staffelform entweder nach dem Gesamtkosten- oder dem Umsatzkostenverfahren (vgl. Tabelle 52).

Die Inhalte von Gesamtkosten- und Umsatzkostenverfahren bestimmen sich nach Handels- und Steuerrecht. Sie unterliegen somit den rechtlichen Konventionen. Die Berichterstattung wendet sich an externe Adressaten. Das Unternehmen stellt sich im Rahmen der gesetzlichen Normen entsprechend positiv vor. Die Gewinn- und Verlustrechnung der Finanzbuchhaltung ist als betriebliche Erfolgsrechnung ungeeignet, da sie sich an Aufwand und Ertrag orientiert.

Selbst wenn die Finanzbuchhaltung monatlich ihre Gewinn- und Verlustrechnung liefern würde, so kann man dennoch nicht auf dieser Datenbasis den Erfolg lenken. Das Management benötigt ein Betriebsergebnis, welches auf Leistung und Kosten beruht. Eine Abgrenzung zwischen Aufwand und Kosten einerseits und Ertrag und Leistung andererseits ist notwendig. Der Gemeinschafts-Kontenrahmen der Industrie kommt dieser Forderung nach, kann jedoch nicht Informationen über den Erfolg mit einzelnen Produkten, Produktgruppen, Filialen oder Unternehmensbereichen aufzeigen. Die Informationen müssen schnell verfügbar sein. Beispielsweise möchte ein Handelsunternehmen frühzeitig den Kundengeschmack erfahren und durch aktive Politik Ladenhüter verhindern und Lieferengpässe vermeiden.

Die Leistungsrechnung kann auf der Basis von Ist-, Normal- und Plankosten wie auch als Voll- und Teilkostenrechnung erfolgen.

Gesamtkostenverfahren	Umsatzkostenverfahren
1. Umsatzerlöse	1. Umsatzerlöse
2. Erhöhung oder Verminderung des Bestands an fertigen und unfertigen Erzeugnissen	2. Herstellungskosten der zur Erzielung der Umsatzerlöse erbrachten Leistungen
3. andere aktivierte Eigenleistungen	3. Bruttoergebnis vom Umsatz
4. sonstige betriebliche Erträge	4. Vertriebskosten
5. Materialaufwand	5. allgemeine Verwaltungskosten
6. Personalaufwand	6. sonstige betriebliche Erträge
7. Abschreibungen	7. sonstige betriebliche Aufwendungen
8. sonstige betriebliche Aufwendungen	8. Erträge aus Beteiligungen
9. Erträge aus Beteiligungen	9. Erträge aus anderen Wertpapieren und Ausleihungen des Finanzanlagevermögens
10. Erträge aus anderen Wertpapieren und Ausleihungen des Finanzanlagevermögens	10. sonstige Zinsen und ähnliche Erträge
11. sonstige Zinsen und ähnliche Erträge	11. Abschreibungen auf Finanzanlagen und auf Wertpapiere des Umlaufvermögens
12. Abschreibungen auf Finanzanlagen und auf Wertpapiere des Umlaufvermögens	12. Zinsen und ähnliche Aufwendungen
13. Zinsen und ähnliche Aufwendungen	13. Ergebnis der gewöhnlichen Geschäftstätigkeit
14. Ergebnis der gewöhnlichen Geschäftstätigkeit	14. außerordentliche Erträge
15. außerordentliche Erträge	15. außerordentliche Aufwendungen
16. außerordentliche Aufwendungen	16. außerordentliches Ergebnis
17. außerordentliches Ergebnis	17. Steuern vom Einkommen und vom Ertrag
18. Steuern vom Einkommen und vom Ertrag	18. sonstige Steuern
19. sonstige Steuern	19. Jahresüberschuß/Jahresfehlbetrag
20. Jahresüberschuß/Jahresfehlbetrag	

Tabelle 52: Gesamtkosten- und Umsatzkostenverfahren nach § 275 HGB

4.4.1 Umsatzkostenverfahren

Das Umsatzkostenverfahren kann im System der Voll- und der Teilkostenrechnung durchgeführt werden. Beim *Umsatzkostenverfahren auf Basis von Vollkosten* werden den Umsatzerlösen die Selbstkosten der verkauften Menge gegenübergestellt. Im Mehrproduktbetrieb lassen sich Umsatz und die entsprechenden Selbstkosten summieren. Das Betriebsergebnis erhält man, indem vom Gesamtumsatz die gesamten Selbstkosten abgezogen werden. Da sowohl der Umsatz als auch die Kosten mit Hilfe der verkauften Menge ermittelt werden, läßt sich auch zuerst der Stückerfolg ermitteln, welcher dann mit der verkauften Menge multipliziert wird. Es gilt allgemein (vgl. auch Abbildung 92):

$$G_B = \sum_i p_i \times x_{ai} - \sum_i k_{si} \times x_{ai} = \sum_i (p_i - k_{si}) \times x_{ai}$$

mit G_B = Betriebsergebnis, p_i = Preis von Produkt i, x_{ai} = abgesetzte (verkaufte) Menge, k_{si} = Selbstkosten pro Stück. Beim Umsatzkostenverfahren haben Umsätze und Selbstkosten immer den gleichen Bezug. Diese Beziehung wird durch den gleichen Laufindex i ausgedrückt. Der Erfolg und die Kosten können pro Produkt erfaßt werden. Der Gewinn pro Kostenträger läßt sich ermitteln.

Soll	Betriebsergebniskonto	Haben
Selbstkosten der abgesetzten Produkte $\sum_i k_{si} \times x_{ai}$	Periodenumsatz nach Produkten (IKR - Klasse 5) (GKR - Klasse 8) $U = \sum_i p_i \times x_{ai}$	
Saldo : Betriebsgewinn $G_B > 0$	Saldo : Betriebsverlust $G_B = \sum_i (p_i - k_{si}) \times x_{ai}$	$G_B < 0$

Abbildung 92: Umsatzkostenverfahren bei Vollkostenrechnung

Das Verfahren benötigt die Selbstkosten pro Stück. Dies setzt jedoch eine komplette Kosten- und Leistungsrechnung mit Kostenarten-, Kostenstellen- und Kostenträgerrechnung voraus. Das Verfahren ist nicht beschränkt auf Produkte; es kann auch auf Produktgruppen, Filialen, einzelne Unternehmensbereiche (die Profit-Center) und auch auf Länder angewendet werden.

Das Unternehmen Kindy, Hersteller von Kinderspielzeug, fertigt folgende vier Sorten von Spielzeugdinosauriern: Tyrannosaurus, Triceratops, Stegosaurus und Pteranodon. Alle Dinosaurier durchlaufen die Produktionsabteilungen »Spritzen«, »Entgraten« und »Bemalen«. Jede Produktionsstufe hat ein eigenes Lager.

Der Vertrieb meldet für eine bestimmte Periode folgende Verkaufszahlen:

100 000 Stück	Tyrannosaurus	à 2,95 DM/Stück,
80 000 Stück	Triceratops	à 2,50 DM/Stück,
90 000 Stück	Stegosaurus	à 2,80 DM/Stück,
50 000 Stück	Pteranodon	à 2,00 DM/Stück.

Aus der Kostenarten- und der Kostenstellenrechnung sind folgende Daten bekannt:

	Spritzen	Entgraten	Bemalen	Material	Verwaltung und Vertrieb	Gesamt
Gesamtstellenkosten (GSK)	25 080	22 767	155 400	9 270	73 370	285 887
Fertigungslöhne	31 350	22 767	77 700			131 817
Material				18 540		18 540
Herstellkosten x_a					366 850	366 850
Verpackung						117 400
Selbstkosten x_a						553 644
Zuschlagssätze	80 %	100 %	200 %	50 %	20 %	

Die Gesamtkosten betragen in der Materialkostenstelle 27 810 Mark und in der Fertigung 335 064 Mark. Die Produktion verursachte Herstellungskosten in Höhe von 362 874 Mark. Diese sind jedoch nicht Basis für die Gemeinkostenzuschläge von Verwaltung und Vertrieb. Zu beachten ist, daß hier die Herstellkosten der abgesetzten Menge in Höhe von 366 850 Mark die Basis bildet (daher in der Tabelle der Hinweis auf x_a). Zur Ermittlung der Herstellkosten und der Selbstkosten ist eine Kalkulation notwendig.

Diese geht von folgenden Einzelkosten pro Stück und Dinosaurier aus:

Sorte: [DM/Stück]	Tyrannosaurus	Triceratops	Stegosaurus	Pteranodon
Materialeinzelkosten	0,08	0,04	0,06	0,05
Fertigungslohn Spritzen	0,10	0,10	0,10	0,10
Fertigungslohn Entgraten	0,05	0,10	0,08	0,05
Fertigungslohn Bemalen	0,30	0,18	0,30	0,14
Verpackung	0,34	0,33	0,40	0,42

Dinosaurier	Tyrannosaurus		Triceratops		Stegosaurus		Pteranodon	
Materialkosten	0,08		0,04		0,06		0,05	
MGK 50 %	0,04	*0,12*	0,02	*0,06*	0,03	*0,09*	0,03	*0,08*
Spritzen								
Fertigungslohn	0,10		0,10		0,10		0,10	
FGK 80 %	0,08	*0,30*	0,08	*0,24*	0,08	*0,27*	0,08	*0,26*
Entgraten								
Fertigungslohn	0,05		0,10		0,08		0,05	
FGK 100 %	0,05	*0,40*	0,10	*0,44*	0,08	*0,43*	0,05	*0,36*
Bemalen								
Fertigungslohn	0,30		0,18		0,30		0,14	
FGK 200 %	0,60	*1,30*	0,36	*0,98*	0,60	*1,33*	0,28	*0,775*
Herstellkosten		*1,30*		*0,98*		*1,33*		*0,775*
Verpackung	0,34		0,33		0,40		0,42	
GKZ 20 %	0,26	*1,90*	0,196	*1,506*	0,266	*1,996*	0,155	*1,35*
Selbstkosten pro Stück		*1,90*		*1,506*		*1,996*		*1,35*

Tabelle 53: Kalkulation der Dinosaurier im Unternehmen Kindy

In der Kostenträgerrechnung wird nun die mehrstufige Divisionskalkulation angewendet. Die Herstellkosten wachsen, wie Tabelle 53 zeigt, von Produktionsstufe zu Produktionsstufe an. Für den Triceratops gilt: Die Materialkosten setzen sich aus Materialeinzelkosten von 0,04 Mark/Stück und Materialgemeinkosten in Höhe von 50 Prozent, gleich 0,02 Mark/Stück, zusammen. Sie betragen 0,06 Mark/Stück. In der Produktionsstufe »Spritzen« fallen an direkten Löhnen 0,10 Mark/Stück und 0,08 Mark/Stück an Gemeinkosten an. Die Herstellkosten betragen auf dieser Fertigungsstufe nun 0,24 Mark/Stück, nach dem Entgraten 0,44 Mark/Stück, nach dem Bemalen 0,98 Mark/Stück. Diese Kosten entsprechen den Herstellkosten. Um die Selbstkosten zu erhalten, sind die Vertriebseinzelkosten für Verpakkung in Höhe von 0,33 Mark/Stück und die Verwaltungs- und Vertriebsgemeinkosten zu addieren. Die Selbstkosten betragen 1,5026 Mark/Stück.

In dem in Tabelle 53 wiedergegebenen Schema ist für alle Kostenträger die Wertschöpfungskette vom Spritzen bis zum Bemalen kalkuliert.

Für jedes einzelne Produkt sind nun vom Preis die Selbstkosten zu subtrahieren und mit der abgesetzten Menge zu multiplizieren. Man erhält den Gewinn pro Produktart. Die Summe über die Produktarten liefert das Betriebsergebnis nach dem Umsatzkostenverfahren.

$$G_B = \sum_i (p_i - k_{si}) \times x_{ai}$$

mit $i \in$ {Tyrannosaurus, Triceratops, Stegosaurus, Pteranodon}.

Das Unternehmen verdiente mit dem Tyrannosaurus 105 000 Mark, dem Triceratops 79 520 Mark, dem Stegosaurus 72 360 Mark und dem Pteranodon 32 500 Mark. Zusammen sind dies 289 380 Mark (vgl. Tabelle 54). Nach dem Umsatzkostenverfahren ist das Betriebsergebnis jeder einzelnen Sorte bekannt. Dieses Betriebsergebnis ist jedoch mit Vorsicht zu bewerten. Nur wenn Proportionalität zwischen Gemeinkosten und Einzelkosten existiert, ist dieses Verfahren exakt. In vielen Fällen kann die Vollkostenrechnung die Gemeinkosten nicht verursachungsgerecht auf die einzelnen Pro-

	Tyrannosaurus		Triceratops		Stegosaurus		Pteranodon		Gesamt
Abgesetzte Menge	100 000		80 000		90 000		50 000		
Preis/Umsatz	2,95	295 000	2,50	200 000	2,80	252 000	2,00	100 000	847 000
Selbstkosten	1,90	190 000	1,506	120 480	1,996	179.640	1,35	67 500	557 620
Betriebsergebnis	105 000		79 520		72 360		32 500		289 380

Tabelle 54: Betriebsergebnisrechnung nach dem Umsatzkostenverfahren auf Basis von Vollkosten

dukte verteilen. Dann sollte das Umsatzkostenverfahren auf Basis von Teilkosten angewendet werden.

Dem kritischen Leser fällt auf, daß die Summe der Einzel- und Gemeinkosten in der Kostenartenrechnung 553 644 Mark beträgt. In der Ergebnisrechnung betragen die Selbstkosten 557 620 Mark. Wie kommt es zu einer
Differenz in Höhe von 3 976 Mark? Ganz einfach: Die produzierte Menge
weicht von der abgesetzten Menge ab. Ein Bestandsabbau ist gegeben. Der
Unterschied entspricht exakt der Differenz aus Herstellkosten der Produktion in Höhe von 362 874 Mark und Herstellkosten der abgesetzten Menge
in Höhe von 366 850 Mark.

Beim Umsatzkostenverfahren auf Basis von Teilkosten werden von den
Umsatzerlösen einer Periode die Einzelkosten (variablen Kosten) der abgesetzten Produkte abgezogen. Diese Differenz entspricht dem Gesamtdeck-
kungsbeitrag der Periode. Von ihm werden die Gemeinkosten (fixen Kosten) der Periode im Block abgezogen. Man erhält:

$$G_B = \sum_i p_i \times x_{ai} - \sum_i k_{ei} \times x_{ai} - \sum_j K_j = \sum_i (p_i - k_{ei}) \times x_{ai} - \sum_j K_j$$

Der in Klammern stehende Wert $(p_i - k_{ei})$ ist der Deckungsbeitrag db_i pro
Stück. Auch hier läßt sich der Periodenerfolg eines Produktes ermitteln.

$$GB = \sum_i db_i \times x_{ai} - \sum_j K_j$$

mit k_{ei} = Einzelkosten pro Stück von Produkt i, K_j = Gemeinkosten der
Kostenstelle j, db_i = Deckungsbeitrag pro Stück von Produkt i.

Zu beachten ist, daß die beiden Summen einen unterschiedlichen Laufindex haben. Der Deckungsbeitrag wird über die Kostenträger (Laufindex
i) summiert, und die Gemeinkosten (fixen Kosten) werden pro Kostenstelle
j erfaßt und summiert. Im T-Konto stellt sich das Ganze gemäß Abbildung
93 dar.

Sofern die Summe über die Gemeinkosten größer als der Deck-
kungsbeitrag ist, entsteht ein Betriebsverlust. Wenn das Unternehmen Kindy das Umsatzkostenverfahren auf Basis von Teilkosten anwendet, dann
sind die Deckungsbeiträge pro Stück zu ermitteln. Die Kostenstellenrechnung muß die Gemeinkosten der Kostenstellen »Spritzen«, »Entgraten«,
»Bemalen« und »Verwaltung und Vertrieb« zur Verfügung stellen.

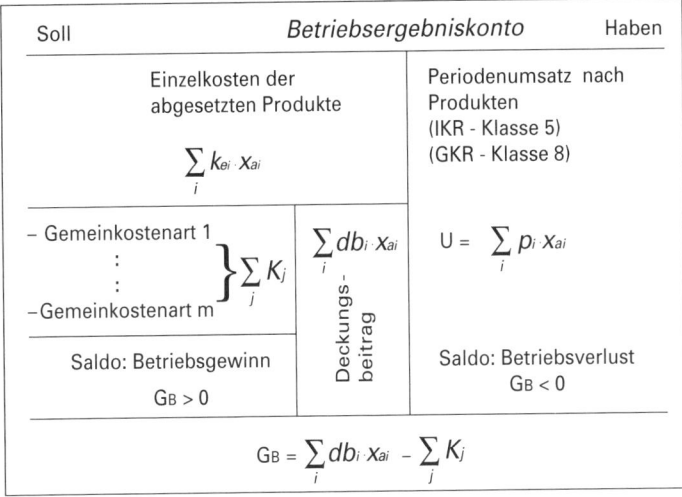

Abbildung 93: Umsatzkostenverfahren bei Teilkostenrechnung

	Tyrannos.	Triceratops	Stegosaurus	Pteranodon
Verkaufserlös	2,95	2,50	2,80	2,00
– Materialeinzelkosten	0,08	0,04	0,06	0,05
– Fertigungslohn Spritzen	0,10	0,10	0,10	0,10
– Fertigungslohn Entgraten	0,05	0,10	0,08	0,05
– Fertigungslohn Bemalen	0,30	0,18	0,30	0,14
– Verpackung	0,34	0,33	0,40	0,42
Deckungsbeitrag [Stück]	2,08	1,75	1,86	1,24
× abgesetzte Menge	100 000	80 000	90 000	50 000
Deckungsbeitrag je Sorte	208 000	140 000	167 400	62 000
Gesamtdeckungsbeitrag				577 400
– Gemeinkosten Kostenstelle Material				9 270
– Gemeinkosten Kostenstelle Spritzen				25 080
– Gemeinkosten Kostenstelle Entgraten				22 767
– Gemeinkosten Kostenstelle Bemalen				155 400
– Gemeinkosten Kostenstelle Verwaltung und Vertrieb				73 370
Betriebsergebnis				291 513

Tabelle 55: Betriebsergebnisrechnung nach dem Umsatzkostenverfahren auf Basis von Teilkosten

Wir ermitteln im folgenden den Deckungsbeitrag pro Stück, je Sorte und den des Unternehmens (vgl. Tabelle 55).
Auch hier stellt der kritische Leser eine Ergebnisdifferenz zwischen dem Umsatzkostenverfahren auf Basis von Vollkosten und dem Umsatzkostenverfahren auf Basis von Teilkosten fest. Der Unterschied beträgt 2 133 Mark. Dieser Unterschied resultiert wiederum aus der Differenz von abgesetzter (abgerechneter) und produzierter Menge. Die Differenz setzt sich gemäß der Werte in Tabelle 56 zusammen.

Kostenstelle	Istgemeinkosten	abgerechnete Gemeinkosten	Differenz
Spritzen	25 080	25 600	– 520
Entgraten	22 767	22 700	67
Bemalen	155 400	156 800	–1 400
Material	9 270	9 550	– 280
Verwaltung u. Vertrieb	73 370	73 370	0
Summe	285 887	288 020	–2 133

Tabelle 56: Abweichungsanalyse zwischen Umsatzkostenverfahren auf Basis von Voll- und Teilkosten

4.4.2 Gesamtkostenverfahren

Beim Gesamtkostenverfahren werden den Periodenumsätzen die gesamten Kosten einer Periode gegenübergestellt. Wenn die produzierte Menge der abgesetzten Menge entspricht und auch keine Bestandsveränderungen bei unfertigen Erzeugnissen auftreten, dann läßt sich das Betriebsergebnis aus den Abschlüssen der Finanzbuchhaltung ableiten. Um das Verfahren durchführen zu können, benötigen wir lediglich eine Kostenartenrechnung, welche den neutralen Aufwand isoliert und kalkulatorische Kosten hinzufügt. Wenn jedoch die produzierte Menge nicht der abgesetzten Menge entspricht oder wenn Bestandsveränderungen bei unfertigen Erzeugnissen existieren, dann wird das Ganze komplex. Jetzt sind die Kosten für einen Lagerauf- oder -abbau zu berücksichtigen. Wir benötigen zur Durchführung des Gesamtkostenverfahrens eine Inventur und müssen die Herstellkosten pro Stück bestimmen, d. h. wir benötigen eine Kostenträgerstückrechnung.

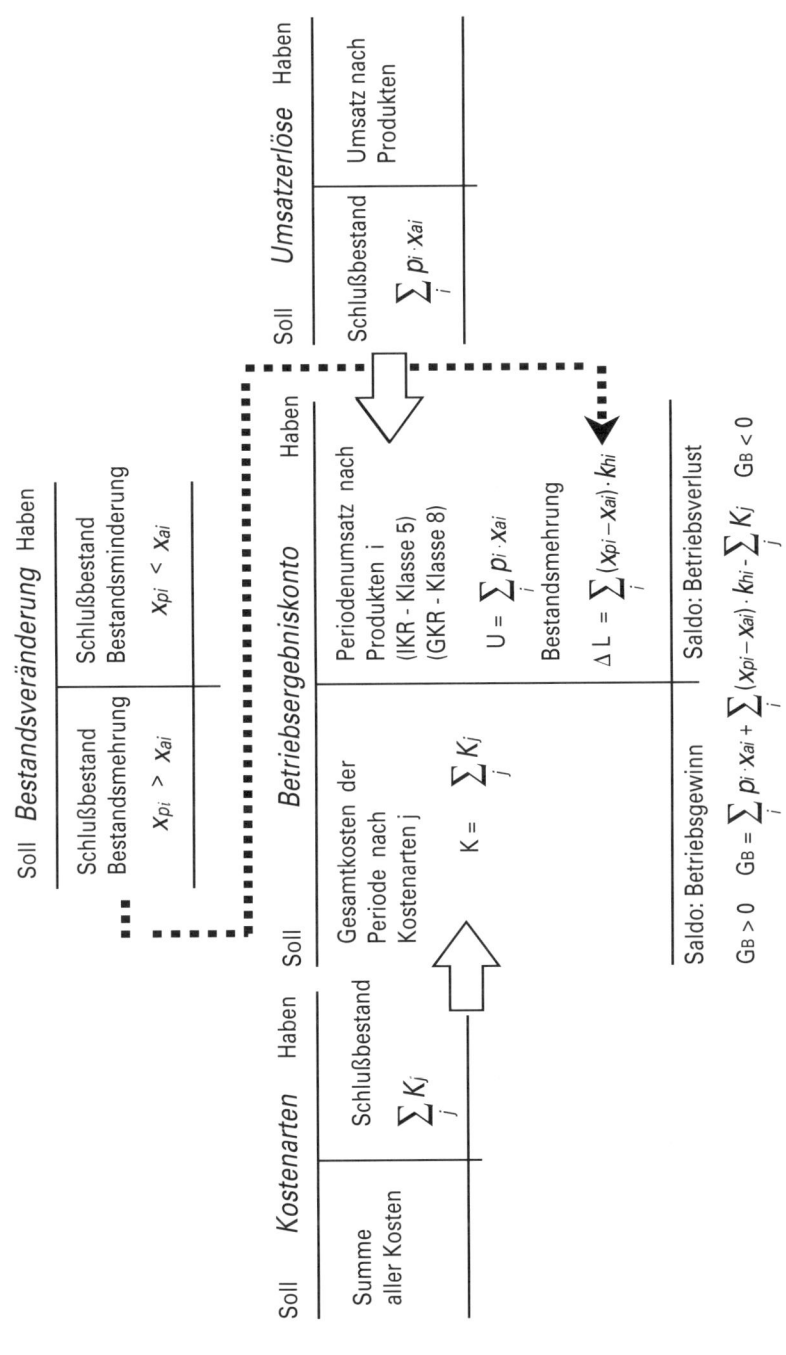

Abbildung 94: Gesamtkostenverfahren

Die Bewertung der Bestandsveränderung kann mit Hilfe der Voll- oder der
Teilkostenrechnung erfolgen.

Das Verfahren läßt sich, wie in Abbildung 94 gezeigt, in Form von T-Kon-
ten darstellen.

Wendet das Unternehmen Kindy das Gesamtkostenverfahren auf Basis
von Vollkosten an, dann sind folgende Rechenschritte notwendig. Im ersten
Schritt wird der Umsatz ermittelt. Hiervon werden die Gesamtkosten subtrahiert und dann die Bestandsveränderungen per Inventur oder mit Hilfe
eines Warenwirtschaftssystems ermittelt und mit den Herstellkosten bewertet.

Die Ermittlung der Umsatzerlöse ist problemlos. Sie deckt sich mit dem
Umsatzkostenverfahren. Man erhält:

	Tyrannosaurus	Triceratops	Stegosaurus	Pteranodon	Gesamt
Menge × Preis	100 000 × 2,95	80 000 × 2,50	90 000 × 2,80	50 000 × 2,00	847 000
= Umsatz	295 000	200 000	252 000	100 000	

Die Gesamtkosten sind mit 561 596 Mark durch die Kostenartenrechnung
gegeben. Wir müssen also lediglich den Wert der Bestandsveränderung ermitteln; genau dies bereitet Probleme. Hier sind Lagerbestände auf verschiedenen Fertigungsstufen (Summe über j) und von verschiedenen Produkten
(Summe über i) zu berücksichtigen. Ob man die Bestandsveränderung zuerst über die Produkte und dann über die Fertigungsstufen oder umgekehrt
ermittelt, ist egal. In beiden Fällen erhält man das gleiche Ergebnis.

Die Bestandsveränderung ist nun nach einer komplexen Formel zu berechnen. Jede Bestandsveränderung pro Produkt und auf jeder Stufe ist zu
berücksichtigen. Die Summe über die Produkte i

$$\sum_i (x_{pi} - x_{ai}) \times k_{hi}$$

wird nochmals summiert über die einzelnen Fertigungsstufen j

$$\sum_j \sum_i (x_{pji} - x_{aji}) \times k_{hji},$$

wobei x_{aji} die Entnahme der nachfolgenden Fertigungsstufe ist.

Die Inventur liefert folgenden Bestandsaufbau oder -abbau:

	Tyrannosaurus	Triceratops	Stegosaurus	Pteranodon
Spritzen	500	(100)	(5 500)	1 800
Entgraten	(2 500)	2 000	1 900	(3 600)
Bemalen	(3 000)	2 000	(1 000)	1 000

Um den Wert der Bestandsveränderung zu ermitteln, wird der Bestandsaufbau oder -abbau mit den Herstellkosten auf den einzelnen Fertigungsstufen multipliziert. Dies wird in Tabelle 57 ausgeführt.

| | Tyrannosaurus | | Triceratops | | Stegosaurus | | Pteranodon | | Bestands-änderung |
	Menge	k_h	Menge	k_h	Menge	k_h	Menge	k_h	pro Sorte
Spritzen	500	0,30	(100)	0,24	(5 500)	0,27	1 800	0,255	
	150,00		(24,00)		(1 485,00)		459,00		(900,00)
Entgraten	(2 500)	0,40	2 000	0,44	1 900	0,43	(3 600)	0,355	
	(1 000,00)		880,00		817,00		(1 278,00)		(581,00)
Bemalen	(3 000)	1,30	2 000	0,98	(1 000)	1,33	1 000	0,775	
	(3 900,00)		1 960,00		(1 330,00)		775,00		(2 495,00)
Bestands-änderung pro Produkt	(4 750,00)		2 816,00		(1 998,00)		(44,00)		(3 976,00)

Tabelle 57: Ermittlung der Bestandsveränderung beim Gesamtkostenverfahren

Setzt man die ermittelten Werte ein, erhält man:

Umsatzerlöse	847 000 DM
– Gesamtkosten	561 596 DM
± Lagerbestandsveränderung	(3 976)DM
= Betriebsergebnis	289 380 DM

Dieses Betriebsergebnis entspricht dem Ergebnis nach dem Umsatzkostenverfahren auf der Basis von Vollkosten. Es gibt jedoch kleine Unterschiede. Beim Umsatzkostenverfahren können wir das Betriebsergebnis pro Produkt ermitteln, hier jedoch nicht. Die Verteilung der Gesamtkosten auf die Produkte wäre notwendig, und eben dies kann beim Gesamtkostenverfahren nicht vorgenommen werden. Die Kosten sind hier nach Kostenarten erfaßt und nicht nach Produkten. Das Gesamtkostenverfahren ist daher, wenn es um die Erfolgssteuerung geht, für das Management völlig ungeeignet. Deshalb kommt in modernen Unternehmen das Umsatzkostenverfahren zur Anwendung.

Auch beim Gesamtkostenverfahren findet eine Trennung nach dem Umfang der Kostenverrechnung in Voll- und Teilkosten statt. Die Trennung zeigt Auswirkungen bei der Bewertung von Lagerauf- und -abbau. Beim Gesamtkostenverfahren auf Basis von Vollkosten kommen Herstellkosten zum Einsatz, wo Gemeinkosten per Zuschlag berücksichtigt wurden. Beim Gesamtkostenverfahren auf Basis von Teilkosten werden nur die direkten Kosten, variable oder Einzelkosten bei den Herstellkosten angesetzt. Dies hat, wie gezeigt wurde, Konsequenzen für den Gewinn. Beim Lageraufbau führt die Verwendung des Gesamtkostenverfahrens mit Hilfe von Vollkosten zu höheren Gewinnen als bei Verwendung des Gesamtkostenverfahrens auf der Grundlage von Teilkosten (siehe hierzu Fall 13).

4.4.3 Verfahrensvergleich zwischen Gesamtkosten- und Umsatzkostenverfahren

Das Betriebsergebnis nach dem Gesamtkostenverfahren entspricht dem Betriebsergebnis nach dem Umsatzkostenverfahren. Der Beweis startet mit dem Gesamtkostenverfahren. Hier gilt:

$$G_B = \sum_i p_i \times x_{ai} + \sum_i (x_{pi} - x_{ai}) \times k_{hi} - K$$

Betrachen wir die Gesamtkosten K, so setzen sich diese zusammen aus den Produktionskosten und den Kosten für Verwaltung und Vertrieb. Setzt man dies in die mathematische Sprache um, erhält man

$$K = \sum_i x_{pi} \times k_{hi} + \sum_i x_{ai} \times k_{Verw+Vertr}$$

Setzen wir dies ein, erhalten wir

$$G_B = \sum_i p_i \times x_{ai} + \sum_i (x_{pi} - x_{ai}) \times k_{hi} - \sum_i x_{pi} \times k_{hi} - \sum_i x_{ai} \times k_{Verw+Vertr}$$

Multipliziert man aus und verrechnet positive mit negativen Summen, erhält man

$$G_B = \sum_i p_i \times x_{ai} - \sum_i x_{ai} \times k_{hi} - \sum_i x_{ai} \times k_{Verw+Vertr}$$

Alle drei Summen enthalten die abgesetzte Menge x_a. In den zwei letzten Summen lassen sich die Selbstkosten pro Stück isolieren $k_{si} = k_{hi} + k_{Verw+Vertr}$. Somit erhalten wir

$$G_B = \sum_i (p_i - k_{si}) \times x_{ai}$$

als das Betriebsergebnis nach dem Umsatzkostenverfahren.

Leider gilt die Gleichheit nur in der Theorie. Jeder Praktiker, der vom Gesamtkosten- auf das Umsatzkostenverfahren umstellt, kann von Abweichungen berichten. Ursachen hierfür sind ungenaue Inventuren, gerundete Zuschlagssätze und – damit verbunden – ungenaue Herstellkosten oder Selbstkosten pro Stück.

Überlegen wir uns, was geschieht, wenn wir beim Stegosaurus anstelle von 1,996 Mark/Stück mit 2,00 Mark/Stück rechnen. Im Umsatzkostenverfahren auf Basis von Vollkosten erhalten wir nun als Betriebsergebnis 289 020 Mark. Diese kleine Rundung führt zu einer Abweichung gegenüber dem Gesamtkostenverfahren von 340 Mark. Treten mehrere kleine Abweichungen auf, verliert man schnell den Überblick. Ein Nachvollziehen der Gesamtabweichung ist nicht mehr möglich.

Die soeben durchgeführte *interne Erfolgsrechnung* greift auf Istkosten zurück. Es handelt sich um eine vergangenheitsorientierte Rechnung. Die Analyse des Betriebserfolgs beschränkt sich auf innerbetriebliche Zeitvergleiche oder auf zwischenbetriebliche Vergleiche. Das Controlling fordert eine integrierte Unternehmensplanung mit konkreten Budgetvorgaben auch für die Erfolgsrechnung.

Fahrrad Graf								BETRIEBS - und KOSTENTRÄGER – ERGEBNISRECHNUNG									
Planung Jahr xxxx Jan - April										IST Jahr xxxx Jan - April							
Erlöse	DB I in TDM	DB I in %	DB II in TDM	V+V in TDM	V+V in %	A.O.Eff. in TDM	Ergebnis in TDM	Ergebnis in %	Nr.	Bezeichnung	Erlöse	DB I in TDM	DB I in %	DB II in TDM	V+V in TDM	V+V in %	A.O.Eff. in TDM	Ergebnis in TDM	Ergebnis in %
										Werk Ravensburg									
									8	Herrenfahrrad									
									11	Damenfahrrad									
									15	Kinderfahrrad									
									47	Rennrad									
										Ravensburg Gesamt									

Tabelle 58: Budget-Erfolgsrechnung

Diese Budget-Erfolgsrechnung in Gestalt der Deckungsbeitragsrechnung zeigt Plan- und Ist-Werte (vgl. Tabelle 58). Erst jetzt kann eine Soll-Ist-Abweichung erkannt werden. Eine Steuerung ist jetzt erst möglich. Damit im System der Voll- und Teilkostenrechnung verschiedene Auswertungsmöglichkeiten verfügbar sind, müssen die Daten, wie in der Grundrechnung, gesammelt und aufbereitet werden. Geschieht dies, dann sind neben produktbezogenen Erlösrechnungen auch kundenbezogene, regionale und Profitcenter-orientierte Erlösrechnungen möglich.

4.4.4 Herstellkosten versus Herstellungskosten

Die Finanzbuchhaltung benötigt für die Bewertung von Lagerbeständen und für selbsterstellte und im Betrieb genutzte Maschinen den stückbezogenen Aufwand. Da in der Finanzbuchhaltung keine stückbezogene Aufwandsrechnung existiert, müssen aus den Daten der Kosten- und Leistungsrechnung die Herstellungskosten ermittelt werden. Nun dürfen die Herstellungskosten nicht einfach den Herstellkosten oder den Selbstkosten gleichgesetzt werden, da die Ermittlung der Herstellungskosten nach den Normen des Handelsrechts (§ 255 Abs.2 HGB) oder des Steuerrechts gemäß § 6 Abs.1 Nr. 2 Satz 1 EStG i. V. m. Abschn. 33 EStR zu erfolgen hat.

Nach § 255 Abs. 2 HGB sind »*Herstellungskosten* die Aufwendungen, die durch den Verbrauch von Gütern und die Inanspruchnahme von Diensten für die Herstellung eines Vermögensgegenstands, seine Erweiterung oder für eine über seinen ursprünglichen Zustand hinausgehende wesentliche Verbesserung entstehen. Dazu gehören die Materialkosten, die Fertigungskosten und die Sonderkosten der Fertigung. Bei der Berechnung der Herstellungskosten dürfen auch angemessene Teile der notwendigen Materialgemeinkosten, der notwendigen Fertigungsgemeinkosten und des Wertverzehrs des Anlagevermögens, soweit er durch die Fertigung veranlaßt ist, eingerechnet werden. Kosten der allgemeinen Verwaltung sowie Aufwendungen für soziale Einrichtungen des Betriebs, für freiwillige soziale Leistungen und für betriebliche Altersversorgung brauchen nicht eingerechnet zu werden. Aufwendungen im Sinne der Sätze 3 und 4 dürfen nur insoweit berücksichtigt werden, als sie auf den Zeitraum der Herstellung entfallen. Vertriebskosten dürfen nicht in die Herstellungskosten einbezogen werden.«

Sofern Zinsen für Fremdkapital in die Herstellungskosten einbezogen werden, sind nach § 284 Abs. 5 HGB Angaben in der Erläuterung der Bilanz und der Gewinn- und Verlustrechnung zu machen.

Daher sind Korrekturen notwendig, die jedem Kostenrechner oder jedem Controller Schwierigkeiten bereiten. Es sind dies:

- Korrekturen aufgrund eines fehlenden Ausgabencharakters der Kosten. Unter diese Kategorie fallen der kalkulatorische Unternehmerlohn eines Einzelkaufmanns oder einer Personengesellschaft sowie die kalkulatorischen Zinsen für das Eigenkapital. Die Anderskosten sind um die nicht pagatorischen Elemente zu korrigieren. Wir finden sie bei der kalkulatorischen Abschreibung und den kalkulatorischen Wagnissen.
- Korrekturen aufgrund eines fehlenden zeitlichen Bezugs zur Produktion der Periode. Hauptsächlich sind dies Kosten in Forschung und Entwicklung, aber auch Kosten der Konstruktion und der Verwaltung. Führt das Controlling eine mittel- oder langfristige Planung durch oder entwickelt es ein Strategiepapier, so sind diese Kosten zu eliminieren.
- Korrekturen aufgrund eines fehlenden sachlichen Bezugs zum Herstellungsprozeß. Hierunter versteht man alle Kosten, die nach dem Erlangen der Absatzreife anfallen. Insbesondere sind es Vertriebs- und Finanzierungskosten.

Das Schema der differenzierten Zuschlagskalkulation muß entsprechend den gesetzlichen Vorschriften aus HGB und Steuerrecht korrigiert werden. Generell sind die Zusatzkosten zu eliminieren und die Anderskosten zu korrigieren. Die Ermittlung der Herstellungskosten nach Handels- und Steuerrecht mit all ihren aktivierungspflichtigen Bestandteilen (Pflichtbestandteilen) und aktivierbaren Bestandteilen (Wahlbestandteilen) folgt dem in Tabelle 59 wiedergegebenen Kalkulationsschema.

	Handelsbilanz	Steuerbilanz
Fertigungsmaterial	muß	muß
+ Fertigungslöhne	muß	muß
+ Sondereinzelkosten der Fertigung	muß	muß
Herstellungskosten I	*Untergrenze (Pflichtbestandteile)*	*Ansatz nicht möglich*
+ variable Materialgemeinkosten	kann	muß
+ variable Fertigungsgemeinkosten	kann	muß
Herstellungskosten II	*Ansatz möglich Wahlbestandteile*	*Ansatz nicht möglich*
+ Sondergemeinkosten der Fertigung	kann	muß
+ fixe Materialgemeinkosten	kann	muß
+ fixe Fertigungsgemeinkosten	kann	muß
Herstellungskosten III	*Ansatz möglich Wahlbestandteile*	*Untergrenze (Pflichtbestandteile)*
+ Zinsen für fertigungsbedingtes Fremdkapital	kann	kann
+ Aufwendungen für freiwillige soziale Leistungen	kann	kann
+ Aufwendungen für betriebliche Altersversorgung	kann	kann
Herstellungskosten IV	*Obergrenze Wahlbestandteile*	*Obergrenze Wahlbestandteile*

Tabelle 59: Schema zur Ermittlung der Herstellungskosten nach Handels- und Steuerrecht
Quelle: in Anlehnung an Eisele (1990, S. 465)

Die Bandbreite für den Ansatz zu Herstellungskosten ist aufgrund des gesetzlichen Wahlrechts erheblich. Je nachdem, wie der Bilanzierende das Wahlrecht auslegt, können nach HGB sowohl Einzelkosten als Untergrenze als auch Vollkosten angesetzt werden. Wie in Abschnitt 4.4 gezeigt, führt die Anwendung der Vollkosten- oder Teilkostenrechnung zu unterschiedlichen Ergebnissen. Nach heutigem Stand der Diskussion kann jeder beliebige Wert zwischen Unter- und Obergrenze für die Herstellungskosten angesetzt werden. *Baetge/Uhlig* (1985, S. 279) nennen als Vertreter der einzelnen Ansätze:

- Untergrenze: Einzelkosten – Wöhe (1979, S. 360) und Eßer (1965, S. 316)
- Untergrenze: variable Kosten – Albach (1966, S. 381) und Schneider (1971, S. 609)
- jeden Wert zwischen Unter- und Obergrenze – Forster (1965, S. 593) und Kropff (1983, S. 206)
- Obergrenze: Vollkosten – Baetge/Uhlig (1985, S. 279) und Leffson (1982, S. 290)

Zu beachten ist jedoch, daß ein Unternehmen von Bilanz zu Bilanz die Herstellungskosten nach identischen Wertansätzen zu ermitteln hat. Daher empfiehlt es sich, die Ermittlung der Herstellkosten gut zu dokumentieren, damit jeder Sachbearbeiter nach der gleichen Methode die Herstellungskosten aus den Herstellkosten der Kosten- und Leistungsrechnung ermitteln kann.

Fall 8: Mehrstufige Divisionskalkulation bei Smoky[1]

Die Smoky AG stellt die Zigarettenmarke »Smoke« her. Der Produktionsprozeß vollzieht sich in fünf Stufen: Ernte, Trocknung, Schnitt, Verarbeitung und Verpackung.

An Kosten entstanden in den einzelnen Stufen in der letzten Abrechnungsperiode:

Ernte:	2 600 000 DM
Trocknung:	600 000 DM
Schnitt:	400 000 DM
Verarbeitung:	1 300 000 DM
Verpackung:	300 000 DM

Zwischen den einzelnen Stufen werden die Zwischenprodukte jeweils gelagert. Die Kosten hierfür fallen nicht ins Gewicht bzw. sind in den jeweiligen Stufen bereits berücksichtigt.

---

1 Diesen Fall verdanke ich Herrn Rommel, Kollege am Lehrstuhl von Prof. Dr. L. Pack an der Universität Konstanz.

Der Produktionsprozeß sieht im einzelnen wie folgt aus: Von den 650 Tonnen Tabak, die geerntet wurden, konnten 600 Tonnen sofort von der Trocknungsabteilung verarbeitet werden. Die Blätter verlieren beim Trocknen 2/3 ihres ursprünglichen Gewichts. In der Abteilung 3 werden die getrockneten Blätter geschnitten und die Stiele aussortiert. Diese Fertigungsstufe hatte einen Ausstoß von 80 Tonnen geschnittenem Tabak. Es muß hier davon ausgegangen werden, daß der Einsatz um 20 Prozent höher liegt. Die Verarbeitung konnte 120 Millionen Zigaretten herstellen, wobei aus einer Tonne geschnittenem Tabak 1,2 Millionen Zigaretten hergestellt werden können. Die Verpackungsabteilung schließlich stellte fünf Millionen Schachteln zu jeweils 20 Zigaretten her.

a) Ermitteln Sie die Selbstkosten pro Schachtel.
b) Geben Sie die Lagerbestandsveränderung in den Zwischenlagern an.
c) Ermitteln Sie den Wert der Lagerveränderung in den Zwischenlagern und insgesamt, wenn alle Schachteln verkauft werden.
d) Wie hoch ist das Betriebsergebnis, wenn die Unternehmung die Schachtel für 1,20 Mark an den Großhandel abgibt?

Hier ist eine typische mehrstufige Divisionskalkulation gegeben. Es empfiehlt sich, eine Skizze zu erstellen. Eine mögliche Form zeigt Abbildung 95.

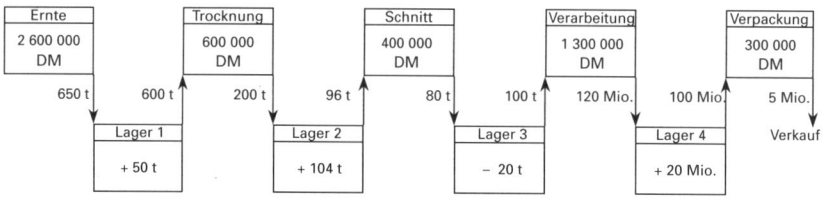

Abbildung 95: Mehrstufige Divisionskalkulation bei Smoky

a) Ermittlung der Selbstkosten

Die Selbstkosten entwickeln sich von Stufe zu Stufe.

$$\text{Ernte:} \quad k_{\text{Ernte}} \quad = \frac{2\,600\,000}{650} \quad = 4\,000 \text{ DM/Tonne}$$

$$\text{Trocknung:} \quad k_{\text{Trocknung}} \quad = \frac{600\,000 + 4\,000 \times 600}{200} \quad = 15\,000 \text{ DM/Tonne}$$

Schnitt: $\quad k_{Schnitt} \quad = \dfrac{400\,000 + 15\,000 \times 96}{80} \quad = 23\,000$ DM/Tonne

Verarbeiten: $k_{Verarbeiten} \quad = \dfrac{1\,300\,000 + 23\,000 \times 100}{120} \quad = 30\,000$ DM/1 Mio. Zig.

Verpacken: $\quad k_{Verpacken} \quad = \dfrac{300\,000 + 30\,000 \times 100}{5\,000\,000} \quad = 0{,}66$ DM/Schachtel

b) Ermittlung der Lagerbestandsveränderungen

Die Lagerbestandsveränderungen lassen sich direkt aus der Skizze entnehmen. Man erhält:

Lager 1: Ernte	+ 50 Tonnen
Lager 2: Trocknung	+ 104 Tonnen
Lager 3: Schnitt	− 20 Tonnen
Lager 4: Verarbeitung	+ 20 Mio. Zigaretten

c) Bewertung der Lagerveränderungen

Um den Wert der Lagerveränderung zu erhalten, sind die Bestandsveränderungen mit den Herstellkosten der Stufen zu multiplizieren:

Lager 1: Ernte	+ 50 Tonnen	× 4 000 DM/Tonne	= 200 000 DM
Lager 2: Trocknung	+104 Tonnen	× 15 000 DM/Tonne	= 1 560 000 DM
Lager 3: Schnitt	− 20 Tonnen	× 23 000 DM/Tonne	= − 460 000 DM
Lager 4: Verarbeitung	+ 20 Mio. Zig.	× 30 000 DM/1 Mio. Zig.	= 600 000 DM
Gesamtwert der Lagerbestandsveränderung			= 1 900 000 DM

d) Ermittlung des Betriebsergebnisses

Umsatzkostenverfahren:

Betriebsergebnis = (1,20 DM/Schachtel − 0,66 DM/Schachtel) × 5 000 000 Schachteln = 2 700 000 DM

Gesamtkostenverfahren:

Betriebsergebnis =		Umsatz	6 000 000 DM
Ernte	2 600 000 DM		
Trocknung	600 000 DM		
Schnitt	400 000 DM		
Verarbeitung	1 300 000 DM		
Verpackung	300 000 DM = Gesamtkosten		5 200 000 DM
Lagerbestandsaufbau			1 900 000 DM
			= 2 700 000 DM

Fall 9: Kombi AG
(Kombination diverser Kalkulationsverfahren)

Die Kombi AG stellt in einem zweistufigen Produktionsverfahren die Produkte A und B her. Geplant sind Materialkosten einschließlich Materialgemeinkosten in der Fertigungsstufe I für das Produkt A von 48 000 Mark und für das Produkt B von 80 000 Mark. Für die Produktion gelten folgende Daten:

	Stufe I		Stufe II	
Produkt	Menge	ÄZ	Menge	ÄZ
A	16 000 Stück	1,25	15 000 Stück	1,0
B	20 000 Stück	0,9	20 000 Stück	1,5
Kosten der Stufe	38 000 DM		90 000 DM	

Der Vertrieb möchte von Produkt A 14 000 Stück und von B 21 000 Stück verkaufen. Als Verwaltungs- und Vertriebsgemeinkosten sind 84 000 Mark geplant. Führen Sie für die Produkte A und B eine Vorkalkulation durch, wenn die Verwaltungs- und Vertriebsgemeinkosten im Verhältnis 1:2 auf A und B verteilt werden.

Die Lösung des Kalkulationsproblems ist eine Kombination einer mehrstufigen Divisionskalkulation, wobei auf jeder Stufe eine eigene Äquivalenzziffernkalkulation erfolgt.

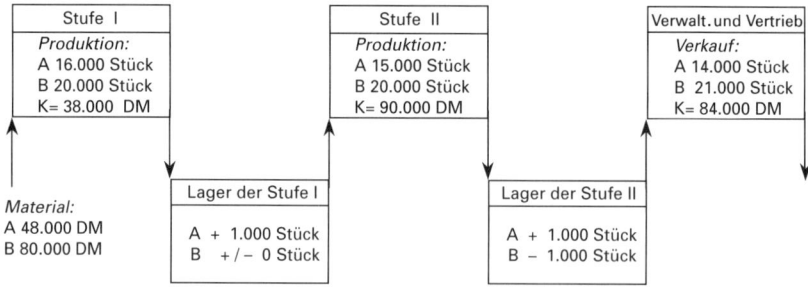

Man ermittelt nun die Herstell- und die Selbstkosten. Das Produkt A verursacht Materialkosten in Höhe von 48 000 Mark. Die Materialkosten von A betragen 48 000 Mark/16 000 Stück = 3 Mark/Stück, die von B 80 000 Mark/20 000 Stück = 4 Mark/Stück.

In der ersten Fertigungsstufe kalkulieren wir nach der Äquivalenzziffern-kalkulation:

Sorte	Menge Stück	Äquivalenz-Ziffer	äquiv. LE (1)	Kosten je Sorte (4)	Kosten je Stück und Sorte (6)
A	16 000	1,25	20 000	20 000	1,25
B	20 000	0,9	18 000	18 000	0,90
			(2) 38 000	(5) 38 000	

$$(3)\ k_ä = \frac{38\,000\ DM}{38\,000\ \text{äquivalente Leistungseinheiten}} = 1\ DM/\text{äquivalente Leistungseinheit}$$

Die Herstellkosten pro Stück betragen auf der ersten Fertigungsstufe:

	Produkt A	Produkt B
Materialeinzelkosten	3,00 DM	4,00 DM
+ Fertigungskosten der Stufe I	1,25 DM	0,90 DM
Herstellkosten der Stufe I	4,25 DM	4,90 DM

Mit diesen Herstellkosten wird auch das Lager bewertet. Die Bestandsauf-bau beträgt bei A 1 000 Stück × 4,25 Mark/Stück = 4 250 Mark
In der zweiten Fertigungsstufe gilt:

Sorte	Menge Stück	Äquivalenz-Ziffer	äquiv. LE (1)	Kosten je Sorte (4)	Kosten je Stück und Sorte (6)
A	15 000	1,0	15 000	30 000	2,00
B	20 000	1,5	30 000	60 000	3,00
			(2) 45 000	(5) 90 000	

$$(3)\ k_ä = \frac{90\,000\ DM}{45\,000\ \text{äquivalente Leistungseinheiten}} = 2\ DM/\text{äquivalente Leistungseinheit}$$

Die Herstellkosten pro Stück betragen auf der zweiten Fertigungsstufe:

	Produkt A	Produkt B
Herstellkosten der Stufe I	4,25 DM	4,90 DM
+ Fertigungskosten der Stufe II	2,00 DM	3,00 DM
Herstellkosten der Stufe II	6,25 DM	7,90 DM

Der Bestandsaufbau beträgt bei A 1 000 Stück × 6,25 Mark/Stück = 6 250 Mark und der Abbau bei Produkt B beträgt –1 000 Stück × 7,90 Mark = –7 900 Mark.

Abschließend sind die Verwaltungs- und Vertriebskosten im Verhältnis 1:2 auf die Produkte A und B zu verteilen. *Achtung:* Basis der Verteilung sind die Herstellkosten der abgesetzten Mengen. Für Produkt A fallen Herstellkosten in Höhe von 6,25 Mark/Stück × 14 000 Stück = 87 500 Mark und für Produkt B in Höhe von 7,90 Mark/Stück × 21 000 Stück = 165 900 Mark an.

Sorte	Menge Stück	Äquivalenz-Ziffer	äquiv. LE (1)	Kosten je Sorte (4)	Kosten je Stück und Sorte (6)
A	87 500	1,0	87 500	17 500	1,25
B	165 900	2,0	331 800	66 360	3,16
			(2) 419 300	(5) 83 860	

$$(3)\ k_{\ddot{a}} = \frac{84\,000\ DM}{419\,300\ \text{äquivalente Leistungseinheiten}} \approx 0{,}20\ DM/\text{äquivalente Leistungseinheit}$$

Hier sehen wir eine Differenz von 140 Mark zwischen den Verwaltungs- und Vertriebskosten und unserer Kontrollsumme. Sie kommt durch Runden zustande. Setzt man den nahezu exakten Wert von 0,200333889816 Mark/äquivalente Leistungseinheit ein, schrumpft der Rest gegen Null. Teilt man die Kosten je Sorte (4) durch die abgesetzte Stückzahl, erhält man die Verwaltungs- und Vertriebskosten je Stück und Sorte (6).

Die Selbstkosten von Produkt A und B betragen:

	Produkt A	Produkt B
Herstellkosten der Stufe II	6,25 DM	7,90 DM
+ Verwaltungs- und Vertriebskosten	1,25 DM	3,16 DM
Selbstkosten	7,50 DM	11,06 DM

Fall 10: Voll- und Teilkostenrechnung: Entscheidung bei Fein und Sauber KG

Nach dem Studium der Betriebswirtschaft wurde Emil Sauber von seinem Vater beauftragt zu prüfen, welche Auswirkungen eine Umstellung der Kostenrechnung von der Voll- auf die Teilkostenrechnung hat. Die Fein und Sauber KG stellt Mittel zur Körperpflege her. Sauber jun. sucht ein Profitcenter mit wenigen Produkten aus und führt an diesem seine Vergleichsrechnung durch. Das Profitcenter »Seifen« stellt drei Sorten her: Morgenduft (A), Waldeslust (B), Irish Moos (C).

Sauber jun. läßt sich vom Leiter der Kostenrechnung, Herrn Klar, und von der Vertriebsleiterin Seifen, Frau Adrett, die notwendigen Zahlen geben. Sie zeigen, daß die Kostenträgerrechnung bisher auf Basis der Vollkostenrechnung kalkulierte und folgende Gemeinkostenzuschlagssätze anwendet:

Gemeinkostenzuschläge auf Basis der Vollkostenrechnung	
Materialgemeinkosten:	10 %
Fertigungsgemeinkosten:	100 %
Verwaltungsgemeinkosten:	20 %
Vertriebsgemeinkosten:	20 %

Aus den Zahlen der Kostenartenrechnung erfährt Sauber jun., welche variablen Einzelkosten bei der Produktion der einzelnen Seifensorten anfallen.

Seifensorte:	A	B	C
Fertigungsmaterial	0,30 DM	0,40 DM	0,50 DM
Fertigungslöhne	0,20 DM	0,20 DM	0,20 DM

Auf Basis dieser Daten führt Sauber jun. eine Zuschlagskalkulation durch und bestimmt die Selbstkosten der einzelnen Produkte. Er kommt zu folgendem Ergebnis:

Sorte	Zuschlagssatz	Vollkostenrechnung		
		A	B	C
Materialeinzelkosten		0,300 DM	0,400 DM	0,500 DM
Materialgemeinkosten	10 %	0,030 DM	0,040 DM	0,050 DM
Materialkosten		0,330 DM	0,440 DM	0,550 DM
Fertigungslöhne		0,200 DM	0,200 DM	0,200 DM
Fertigungsgemeinkosten	100 %	0,200 DM	0,200 DM	0,200 DM
Fertigungskosten		0,400 DM	0,400 DM	0,400 DM
Herstellkosten		0,730 DM	0,840 DM	0,950 DM
Verwaltungsgemeinkosten	20 %	0,146 DM	0,168 DM	0,190 DM
Vertriebsgemeinkosten	20 %	0,146 DM	0,168 DM	0,190 DM
Selbstkosten		1,022 DM	1,176 DM	1,330 DM

Durch ein Gespräch mit Frau Adrett erfährt Sauber jun. allerhand über den
Seifenmarkt. Die Marktpreise der Produkte A, B und C betragen 1,15 Mark,
1,25 Mark und 1,30 Mark. Pro Periode kann Fein und Sauber von jeder
Seifensorte 10 000 Stück herstellen und verkaufen. Sauber jun. führt eine
Ergebnisrechnung durch und stellte diese seinem Vater vor:

Ergebnisrechnung (Basis Vollkosten)			
Sorte	A	B	C
Preis	1,15 DM	1,25 DM	1,30 DM
– Selbstkosten	1,022 DM	1,176 DM	1,33 DM
= *Stückerfolg*	0,128 DM	0,074 DM	– 0,03 DM
× abgesetzte Menge	10 000 Stück	10 000 Stück	10 000 Stück
Erfolg der Sorte	1 280 DM	740 DM	– 300 DM
Betriebsergebnis		*1 720 DM*	

Sauber sen. will daraufhin sofort die Produktion und den Vertrieb von Irish
Moos (C) einstellen. Sein Sohn lehnt dies ab. Zunächst müsse man die
Teilkostenrechnung einführen, um weitere Daten zur Beurteilung der ein-
zelnen Seifensorten zu erhalten. Junior spaltet die Gemeinkosten in fixe und

variable Bestandteile auf und erhält die für die Teilkostenrechnung (einstufiges Direct Costing) notwendigen Zahlen. Die Zuschlagssätze für die variablen Gemeinkosten betragen:

Gemeinkostenzuschläge auf Basis der Teilkostenrechnung	
variable Materialgemeinkosten:	5 %
variable Fertigungsgemeinkosten:	50 %
variable Verwaltungsgemeinkosten:	20 %
variable Vertriebsgemeinkosten:	10 %

An fixen Kosten fallen 7 200 Mark an.

Für die Kalkulation der Selbstkosten wendet Sauber jun. das Kalkulationsschema der Vollkostenrechnung an. Er benutzt lediglich die Zuschlagssätze der Teilkostenrechnung. Konsequenz: Auf die Kostenträger werden nun nur die zurechenbaren Gemeinkosten verteilt. Die Kostenstellengemeinkosten wurden nicht den Kostenträgern belastet, sondern von Sauber jun. auf den Kostenstellen gesammelt. Erst in der Ergebnisrechnung will er diese Kosten, in einem Block, als Fixkosten vom Gesamtdeckungsbeitrag abziehen.

Sorte	Zuschlagssatz	Teilkostenrechnung		
		A	B	C
Materialeinzelkosten		0,300 DM	0,400 DM	0,500 DM
Materialgemeinkosten	5 %	0,015 DM	0,020 DM	0,025 DM
Materialkosten		0,315 DM	0,420 DM	0,525 DM
Fertigungslöhne		0,200 DM	0,200 DM	0,200 DM
Fertigungsgemeinkosten	50 %	0,100 DM	0,100 DM	0,100 DM
Fertigungskosten		0,300 DM	0,300 DM	0,300 DM
Herstellkosten		0,615 DM	0,720 DM	0,825 DM
Verwaltungsgemeinkosten	20 %	0,123 DM	0,144 DM	0,165 DM
Vertriebsgemeinkosten	10 %	0,0615 DM	0,072 DM	0,0825 DM
Selbstkosten		0,7995 DM	0,936 DM	1,0725 DM

Nachdem die Selbstkosten ermittelt sind, wird der Deckungsbeitrag jeder Sorte pro Stück berechnet und mit der jeweils verkauften Menge multipliziert. So erhält man den Deckungsbeitrag jeder Sorte. Die Summe über alle Sorten liefert den Gesamtdeckungsbeitrag. Hiervon werden im Block alle Fixkosten abgezogen. Das Betriebsergebnis stellt sich wie folgt dar:

Ergebnisrechnung (Basis Teilkosten)			
Sorte	A	B	C
Preis	1,15 DM	1,25 DM	1,30 DM
– Selbstkosten pro Stück	0,7995 DM	0,936 DM	1,0725 DM
= Deckungsbeitrag pro Stück	0,3505 DM	0,314 DM	0,2275 DM
× Menge	10 000 Stück	10 000 Stück	10 000 Stück
= Deckungsbeitrag pro Sorte	3 505 DM	3 140 DM	2 275 DM
Gesamtdeckungsbeitrag	8 920 DM		
– Fixkosten	–7 200 DM		
Betriebsergebnis	*1 720 DM*		

In der Theorie stimmen die Betriebsergebnisse von Voll- und Teilkostenrechnung überein. In der Praxis kommt dies höchst selten vor. Begründen lassen sich diese Differenzen durch die Verwendung gerundeter Verrechnungssätze.

Nun kann Sauber jun. seinem Vater zeigen, welche Konsequenzen die Einstellung der Produktion von Irish Moos (C) hätte.

Gesamtunternehmen	1 720 DM
– Deckungsbeitrag der Sorte C	–2 275 DM
Verlust ohne Sorte C	–555 DM

Sauber sen. ist sehr stolz auf seinen Sohn und bittet ihn, doch einmal ein Horrorszenario durchzurechnen. Angenommen, ein Konkurrenzprodukt drückt den Marktpreis des Produktes Irish Moos (C) auf 1,10 Mark. Lohnt sich jetzt für das Unternehmen, dieses Erzeugnis kurzfristig weiter zu produzieren? Und zu welchem Schluß würde man bei langfristiger Betrachtung kommen?

Neuer Preis für Sorte C	1,100 DM	
Selbstkosten pro Stück	1,073 DM	
Neuer Deckungsbeitrag	0,027 DM	
Absatzmenge	10 000	Stück
Deckungsbeitrag	275,00	DM
Verlust ohne Sorte C	−555	DM
Neuer Deckungsbeitrag von Sorte C	275	DM
Betriebsergebnis	−280	DM

Die Rechnung ergibt, daß ein Verzicht auf Sorte C das Betriebsergebnis auch bei dem niedrigeren Marktpreis verschlechtern würde. Denn sie erbringt noch immer einen positiven Beitrag zur Deckung der Fixkosten. Langfristig allerdings kann Fein und Sauber jedoch nur überleben, wenn es Gewinne ausweist. Sauber jun. schlägt vor, eine Produktvariation für Irish Moos (C) auf den Markt zu bringen. Langfristig müssen Substitute für Irish Moos (C) gefunden werden.

Fall 11: Break-even-Analyse der Klosterbrauerei

Die Klosterbrauerei Bad Waldsee stellt für das Stadtfest 20 000 Liter herzhaftes dunkles Schankbier her. An heißen Tagen verkauft sich das Bier hervorragend und ist schnell ausverkauft. Regnet es, so wird das Bier in der brauereieigenen Gaststätte in den Tagen nach dem Stadtfest ausgeschenkt.

Die Erfolgsrechnung des dunklen Schankbiers zeigt folgendes Ergebnis:

Umsatz brutto	184 000
– Umsatzsteuer	24 000
= Umsatz netto	160 000
Kosten:	
+ Materialkosten	15 000
+ Hilfsmaterial	1 000
+ Löhne	4 000
+ verrechnete Fertigungsgemeinkosten	20 000
= Herstellkosten	40 000
+ Verwaltungskosten	10 000
+ direkte Vertriebskosten	60 000
+ indirekte Vertriebskosten	18 000
= Selbstkosten	128 000
Gewinn	32 000

Der Braumeister Süffel ist mit diesem Ergebnis sehr zufrieden. Allerdings lag ihm ein außergewöhnlich gut besuchtes Stadtfest zugrunde. Deshalb unterhält er sich mit dem kaufmännischen Leiter, Herrn Cash, und möchte von diesem wissen:

1. Ab welcher Verkaufsmenge sind unsere Kosten gedeckt?
2. Wenn wir im nächsten Jahr den Preis pro Maß auf zehn Mark erhöhen, wo liegt dann der Punkt der Kostendeckung?
3. Wenn wir 20 000 Mark am Stadtfest verdienen wollen, wieviel Bier müssen wir dann verkaufen, und welchen Preis könnten wir verlangen?
4. Was geschieht, wenn im nächsten Jahr alle Preise um zehn Prozent steigen? Welchen Deckungspunkt würde man dann haben?

Herr Cash bittet den Braumeister Süffel, ihm bei der Trennung der Kosten in fixe und variable Kostenbestandteile behilflich zu sein. Zusammen trennen sie die Selbstkosten in fixe und variable Kostenteile. Die Umsatzsteuer, die Materialkosten, das Hilfsmaterial und die Löhne sowie die direkten Vertriebskosten und 50 Prozent der verrechneten Fertigungsgemeinkosten sehen sie als variabel an; alle restlichen Kosten sind Fixkosten.

Herr Cash nimmt ein Blatt Papier zur Hand und trennt in variable und fixe Kosten.

	Gesamtkosten	variable Kosten	Fixkosten
Umsatz brutto	184 000		
– Umsatzsteuer	24 000	24 000	
= Umsatz netto	160 000		
Kosten:			
+ Materialkosten	15 000	15 000	
+ Hilfsmaterial	1 000	1 000	
+ Löhne	4 000	4 000	
+ verrechnete Fertigungsgemeinkosten	20 000	10 000	10 000
= Herstellkosten	40 000	30 000	10 000
+ Verwaltungskosten	10 000		10 000
+ direkte Vertriebskosten	60 000	60 000	
+ indirekte Vertriebskosten	18 000		18 000
= Selbstkosten	128 000	90 000	38 000

Aus diesen Daten ermittelt Herr Cash:

Verkaufspreis: $\dfrac{184\,000\ \text{DM}}{20\,000\ \text{Liter}} = 9{,}20\ \text{DM/Liter}$

variable Stückkosten: $\dfrac{114\,000\ \text{DM}}{20\,000\ \text{Liter}} = 5{,}70\ \text{DM/Liter}$

Deckungsbeitrag pro Stück: 9,20 DM/Liter – 5,70 DM/Liter = 3,50 DM/Liter

Herr Cash fertigt ein Skizze an, welche den Break-even-Punkt zeigt und die erste Frage beantwortet:
Der Break-even-Punkt ist durch

$\dfrac{K_F}{db} = \dfrac{38\,000\ \text{DM}}{3{,}50\ \text{DM/Maß}} = 10\,858\ \text{Maß}$

gegeben. Jedes darüber hinaus verkaufte Maß bringt einen Gewinn von 3,50

Mark. Braumeister Süffel überschlägt: 9 000 Maß mal 3,50 Mark pro Maß macht einen Gewinn von 31 500 Mark.

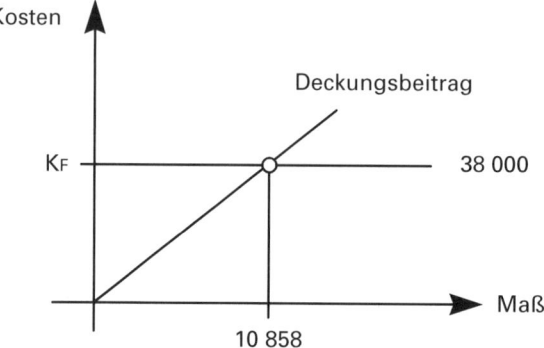

Zur zweiten Frage skizziert Herr Cash den folgenden Zusammenhang:

Wenn der Preis auf 10,00 Mark/Maß angehoben wird, dann fällt auch eine höhere Umsatzsteuer an. Der Deckungsbeitrag steigt dann nicht um 0,80 Mark, sondern um 0,70 Mark. Der neue Break-even-Punkt liegt bei 9 048 verkauften Maß.

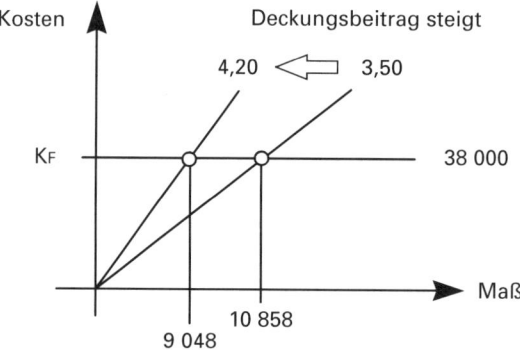

Die dritte Frage beantwortet Herr Cash anhand der folgenden Überlegung:

Wenn man einen festen Gewinn plant und den Verkaufspreis als konstant betrachtet, dann kann man zu den Fixkosten den geplanten Gewinn addieren. Mit Hilfe der Break-even-Methode läßt sich die neue Verkaufsmenge berechnen.

Anschließend überlegt er, auf welchen Mindestbeitrag er im kommenden Jahr den Preis senken könnte, in dem Bemühen, wiederum so viel Bier abzusetzen wie im betrachteten Jahr.

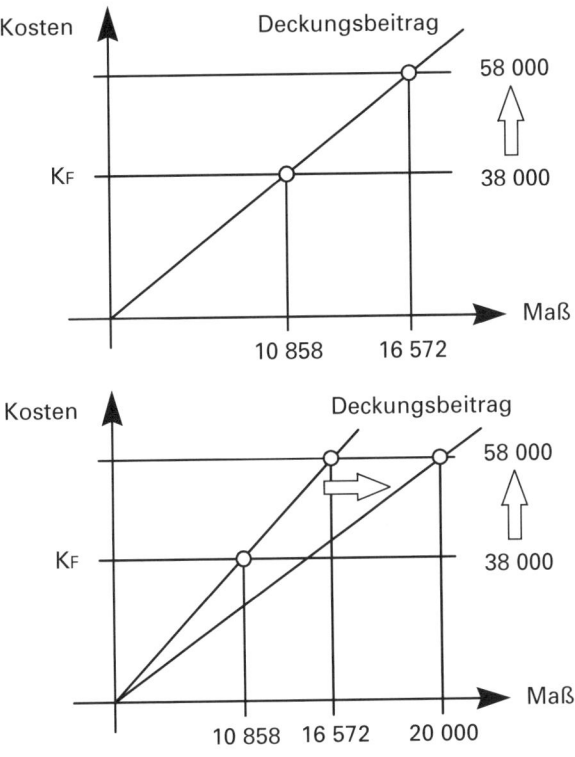

Dividiert man die Fixkosten in Höhe von 38 000 Mark und den geplanten Gewinn von 20 000 Mark durch die Absatzmenge von 20 000 Stück, erhält man als notwendigen Deckungsbeitrag 2,90 Mark/Maß. Der Kunde hat die Selbstkosten von 4,50 Mark/Maß und den Deckungsbeitrag von 2,90 Mark/Maß zu tragen. Diesen 7,40 Mark/Maß wird die Umsatzsteuer zugeschlagen. Der neue Verkaufspreis beträgt 8,51 Mark/Maß. Verzichtet man aus Gründen der Preisgestaltung auf 200 Mark Gewinn, dann könnte das Maß für 8,50 Mark verkauft werden.

Frage 4 schließlich beantwortet Herr Cash mittels folgender Analyse:

Wenn die Einkaufspreise um zehn Prozent steigen, sind zwei Bewegungen zu verzeichnen. Einmal steigt die Kurve der Fixkosten von 38 000 Mark auf 41 800 Mark an, und zum anderen sinken die Deckungsbeiträge. Die variablen Kosten steigen von 90 000 Mark auf 99 000 Mark an. 20 000 Maß zu 9,20 Mark/Maß bringen einen Umsatz von 184 000 Mark. An Umsatzsteuern sind 24 000 Mark zu bezahlen. Die variablen Kosten und die Umsatz-

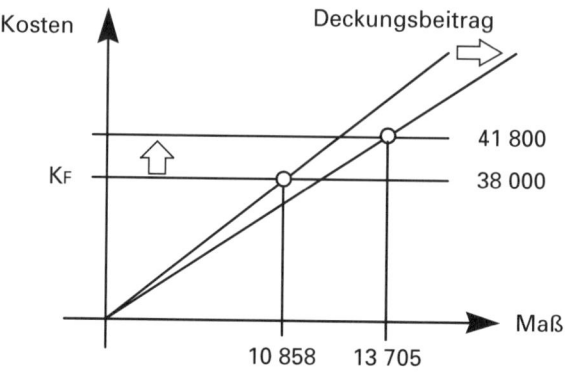

steuer betragen 123 000 Mark. Diese müssen auf 20 000 Maß verteilt werden. Um den Deckungsbeitrag zu errechnen, sind diese 6,15 Mark/Maß vom Verkaufspreis von 9,20 abzuziehen. Der neue Deckungsbeitrag beträgt 3,05 Mark. Das Sinken des Deckungsbeitrags von 3,50 Mark/Maß auf 3,05 Mark/Maß verschiebt den Break-even-Punkt nach rechts. Er liegt nun bei 13 705 Maß.

Fall 12: Optimales Produktionsprogramm der Solar AG[1]

Die Solar AG hat ihr Sortiment auf zehn Produkte ausgebaut. Anfangs existierten keine Engpässe. Durch einen Brand hervorgerufen, sind die Kapazitäten der vier Abteilungen »Gehäusebau«, »Lackiererei«, »Montage« und »Kontrolle« drastisch gesunken. Zur Zeit verfügen die Abteilungen über folgende Kapazitäten:

- Abteilung 1 – Gehäusebau: maximal 30 000 Fertigungsminuten
- Abteilung 2 – Lackiererei: maximal 12 000 Fertigungsminuten
- Abteilung 3 – Montage: maximal 48 100 Fertigungsminuten
- Abteilung 4 – Kontrolle: maximal 12 000 Fertigungsminuten

---

1 Diesen Fall verdanke ich Prof. Dr. L. Pack von der Universität Konstanz. Die Zahlen sind identisch mit dem Produktions-Programm-Planspiel des Unternehmer-Seminars der Universitäten Konstanz und Münster.

Die variablen Fertigungskosten, wie Energieverbrauch und nutzungsbedingte Abschreibung, betragen pro Fertigungsminute in

- Abteilung 1 – Gehäusebau: 0,20 Mark/Fertigungsminute
- Abteilung 2 – Lackiererei: 0,10 Mark/Fertigungsminute
- Abteilung 3 – Montage: 0,10 Mark/Fertigungsminute
- Abteilung 4 – Kontrolle: 0,15 Mark/Fertigungsminute

Erstellen Sie das optimale Produktionsprogramm und ermitteln Sie den Gewinn, wenn fixe Kosten in Höhe von 32 000 Mark anfallen und noch folgende Angaben gegeben sind.

	Marktpreis [DM/Stück]	Material-kosten [DM/Stück]	Gehäusebau [Min./Stück]	Lackiererei [Min./Stück]	Montage [Min./Stück]	Kontrolle [Min./Stück]
Kapazitäts-restriktion [Min.]			30 040	12 000	48 100	12 000
Fertigungskosten [DM/Stück]			0,20	0,10	0,10	0,15
A Scheinwerfer eingebaut	15,00	5,70	5		10	2
B Scheinwerfer aufgesetzt	20,00	6,70	8	4	12	2
C Blinkleuchte vorne	3,00	0,65	2		3	1
D Blinkleuchte hinten	4,00	0,65	3	2	4	1
E Heckleuchte LKW	8,00	1,20	5		15	2
F Heckleuchte Anhänger	9,00	1,40	5	2	16	2
G Rückfahr-scheinwerfer	10,00	3,35	4	2	5	1
H Nummern-schildleuchte	2,00	0,45	2			1
I Innenleuchte	5,00	1,95	2			1
J Positions-leuchte	6,00	1,65	3	2	4	1

Hier ist ein typisches Problem gegeben, auf welches man den Simplex-Algorithmus anwenden kann. Hierzu sind die Gewinngleichung, die Nebenbedingungen und die Nicht-Negativitäts-Bedingung aufzustellen.

Um den Deckungsbeitrag jedes einzelnen Produktes zu ermitteln, zieht man vom Marktpreis die variablen Kosten ab. Die Gewinngleichung lautet:

Gewinn = $7 \times A + 10 \times B + 1,5 \times C + 2 \times D + 4 \times E + 4,5 \times F + 5 \times G + 1 \times H + 2,5 \times I + 3 \times J$

Die Nebenbedingungen lauten:

Gehäusebau: $5 \times A + 8 \times B + 2 \times C + 3 \times D + 5 \times E + 5 \times F + 4 \times G + 2 \times H + 2 \times I + 3 \times J \leq 30\,040$

Lackiererei: $0 \times A + 4 \times B + 0 \times C + 2 \times D + 0 \times E + 2 \times F + 2 \times G + 0 \times H + 0 \times I + 2 \times J \leq 12\,000$

Montage: $10 \times A + 12 \times B + 3 \times C + 4 \times D + 15 \times E + 16 \times F + 5 \times G + 0 \times H + 0 \times I + 4 \times J \leq 48\,100$

Kontrolle: $2 \times A + 2 \times B + 1 \times C + 1 \times D + 2 \times E + 2 \times F + 1 \times G + 1 \times H + 1 \times I + 1 \times J \leq 12\,000$

Nicht-Negativitäts-Bedingung: A, B, C, D, E, F, G, H, I, J ≥ 0

Das Simplex-Tableau ist nun aufzustellen und zu lösen. Mit heutiger Rechnerleistung und entsprechender Software ist dies kein Problem. Ein Tabellenkalkulationsprogramm bietet als Extra einen Solver für Simplex-Probleme an. In vielen Fällen der Betriebswirtschaft reichen jedoch einfache Methoden aus, um große Probleme wesentlich zu verkleinern. »Management by Hammer«, nennen dies die Manager. Hier kann das Prinzip der Dominanz eingesetzt werden. Durch Vergleiche der Deckungsbeiträge und der Fertigungszeiten der Produkte können diverse Produkte eliminiert werden. Vergleicht man die Deckungsbeiträge der Nummernschildleuchte mit der Innenleuchte, so fällt auf, daß bei gleichem Verbrauch die Innenleuchte den 2,5-fachen Deckungsbeitrag bringt.

	Gehäuse-bau [Min./Stück]	Lackiererei [Min./Stück]	Montage [Min./Stück]	Kontrolle [Min./Stück]	Deckungs-beitrag [DM/Stück]	
H Nummern-schildleuchte	2			1	1,00	fliegt raus
I Innenleuchte	2			1	2,50	im Programm

Da die Innenleuchten bei gleichem Verbrauch dem Unternehmen einen höheren Deckungsbeitrag bringen als die Nummernschildleuchten, bleiben diese im Produktionsprogramm, während letztere aus dem Programm genommen werden. Durch paarweisen Vergleich lassen sich auf diese Weise auch noch weitere Produkte eliminieren.

	Gehäuse-bau [Min./Stück]	Lackiererei [Min./Stück]	Montage [Min./Stück]	Kontrolle [Min./Stück]	Deckungs-beitrag [DM/Stück]	
A Scheinwerfer eingebaut	5		10	2	7,00	im Programm
B Scheinwerfer aufgesetzt	8	4	12	2	10,00	B < 2 × G
C Blinkleuchte vorne	2		3	1	1,50	C < I
D Blinkleuchte hinten	3	2	4	1	2,00	D < I
E Heckleuchte LKW	5		15	2	4,00	E < A
F Heckleuchte Anhänger	5	2	16	2	4,50	F < A
G Rückfahr-scheinwerfer	4	2	5	1	5,00	im Programm
H Nummern-schildleuchte	2			1	1,00	H < I
I Innenleuchte	2			1	2,50	im Programm
J Positions-leuchte	3	2	4	1	3,00	J < G

Das zu lösende Gleichungssystem ist reduziert auf:

Gewinn: $- 7 \times A - 5 \times G - 2,5 \times I = 0$

Nebenbedingungen:

Gehäusebau: $5 \times A + 4 \times G + 2 \times I \leq 30\,040$

Lackiererei: $0 \times A + 2 \times G + 0 \times I \leq 12\,000$

Montage: $10 \times A + 5 \times G + 0 \times I \leq 48\,100$

Kontrolle: $2 \times A + 1 \times G + 1 \times I \leq 12\,000$

Nicht-Negativitäts-Bedingung: A, G, I, ≥ 0

Für die vier Nebenbedingungen werden vier Schlupfvariable benötigt. Das erste Simplex-Tableau lautet:

S_1	S_2	S_3	S_4	A	G	I	Kapazität
1	0	0	0	5	4	2	30 040
0	1	0	0	0	2	0	12 000
0	0	1	0	10	5	0	48 100
0	0	0	1	2	1	1	12 000
0	0	0	0	–7	–5	–2,5	0

Das erste Pivot-Element in der Iteration ist durch die sechste Spalte und zweite Zeile gegeben. Der Simplexalgorithmus wird durchgeführt und liefert das folgende Endtableau:

S_1	S_2	S_3	S_4	A	G	I	Kapazität
0,67	0	–0,07	–1,33	0	1	0	820
–1,33	1	0,13	2,67	0	0	0	10 360
–0,33	0	0,13	0,67	1	0	0	4 400
0	0	–0,2	1	0	0	1	2 380
1	0	0,1	0,5	0	0	0	40 850

Das optimale Produktionsprogramm beinhaltet die Produktion von 4 400 eingebauten Scheinwerfern (A), 820 Rückfahrscheinwerfern (G), und 2 380 Innenleuchten (I). Der Schattenpreis für eine Fertigungsminute im Gehäusebau beträgt 1,00 Mark. In der Lackiererei tritt kein Engpaß auf. Der Schattenpreis beträgt daher 0 Mark. In der Montage können für eine zusätzliche Fertigungsminute 0,10 Mark und in der Kontrolle 0,50 Mark bezahlt werden.

Der Deckungsbeitrag des optimalen Programms beträgt 40 850 Mark. Zieht man hiervon die Fixkosten in Höhe von 32 000 Mark ab, verbleibt ein Gewinn von 8 850 Mark.

Das Unternehmen hat hier die hohe Kapazität in der Lackiererei zu überdenken. Augenblicklich stehen 12 000 Minuten zur Verfügung. Benötigt werden lediglich 1 640 Minuten. In solchen Fällen muß auch eine Fremdvergabe der Lackierarbeiten ins Auge gefaßt werden. Was dabei zu beachten ist, ist in Abschnitt 4.3.3.2 beschrieben.

Fall 13: Wirkungen des Kalkulationsverfahrens auf das Betriebsergebnis

Ein Unternehmen produziert pro Periode 10 000 Gartenteichpumpen. Der Verkaufspreis pro Pumpe beträgt 178 Mark. Bisher konnte das Unternehmen immer alle hergestellten Pumpen verkaufen. Pro Pumpe entstanden dem Unternehmen variable Materialeinzelkosten in Höhe von 20 Mark und Fertigungslöhne von 50 Mark. Die Fixkosten des Unternehmens betrugen 730 000 Mark und setzten sich wie folgt zusammen:

fixe Kosten der Beschaffung	100 000 DM
fixe Kosten der Fertigung	500 000 DM
fixe Kosten bei Verwaltung und Vertrieb	130 000 DM

Führt man eine Leistungsrechnung durch, kommt man bei Anwendung des Umsatzkostenverfahrens auf Basis der Voll- und der Teilkosten zum gleichen Ergebnis. Bei Vollkostenrechnung ermittelt man:

$$G_B = (p - k_s) \times x_a$$

$$G_B = (178 \text{ DM/Stück} - 143 \text{ DM/Stück}) \times 10\,000 \text{ Stück} = 350\,000 \text{ DM}$$

und bei Teilkostenrechnung

$$G_B = dB \times x_a - K_F$$

$$G_B = 108 \text{ DM/Stück} \times 10\,000 \text{ Stück} - 730\,000 \text{ DM} = 350\,000 \text{ DM}$$

Das Unternehmen hat in der aktuellen Periode erhebliche Absatzprobleme. Es können von den 10 000 produzierten Pumpen nur 3 000 Stück verkauft

werden. Die Ergebnisrechnung auf Basis der Kalkulation von Vollkosten
zeigt als Ergebnis:

Vollkostenrechnung

Aufwand	Erfolgsrechnung		Ertrag
Produktionskosten	1 300 000	Umsatz	534 000
Verwaltungs- + Vertriebskosten	130 000	Bestandsaufbau	910 000
Gewinn	14 000		
	1 444 000		1 444 000

und auf Basis der *Teilkostenrechnung:*

Aufwand	Erfolgsrechnung		Ertrag
variable Kosten	700 000	Umsatz	534 000
Fixkosten	730 000	Bestandsaufbau	490 000
		Verlust	406 000
	1 430 000		1 430 000

Die Ergebnisrechnung auf Basis von Vollkosten weist einen Gewinn, die Ergebnisrechnung auf Basis von Teilkosten einen Verlust aus. Ursache ist der
Bestandsaufbau von 7 000 Stück. In der Vollkostenrechnung wird jede gela-
gerte Pumpe mit 130 Mark bewertet. Dies führt zu einer Bestandserhöhung
von 910 000 Mark. Hier werden Teile der fixen Kosten aktiviert. Da fixe Kosten jedoch in jeder Periode anfallen, führt dieser Ansatz zu einem falschen
Bild. Das Management wird falsch informiert. Es denkt, es habe einen Gewinn realisiert, obwohl das Unternehmen in dieser Periode mit einem Verlust
abschloß. Bei der Teilkostenrechnung werden hingegen pro Pumpe 70 Mark
angesetzt. Der Verlust spiegelt die augenblickliche Lage wider.

   In der Folgeperiode produziert das Unternehmen lediglich 5 000 Pumpen. Durch erhöhte Anstrengungen (Preissenkung auf 158 Mark und Erhöhung des Werbebudgets um 50 000 Mark) gelingt es, alle Pumpen zu verkaufen. Das Lager ist leergeräumt. Wie entwickelt sich nun das Betriebsergebnis der Vollkosten- und Teilkostenrechnung?

Vollkostenrechnung

Aufwand	Erfolgsrechnung		Ertrag
Produktionskosten	950 000	Umsatz	1 896 000
Verwaltungs- + Vertriebskosten	180 000	Verlust	144 000
Bestandsabbau	910 000		
	2 040 000		2 040 000

Teilkostenrechnung

Aufwand	Erfolgsrechnung		Ertrag
variable Kosten	350 000	Umsatz	1 896 000
Fixkosten	780 000		
Bestandsabbau	490 000		
Gewinn	276 000		
	1 896 000		1 896 000

Bei Anwendung der Vollkostenrechnung muß der Bestandsabbau mit 910 000 Mark bewertet werden. Die fixen Kosten bleiben erhalten. Trotz der erheblichen Vertriebsanstrengungen und Erreichen des Ziels fällt das Ergebnis mit 144 000 Mark negativ aus. Dieser Verlust ist demotivierend. Er setzt wieder ein falsches Signal. Bei Anwendung der Teilkostenrechnung wurden die fixen Kosten in der Periode ihres Entstehens verrechnet. Dies hat hier ein höheres Ergebnis zur Folge. Addiert man die Ergebnisse beider Perioden, dann kommt man für beide Verfahren zum gleichen Ergebnis.

Fall 14: Herstellkosten und Herstellungskosten bei Bürostuhlhersteller Wolke

Der Bürostuhlhersteller Wolke hat aus dem letzten Geschäftsjahr noch 200 Bürostühle vom Modell »Dreaming Student« auf Lager. Um die Herstellungskosten zu ermitteln, greift der Controller auf die bestehende Nachkalkulation zurück.

Kostenart	variable Kosten DM/Stück	fixe Kosten DM/Stück	Gesamtkosten DM/Stück
Fertigungsmaterial			
+ bezogene Teile	80	–	80
+ Rohstoffe	40	–	40
+ Materialgemeinkosten	10	10	20
= Materialkosten	130	10	140
Fertigungslohn	100	–	100
+ Fertigungsgemeinkosten	50	50	100

+ Sondereinzelkosten Fertigung	60	–	60
= Fertigungskosten	210	50	260
Herstellkosten	340	60	400
Grundlagenforschung	–	10	10
Verwaltungsgemeinkosten	–	50	50
Vertriebsgemeinkosten	50	30	80
Verkaufsprovision	20	–	20
Selbstkosten	410	150	560

Das Fertigungsmaterial wurde zu Wiederbeschaffungspreisen bewertet. Die historischen Anschaffungspreise sind um 15 Prozent niedriger. In der Verbrauchsmenge für Fertigungsmaterialkosten ist ein Materialabfall von zehn Prozent eingerechnet worden. Diese Abfälle konnten zu Anschaffungskosten verkauft werden. In den fixen Fertigungsgemeinkosten ist eine Umlage für Sozialeinrichtungen von zehn Mark pro Sessel enthalten. 20 Prozent aller verbleibenden Fertigungsgemeinkosten sind kalkulatorische Kosten, denen kein Aufwand gegenübersteht. Der Controller nimmt folgende Korrekturen vor:

Fertigungsmaterial

bezogene Teile	80,00 DM
+ Rohstoffe	40,00 DM
= Materialeinzelkosten	120,00 DM
– Korrektur 15 % Inflationsausgleich	18,00 DM
= Anschaffungskosten Materialeinzelkosten	102,00 DM
– Korrektur 10 % Abfall	10,20 DM
= Ansatz für Materialeinzelkosten	91,80 DM

Fertigungsgemeinkosten

variable Fertigungsgemeinkosten	50,00 DM
– Korrektur 20 % kalkulatorische Kosten	10,00 DM
= Ansatz der variablen Fertigungsgemeinkosten	40,00 DM
fixe Fertigungsgemeinkosten	50,00 DM
– Korrektur Sozialeinrichtungen	10,00 DM
– Korrektur 20 % kalkulatorische Kosten	8,00 DM
= Ansatz der fixen Fertigungsgemeinkosten	32,00 DM

Danach wird die Kalkulation der Herstellkosten vorgenommen:

		Handelsbilanz
Materialeinzelkosten	91,80 DM	muß
+ Fertigungslöhne	100,00 DM	muß
+ Sondereinzelkosten der Fertigung	60,00 DM	muß
Herstellungskosten I	*251,80 DM*	*Untergrenze (Pflichtbestandteile)*
+ variable Materialgemeinkosten	10,00 DM	kann
+ variable Fertigungsgemeinkosten	40,00 DM	kann
Herstellungskosten II	*301,80 DM*	*Ansatz möglich Wahlbestandteile*
+ Sondergemeinkosten der Fertigung	60,00 DM	kann
+ fixe Materialgemeinkosten	10,00 DM	kann
+ fixe Fertigungsgemeinkosten	32,00 DM	kann
Herstellungskosten III	*403,80 DM*	*Ansatz möglich Wahlbestandteile*
+ Zinsen für fertigungsbedingtes Fremdkapital		kann
+ Aufwendungen für freiwillige soziale Leistungen	10,00 DM	kann
+ Aufwendungen für betriebliche Altersversorgung		kann
Herstellungskosten IV	*413,80 DM*	*Obergrenze Wahlbestandteile*

Bei 200 Bürostühlen sind dies:

- HK I: 251,80 Mark × 200 Stück = 50 360 Mark
- HK II: 301,80 Mark × 200 Stück = 60 360 Mark
- HK III: 403,80 Mark × 200 Stück = 80 760 Mark
- HK IV: 413,80 Mark × 200 Stück = 82 760 Mark

Welcher Ansatz gewählt wird, bestimmt die Bilanzpolitik.

Literatur zu Kapitel 4

Aghte K., Stufenweise Fixkostendeckung im System des Direct Costing, in: ZfB 1959, S. 404–418 und 742–748

Albach H., Bewertungsprobleme des Jahresabschlusses nach dem Aktiengesetz 1965, in: BB 1966, S. 377–382

Baetge J., Uhlig A., Zur Ermittlung der handelsrechtlichen »Herstellungskosten« unter Verwendung der Daten der Kostenrechnung, in: WiSt Heft 6, 1985, S. 274–280

Coenenberg A. G., Fischer Th. M., Prozeßkostenrechnung – Strategische Neuorientierung in der Kostenrechnung, in: DBW 51 (1991) S. 21–37

Däumler K. D. Grabe J., Kostenrechnung 1 – Grundlagen, 6. Aufl., Herne/Berlin 1993

Däumler K.-D., Grabe J., Kalkulationsvorschriften bei öffentlichen Aufträgen, Herne 1984

Deyhle A., Controller-Handbuch, 3. Aufl., Gauting 1990

Eisele W., Technik des betrieblichen Rechnungswesens, 4. Aufl., München 1990

Eßer J., Gliederungsvorschriften, Bewertung, Gewinnverwendung und Pflichtangaben nach AktG 1965, in: AG 1965, S. 310–319

Forster K.-H., Neue Pflichten des Abschlußprüfers nach dem Aktiengesetz von 1965, in: WPg 1965, S. 585–606

Geenen H., Die Stückkostenrechnung von Kuppelprodukten im Sägewerk, in: Holz-Zentralblatt, Jg. 93, 1967, S. 2027–2029.

Götzinger M.; Michael H., Kosten- und Leistungsrechnung, 4. Aufl., Heidelberg 1988

Gutenberg E., Grundlagen der Betriebswirtschaft, Erster Band: Die Produktion, 21. Aufl., Berlin/Heidelberg/NY 1975

Haberstock L., Kostenrechnung I – Einführung, 8. Aufl., Hamburg 1987

Heiser H.C., What Can We Expect of Direct Costing as a Basis for Internal and External Reporting?, in: N.A.C.A. Bulletin, 34 Jg., 1952, S. 1546–1560

Hilke W., Bilanzpolitik, 3. Aufl., Wiesbaden 1991

Horváth P., Mayer R., Prozeßkostenrechnung – Der neue Wege zu mehr Kostentransparenz und wirkungsvolleren Unternehmensstrategien, in: CONTROLLING, (1) 1989, S. 214–219.

Horváth P., u. a., Prozeßkostenrechnung – oder wie die Praxis die Theorie überholt. Kritik und Gegenkritik. In: Die Betriebswirtschaft (53) 1993, S. 609–628

Hudelmaier G., Zur Kalkulation von Kuppelprodukten in der Fleischwarenindustrie mit Hilfe der linearen Programmierung, Diss. Mannheim 1968

Hummel S. , Männel W., Kostenrechnung 1, Grundlagen, Aufbau und Anwendung, 4. Aufl., Wiesbaden 1986

Kilger W., Einführung in die Kostenrechnung, 2. Aufl., Wiesbaden 1980

Kosiol E., Kostenrechnung, Wiesbaden 1968

Kropff B., Sinn und Grenzen der Bilanzpolitik, in: Baetge J., hrsg., Der Jahresabschluß im Widerstreit der Interessen, Düsseldorf 1983, S. 179–211

Lang H., Kosten- und Leistungsrechnung, 2. Aufl., München 1991

Leffson U., Die Grundsätze ordnungsmäßiger Buchführung, 6. Aufl., Düsseldorf 1982

Männel W., Eigenfertigung und Fremdfertigung, 2. Aufl., Wiesbaden 1988

Männel W., Wenn Sie zwischen Eigenfertigung und Fremdbezug entscheiden müssen, dann geben Kostenvergleichsrechnungen und Punktwertsysteme ein verläßliche Entscheidungshilfe, in: io52 (1983) Nr. 7/8, S. 301–307

Mellerowicz K., Kosten- und Leistungsrechnung, Band I, Theorie der Kosten, 5. Aufl., Berlin 1973

Miller J.G.; Vollmann Th.E., The hidden factory, in: Harvard Business Review, Vol.55, 1985, S. 142–150

Pack L., Zur Problematik einer Make-or-Buy Entscheidung, in: WISU 1974 S. 557–580 und 1975 S. 11 + 12

Preißler P., Dörrie U., Grundlagen der Kostenrechnung und Leistungsrechnung, 2. Aufl., München 1987

Reichmann Th., Kosten und Preisgrenzen, Wiesbaden 1973

Reichmann Th., Palloks M., in: Controlling: Make-or-buy-Entscheidung Was darf der Fremdbezug kosten, wenn die eigenen Kosten weglaufen?, Heft 1, 1995, S. 4–11

Riebel P., Einzelkosten- und Deckungsbeitragsrechnung, Grundfragen einer markt- und entscheidungsorientierten Unternehmensrechnung, 7. Aufl., Wiesbaden 1994

Riebel P., Kalkulation der Kuppelprodukte, in: HWR, Hrsg. von Kosiol E., 1. Aufl., Stuttgart 1970

Riebel P., Deckungsbeitragsrechnung, in: HWR, Hrsg. von Chmielewicz K.; Schweitzer M., 3. Aufl., Stuttgart 1993

Schneider D., Aktienrechtlicher Gewinn und ausschüttungsfähiger Betrag, in: WPg 1971, S. 607–617

Schweitzer M., Küpper H.-U., Systeme der Kostenrechnung, 6. Aufl., Landsberg am Lech 1995

Sorg P., Kosten- und Leistungsrechnung – 50 praktische Fälle, Achim 1993

VDMA/Andreas D., Reichle W., Das Rechnen mit Maschinenstundensätzen, 6. Aufl., Frankfurt 1987

VDMA/Andreas D., Reichle W., Selbst Fertigen oder Kaufen? – Strategische Überlegungen – Rechen- und Entscheidungsschema, 3. Aufl., Frankfurt 1988

Warnecke H. J. u. A., Kostenrechnung für Ingenieure, 4. Aufl., München Wien 1993

Wöhe G., Bilanzierung und Bilanzpolitik, 6. Aufl., München 1984

Wöhe G., Einführung in die Allgemeine Betriebswirtschaftslehre, 18. Aufl., München 1993

Zimmermann G., Grundzüge der Kostenrechnung, 5. Aufl., München Wien 1993

5 Normal- und Plankostenrechnung

Führung und Kontrolle setzen ein System von Zielen oder Vorgaben voraus. Kosten- und Leistungsziele können aus den Unternehmenszielen, aus aktuellen, nicht erreichten Zielen und aus den Erwartungen der Kunden und Mitarbeiter abgeleitet werden. Die Ermittlung von Vorgaben (Sollwerte) kann grundsätzlich im System der *Normalkostenrechnung* (*Standardkostenrechnung*) oder im System der *Plankostenrechnung* erfolgen (vgl. Abbildung 96). Beide Systeme liefern Vorgaben für eine zukünftige Periode.

Für den einzelnen Mitarbeiter entstehen die Sollvorgaben nach »Management by Prinzip« und »System der Kostenrechnung« verschieden. Im Führungsmodell »Management by exception« legt die Führungsebene Ziele und Richtlinien für die nächste Ebene fest. Vorgaben erfolgen für den Normalzustand, und Grenzen für den Ausnahmezustand werden definiert. Im Rahmen des »Management by objective« werden die Ziele vereinbart. In beiden Führungsmodellen sind Ziele Vorgaben und bestimmen den Sollwert.

Erst Ziele ermöglichen ökonomisches Handeln, Steuerung und Kontrolle. Kontrollieren meint den Vergleich von Sollvorgaben mit einem wahrge-

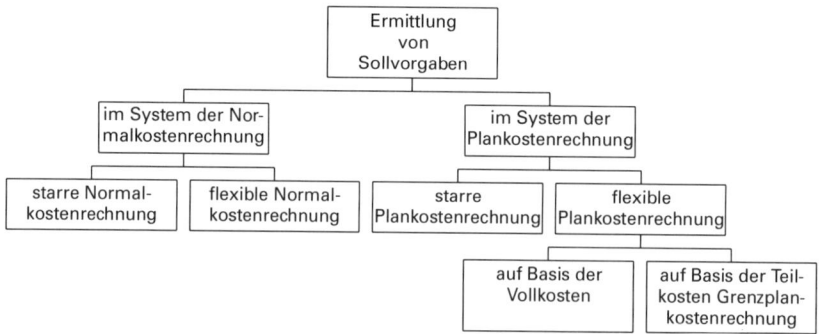

Abbildung 96: Ermittlung von Sollvorgaben

nommenen Zustand (Ist). In der Kosten- und Leistungsrechnung erfolgt die Kontrolle durch den Soll-Ist-Vergleich.

Durch Sollvorgaben kann die betriebliche Abrechnung beschleunigt werden. Mit Verrechnungspreisen und Sollverbrauchsmengen können Sollkosten bereits zu Beginn einer Abrechnungsperiode festgelegt werden. Die Kostenträgerrechnung benutzt Sollvorgaben bei der Kalkulation der Angebote. Wenn Sollmengen und Verrechnungspreise existieren, kann die betriebliche Abrechnung einer Leistung bereits während der Leistungserstellung erfolgen. Frühzeitig wird hierdurch die Kostenentwicklung erkannt und ein Eingreifen und Steuern durch das Management möglich. Zum Beispiel kann bei sehr langen Produktionszeiten, wie beim Bau eines Hauses oder eines Schiffes, durch Sollvorgaben eine zeitnahe Kostenkontrolle stattfinden. Der Projektleiter rechnet Zwischenziele, auch Meilensteine genannt, ab. Ist der Keller fertiggestellt oder der Rohbau abgeschlossen, so können sie abgerechnet und kontrolliert werden. Prognosen über die Bausumme sind möglich. Frühzeitig erfährt der Bauherr, ob sein Haus im Rahmen der kalkulierten Kosten bleibt. Unwirtschaftlichkeiten werden frühzeitig erkannt und können bekämpft werden.

Ein weiterer Vorteil von Sollvorgaben (Verrechnungspreise und Sollverbrauchsmenge) ist, daß Schwankungen der Preise und Verbrauchsmengen keinen Einfluß auf die Höhe der Herstell- und Selbstkosten haben. Der Informationsbedarf der Mitarbeiter sinkt, und ein effizientes Arbeiten wird möglich, da sich die Mitarbeiter nicht ständig über die Preisentwicklung informieren müssen.

Mit Hilfe der Normal- und der Plankostenrechnung wird ein Soll vorgegeben. Normalkosten stellen Kosten dar, die sich aus der Durchschnittsbildung (Normalisierung) der Istkosten vergangener Perioden ergeben. Es handelt sich um Kostenvorgaben, mit denen normalerweise zu rechnen ist. Als Synonyme der *Normalkostenrechnung* werden *Standard-* und *Budgetkostenrechnung* gebraucht. Das System der Normalkostenrechnung ist vergangenheitsorientiert. Die *Plankostenrechnung* geht von in Zukunft zu erstellenden Leistungen aus und beantwortet die Frage: Was darf diese Leistung kosten? Dabei orientiert sich die Plankostenrechnung am zukünftigen wirtschaftlichen Geschehen. In die Planung gehen volkswirtschaftliche Daten, Daten des Branchenmarktes und das Zielsystem des Unternehmens mit ein.

5.1 Systeme der Normalkostenrechnung

5.1.1 Ermittlung von Normalkosten

Normalkosten werden aus Istkosten vergangener Perioden ermittelt. Bevor sie statistisch ausgewertet werden können, sind sie von diversen Einflüssen zu bereinigen:

- von aperiodisch anfallenden Beträgen, wie Großreparaturen in Abständen von zwei und mehr Jahren;
- von Kostensprüngen auf Grund von Kapazitätserweiterung;
- von veränderten Kostenartenstrukturen auf Grund von Rationalisierung und Verfahrensänderungen;
- von erkannten unwirtschaftlichen Kostenverbräuchen;
- von erkannten Fehlbuchungen und
- von Remanenzkosten.

Die deskriptive Statistik hilft bei der Darstellung, Beschreibung und Charakterisierung der vorliegenden statistischen Daten. Kosten setzen sich aus Mengen- und Preiskomponenten zusammen. Beide Komponenten müssen betrachtet werden. Zur Bestimmung von *normalen Mengen* und *normalen Preisen* eignen sich

- das *arithmetische Mittel* $= \bar{x} = \dfrac{x_1 + x_2 + x_3 + x_4 + x_5}{5} = \dfrac{1}{n} \displaystyle\sum_{i=1}^{n} x_i$ mit n = 5

- für Wachstumsraten das *geometrische Mittel*

$$w = \sqrt[n]{(1 + w_1) \times (1 + w_2) \ldots \times (1 + w_n)} - 1$$

denn immer dann, wenn es um die Ermittlung durchschnittlicher Wachstumsraten geht, versagt das arithmetische Mittel.

- der *Zentralwert*, auch *Median* oder *mittlerer Wert* genannt, ist bei einer ungeraden Anzahl von Beobachtungswerten stets der mittlere Wert an der Stelle (n+1)/2; bei einer geraden Anzahl von Werten findet man ihn an den Stellen n/2 und (n/2)+1, wobei die Werte der Größe nach geordnet sind. In metrischen Datenreihen ist der Zentralwert dem arithmetischen

Mittel vorzuziehen, wenn extreme Ausreißer eine statistische Beobachtung einseitig beeinflussen.

- der *Modalwert*, er ist der »*häufigste Wert*« einer Beobachtungsreihe.

Die Bestimmung der Preise erfolgt darüber hinaus auch mit Hilfe von Preisindizes. Am gebräuchlichsten sind der *Preisindex* nach *Laspeyres* und *Paasche*. Das statistische Bundesamt benutzt für seine Zwecke die Indexformel nach Laspeyres. Sind Zeitreihen gegeben, so werden mit Hilfe der *Regressionsrechnung* und der *Methode der gleitenden Durchschnitte* Trends bestimmt.

Der Buchhalter Heinrich Grautvornix hat eine Tabelle mit Kostendaten der letzten fünf Jahre gefüllt (vgl. Tabelle 60). Er möchte für verschiedene Produkte die Normalpreise bestimmen.

Produkt	t_{-5}	t_{-4}	t_{-3}	t_{-2}	t_{-1}	$t_{aktuell}$	t_{normal}	Methode
00815	20	20	20	20	20	20	?	
04711	20	19	20	100	21	20	?	
88339	18	19	20	21	22	23	?	
99999	20	18	20	18	20	18	?	

Tabelle 60: Bestimmung von Verrechnungspreisen in der Normalkostenrechnung mit Hilfe einer Tabelle

Grautvornix setzt den Verrechnungspreis (Sollpreis) von Produkt 00815 auf 20 Mark fest. Hier erkennt er eine Konstanz der Preise. Für das Produkt 04711 entscheidet er sich ebenfalls für 20 Mark. Er erinnert sich, daß die Kosten von 100 Mark in t_{-2} außerordentlichen Charakter hatten und berücksichtigt diese daher nicht. Aus den restlichen Kostendaten bildet er das arithmetische Mittel. Bei Produkt 88339 erkennt Grautvornix einen Trend und bestimmt einen Preis von 24 Mark. Im Fall des Produktes 99999 meint er, einen Zyklus zu sehen und entscheidet sich für 20 Mark. Erfolgt die Berechnung als einfacher Durchschnitt, dann spricht man von *statischen Normalkosten*. Werden Trend, Saison oder andere Gesetzmäßigkeiten der Preisentwicklung berücksichtigt, spricht man von *aktualisierten Normalkosten*.

Normalisierte Verrechnungssätze werden für sehr unterschiedliche betriebliche Leistungen ermittelt. Ob nun ein Verrechnungspreis für das Essen in der Kantine, die Kosten einer Arbeitsstunde in einer Fertigungskostenstelle, der innerbetriebliche Verrechnungssatz einer Kilowattstunde oder der

Maschinenstundensatz festgelegt werden, man erhält ihn durch Division der durchschnittlichen Kosten durch die Leistungseinheit. Für den Verrechnungssatz der Kostenstelle m gilt:

$$P_{\text{verrechnet, m}} = \frac{\displaystyle\sum_{t=1}^{n} K_{tm}}{\displaystyle\sum_{t=1}^{n} LE_{tm}}$$

mit K = Gesamtkosten der Kostenstelle m, LE = Leistungseinheit der Kostenstelle m (Kilowattstunden, Arbeitsstunden etc.), t = Laufindex der Zeit (meist Monate), m = betrachtete Kostenstelle.

In der Praxis wird bei der Ermittlung eines Normalkostensatzes gerne auf ein grafisch-tabellarisches Lösungsblatt zurückgegriffen. In diesem Blatt (vgl. Abbildung 97) sind alle wichtigen Informationen, wie z. B. die Entwicklung des Verrechnungssatzes, der Kosten und der Leistung für die betrachtete Kostenstelle, dargestellt.

In Abbildung 97 beträgt der durchschnittliche Iststundensatz

$$\frac{639\,400\;\text{DM}}{16\,400\;\text{Stunden}} = 38{,}987\;\text{DM/Stunde}$$

und dient als Basis für die Festlegung des Verrechnungspreises. Das Controlling schlägt 40,00 Mark/Stunde vor. Die Geschäftsleitung folgt dem Vorschlag und setzt 40,00 Mark/Stunde fest.

In vielen Kostenstellen spart man sich die aufwendige Form der grafisch-tabellarischen Ermittlung und beschränkt sich auf die Auswertung einer Tabelle. In der Fertigungskostenstelle »Montage« werden die Gemeinkosten (Endstellenkosten), die Einzelkosten (Fertigungslöhne) und die geleisteten Fertigungsstunden des letzten Jahres in Spalten einer Tabelle erfaßt, und es wird die Summe über die Spalten gebildet (vgl. Tabelle 61).

Den Vollkostenverrechnungssatz von 60,00 Mark/Stunde erhält man durch Division der Gesamtkosten durch die gesamten Fertigungsstunden. Dividiert man die Einzelkosten durch die gesamten Fertigungsstunden, erhält man 25,00 Mark als Fertigungslohn pro Stunde. Dieser Fertigungslohn entspricht dem Teilkostenverrechnungssatz in einer Deckungsbeitragsrechnung. Für die Zuschlagskalkulation ist mit der Division der gesamten

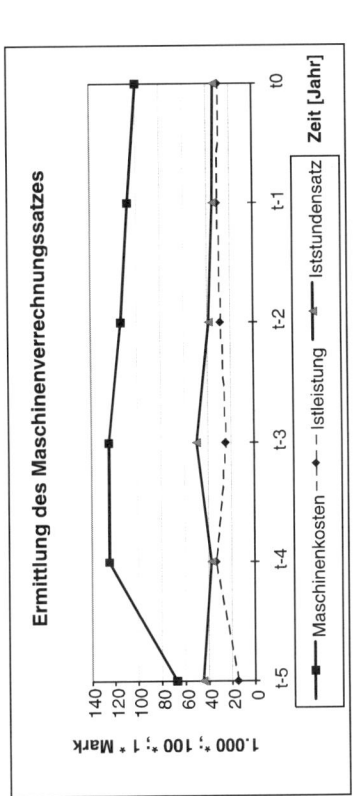

	t-5	t-4	t-3	t-2	t-1	t0	Gesamt
kalk. AFA	30 000	68 000	50 000	58 000	62 000	60 000	328 000
kalk. Zinsen	18 000	18 000	18 000	18 000	18 000	18 000	108 000
Raumkosten	9 600	9 600	9 600	9 600	9 600	9 600	57 600
Energie	3 000	6 800	5 000	5 800	6 200	6 000	32 800
Instandhaltung	7 000	23 000	42 000	22 000	12 000	7 000	113 000
Maschinenkosten	67 600	125 400	124 600	113 400	107 800	100 600	639 400
Sollstunden	2 100	2 900	2 900	2 900	3 000	3 000	
Iststunden	1 500	3 400	2 500	2 900	3 100	3 000	16 400
Sollstundensatz	40,0	42,5	41,0	44,0	43,0	41,0	
Iststundensatz	45,1	36,9	49,8	39,1	34,8	33,5	38,987
verrechnete Kosten	60 000	144 500	102 436	127 600	133 300	123 000	
Über-/Unterdeckung	-7 600	19 100	-22 164	14 200	25 500	22 400	51 436
Vorschlag Controlling	40,00 DM			Festlegung:	40,00 DM		

Abbildung 97: Ermittlung eines Maschinenstundensatzes in der Normalkostenrechnung

Monat	Endstellenkosten	Fertigungslohn	Gesamtkosten	Fertigungsstunden
Jan.	80 125	52 275	132 400	2 091
Feb.	76 500	50 000	126 500	2 000
März	84 250	53 750	138 000	2 095
April	72 500	47 500	120 000	1 900
⋮	⋮	⋮	⋮	⋮
⋮	⋮	⋮	⋮	⋮
Nov.	80 000	52 100	132 100	2 084
Dez.	102 000	66 250	168.250	2 650
Summe	840 000	600 000	1 440 000	24 000
Vollkostenverrechnungssatz		60,00 DM/Std		
Fertigungslohn		25,00 DM/Std.		
Zuschlagssatz (% auf Fertigungslohn)				140 %

Tabelle 61: Bestimmung von Sollzuschlagssätzen in der Normalkostenrechnung mit Hilfe einer Tabelle

Gemeinkosten durch die gesamten Einzelkosten der Sollzuschlag in Höhe von 140 Prozent gegeben.

Auch die innerbetriebliche monatliche Umlage der Kantine wird mit Hilfe der Normalkostenrechnung ermittelt. Ausgangspunkt der Betrachtung sind die monatlichen Gesamtkosten (Endstellenkosten) der Kantine. Diese können dem Betriebsabrechnungsbogen (BAB) entnommen werden. Von der Summe aller Kosten der Betrachtungsperiode 3 040 000 Mark sind jedoch Einnahmen durch Essensmarkenverkauf in Höhe von 1 600 000 Mark abzuziehen. Für die innerbetriebliche Leistungsverrechnung verbleiben Kosten in Höhe von 1 440 000 Mark. Als Leistung der Kantine kann die Versorgung der durchschnittlichen Zahl an Mitarbeitern des Unternehmens herangezogen werden.

Der Verrechnungssatz pro Mitarbeiter und Monat ist durch den Quotienten der verbleibenden Kosten durch die Mitarbeiter im Jahresdurchschnitt gegeben. Jede Kostenstelle wird monatlich entsprechend ihres aktuellen Mitarbeiterbestandes mit der Kantinenumlage belastet (vgl. Tabelle 62).

Monat	Gesamtkosten	Anzahl Essen	Einnahmen aus Essensmarken
Jan	266 483	29 604	133 218
Feb	226 191	25 163	113 285
März	279 758	31 084	139 879
April	259 366	27 856	125 352
:	:	:	:
:	:	:	:
Nov	282 004	31 374	153 733
Dez	239 792	26 644	130 524
Summe	3 040 000	343 450	1 600 000
zu verteilende Endstellenkosten			1 440 000
Mitarbeiter im Jahresdurchschnitt			2 000
Umlage pro Mitarbeiter und Monat			*60,00*

Tabelle 62: Ermittlung einer Umlage pro Mitarbeiter und Monat für die betriebliche Kantine

Findet eine Vorausschau bei der Ermittlung der Normalkosten statt, d. h., werden zukünftig erwartete Kostenänderungen bewußt berücksichtigt, dann kann zwischen Normal- und Plankostenrechnung nicht mehr unterschieden werden. *Plankosten* sind gegeben.

5.1.2 Starre Normalkostenrechnung

Die *starre Normalkostenrechnung* ist die einfachste Form einer Kalkulation mit Sollgrößen und ermöglicht nur einfache Analysen der Kostenabweichung. Primäres Ziel der starren Normalkostenrechnung ist eine laufende Abrechnung der Kostenarten, der Kostenstellen und der Kostenträger. Die starre Normalkostenrechnung geht von einer vorgegebenen Beschäftigung aus. Es werden zum Beispiel genau 10 000 Stück geplant und dann auch hergestellt. Die Vorgabe starrer Produktionsmengen und die Realisation dieser starren Menge geben der starren Normalkostenrechnung den Namen.

Kindy, ein Hersteller von Spielzeugwaren, erhält vom Spielwarenhändler Spielgut den Auftrag, 10 000 Spielfiguren herzustellen. Kindy erstellt eine Angebotskalkulation und legt dieser folgende Daten zugrunde:

- Materialeinsatz von 40 Gramm pro Figur
- Materialpreis 20 Mark/Kilogramm
- 4,8 Fertigungsminuten pro Stück
- Zeitlohn von 15,00 Mark/Stunde
- variable Fertigungsgemeinkosten (Basis Fertigungslöhne) 4 000 Mark
- fixe Kosten für das Einrichten der Maschinen 6 000 Mark
- Gewinnzuschlag 40 %

Normalkosten	Beschäfti-gung	Menge/Stück	Verbrauch	Preis	Sollkosten
Fertigungsmaterial	10 000	0,04 kg	400 kg	20 DM/kg	8 000
+ Fertigungslöhne	10 000	4,80 min	800 Std.	15 DM/Std.	12 000
+ Fertigungsgemeinkosten					4 000
= variable Normalkosten					24 000
+ fixe Kosten					6 000
= Selbstkosten (Soll)					30 000
+ Gewinnzuschlag 40 %					12 000
Angebotspreis					42 000

Tabelle 63: Angebotskalkulation in der starren Normalkostenrechnung

Nachkalkulation	Beschäfti-gung	Menge/Stück	Verbrauch	Preis	Istkosten
Fertigungsmaterial	10 000		420 kg	21 DM/kg	8 820
+ Fertigungslöhne	10 000		760 Std.	16 DM/Std.	12 160
+ Fertigungsgemeinkosten					3 952
= variable Istkosten					24 932
+ fixe Kosten					6 000
= Selbstkosten (Ist)					30 932
+ Gewinnzuschlag realisiert	35,78 %				11 068
Verkaufspreis					42 000

Tabelle 64: Nachkalkulation in der starren Normalkostenrechnung

Nachkalkulation	Sollkosten	Istkosten	Abweichung	Abweichung in Prozent
Fertigungsmaterial	8 000	8 820	−820	−10,25 %
Fertigungslöhne	12 000	12 160	−160	−1,33 %
Fertigungsgemeinkosten	4 000	3 952	48	1,2 %
Verbrauchsabweichung	24 000	24 932	−932	−3,88 %

Tabelle 65: Ermittlung der Verbrauchsabweichung in der starren Normalkostenrechnung

Tabelle 63 weist die Errechnung des Angebotspreises aus.

Nachdem der Auftrag abgewickelt ist, findet, wie in Tabelle 64 dargestellt, eine Nachkalkulation statt. Die Rechnung erfolgt mit der tatsächlich verbrauchten Menge und den tatsächlich bezahlten Preisen.

Ein Vergleich der Selbstkosten zeigt eine Unterdeckung von 932 Mark. Kindy stellt sich die Frage, ob der für diesen Auftrag verantwortliche Meister schlecht gearbeitet hat. Sollte man den Meister nicht für diese Unterdeckung zur Verantwortung ziehen? Kindy möchte nun wissen, wie die Abweichung zustande kommt. Für die erste Kontrolle werden die Sollkosten den Istkosten für jede Kostenart gegenübergestellt. In einer ersten Analyse erhält man als *Verbrauchsabweichung* die in Tabelle 65 ausgewiesenen Werte.

Die *Verbrauchsabweichung* (Kostenunter-/überdeckung) bedarf nun einer Ursachenanalyse. Zwei Punkte fallen sofort auf. Zum einen weichen die verbrauchten Mengen von den Sollmengen ab *(Mengenabweichung)*, zum anderen liegen der tatsächlich bezahlte Materialpreis und die Löhne über den Sollpreisen *(Preisabweichung)*. Wie Preis- und Mengenabweichung auf die Kosten wirken, ist in Abbildung 98 dargestellt.

Die Personalkosten sollten 12 000 Mark betragen. Da aber real Personalkosten in Höhe von 12 160 Mark angefallen sind, liegt eine Unterdeckung von 160 Mark vor. Diese Verbrauchsabweichung setzt sich aus der Mengen- und der Preisabweichung zusammen. Preis- und Mengenabweichung werden jetzt getrennt analysiert.

Da der Istpreis um eine Mark über dem Sollpreis liegt, entstehen Mehrausgaben von 760 Mark. Diese Abweichung wird nach ihrer Ursache *Preisabweichung* genannt. Preisabweichungen können von den Kostenverantwortlichen selten verantwortet werden. Normalerweise sind die Preise für die Verantwortlichen exogen vorgegeben und können deshalb nicht beeinflußt werden. Preise entstehen auf dem Markt durch Angebot und Nachfra-

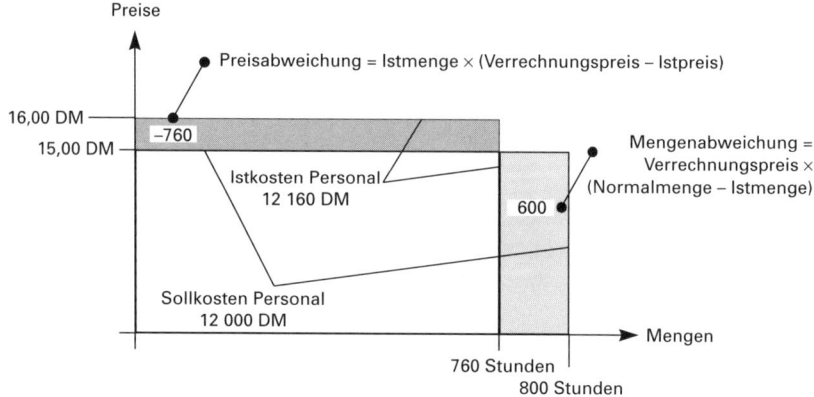

Abbildung 98: Analyse der Preis- und Mengenabweichung

Preisabweichung	Istmenge × (Verrechnungspreis – Istpreis) =			Abweichung
Fertigungsmaterial	420	20	21	– 420
Fertigungslöhne	760	15	16	– 760
Fertigungsgemeinkosten	760	5	5,2	– 152
Preisabweichung gesamt				–1 332

Tabelle 66: Ermittlung der Preisabweichung

Mengenabweichung	Verrechnungspreis × (Normalmenge – Istmenge) =			Abweichung
Fertigungsmaterial	20	400	420	– 400
Fertigungslöhne	15	800	760	600
Fertigungsgemeinkosten	5	800	760	200
Mengenabw. gesamt				400

Tabelle 67: Ermittlung der Mengenabweichung

ge. Für jede variable Kostenart wird eine Analyse der Preisabweichung vorgenommen. Man erhält die in Tabelle 66 aufgeführten Werte.

Für den Auftrag wurden 40 Stunden weniger als geplant gearbeitet. Hierdurch sind Löhne in Höhe von 600 Mark eingespart worden (Mengenabweichung). Für Mengenabweichungen sind im Regelfall die Kostenstellenleiter verantwortlich. Für die einzelnen variablen Kostenarten erhält man die in Tabelle 67 wiedergegebene Mengenabweichung.

An Material sind Mehrkosten von 400 Mark entstanden; bei den Löhnen fielen hingegen 600 Mark weniger an. Es ist üblich, daß bei schnellerer Arbeit mehr Ausschuß und ein höherer Materialverbrauch entsteht. Der höhere Materialeinsatz wird hier gänzlich durch die Einsparung an Löhnen kompensiert. Insgesamt spart der Kostenverantwortliche hier 400 Mark ein.

Bei der starren Normalkostenrechnung geht die Kostenabweichung ausschließlich auf Mengen- und Preisabweichung zurück.

Preisabweichung	−1 332
+ Mengenabweichung	400
Verbrauchsabweichung	− 932

Kindy ist mit seinem Mitarbeiter sehr zufrieden. Für die Preisabweichung kann er nichts, und mit dem Verbrauch an Material und Personal ging der Kostenstellenleiter verantwortungsbewußt um.

Für die starre Beschäftigung, Herstellung von 10 000 Figuren, lassen sich die Abweichungen wie in Abbildung 99 darstellen.

Nachteil der starren Normalkostenrechnung ist, daß sie ausschließlich für eine bestimmte Menge gilt und keine Variation dieser Menge zuläßt. In der betrieblichen Praxis jedoch ordert der Kunde nicht immer die gleiche Menge, sondern er erwartet Flexibilität bezüglich der Bestellmenge. Die *Varia-*

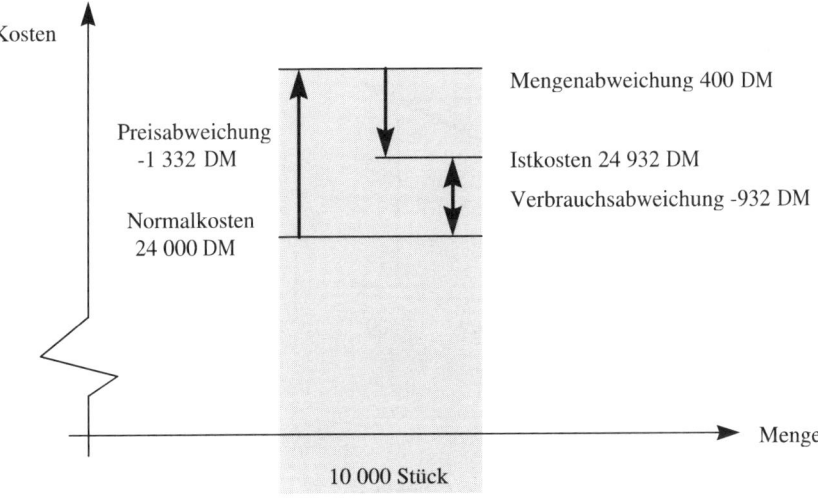

Abbildung 99: Kostenabweichung in der starren Normalkostenrechnung

tormethode kann hier helfen. Der *Variator* gibt an, wie hoch der proportionale Anteil der Kosten bei einer geplanten Beschäftigung sein wird. Der Variator wird meist für einzelne Kostenarten bestimmt. Vereinzelt wird der Variator auch bei Gesamtkostenbetrachtungen verwendet. Für ihn gilt:

$$V = \frac{\text{proportionale Kosten}}{\text{Gesamtkosten}}$$

Ist der Variator gleich Null, bedeutet dies, daß die Kosten(art) nicht auf eine Beschäftigungsänderung reagieren (reagiert). Es liegen ausschließlich fixe Kosten vor. Ist der Variator hingegen Eins, so reagieren die Kosten proportional zur Beschäftigung. Jetzt existieren keine fixen Kosten. Beträgt der Variator 0,6, dann verhalten sich 60 Prozent der Gesamtkosten proportional und sind somit variabel. Der Rest sind fixe Kosten. Wenn der Variator ungleich Null ist, sinkt der Anteil der fixen Kosten mit steigender Menge (Fixkostendegression).

Die Abbildung 100 zeigt die Entwicklung des Variators. Die Produktion der ersten 2 500 Stück liefert einen Variator von 0,5. Die Produktion von weiteren 2 500 Stück führt zu einem Anstieg des Variators um 0,166. Mit zunehmender Beschäftigung wächst der Variator in immer kleineren Schritten an.

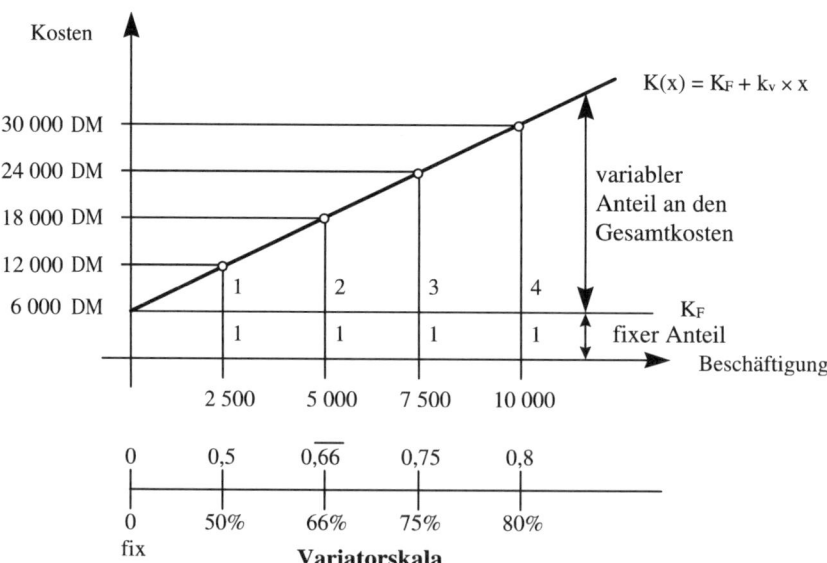

Abbildung 100: Entwicklung des Variators

Sobald für eine Beschäftigung der Variator gegeben ist, können die Gesamtkosten in fixe und variable Teile zerlegt werden. Bei Kindy fallen bei einer Produktion von 10 000 Spielfiguren Gesamtkosten von 30 000 Mark an. Der Variator beträgt 0,8. Jetzt ist es auch möglich, Aufträge, die von der starren (festen) Beschäftigung abweichen, zu kalkulieren. Kindy erhält einen Auftrag über 11 000 Stück. Das Unternehmen kann mit Hilfe des Variators die variablen und fixen Kosten ermitteln. Es berechnet für

- die variablen Kosten: $\quad K_v = K \times V = 30\,000\ DM \times 0,8 = 24\,000\ DM$
- die variablen Stückkosten: $\quad k_v = K_v/x = 24\,000\ DM/10\,000\ Stück = 2,40\ DM/Stück$
- die fixen Kosten: $\quad K_F = K - K_v = 30\,000\ DM - 24\,000\ DM = 6\,000\ DM$
- die Kostengleichung: $\quad K(x) = 6\,000 + 2,4 \times x$

Jetzt können die Gesamtkosten der Produktion von 11 000 Stück berechnet werden:

$$K(11\,000) = 6\,000 + 2,4 \times 11\,000 = 32\,400\ DM$$

Ist der Variator gegeben, so wendet die Praxis bis zu einer Abweichung von plus/minus 20 Prozent der Ausgangsbeschäftigung die Variatormethode an. Überschreitet die Abweichung diese 20 Prozent-Schranke kann nicht mehr auf die starre Normalkostenrechnung zurückgegriffen werden. Dann ist eine flexible Normalkostenrechnung anzuwenden.

5.1.3 Flexible Normalkostenrechnung

Die *flexible Normalkostenrechnung* ist eine Weiterentwicklung der starren Normalkostenrechnung. Bei der flexiblen Normalkostenrechnung findet eine Kostenauflösung in fixe und variable Kosten statt. Die Sollkosten lassen sich nun für unterschiedliche Beschäftigungen ermitteln, sie variieren mit der Beschäftigung. Stellt ein Unternehmen eine von der geplanten Beschäftigung abweichende Menge her, so lassen sich zur tatsächlich produzierten Menge (Istmenge) die Sollkosten der Istmenge ermitteln. Jetzt können die Kostenabweichungen analysiert werden. Drei Ursachen für die Kostenabweichung treten auf:

- die Mengenabweichung,
- die Preisabweichung
- und – neu – die Beschäftigungsabweichung.

Verbleibt man bei Kindy und geht von der bekannten Kalkulation von 10 000 Spielfiguren aus, so ist nun die Funktion der Sollkosten zu ermitteln:

$$K_{Soll}(x) = K_F + k_v \times x$$

Auf Grund der Angaben erhält man bei Kindy (vgl. auch Tabelle 68):

$$K_{Soll}(x) = 6\,000 + 2{,}40 \times x = 6\,000 + 2{,}40 \times 10\,000 = 30\,000$$

Verteilt man diese Kosten von 30 000 Mark auf die geplante hergestellte Menge, so ist der Vollkostenverrechnungssatz gegeben. Er beträgt hier

$$K_{Verrechnet} = \frac{K_{soll}(x_{Plan})}{x_{Plan}} = \frac{30\,000\ \text{DM}}{10\,000\ \text{Stück}} = 3{,}00\ \text{DM/Stück}$$

Die Entlastung (der Kostenstelle) erfolgt mit diesem Verrechnungssatz. Für jede an das Lager oder direkt an den Vertrieb gelieferte Mengeneinheit erfolgt somit eine Entlastung der Kostenstelle mit 3,00 Mark/Stück. Ist der Auftrag abgeschlossen, dann können durch die Nachkalkulation für die tatsächlich produzierte Menge die tatsächlichen Kosten ermittelt werden (vgl. Tabelle 69).

Die Kostenanalyse wird jetzt um die Beschäftigungsabweichung erweitert. Die Preis- und Mengenabweichung wurde in Tabelle 70 durchgeführt.

Der Vollkostenverrechnungssatz entsteht mit Division der Sollkosten der geplanten Beschäftigung durch die geplante Beschäftigung. Er ist nur für diese Beschäftigung exakt. Bei einer kleineren Produktionsmenge steigt der Vollkostenverrechnungssatz und bei größeren Mengen sinkt er. Verantwort-

Normalkosten	Beschäftigung	Menge/ Stück	Verbrauch	Preis	Sollkosten
Fertigungsmaterial	10 000	0,04 kg	400 kg	20 DM/kg	8 000
+ Fertigungslöhne	10 000	4,80 min	800 Std.	15 DM/Std.	12 000
+ Fertigungsgemeinkosten					4 000
= variable Normalkosten					24 000
+ fixe Kosten					6 000
= Selbstkosten (Soll)					30 000

Tabelle 68: Kalkulation der Selbstkosten in der flexiblen Normalkostenrechnung

Nachkalkulation	Beschäfti-gung	Menge/Stück	Verbrauch	Preis	Istkosten
Fertigungsmaterial	11 000		460 kg	21 DM/kg	9 660
+ Fertigungslöhne	11 000		830 Std.	16 DM/Std.	13 280
+ Fertigungsgemeinkosten					4 350
= variable Istkosten					27 290
+ fixe Kosten					6 000
= Selbstkosten (Ist)					33 290
verrechnete Kosten	11 000			3 DM/Stück	33 000
Sollkosten	11 000	6 000 + 2,40 × 11 000 =			32 400

Tabelle 69: Nachkalkulation in der flexiblen Normalkostenrechnung

Preisabweichung	Istmenge × (Verrechnungspreis − Istpreis) =			Abweichung
Fertigungsmaterial	460	20	21	− 460
Fertigungslöhne	830	15	16	− 830
Fertigungsgemeinkosten	830	5	5,241	− 200
Preisabweichung gesamt				− 1 490

Mengenabweichung	Verrechnungspreis × (Normalmenge − Istmenge) =			Abweichung
Fertigungsmaterial	20	440	460	− 400
Fertigungslöhne	15	880	830	750
Fertigungsgemeinkosten	5	880	830	250
Mengenabw. gesamt				600

Verbrauchsabweichung			
Preisabweichung	− 1 490	Sollkosten K_{Soll} (11 000)	32 400
+ Mengenabweichung	600	− Istkosten K_{Ist} (11 000)	− 33 290
Verbrauchsabweichung	− 890	Verbrauchsabweichung	− 890

Tabelle 70: Ermittlung der Preis-, Mengen- und Verbrauchsabweichung in der flexiblen Normalkostenrechnung

lich hierfür ist der Degressionseffekt. In der Vollkostenrechnung werden die fixen Kosten auf die produzierte Stückzahl verteilt. Die Höhe der Stückkosten variiert mit der Beschäftigungshöhe. Durch die Beschäftigungsabweichung wird die falsche Verteilung der fixen Kosten bereinigt. Zwei Wege können hierzu beschritten werden. Zum einen ist die *Beschäftigungsabweichung* die Differenz von Sollkosten und verrechneten Kosten. Sie läßt sich auch aus der Differenz von Vollkostenverrechnungssatz und variablen Stückkosten ermitteln. Die Differenz ist dann mit der Beschäftigungsabweichung pro Stück zu multiplizieren. Im vorliegenden Fall gelten die in Tabelle 71 aufgeführten Werte.

In Abbildung 101 sind Mengen-, Preis- und Beschäftigungsabweichung dargestellt. Der graue Keil zwischen den Sollkosten und den verrechneten Kosten zeigt die Beschäftigungsabweichung.

In der Plankostenrechnung werden diese Analysen auf identische Art durchgeführt. Zwischen der Normal- und der Plankostenrechnung gibt es diesbezüglich keinen Unterschied.

Beschäftigungsabweichung			
Sollkosten K_{Soll} (11 000)	32 400	(k_v − $k_{Verrechnet}$)	− 0,60
− verrechnete Kosten	33 000	× Mengenabweichung	1 000
= Beschäftigungsabweichung	− 600	Beschäftigungsabweichung	− 600

Tabelle 71: Ermittlung der Beschäftigungsabweichung

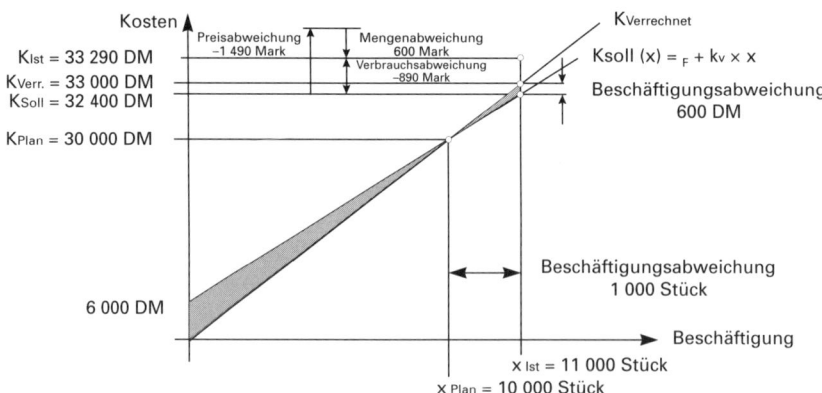

Abbildung 101: Analyse der Kostenabweichung bei flexibler Normalkostenrechnung

Die Normalkostenrechnung baut auf Vergangenheitszahlen auf. Wenn in der Vergangenheit kein ökonomisches Verhalten vorlag, dann wird auch zukünftig kein ökonomisches Verhalten an den Tag gelegt, denn die Vorgaben beruhen auf Kosten, die in früheren Zeiten großzügig veranschlagt wurden. Erst mit der Plankostenrechnung ist es möglich, einen Teufelskreis falscher Kostenansätze zu durchbrechen. In der Plankostenrechnung werden die Kosten auf der Grundlage optimaler Faktorkombination für eine gegebene Beschäftigung mit geplanten Verbrauchsmengen und prognostizierten Preisen ermittelt.

5.2 Systeme der Plankostenrechnung

Die Plankostenrechnung löst sich von den Kosten der Vergangenheit. Mit ihr werden Kosten einer zukünftigen Periode (Budgetjahr) bestimmt. Grundsätzlich basieren die Plankosten auf geplanten Faktoreinsatzmengen und Planpreisen. Die Faktoreinsatzmengen bilden das Mengengerüst der Kosten. Ihr Verbrauch hängt vom Produktionsprogramm, der Faktorqualität, der Beschäftigung und den Produktionsbedingungen ab. Der Preis für den Faktoreinsatz wird auf Märkten gebildet. Er hängt von Angebot und Nachfrage ab.

Die Plankostenrechnung ist Bestandteil der operativen Planung. Der operativen Planung vorgelagert sind die strategische Planung und die Unternehmenszielplanung. Der gesamte Planungsprozeß wird von der Unternehmensumwelt bestimmt. Nach dem *St. Galler Management-Modell* von *Ulrich* und *Krieg* wird ein Unternehmen und dessen Planung bestimmt vom Unternehmensverhalten, der Unternehmensumwelt, den Märkten der Unternehmung, einzelnen Funktionsbereichen und Gestaltungsebenen des Unternehmens sowie vom Führungs- und Organisationsmodell. Die Gesamtplanung des Unternehmens geht weit über die Plankostenrechnung hinaus. Für die Planung der Kosten jedoch reicht es aus, ein paar Rahmenbedingungen zu beachten:

- Die Planungsperiode muß festgelegt werden. Die Budgetplanung umfaßt meist das nächste Jahr.
- Das Leistungsprogramm muß definiert sein.

- Geplant wird nach Vorgaben des Vertriebes. Dieser muß die Absatzmenge pro Produkt im Auftragseingangsplan bestimmen.
- Aus dem Auftragseingangsplan werden die Bezugsgrößen und die Planbeschäftigung für alle Kostenstellen in Stückzahlen und Maschinen- oder Fertigungsstunden festgelegt.
- Die Planung der Einzelkosten erfolgt pro Kostenträger.
- Die Planung der Gemeinkosten erfolgt pro Kostenstelle.
- Die Kostenstellen planen ihre Kosten differenziert nach Kostenart.
- Alle geplanten Kosten müssen dem Kostenartenplan und den Kontierungsvorschriften des Hauses entsprechen.

Wenn diese Rahmenbedingungen erfüllt sind, dann läuft die Budget- und Kostenplanung in den in Abbildung 102 aufgeführten Phasen ab.

Je nach Plankostenrechnungssystem entstehen der Betriebsabrechnungsbogen und die Plankalkulation auf unterschiedliche Weise. Generell werden folgende Systeme unterschieden (vgl. auch Abbildung 96):

- starre Plankostenrechnung,
- flexible Plankostenrechnung als Vollkostenrechnung und
- flexible Plankostenrechnung als Grenzplankosten- und Deckungsbeitragsrechnung.

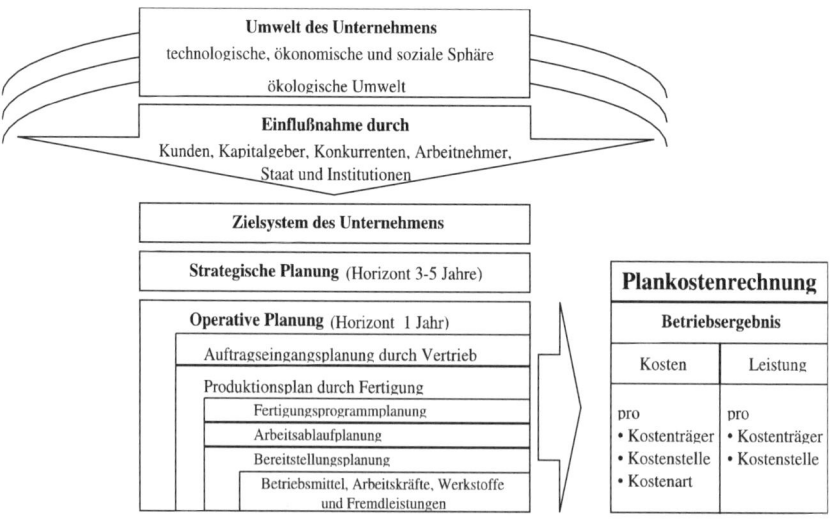

Abbildung 102: Phasen der Planungsrechnung

Die *starre Plankostenrechnung* unterscheidet sich wenig von der starren Normalkostenrechnung. Sie stellt eine Entwicklungsstufe zwischen der Normalkostenrechnung und der flexiblen Plankostenrechnung dar, bei der sich die Normalkostenrechnung, welche immer auf Istkosten aufbaut, mehr und mehr von den Normalkostensätzen löst und schließlich mit geplanten Kostensätzen arbeitet. Die Entlastung der Kostenstellen erfolgt auf dieselbe Weise wie in der starren Normalkostenrechnung. Die Analysen beschränken sich auf Preis- und Mengenabweichung. Da eine Beschäftigungsabweichung nicht festgestellt werden kann, bleibt im Dunkeln, wo der erhöhte oder der verminderte Verbrauch an Gütern und Diensten seine Ursache hat.

Bei der *flexiblen Plankostenrechnung* erfolgt eine Spaltung der Plankosten in flexible und proportionale Bestandteile. »Das charakterisierende Merkmal einer auf *Vollkosten basierenden flexiblen Plankostenrechnung* besteht darin, daß in die Verrechnungssätze für betriebliche Leistungen und in die Kalkulationssätze der Hauptkostenstellen auch die fixen Kosten einbezogen werden.« (Kilger, 1993, S. 40). Die flexible Plankostenrechnung auf der Basis von Vollkosten ist für die Kostenkontrolle und -analyse besonders geeignet. Eine Kostenabweichung wird in die Ursachen »Preis«-, »Mengen«- und »Beschäftigungsabweichung« zerlegt und analysiert. Die auf *Teilkosten basierende flexible Plankostenrechnung* bezieht lediglich die variablen Kosten in ihre Betrachtung ein. Sie entspricht einer Deckungsbeitragsrechnung mit Planwerten. Die fixen Kosten werden geplant und im Ist direkt dem Betriebsergebniskonto belastet. Eine Analyse der Beschäftigungsabweichung ist nicht mehr möglich. Die Verbrauchsabweichung läßt sich in der bestehenden Form durchführen.

Das System der Plankostenrechnung besteht aus vier Komponenten:

- der Planung,
- der Istermittlung,
- der Ermittlung von Abweichungen und
- der Analyse der Abweichung.

Generell erfolgt die Planung der Kosten durch Kostenstellen und läuft in fünf Stufen ab.

1. Für jede Kostenstelle wird mindestens eine *Bezugsgröße* der Kostenverursachung festgelegt. Meist handelt es sich um Fertigungsstunden, Maschinenstunden oder um physikalische Größen, wie zum Beispiel um Gewicht, Energie oder Größe (Abmessungen).

2. Für die Bezugsgröße wird eine durchschnittliche *Planbeschäftigung* festgelegt.

3. Für diese Planbeschäftigung wird der ökonomische Verbrauch bestimmt. Hier kommen Verbrauchsanalysen, wie technische Berechnung, Wertanalyse, Gemeinkostenwertanalyse und Zero Base Budgeting, zum Einsatz.

4. Multipliziert man den geplanten Verbrauch einer Kostenart mit einem festen Verrechnungssatz, so erhält man die geplanten Kosten pro Kostenart und Kostenstelle. Die Summe über alle Kostenarten bildet die gesamten Plankosten einer Kostenstelle. Der Plankostenverrechnungssatz der Kostenstelle ist gegeben durch die Division der gesamten Plankosten durch die Planbeschäftigung. Er entspricht dem Vollkostenverrechnungssatz der Normalkostenrechnung. Bei der flexiblen Plankostenrechnung auf Basis der Vollkosten werden die Gesamtkosten in fixe und variable Bestandteile zerlegt, und eine Funktion der Sollkosten wird erstellt. Im System der flexiblen Plankostenrechnung auf Basis von Teilkosten werden ausschließlich variable Kosten oder Einzelkosten verrechnet.

5. Für sämtliche standardisierte Kostenträger des Unternehmens werden auf Basis der Einzelkosten und der Plankostenverrechnungssätze Plankalkulationen erstellt.

Auftragseingänge sind in allen Systemen der Plankostenrechnung die Ausgangsbasis der *Planung aller Kosten.* Für die Planung der Auftragseingänge ist der Vertrieb zuständig. Er liefert Informationen über die zukünftig abzusetzenden Mengen, deren Preise und den gewünschten Liefertermin. Jeder Verkäufer plant für sich; die Vertriebsleitung faßt die Einzelpläne zusammen. Das Ergebnis wird Auftragseingangsplan, kurz: AE-Plan, genannt.

Der Vertrieb eines Fertighausherstellers gibt den Auftragseingangsplan (vgl. Tabelle 72) ab.

Der Vertrieb stellt seinen Vertriebsplan dem Vorstand vor. Nachdem dieser den AE-Plan genehmigt hat, erhält die Produktion den AE-Plan zur Planung der Umsätze. Die Produktion zerlegt mit Hilfe von Produktions-Programm-Planungs-Software den AE-Plan in Stücklisten-, Arbeitsablauf-, Maschinenbelegungs- und Personaleinsatzpläne. Die Beschaffungsabteilung erhält zur Beschaffungsplanung der Werkstoffe und Fremdleistungen entsprechende Listen. Nach Abschluß der Zerlegungsphase steht der Bedarf an Personal und an Betriebsmitteln pro Kostenstelle fest.

Von besonderer Bedeutung sind die Personalkosten, da sie von den beeinflußbaren Kosten des Rohertrags einen recht hohen Prozentsatz ausma-

IST Umsatz	IST Umsatz	KTNr	Bezeichnung	Plan Umsatz	HR Umsatz	Budgetplanung						
						Preis	Menge					Umsatz
t–1	01–06			t	31.12.t		1. Q.	2.Q	3.Q	4.Q		in TDM
15 000	8 000	1	Haus Schwaben	16 500	17 000	200 000	10	30	20	30		18 000
21 000	14 000	2	Landhaus	23 000	25 000	250 000	20	20	20	30		22 500
28000	18 000	3	Haus Wellness	30 000	33 000	280 000	20	40	30	40		36 400
	9 000	4	Haus Lieschen	11 000	12 000	220 000	10	20	10	20		13 200
64 000	49 000		Summe Umsatz	80 500	87 000							90 100

Tabelle 72: Auftragseingangsplan

chen (vgl. Tabelle 7). Ein kleiner Fehler beim Personalbestand führt nämlich zu hohen Kosten. Plant man in einer Kostenstelle eine Aushilfskraft falsch, so beträgt die Planabweichung schnell 60 000 Mark. Werden in einer Kostenstelle bei der Sachkostenplanung anstelle von zehn Bleistiften 20 Bleistifte geplant, so ist die Kostenwirkung gering. Der Rechnungshof stellte 1994 fest, daß sich bei der Deutschen Bundesbahn die Personalplaner um 20 000 Stellen verschätzt hatten. Die Konsequenz war eine Kostendifferenz mit neun Nullen. In vielen Unternehmen wird der Personalplan direkt in den Kostenstellen von den Kostenverantwortlichen durchgeführt und vom Controlling und der Personalabteilung koordiniert. Der Fertighaushersteller plant die Personalkosten in zwei Phasen. Im ersten Schritt wird der Personalbedarf in Köpfen, kurz: Personalkopfplanung, ermittelt; dann erfolgt die eigentliche Personalkostenplanung.

Benötigt man für die Fertigung von einem Haus »Schwaben« zum Beispiel 1 600 Fertigungsstunden, so kann jetzt der Personalbedarf geplant werden. Im 1. Quartal werden für das Haus »Schwaben« 16 000 Fertigungsstunden benötigt. Wenn ein Arbeiter im Jahr durchschnittlich 1 500 Stunden effektiv arbeitet, dann würde man für das Haus »Schwaben« im 1. Quartal ungefähr 43 Fachkräfte benötigt. Für die gesamte Produktion besteht in den einzelnen Quartalen der in Tabelle 73 ausgewiesene Bedarf: Im Jahresdurchschnitt sind im Unternehmen 490 Personen in der Produktion beschäftigt. Die vom Vertrieb gewünschte Produktion verursacht einen Personalbedarf von 325 »Mann« im 1. Quartal. Im 2. Quartal entsteht eine Spitze von 580 »Mann», und im 3. Quartal besteht nur ein Personalbedarf

Fertigungszeit		Personalbedarf				
		1. Q.	2. Q.	3. Q.	4. Q.	Summe
1 600	Haus Schwaben	16 000	48 000	32 000	48 000	144 000
2 100	Landhaus	42 000	42 000	42 000	63 000	189 000
2 300	Haus Wellness	46 000	92 000	69 000	92 000	299 000
1 800	Haus Lieschen	18 000	36 000	18 000	36 000	108 000
	Grundbedarf	122 000	218 000	161 000	239 000	740 000
	Personalbedarf	325	580	430	640	490

Tabelle 73: Personalbedarfsplan eines Fertighausherstellers

an 430 »Mann«. Im 4. Quartal braucht man 150 Arbeiter zusätzlich. Solch große Differenzen in der Auslastung bereiten der Produktion erhebliche Probleme. Innerhalb gewisser Grenzen können Bedarfsschwankungen beim Personal durch Überstunden, Aushilfen und Ferienarbeit ausgeglichen werden. Bei besonderen Spitzen verlängern sich die Lieferzeiten. In den Bedarfstälern werden gesammelte Überstunden abgebaut, oder es wird Kurzarbeit geleistet. Die Produktion und die Personalwirtschaft sind generell bestrebt, möglichst kontinuierlich zu produzieren. Abstimmungsgespräche mit dem Vertrieb sind notwendig. Es muß über Lieferzeiten und über Baukastensysteme nachgedacht werden, damit eine bessere Auslastung zustande kommt. Hat man sich geeinigt, dann kann jede einzelne Kostenstelle entsprechend der zu erbringenden Leistung ihren Personalbedarf und alle anderen Mittel planen.

Das Controlling und die Personalabteilung unterstützen den jeweiligen Kostenstellenleiter bei seiner Personalplanung. Er erhält für seine Kostenstelle ein teilweise ausgefülltes Planungsformular (vgl. Abbildung 103).

Der Kostenstellenleiter füllt für seine Abteilung den Personalplan aus. Zuerst überprüft er den Personalstand laut Liste mit Status am 31.08. Er beschäftigt zur Zeit 8 LE (Lohnempfänger) und 1,5 GE (Gehaltsempfänger). Treten hier Fehler auf, so müssen diese sofort behoben werden. Für das aktuelle Jahr kann die Personalplanung meist sehr exakt durchgeführt werden. Der Stand zum 31.12. bildet eine gute Ausgangsbasis für die Planung des Budgetjahres. Von hier aus kann die Planung fehlerfrei starten. Geplante Zu- und Abgänge werden eingetragen. Der Kostenstellenleiter spricht sei-

Personalplanung		Status 31.08. t		Veränd. in t		Stand 31.12. t		Veränderung								Stand 31.12. t1		Bemerk.
Werk Ravensburg								1. Q.		2. Q.		3. Q.		4. Q.				KSt: 4711
Abteil: Fertigung																		
		LE	GE	LE	GE	LE	GE	LE	GE	LE	GE	LE	GE	LE	GE	LE	GE	
Stand lt. Liste		8	1,5															
Planung 31.12. t		10	1,5															
Veränderung	Ein-/Austritt																	
Fr. Müller	31.12. t			(1)														Pension
Fr. Meier	01.01.t+1							1										Ersatz
N.N.	01.10.t+1											1						Projekt 3
Bestand / Veränderung ges.		8	1,5	(1)		7	1,5	1				1				9	1,5	
Überstunden im Monat		10																
Ferienhilfe in Mannmonaten		2																
Datum:		Unterschrift Kostenstellenleiter									Genehmigt:							

Abbildung 103: Personalplanung in Köpfen

nen Personalplan mit dem Vorgesetzten durch, und beide unterschreiben den Plan. Die erste Phase der Personalplanung ist abgeschlossen. Nun werden die Personalkosten von der Personalabteilung und dem Controlling geplant. Ist die Höhe der Löhne und Gehälter im Unternehmen nahezu konstant, kann mit den Durchschnittswerten aus Tabelle 8 gearbeitet werden. Besser jedoch ist die Kostenplanung pro Kostenstelle. Schwanken die Löhne und Gehälter zwischen den Kostenstellen stark, dann muß für jede Kostenstelle das Personalbudget ermittelt werden. Durchschnittswerte können dann lediglich zu Kontrollzwecken herangezogen werden.

Die Personalkostenplanung (vgl. Tabelle 74) baut auf dem Personalplanung in Köpfen (grau hinterlegt) auf. Der Lohn wird auf Basis durchschnittlicher Löhne und der Jahresbeschäftigung geplant. Schichtzulagen und Überstunden sowie die Löhne für die Ferienarbeiter sind zu addieren. Die Summe liefert die Nettopersonalkosten. Über einen Zuschlagsfaktor (Tabelle 8) werden die Personalkosten inklusive Personalnebenkosten berechnet. Die gesamten Personalkosten der Kostenstelle sind gegeben, wenn die prognostizierte Lohnerhöhung berücksichtigt ist.

Diese geplanten Löhne und Gehälter werden vom Kostenstellenleiter und vom Controller in den Betriebsabrechnungsbogen als Sollvorgaben übernommen (vgl. Abbildung 104).

Der eben beschrittene Weg der Planung der Personalkosten sollte von der Kostenstelle für jede Kostenart gegangen werden. Die Sachkostenplanung

KST		Personal-planung	Ø Köpfe	LE DM/Std.	GE DM/Mo.	Summe LE/GE	Schicht DM/Mo.	Üstd. h/Mo.	FH MM	P.K. DM	P.K.+ PNK	P.K.+ n.P.
4711	LE		8,25	25,00		390 000	500	250	3 200	402 200	723 960	731 200
	GE				5 200	93 600				93 600	168 480	170 200
LE												
GE												
AZUBI												
Gesamt												

Tabelle 74: Personalkostenplanung

2	**SOLL-ISTKOSTEN-VERGLEICH (BAB)**			U	Werk	Bereich	Kostenstelle
3				1	1	47**	4711
4		Fertigungsmontage		Packan			
5	**A. Kostenarten**		im Monat: März			kumuliert: Jan. - März	
6	Gr.Nr.	Istkosten	Sollkosten	Abw.	in %	Istkosten	Abw.	in %
7	Fertigungslohn für Produkte		22 700					
8	Sonstige Fertigungslöhne		5 800					
9	Löhne für Vorarbeiter und Einrichter		2 100					
10	Löhne für Transport, Lager und Versand		400					
11	Löhne für Ausfallzeiten		700					
12	Sonstige Hilfslöhne		300					
13	Zulagen und Zuschläge		500					
14	Kalk. Sozialaufwand Lohn		26 000					
15	Gehälter		7 800					
16	Kalk. Sozialaufwand Gehalt		6 240					

Die Ermittlung der Istwerte erfolgt
nach Monatsabschluß

Erste Kontrolle und Ausweis der
Verbrauchsabweichung nach Kostenart

Abbildung 104: Übertragung der Personalplanung in den Betriebsabrechnungsbogen

kann nach dem Formular gemäß Tabelle 9 vorgenommen werden. Bei un-
bedeutenden Kostenarten schreibt die Praxis meist die Kosten des letzten
Jahres fort oder wendet die Normalkostenrechnung an. Das Streben nach
einer möglichst exakten Planung verbietet jedoch dieses Vorgehen.

Ein Betriebsabrechnungsbogen im System der *starren Plankostenrechnung*
enthält für eine fest vorgegebene Planbeschäftigung fest vorgegebene Kosten
pro Kostenart. Zum Beispiel verursachen 1 200 Fertigungsstunden pro Monat in der Kostenart »Fertigungslöhne für Produkte« Kosten in Höhe von

22 700 Mark. Innerhalb der Kostenstellen und Abteilungen werden die Kostenarten zu Kostenartengruppen zusammengefaßt und liefern so dem Management Strukturdaten. Analysen, Vergleiche und Benchmarking können so einfacher durchgeführt werden. Bildet man die Summe über alle Kostenarten, erhält man die Gesamtkosten einer Kostenstelle.

Im System der *flexiblen Plankostenrechnung* wird für jede Kostenart eine Funktion der Sollkosten erstellt. Die Kosten werden hierbei in fixe und variable Bestandteile gespalten. Eine Sollkostenfunktion sieht z. B. wie folgt aus:

$$K_{\text{Soll, Personalkosten}}(x) = 40\,000 + 50 \times x$$

Die Summe über alle Kostenarten liefert die Gesamtkostenfunktion. Die Sollkosten hängen von der Beschäftigung ab. In jedem Monat sind sie für die aktuelle Beschäftigung neu zu bestimmen.

Bei einem Betriebsabrechnungsbogen im System der *Plankostenrechnung auf Basis von Teilkosten* (Grenzplankostenrechnung) werden lediglich die variablen Kosten übernommen. Hier entsprechen die Sollkosten den verrechneten Kosten, und es gilt:

$$K_{\text{Soll}}(x) = K_{\text{Verrechnet}}(x) = 50 \times x$$

Mit der Übertragung der geplanten Kosten in den Betriebsabrechnungsbogen ist die Planung abgeschlossen. In den weiteren Schritten folgen die Istermittlung der Kosten und der Beschäftigung, die Ermittlung der Abweichung und deren Analyse.

Nach Abschluß eines Monats kann die Istermittlung *(Nachrechnung)* erfolgen. Die Istkostenrechnung erfaßt monatlich den Verbrauch und nimmt eine Bewertung vor. Je nach Rechnungssystem erfolgt die Belastung der Kostenstellen, der Kostenträger oder des Betriebsergebniskontos mit den Istkosten. Der einzelne Betriebsabrechnungsbogen enthält jetzt die im Ist angefallenen Kosten. Der Kostenstellenleiter kann aus dem Einzelkostennachweis entnehmen, wie sich seine Kosten zusammensetzen. Jede externe Leistung und jede innerbetriebliche Verrechnung werden hier nachgewiesen. Sobald die Istkosten vorliegen, sind erste Kontrollen möglich. Pro Kostenart wird die Soll-Ist-Abweichung ermittelt. Der laufende Abrechnungsmonat, in der Praxis »im Monat« genannt, wird in den meisten Betriebsabrechnungsbögen sowohl im Ist wie auch im Soll abgedruckt. Die

2 SOLL-ISTKOSTEN-VERGLEICH (BAB)				U		Werk	Bereich	Kostenstelle	
3					1	1	47**	4711	
4		Fertigungsmontage		Packan					

5 **A. Kostenarten**			im Monat: März				kumuliert: Jan -März		
6 Gr. Nr.		Istkosten	Sollkosten	Abw.	in %		Istkosten	Abw.	in %
7	Fertigungslohn für Produkte	21 000	20 900	100	0%		63 000	300	1%
8	Sonstige Fertigungslöhne	6 200	6 300	–100	–2%		18 000	–900	–14%
9	Löhne für Vorarbeiter und Einrichter	2 400	2 100	300	14%		7 400	1 100	52%
10	Löhne für Transport, Lager, Versand	50	400	–350	–88%		1 000	–200	–50%
11	Löhne für Ausfallzeiten	100	700	–600	–86%		2 000	–100	–14%
12	Sonstige Hilfslöhne	600	300	300	100%		900	0	0%
13	Zulagen und Zuschläge	0	500	–500	–100%		1 000	–500	–99%
14	Kalk. Sozialaufwand Lohn	25 880	24 960	920	4%		79 440	4 560	18%
15	Gehälter	7 800	7 800	0	0%		23 400	0	0%
16	Kalk. Sozialaufwand Gehalt	6 240	6 240	0	0%		18 720	0	0%
42	sonst. kalk. Kosten	20 000	20 000	0	0%		60 000	/	/
43	*Gesamtkosten I*	96 000	95 000	–1 000	–1%		289 355	4 355	2%
44									

45 **B. Kostenartengruppen und Abweichungen**									
46	Kostenartengruppen		Istkosten	Sollkosten	Abw.	in %	Istkosten	Abw.	in %
47	1	Personalkosten	Z 07 - 16	70 270	70 200	70	0%	214 860	4 260	2%
48	2	Gemeinkostenmaterial	Z 17 - 20	2 610	1 450	1.160	80%	4 495	145	3%
49	3	Instandhaltungskosten	Z 21 - 22	720	1 000	–280	–28%	2 900	–100	–3%
50	4	Sonst. Gemeinkosten	Z 23 - 35	400	350	50	14%	1 100	50	5%
51	5	Kalk. Kapitalkosten	Z 36 - 37	2 000	2 000	0	0%	6 000	/	/
52	6	Sonst. kalk. Kosten	Z 38 - 42	20 000	20 000	0	0%	60 000	/	/
53		*Gesamtkosten I*	Z 49 - 54	96 000	95 000	1.000	1%	289 355	4 355	2%
54		Tarifabw. Lohn einschl. Soz.Aufwand		–703				–2 149		
55		Tarifabw. Gehalt einschl. Soz.Aufwand								
56		Preisdifferenzen								
57		Abweichungen fremder Stellen								
58		*Gesamtkosten II*	Z 55 - 59	95 297	95 000	–297	0%	287 206	4 355	2%

Abbildung 105: Soll-Ist-Vergleich in der flexiblen Plankostenrechnung

Abweichung wird absolut und in Prozent vom Soll festgestellt. Aus Platzgründen werden meist nur die Istkosten und die Abweichung kumuliert ausgewiesen. Der im Betriebsabrechnungsbogen vorgenommene Soll-Ist-Vergleich ist aus Abbildung 105 ersichtlich.

Überschreitet die Verbrauchsabweichung eine pro Kostenart definierte Schranke, erfolgt die Analyse der Abweichung. Im System der starren und der flexiblen Plankostenrechnung auf Basis von Teilkosten muß man sich mit der Analyse der Preis- und Mengenabweichung begnügen. Aus einem Betriebsabrechnungsbogen, erstellt nach der flexiblen Plankostenrechnung auf Basis der Vollkostenrechnung, läßt sich zusätzlich die Beschäftigungsabweichung ersehen.

Im vorliegenden Betriebsabrechnungsbogen weichen innerhalb der Personalkostenarten einzelne Kostenarten erheblich vom Plan ab. Trotzdem besteht hier kein Handlungsbedarf für eine Analyse der Verbrauchsabweichung. Die Kostenartengruppe »Personal« überschreitet nicht die vorgegebenen Grenzen. Abweichungen kommen hier durch nicht sachgemäße Kontierung des öfteren vor. Der zuständige Meister füllt die Lohnscheine zum Beispiel nicht konsequent aus. Das Gemeinkostenmaterial liegt im Monat März mit 80 Prozent über den Sollvorgaben. Beim Gemeinkostenmaterial kommt es häufig zu periodischen Abgrenzungsproblemen. Ein Blick auf den kumulierten Wert zeigt, daß kein Handlungsbedarf besteht. Die Gesamtkosten im Ist weichen von den Gesamtkosten im Soll um ein Prozent ab. Hier ist eine Verbrauchsabweichung gegeben. Gründe der Abweichungen sind Mengen- und Preisdifferenzen. Die Preisabweichung für Löhne wird im Betriebsabrechnungsbogen als Tarifabweichung »Lohn« einschließlich Sozialaufwand ausgewiesen. Diese Abweichung läßt sich wie folgt erklären: Die Abrechnung der Löhne erfolgt im Soll per Verrechnungspreis. In diesem Verrechnungspreis sind die Tariflohnerhöhungen bereits enthalten. Bis zur Tariferhöhung weicht der bezahlte Lohn automatisch vom Verrechnungspreis ab; eine Preisabweichung liegt vor. Nach der Tariferhöhung entsteht eine Preisabweichung hingegen nur, wenn der Tariflohn vom prognostizierten Lohn, dem Verrechnungspreis, abweicht.

Mit Hilfe eines Betriebsabrechnungsbogens der flexiblen Plankostenrechnung auf der Basis von Vollkosten läßt sich eine Beschäftigungsanalyse durchführen (vgl. Abbildung 106).

Plan- und Istbeschäftigung müssen hierzu vorliegen. Im Betriebsabrechnungsbogen sieht man, daß anstelle der vorgegebenen 1 200 Fertigungsstunden im Monat März 1 100 Stunden abgerechnet wurden. Der Beschäftigungsgrad lag bei 92 Prozent. Die Beschäftigungsabweichung beträgt somit minus acht Prozent. Der Unterschied zwischen dem geplanten Vollkostensatz und dem geplanten variablen Kostensatz beträgt 33,33 Mark. Mit jeder zuwenig abgerechneten Fertigungsstunde fallen diese 33,33 Mark als Beschäftigungsabweichung an. Da im Monat März 100 Fertigungsstunden zuwenig abgerechnet wurden, sind 3 333 Mark an fixen Kosten nicht gedeckt (Beschäftigungsabweichung). Diese Unterbeschäftigung verursacht ein Ansteigen des Vollkostenverrechnungssatzes in Höhe von 83,33 Mark/Stück auf 87,27 Mark/Stück. Über drei Monate gesehen, entspricht die Istbeschäftigung exakt dem Plan.

Durch Kontrolle und Analyse kann die Qualität der Planung ständig verbessert werden. Während eines Budgetjahres sollten die Kostenstellenleiter und das Controlling ein Ideenbuch führen, in dem Verbesserungsvorschläge für die neue Planung und Mängel der alten Planung erfaßt werden.

45	**B. Kostenartengruppen und Abweichungen**								
46	Kostenartengruppen		Istkosten	Sollkosten	Abw.	in %	Istkosten	Abw.	in %
47	1	Personalkosten	Z 07 - 16	70 270	70 200	70	0%	214 860	4.260	2%
48	2	Gemeinkostenmaterial	Z 17 - 20	2 610	1 450	1 160	80%	4 495	145	3%
49	3	Instandhaltungskosten	Z 21 - 22	720	1 000	-280	-28%	2.900	-100	-3%
50	4	Sonst. Gemeinkosten	Z 23 - 35	400	350	50	14%	1 100	50	5%
51	5	Kalk. Kapitalkosten	Z 36 - 37	2 000	2 000	0	0%	6 000	/	/
52	6	Sonst. kalk. Kosten	Z 38 - 42	20 000	20 000	0	0%	60 000	/	/
53		**Gesamtkosten I**	Z 49 - 54	96 000	95 000	1 000	1%	289 355	4.355	2%
54		Tarifabw. Lohn einschl. Soz.Aufwand		-703				-2 149		
55		Tarifabw. Gehalt einschl. Soz.Aufwand								
56		Preisdifferenzen								
57		Abweichungen fremder Stellen								
58		**Gesamtkosten II**	Z 55 - 59	95 297	95 000	-297	0%	287 206	4 355	2%

62	**C. Fixkostendeckung**	Planfix-	Gedeckte	Beschäftig.	in %	Ged. Fix-	Beschäft.	in %
		kosten	Fixkosten	-Abw.		kosten kum.	Abw. kum.	
63		40 000	36 667	3 333	8%	124 000	4 000	3%

64	**D. Bezugsgrößen**		Bezugsgröße		Beschäftigungs-		Proportionale			Vollkosten-	
	und Kostensätze		Ist-	Plan-	grad		Kostensätze			sätze	
65	Nr.	Bezugsgrößenart	Bezugsgr.	Bezugsgr.	Monat	kum.	Plan	Ist	Ist-kum.	Plan	Ist
66	1	Fertigungsstunden	1 100	1 200	92%	100%	50,00	50,91	47,1	83,33	87,27
67	2										
68	3										
69	4										
70	5										

Abbildung 106: Abweichungen, Fixkostendeckung und Kostensätze im Betriebsabrechnungsbogen nach der flexiblen Plankostenrechnung auf Basis von Vollkosten

Im letzten der fünf Schritte einer Plankostenrechnung sind für sämtliche standardisierten Kostenträger eines Unternehmens Plankalkulationen zu erstellen. In einer flexiblen Plankostenrechnung werden meist Kalkulationsschemen benutzt, die Grenzkosten (Leistungskosten) und Vollkosten ausweisen. In Anlehnung an das Kalkulationsschema des Verbandes Deutscher Maschinen- und Anlagenbau e. V. (VDMA) zur differenzierten Zuschlagskalkulation des Maschinenbaus entsteht das in Tabelle 75 wiedergegebene Kalkulationsschema.

Die in Tabelle 75 grau hinterlegten Felder können bei ihrer Verrechnung Probleme verursachen. In der Grenzplankostenrechnung werden generell nur variable Gemeinkosten angesetzt. In den grau hinterlegten Feldern werden nur jene Gemeinkosten angesetzt, welche variabel sind. Diese werden über einen Kalkulationszuschlagssatz berücksichtigt. Vereinzelt wird jedoch dieser Ansatz abgelehnt. Die Kosten werden als fixe Kosten angesehen und sind vom Deckungsbeitrag zu tragen.

Nr.	Kostenträger / Auftrag: Kalkulationsposten	Kalkulations- grundlage	Datum: Vollkosten	Grenzkosten Leistungs- kosten
a	b	c	d	e
1	Rohstoffe			
2	Kleinteile (ermittelbare Fertigungsstoffe)			
3	Fertigteile			
4	bezogene Großteile			
5	auswärtige Bearbeitung			
6	Beschaffungsgemeinkosten			
7	– Reststoffgutschrift (Schrott)			
8	Stoffkosten	(1–7)		
9	Fertigungslöhne mechanische Fertigung			
10	Fertigungslöhne (Handarbeiten)			
11	Fertigungsgemeinkosten mech. Fertigung			
12	a) Maschinenkosten			
13	b) Restgemeinkosten			
14	Fertigungsgemeinkosten (Handarbeit)			
15	Herstellkosten A	(8–14)		
16	Modelle			
17	Sonderwerkzeuge und Vorrichtungen			
18	Ausschuß und Nacharbeit			
19	Fertigungskosten	(9–14 u.16–18)		
20	Herstellkosten B	(8 + 19)		
21	Entwicklungs-, Versuchs-, Konstruktionskosten			
22	Herstellkosten C	(20 + 21)		
23	Verwaltungskosten			
24	Vertriebsgemeinkosten			
25	Verpackungskosten			
26	Ausgangsfrachten			
27	Provisionen			
28	Sonstige Kosten			
29				
30				
31	Vertriebskosten	(24–30)		
32	Wagniskosten			
33	Selbstkosten	(22 + 23 + 31 + 32)		
34	Gewinnzuschlag / kalkulierter Verlust			
35	Verkaufspreis netto	(33 + 34)		

Tabelle 75: Plankostenkalkulation des Maschinenbaus

5.3 Target Costing

Das Target Costing ist eine spezielle Form der strategischen Plankostenrechnung. Es gehört zu den retrograden Kostensystemen. Hinter dem Begriff »Target Costing« verbirgt sich ein marktorientiertes Kostenmanagement und ein strategisches Zielkostenmanagement. *Sakurai* (1989, S. 39 f.), einer der Väter des Target Costing, sieht das Target Costing als Instrument des Kostenmanagements, mit Hilfe dessen die gesamten Kosten eines Produktes über dessen gesamten Lebenszyklus unter Einbeziehung der Bereiche Produktion, Konstruktion, Forschung und Entwicklung, Marketing und Controlling gesenkt werden sollen. Das Target Costing wird durch fünf Merkmale beschrieben:

1. Das Target Costing ist Instrument des Kostenmanagements,
2. Das Target Costing bezieht sich auf den gesamten Produktlebenszyklus,
3. Das Target Costing gestaltet aktiv die künftigen Kosten,
4. Das Target Costing betrifft alle betrieblichen Bereiche,
5. Das Target Costing ist kundenorientiert.

Im Zusammenhang mit dem Target Costing verfolgt das Unternehmen fünf Ziele:

1. Frühzeitiger Start des Kostenmanagements. Schon bei der Entwicklung des Produktes werden Entwicklungsingenieure eingesetzt, welche die notwendigen Kostenzusammenhänge kennen und durch Kostenvergleich alle Einsparungsmöglichkeiten nutzen. Ständig finden unter Beteiligung aller betrieblichen Bereiche Koordinierungsgespräche und Wertanalysen statt.
2. Marktorientierung des gesamten Unternehmens, insbesondere in Bezug zu den Zielkostenmanagementobjekten. Bei der Konzeption eines neuen Produktes wird von Marktanforderungen bezüglich der Produktmerkmale ausgegangen, und der zukünftige Preis des neuen Produktes orientiert sich am Wertempfinden des Kunden.
3. Strategieorientierung durch markt- und zielorientierte Forschung und Entwicklung. Schon in der Entwicklungsphase des neuen Produktes wird versucht, die strategische Position des Unternehmens auf das Produkt zu beziehen, sich am Markt zu orientieren und möglichst eine Kostenführerschaft mit dem neuen Produkt zu erlangen.
4. Durch ständige marktgetriebene Überprüfung der Kostenziele und durch

ständig durchgeführtes Benchmarking – Cost Kaizen – paßt sich das Management schnell an neue Kostenvorgaben an.

5. Da das Verhalten durch konkrete Marktanforderungen und nicht durch abstrakte Unternehmensziele gesteuert wird, hat das Target Costing für die Mitarbeiter des Unternehmens einen motivierenden Aspekt.

Target Costing wird hauptsächlich von Produzenten der Großserien- und Massenfertigung eingesetzt. Als Pionier gilt die Toyota Motor Corporation (1963). Durch den enormen Kostendruck, ausgelöst durch die Ölkrise 1973, und einem verschärften Wettbewerb fand das Target Costing eine schnelle Verbreitung in japanischen Unternehmen. Ende der 80er Jahre kam es über den amerikanischen Sprachraum nach Deutschland. Durch die Veröffentlichungen von *Franz* (1993), *Horváth* (1993) und *Seidenschwarz* (1991 und 1994) und die Anwendung durch Audi, IBM, Porsche und Siemens Medizintechnik etablierte sich das Target Costing.

Das Target Costing wird durch den Zielkostenfindungszyklus und den Zielkostenerreichungszyklus geprägt. Für diese beiden Zyklen existieren in der Target Costing-Literatur eine Fülle unterschiedlichster Phaseneinteilungen. Zweckmäßig ist das in Abbildung 107 aufgeführte Vorgehen.

In der ersten Phase des Zielkostenfindungszyklus wird der Marktpreis (Allowable Costs) erforscht und eine im Unternehmen übliche Angebotskalkulation (Drifting Costs) vorgenommen. Beide Größen werden einander gegenübergestellt und verglichen. Unabhängig von der Höhe der Abweichung erfolgt dann in einem weiteren Schritt die Spaltung der anvisierten Kosten. Bei der funktionalen Aufspaltung der Gesamtkosten geht man den folgenden Fragen nach:

- Welche Funktionen soll das Produkt erfüllen?
- Was ist dem Kunden die einzelne Funktion wert?
- Welchen Kostenteil an den Gesamtzielkosten dürfen die einzelnen Funktionen haben?
- Welchen Beitrag leistet die einzelne Komponente zur Erfüllung der Gesamtfunktion?
- Was ist dem Kunden diese Komponente wert?
- Welchen Anteil an den Gesamtkosten darf die Komponente tragen?

Tanaka (1989) erläutert den Zielkostenfindungszyklus am Beispiel eines Tintenschreibers. Der Kunde wünscht sich von einem Tintenschreiber die

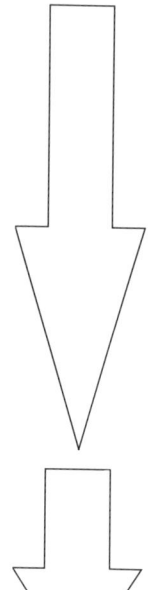

Zielkostenfindungszyklus

- Ermittlung und Vorgabe der Zielkosten
  - Bestimmung der *Allowable Costs*
    Welchen Preis verträgt der Markt?
  - Festlegung des Zielgewinns
  - Bestimmung der *Drifting Costs*
    Welchen Preis würden wir momentan kalkulieren?
  - Gegenüberstellung von Allowable und Drifting Costs
- Spaltung der Zielkosten
  - Funktionale Aufspaltung der Gesamtzielkosten
  - Komponentenbezogene Aufspaltung der
    funktionsorientierten Kostenvorgaben

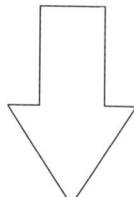

Zielkostenerreichungszyklus

- Produktkonzeptentwurf unter Einhaltung der
  Kostensenkungsziele
- Suche nach Kostensenkungspotential

Abbildung 107: Phasen des Target Costing

Funktionen »Schreiben«, »schnelles Öffnen«, »Auslaufsicherheit« und ein »gelungenes Design«. Durch Kundenbefragung wird festgestellt, welchen Wert die einzelne Funktion für den Kunden hat. Man erhält nach Auswertung zum Beispiel:

- Schreiben   40 %
- schnelles Öffnen   10 %
- Auslaufsicherheit   20 %
- gelungenes Design   30 %

Wenn die Gesamtkosten des Tintenschreibers 5,00 Mark betragen dürfen, dann stehen jetzt für die Funktion »Schreiben« 2,00 Mark, für schnelles Öffnen 0,50 Mark, für Auslaufsicherheit 1,00 Mark und für Design 1,50 Mark zur Verfügung.

Ein Tintenschreiber besteht aus den Baugruppen »Gehäuse«, »Mine« und »Kappe mit Clip«. Es ist nun zu klären, welchen Beitrag die einzelne Komponente zur Erfüllung der einzelnen Funktion beiträgt. Eine Kappe mit

Clip trägt zu Funktion »Schreiben« nichts bei und erhält 0 Prozent, die Mine erhält 80 Prozent und das Gehäuse 20 Prozent. Maximal können pro Funktion 100 Prozent verteilt werden. Multipliziert man nun den Beitrag zur Funktionserfüllung einer Komponente mit dem Funktionsgewicht, so erhält man die relative Bedeutung einer Komponente zur Funktionserfüllung. Addiert man diese Bedeutung über alle Funktionen auf, so steht das Gesamtgewicht der Komponente fest. Das Gehäuse trägt zur Funktion »Schreiben« (20 % × 40 %) = 0,08 Teile bei. Für die einzelnen Komponenten des Tintenschreibers entstehen so Gewichte. Angenommen, die Gewichte der Komponenten »Gehäuse«, »Mine« und »Kappe« verhalten sich wie 0,27:0,395:0,335, so verhalten sich die Zielkosten ebenso. Für das Gehäuse stehen 1,35, für die Mine 1,98 und für den Clip 1,67 Mark zur Verfügung.

Ist der Zielkostenfindungsprozeß abgeschlossen, beginnt die eigentliche Arbeit. Für die Kostenvorgaben der einzelnen Komponenten sind nun tragfähige Produktlösungen zu finden.

Die Entwicklung, die Produktion, Controlling und Marketing unterstützen sich im Target Costing Prozeß gegenseitig. Techniker und Kaufleute sind zu einer engen Zusammenarbeit gezwungen. Die Produktentwicklung spielt hierbei eine zentrale Rolle. Durch Einsatz von CAD/CAE, Wertanalyse und konstruktionsbegleitende Kalkulation, Benchmarking, Fertigungsplanung, TQM und ständigen Marktanalysen wird jeder Versuch unternommen die Zielkostenvorgaben zu erreichen.

Um einen Überblick über die Kosten-Nutzen-Relationen der Komponenten zu erhalten, wird ein Zielkostenindex bestimmt. Er ist wie folgt definiert durch den Quotienten aus relativer Bedeutung und dem tatsächlichen Kostenanteil.

$$\text{Zielkostenindex} = \frac{\text{relative Bedeutung}}{\text{tatsächlicher Kostenanteil}}$$

Pro Komponente werden Kostenanteil, die relative Bedeutung und der Zielkostenindex in ein *Zielkostenkontrolldiagramm* eingezeichnet.

Die Zielkostenzone wird durch die Toleranzgrenzen bestimmt. Komponenten, die oberhalb der Toleranzgrenzen liegen, verfügen über einen zu hohen Kostenanteil. Für die Komponente »M« in Abbildung 108 sind Kostensenkungsmaßnahmen erforderlich. Wenn eine Komponente unterhalb der rechten Toleranzgrenze zum liegen kommt, wie z. B. die Komponente »K«, dann sollte eine Nutzenerhöhung erfolgen. Würden die Grenzen nicht so hart gezogen werden, dann lägen die Komponenten »M« und »K« mög-

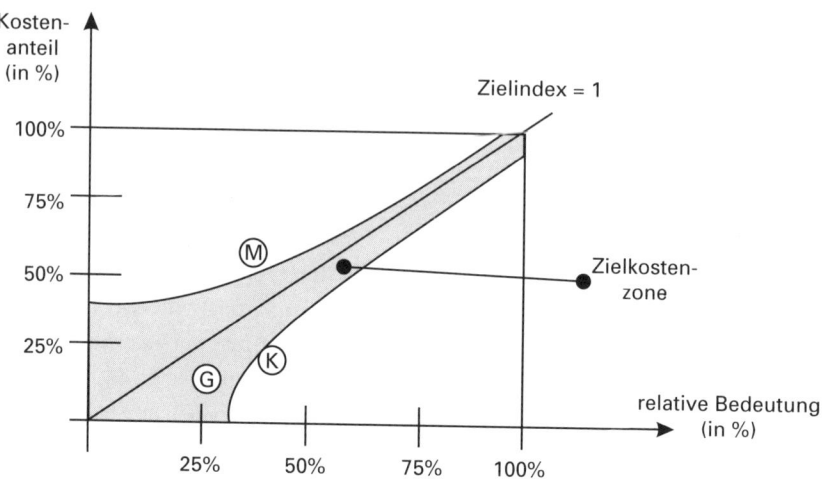

Abbildung 108: Zielkostenkontrolldiagramm

licherweise noch innerhalb der Zielkostenzone. Die Entwicklung, die Produktion, das Controlling und das Marketing unterstützen sich im Target Costing Prozeß gegenseitig und tragen Sorge, daß alle Komponenten in die Zielkostenzone gelangen. Die Produktentwicklung spielt hierbei eine zentrale Rolle. Durch Wertanalysen und konstruktionsbegleitende Kalkulation, Benchmarking, Fertigungsplanung, Total Quality Management, den Einsatz von CAD/CAE und ständige Marktanalysen wird jeder Versuch unternommen, die Zielkostenvorgaben zu erreichen.

Literatur zu Kapitel 5

Buggert W., Kosten- und Leistungsrechnung, 11. Aufl., Darmstadt 1994

Dellmann K.; Franz K.-P., Neuere Entwicklungen im Kostenmanagement, Bern Stuttgart Wien 1994

Eisele W., Technik des betrieblichen Rechnungswesens, 4. Aufl., München 1990

Franz, K.-P., Target Costing-Konzept und kritische Bereiche, in: CONTROLLING 3/1993, S. 124–130

Freidank C.- Chr., Kostenrechnung, Einführung in die begrifflichen, theoretischen, verrechnungstechnischen sowie planungs- und kontrollorientierten Grundlagen des innerbetrieblichen Rechnungswesens, 4. Aufl., München Wien 1992

Gutenberg E., Grundlagen der Betriebswirtschaft, Erster Band: Die Produktion, 21. Aufl., Berlin Heidelberg NY 1975

Horváth P., Target Costing, Stuttgart 1993

Kilger W., Einführung in die Kostenrechnung, 2. Aufl., Wiesbaden 1980

Kilger W., Flexible Plankostenrechnung und Deckungsbeitragsrechnung, 10. Aufl., Wiesbaden 1981

Kosiol E., Kostenrechnung, Wiesbaden 1968

Lang H., Kosten- und Leistungsrechnung, 2. Aufl., München 1991

Mellerowicz K., Kosten- und Leistungsrechnung, Band I, Theorie der Kosten, 5. Aufl., Berlin 1973

Sakurai M., Target Costing and How to Use it, in: Journal of Cost Management (3) 1989, S. 39–50.

Schweitzer M.; Küpper H.-U., Systeme der Kostenrechnung, 6. Aufl., Landsberg am Lech 1995

Seidenschwarz W.; Target Costing – Ein japanischer Ansatz für das Kostenmanagement, in: CONTROLLING 1991, S. 198–203.

Sorg P., Kosten- und Leistungsrechnung – 50 praktische Fälle, Achim 1993

Tanaka M., Cost Planning and Control Systems in the Design Phase of a New Product, in: Monden Y., (Hrsg.) Japanese Management Accounting, Norwalk 1989 S. 49–71.

Ulrich H.; Krieg W., St. Galler Management Modell, Bern 1974

VDMA (Hrsg.), Kalkulationsschema für den Maschinenbau, VDMA BwV 119a, Frankfurt o. J.

Warnecke H. J. u. A., Kostenrechnung für Ingenieure, 4. Aufl., München Wien 1993

Zimmermann G., Grundzüge der Kostenrechnung, 5. Aufl., München Wien 1993

Ausgewählte Literatur zur allgemeinen Betriebswirtschaftslehre

Hopfenbeck W., Allgemeine Betriebswirtschaftslehre, Landsberg Lech 1989

Jung H., Allgemeine Betriebswirtschafts- und Managementlehre, München Wien 1994

Schierenbeck H., Grundzüge der Betriebswirtschaftslehre, 11. Aufl., München Wien 1993

Schmalen H., Grundlagen und Probleme der Betriebswirtschaft, 9. Aufl., Köln 1993

Schneck O., Betriebswirtschaftslehre – Eine praxisorientierte Einführung mit Fallbeispielen, Frankfurt 1997

Schneck O., Lexikon der Betriebswirtschaft, 2. Aufl., München 1994

Selchert F. W., Einführung in die Betriebswirtschaftslehre – Aufgaben und Lösungen, Fragen und Antworten, 2. Aufl., München Wien 1993

Thommen J. P., Allgemeine Betriebswirtschaftslehre, Wiesbaden 1991

Wöhe G., Einführung in die Allgemeine Betriebswirtschaftslehre, 18. Aufl., München 1993

Verzeichnis der Abbildungen, Tabellen und Übersichten

Abbildungen

1: Traditionelle Einteilung des betrieblichen Rechnungswesens 15
2: Aufgaben der Finanzbuchhaltung 16
3: Rechnungswesen als Basis des Management-Informationssystems (MIS) 17
4: Kybernetischer Kreis der Kosten- und Leistungsrechnung 18
5: Moderne Organisation des Rechnungswesens 1 23
6: Moderne Organisation des Rechnungswesens 2 23
7: Einbindung des Rechnungswesens in die Spartenorganisation 24
8: Ausführungsstellen im Rechnungswesen 24
9: Schematische Darstellung der Belegwege in der Betriebsabrechnung 25
10: Traditionelle Systeme der Kostenrechnung 27
11: Neue Systeme der Kostenrechnung 30
12: Elemente der Kosten- und Leistungsrechnung 31
13: Begriffspaare des Rechnungswesens und ihre Bestandsgrößen 33
14: Abgrenzung zwischen Einzahlung/Auszahlung und Einnahme/Ausgabe 37
15: Abgrenzung zwischen Einnahmen/Ausgaben und Ertrag/Aufwand 38
16: Abgrenzung zwischen Ertrag/Aufwand und Leistungen/Kosten 40
17: Abgrenzung zwischen Aufwand und Kosten 41
18: Kosten in Abhängigkeit von der Beschäftigung 48
19: Ermittlung von Durchschnittskosten 49
20: Ermittlung von Grenzkosten 50
21: Kostenverlauf bei proportionalen Kosten 50
22: Kostenverlauf bei degressiven Kosten 52
23: Kostenverlauf bei progressiven Kosten 53
24: Kostenverlauf bei regressiven Kosten 54
25: Kostenverlauf bei fixen Kosten 54
26: Nutz- und Leerkosten 55
27: Entstehung und Verrechnung primärer Kosten 57
28: Gemeinschaftskontenrahmen der Industrie und die KLR 63

29: Kostenarten im Gemeinschaftskontenrahmen der Industrie — 64

30: Inventurmethode im T-Kontensystem — 66

31: Materialentnahmeschein — 68

32: Skontrationsmethode im T-Kontensystem — 68

33: Baukastenstückliste für retrograde Bedarfsermittlung — 69

34: Lohnkosten aus Arbeitgeber- und Arbeitnehmersicht — 74

35: Gliederung der Personalkosten — 75

36: Personalkosten im Kostenartenplan — 77

37: Funktionskosten im Industrie-Kontenrahmen — 80

38: Steuern im Überblick — 84

39: Kalkulatorische Kostenarten — 86

40: Anlagenkarte — 90

41: Abschreibung nach Handelsrecht, Steuerrecht und kalkulatorisch — 91

42: Betriebsnotwendiges Vermögen und kalkulatorische Zinsen — 96

43: Entwicklung des betriebsnotwendigen Kapitals und der Zinsen bei Anwendung der Restwertmethode — 98

44: Entwicklung des betriebsnotwendigen Kapitals und der Zinsen bei Anwendung der verfeinerten Restwertmethode — 99

45: Entwicklung des betriebsnotwendigen Kapitals und der Zinsen bei Anwendung der Durchschnittsmethode — 100

46: Gegenüberstellung von fixen und variablen Kosten einerseits und Einzel- und Gemeinkosten andererseits — 111

47: Kostenstellenrechnung als Bindeglied zwischen Kostenartenrechnung und Kostenträgerrechnung — 119

48: Kostenstellenplan — 125

49: Klassischer Betriebsabrechnungsbogen — 128

50: Betriebsabrechnungsbogen in der Praxis — 129

51: Loseblattsammlung von Betriebsabrechnungsbögen — 131

52: Aufbau eines Ist-Kostennachweises — 132

53: Grundtypen der innerbetrieblichen Leistungsverflechtung — 138

54: Verfahren der innerbetrieblichen Leistungsverrechnung — 139

55: Über- und Unterdeckung im Betriebsabrechnungsbogen — 158

56: Gliederung der Kostenträger — 169

57: Nummernsystematik für Kostenträger — 170

58: Übersicht Kostenträgerrechnung — 170

59: Zeitbezogene Kalkulationsarten: Vorkalkulation, Zwischenkalkulation und Nachkalkulation — 172

60: Grundschema der Kalkulation — 173

61: Progressive, retrograde und Differenzkalkulation — 174

62: Kalkulationsverfahren und ihre Anwendung — 175

63: Grundkonzept der mehrstufigen Divisionskalkulation — 179

64: Modell einer mehrstufigen Divisionskalkulation — 180

65: Gewinn- und Verlustrechnung als Ausgangsbasis der summarischen
Zuschlagskalkulation 186
66: Grundschema der differenzierenden Zuschlagskalkulation 190
67: Kalkulation der Selbstkosten ohne und mit Maschinenkosten 192
68: Ermittlung eines Maschinenstundensatzes 194
69: Grundschema der differenzierenden Zuschlagskalkulation mit
Maschinenkosten 196
70: Kalkulation der Kuppelproduktion nach dem Marktpreisverfahren 197
71: Kalkulation der Kuppelproduktion nach der Restwertmethode 198
72: Kalkulation der Kuppelproduktion nach der Verteilungsrechnung 199
73: Kalkulationsfaktor, Kalkulationszuschlag und Handelsspanne 201
74: Erweiterte Handelskalkulation 206
75: Kostenübernahme durch Verkäufer im Exportgeschäft 207
76: Unterschiede zwischen Voll- und Teilkostenrechnung 214
77: Unterschiede in den Kalkulationen von Teil- und Vollkostenrechnung 215
78: Systeme der Teilkostenrechnung 216
79: Checkliste zur Kostenspaltung von Kfz-Kosten nach der buchhalterischen
Methode 218
80: Einfache Kostenspaltung nach der buchhalterischen Methode 218
81: Mathematische Methode nach der Zwei-Punkte-Form 220
82: Grafische Kostenauflösung nach der Methode der kleinsten Quadrate 222
83: Deckungsbeitrag und Break-even-Punkt 225
84: Break-even-Analyse im System der Vollkosten- und der Teilkostenrechnung 226
85: Wirkung einer Änderung der Preise oder der variablen Kosten auf den
Break-even Punkt 227
86: Umsatzrentabilität vor und nach Rabattgewährung 228
87: Wirkung einer Änderung von Fixkosten auf den Break-even-Punkt 229
88: Kalkulationsschema eines mehrstufigen Direct Costing 235
89: Grafische Lösung des Produktionsprogramms bei zwei Engpässen 249
90: Interpretation der Simplexlösung 254
91: Make-or-buy-Entscheidungssituationen 259
92: Umsatzkostenverfahren bei Vollkostenrechnung 264
93: Umsatzkostenverfahren bei Teilkostenrechnung 269
94: Gesamtkostenverfahren 271
95: Mehrstufige Divisionskalkulation bei Smoky 280
96: Ermittlung von Sollvorgaben 306
97: Ermittlung eines Maschinenstundensatzes in der Normalkostenrechnung 311
98: Analyse der Preis- und Mengenabweichung 316
99: Kostenabweichung in der starren Normalkostenrechnung 317
100: Entwicklung des Variators 318
101: Analyse der Kostenabweichung bei flexibler Normalkostenrechnung 322
102: Phasen der Planungsrechnung 324
103: Personalplanung in Köpfen 329

104: Übertragung der Personalplanung in den Betriebsabrechnungsbogen   330
105: Soll-Ist-Vergleich in der flexiblen Plankostenrechnung   332
106: Abweichungen, Fixkostendeckung und Kostensätze im Betriebsabrechnungs-
     bogen nach der flexiblen Plankostenrechnung auf Basis von Vollkosten   334
107: Phasen des Target Costing   338
108: Zielkostenkontrolldiagramm   340

Tabellen

1: Ermittlung von Einzahlung/Einnahme und Auszahlung/Ausgabe   38
2: Ermittlung von Einnahme/Ertrag und Ausgabe/Aufwand   39
3: Materialkosten nach Gewerbe als Anteil am Umsatz   66
4: Vor- und Nachteile der Inventurmethode   67
5: Vor- und Nachteile der Skontrationsmethode   69
6: Vor- und Nachteile der retrograden Methode   70
7: Personalkosten nach Gewerbe als Anteil am Umsatz oder am Rohertrag   73
8: Ermittlung effektiver Arbeitszeit und tatsächlicher Personalkosten   78
9: Sachkostenplanung in einer Fertigungskostenstelle nach dem Gemeinschafts-
     Kontenrahmen der Industrie   81
10: Faktor der Kapital-Umschlagshäufigkeit für kalkulatorischen Unternehmer-
     lohn nach von Zintzen   88
11: Verrechnungspreise für betrieblich genutzte Räume   89
12: Abschreibungsplan nach dem steuerrechtlichen und dem kalkulatorischen
     Ansatz   98
13: Kalkulatorische Wagnisse, ihre Bezugsgrößen und ihre Verrechnung   103
14: Ermittlung des Zuschlagssatzes für das Anlagewagnis   104
15: Ermittlung des Zuschlagssatzes für das Vertriebswagnis   105
16: Analyse der Kostenentwicklung der Gießerei Diabolus   109
17: Tabelle zur kalkulatorischen Fehlerrechnung   124
18: Verteilungsgrundlage für Kostenstelleneinzelkosten   133
19: Abgrenzungsrechnung zwischen Aufwand und Kosten   136
20: Verteilungsschlüssel für indirekte Gemeinkostenarten   136
21: Betriebsabrechnungsbogen nach Verteilung der primären Gemeinkosten   137
22: Leistungsaustausch-Matrix von Kostenstellen   140
23: Betriebsabrechnungsbogen nach Durchführung des Hauptkostenstellen-
     verfahrens   141
24: Betriebsabrechnungsbogen nach Durchführung des Anbauverfahrens   143
25: Betriebsabrechnungsbogen nach Durchführung des Treppenverfahrens   145
26: Ermittlung von Schlüsselgrößen nach dem Sprungverfahren   146
27: Betriebsabrechnungsbogen nach Durchführung des Sprungverfahrens   149
28: Betriebsabrechnungsbogen nach Durchführung des Gleichungsverfahrens   152

29: Verfahrensvergleich innerbetrieblicher Umlageverfahren   153

30: Ermittlung und Festlegung von Zuschlagssätzen   155

31: Über- und Unterdeckung einer Kostenstelle   158

32: Betriebsabrechnungsbogen und seine vier Aufgaben   166

33: Grundschema einer Äquivalenzziffernkalkulation   184

34: Zuschlagssätze in Abhängigkeit von der Bezugsbasis   187

35: Gesamtkosten in Abhängigkeit von der Bezugsbasis   188

36: Schema einer Kompensationskalkulation   203

37: Umlage prozeßmengenunabhängiger Kosten   211

38: Beispiel einer Prozeßkostenkalkulation   212

39: Tabelle für die Kostenspaltung nach der Methode der kleinsten Quadrate   221

40: Aufbereitete Tabelle für die Kostenspaltung nach der Methode der kleinsten Quadrate   221

41: Arbeitstabelle zur Ermittlung von Steigung und Achsenabschnitt nach der Methode der kleinsten Quadrate   223

42: Wirkung von Rabattgewährung oder Preiserhöhung auf den Umsatz   229

43: Direct Costing im Mehrproduktunternehmen   232

44: Tabelle zur Kalkulation bei mehrstufigem Direct Costing   238

45: Ermittlung von Zuschlagssätzen für die Angebotskalkulation auf Basis von Vollkosten im System des mehrstufigen Direct Costing   240

46: Aufbau der Grundrechnung im System der relativen Einzelkostenrechnung   243

47: Optimierung bei einem Engpaß und Absatzrestriktionen (relativer Deckungsbeitrag)   248

48: Ausgangstableau eines Simplex   251

49: Bestimmung des Pivot-Elements durch Auswahl der Pivot-Spalte und Pivot-Zeile   252

50: Simplex-Tableau nach der ersten Iteration   253

51: Kalkulationsschema für Make-or-buy-Entscheidungen   258

52: Gesamtkosten- und Umsatzkostenverfahren nach § 275 HGB   263

53: Kalkulation der Dinosaurier im Unternehmen Kindy   266

54: Betriebsergebnisrechnung nach dem Umsatzkostenverfahren auf Basis von Vollkosten   267

55: Betriebsergebnisrechnung nach dem Umsatzkostenverfahren auf Basis von Teilkosten   269

56: Abweichungsanalyse zwischen Umsatzkostenverfahren auf Basis von Voll- und Teilkosten   270

57: Ermittlung der Bestandsveränderung beim Gesamtkostenverfahren   273

58: Budget-Erfolgsrechnung   276

59: Schema zur Ermittlung der Herstellungskosten nach Handels- und Steuerrecht   278

60: Bestimmung von Verrechnungspreisen in der Normalkostenrechnung mit Hilfe einer Tabelle   309

61: Bestimmung von Sollzuschlagssätzen in der Normalkostenrechnung mit
Hilfe einer Tabelle 312
62: Ermittlung einer Umlage pro Mitarbeiter und Monat für die betriebliche
Kantine 313
63: Angebotskalkulation in der starren Normalkostenrechnung 314
64: Nachkalkulation in der starren Normalkostenrechnung 314
65: Ermittlung der Verbrauchsabweichung in der starren Normalkostenrechnung 315
66: Ermittlung der Preisabweichung 316
67: Ermittlung der Mengenabweichung 316
68: Kalkulation der Selbstkosten in der flexiblen Normalkostenrechnung 320
69: Nachkalkulation in der flexiblen Normalkostenrechnung 321
70: Ermittlung der Preis-, Mengen- und Verbrauchsabweichung in der flexiblen
Normalkostenrechnung 321
71: Ermittlung der Beschäftigungsabweichung 322
72: Auftragseingangsplan 327
73: Personalbedarfsplan eines Fertighausherstellers 328
74: Personalkostenplanung 330
75: Plankostenkalkulation des Maschinenbaus 335

Übersichten

1: Aufgaben der Unternehmensplanung 20
2: Aufgaben der Dokumentation und der Istermittlung 21
3: Aufgaben der Kontrolle und der Abweichungsanalyse 21
4: Merkmale des pagatorischen Kostenbegriffs nach *Koch* 36
5: Merkmale des wertmäßigen Kostenbegriffs nach *Schmalenbach* 36
6: Gliederung der Kostenarten 46
7: Kostenzurechnungsprinzipien der Kosten- und Leistungsverrechnung 47
8: Anderskosten 58
9: Kriterien für die Bildung von Kostenartenplänen 62
10: Methoden zur Ermittlung des Materialverbrauchs 66
11: Wertansätze zur Bewertung des Materialverbrauchs 71
12: Ermittlung des betriebsnotwendigen Kapitals 97
13: Zusammenhang von Kostenkategorie und Reagibilität 108
14: Mengen- und Wertschlüssel für Kostenstellengemeinkosten 135
15: Ursachen einer Kostenabweichung 159
16: Ermittlung der Kfz-Kosten 178
17: Grundschema der Zuschlagskalkulation 185
18: Grundschema einer summarischen Zuschlagskalkulation 187
19: Einfache Kalkulation im Handel 200
20: Schema einer Beschaffungskalkulation 204

21: Schema einer Verkaufskalkulation 205
22: Denkrichtung einer »in Hundert Kalkulation« 205
23: Grundschema einer Exportkalkulation 208
24: Formel zur Errechnung des einfachen Deckungsbeitrags 224
25: Angebotskalkulation bei mehrstufigem Direct Costing 240
26: Kalkulationsschema einer Artikel- und Kundendeckungsbeitragsrechnung 244
27: Möglichkeiten und Situationen für ein Outsourcing 257
28: Gründe für Outsourcing und Insourcing 257

Register

Abgaben 82
Abschreibung bilanziert 57
Abschreibung handelsrechtlich 91
Abschreibung kalkulatorisch 57, 90 f.,
  92, 116 f.
Abschreibung linear 92f.
Abschreibung steuerrechtlich 92
Activity Based Accounting 29
Akkord 75
Aktivitätskostenrechnung 29
Anbauverfahren 142
Anderskosten 42, 58, 95
Angebotskalkulation 24
Angebotspreis 191
Anlagenbuchhaltung 23
Anlagenwagnis 102, 104
Anschaffungspreis 72
Artikeldeckungsbeitragsrechnung 244
Äquivalenzziffer 182f.
Äquivalenzziffernkalkulation 176, 182 f.
Arbeitskosten 73
Arbeitsstundensatzrechnung 191
Auftragsabwicklung 169
Aufwand 35, 38 f.
Aufwand außerordentlich 43
Aufwand betriebsfremd 43
Aufwand bewertungsbedingt 43
Aufwand neutral 43
Aufwand periodenfremd 43
Ausgabe 34, 37 f.
Ausgleichskalkulation 202 f.
Auszahlung 34, 37 f.

Befundrechnung 66
Behelfsmethode 71 f.
Benchmarking 75
Bereitschaftskosten 55, 242

Beschäftigungsabweichung 320, 322
Beschaffungskalkulation 204 f.
Beständewagnis 102, 105
Bestandsdifferenzrechnung 66
Bestandsfortschreibung 66
Betriebsabrechnung 23
Betriebsabrechnungsbogen (BAB) 120,
  127 f.
Betriebsergebnisrechnung 32
Bewirtungskosten 82
Bezugsgröße (Schlüssel) 134, 182,
  185 f., 325
Blockverfahren 142
Break-even-Punkt 28, 225 f., 291 f.
Budgetkostenrechnung 307
Büromaterial 82

Cost Driver 29, 210

Debitorenbuchhaltung 22
Deckungsbeitrag 28
Deckungsbeitrag relativ 241 f.
Deckungsprinzip 47, 241
Differenzkalkulation 173
Direct Costing 27, 215, 224 f.
Direct Costing mehrstufig 233 f.
Divisionskalkulation 174, 177 f.
Divisionskalkulation einstufig 177 f.
Divisionskalkulation mehrstufig 179 f.
Dokumentationsfunktion 14
Drifting Cost 30, 174, 338
Durchschnittskosten 49
Durchschnittsmethode 98, 99 f.
Durchschnittspreis 72
Durchschnittsprinzip 47
Durchwälzmethode 180

Einnahme 34, 37 f.
Einstandspreis 72, 203
Einzahlung 34, 37 f.
Einzelfertigung 176
Einzelkosten 47, 110 f.
Einzelkosten relativ 27
Einzelkostennachweis 81, 132
Einzelkostenprinzip 241
Einzelpostenliste 132
Einzelwagnis 102
Elementarfunktionen 59
Endstellenkosten 141
Engpaß 244 f.
Entwicklungswagnis 102
Erfolgsrechnung 32, 276
Ertrag 34, 38 f.
Exportkalkulation 207 f.

Fachliteratur 82
Fehlerrechnung 123 f., 191
Fertigungsbereich 156
Fertigungskosten 189
Fertigungslöhne 75
Fertigungsstelle 126
Fertigungswagnis 102
Festpreis 71
Finanzbuchhaltung 14 f.
Fixkostendeckungsrechnung 237
Funktionskosten 79 f.

Gebühren 82, 83
Gehalt 76
Geldverkehr 82
Gemeinkosten 48, 110 f.
Gemeinkostenmaterial 188
Gemeinkostenzuschlagssatz 154 f.
Gemeinschaftskontenrahmen 62 f.
Gesamtkosten 49, 107, 110 f.
Gesamtkostenverfahren 270 f.
Gesamtstellenkosten 141
Gewährleistungswagnis 103
Gewerbesteuer 84
Gewinnschwelle 28
Gleichungsverfahren 149 f.
Grenzkosten 49
Grundkosten 42
Grundrechnung 242

Handelsspanne 200 f., 206
Handlungskosten 200

Hauptkostenstellenverfahren 140
Hauptkostenstelle 126
Herstellkosten 179, 276
Herstellungskosten 276 f.
Hilfskostenstelle 127
Hilfslöhne 76

Identitätsprinzip 47, 241
Importkalkulation 204 f.
incoterms 207
Informationsfunktion 15
Insourcing 256 f.
Inventurmethode 66 f., 113
Istkostenrechnung 26, 28
Istpreis-Verfahren 72

Kalkulation 23, 170
Kalkulation progressiv 173
Kalkulation retrograd 173
Kalkulationsfaktor 200 f.
Kalkulationssatz 154 f.
Kalkulationsverfahren 175
Kalkulationszuschlag 200 f.
Kapital betriebsnotwendig 96
Kausalprinzip 47
Key-Account 242
Kfz-Steuer 84, 85
Kompensationskalkulation 202 f., 239
Komplementärfunktionen 59
Kontrolle 171
Konzession 81
Kosten 35, 40 f.
Kosten aufwandsgleich 42
Kosten aperiodisch 42, 87
Kosten degressiv 51 f.
Kosten fix 53 f., 107, 110
Kosten primär 57, 138
Kosten progressiv 52 f.
Kosten proportional 50 f.
Kosten regressiv 53 f.
Kosten sekundär 57
Kosten semivariabel 189, 217
Kosten sprungfix 57, 100
Kosten variable 48, 110
Kosten- und Leistungsrechnung 14
Kostenarten 46
Kostenartenplan 61 f., 64
Kostenartenrechnung 23, 30
Kostenbegriff 36
Kosteneinflußgröße 29

Kostenreinheit 61
Kostenremanenz 238
Kostenspaltung 217 f.
Kostenstelle 121
Kostenstelleneinzelkosten 132 f.
Kostenstellengemeinkosten 48, 133
Kostenstellenplan 125
Kostenstellenrechnung 23, 30, 119 f.
Kostenstellenrechnung Aufgabe 120
Kostenträger 169 f.
Kostenträgerplan 169
Kostenträgerrechnung 30, 170
Kostenträger-Stückrechnung 170
Kostenträgerverzeichnis 169
Kostenträger-Zeitrechnung 23, 170, 171
Kostentreiber 210
Kostenzurechnungsprinzip 47
Kreditorenbuchhaltung 22
Kundendeckungsbeitragsrechnung 244
Kuppelproduktion 176, 196

Leerkosten 55
Leistung 35, 40 f.
Leistungsaustauschmatrix 140, 150
Leistungskosten 242
Leistungsverrechnung 171
Liquidität 81
Lohn- und Gehaltsbuchhaltung 23
Lohnformen 75
LSP 87, 96

Make-or-Buy-Entscheidung 256 f., 259
Management-Informationssystem (MIS) 17
Marktpreisverfahren 197 f.
Maschinenstundensatzrechnung 191
Massenfertigung 174
Materialabrechnung 65
Materialbereich 156
Materialbuchhaltung 23, 65
Materialentnahmeschein 68
Materialkosten 65, 112, 189
Materialkostenstelle 65, 126
Maximalprinzip 244
Mengenabweichung 315 f.
Mengenschlüssel 135
Miete 81
Miete kalkulatorisch 89
Minimalprinzip 245
Mischkalkulation 202 f.

Monatslohn 75

Nachkalkulation 24, 172
Nebenkostenstelle 126
Normalkosten 308
Normalkostenrechnung 26, 28, 306
Normalkostenrechnung flexibel 319 f.
Normalkostenrechnung starr 313 f.
Nullverfahren 140
Nutzkosten 55
Nutzungsdauer 93, 103

Opportunitätskosten 87
Opportunitätspreis 71
Outsourcing 256 f.

Personalkosten 73 f., 114 f.
Personalnebenkosten 76 f.
Pflichtbeiträge 82, 83
Pivot 251
Planbeschäftigung 326
Plankalkulationssätze 155
Plankostenrechnung 16, 26, 28, 306, 323 f.
Plankostenrechnung flexibel 28, 325, 331
Plankostenrechnung starr 325, 330
Planung 19 f., 171
Platzkostenrechnung 191 f.
Postgebühr 82
Prämienlohn 76
Preisabweichung 71, 315 f.
Preisentscheidung 254, 255
Preisobergrenzen 257
Preispolitik 171
Preisuntergrenze 230, 255
Preisuntergrenze kurzfristig 232
Preisuntergrenze langfristig 231
Profitcenter 22, 242
Programmierung linear 250 f.
Proportionalitätsprinzip 47
Prozeßkosten 195
Prozeßkostenrechnung 29, 208, 210 f.
Prozeßkostensatz 29, 211

Raumkosten 89
Reagibilität 48, 108
Reisekosten 82
Restwertmethode 198 f.
retrograde Methode 69 f., 113

Rohertrag 74
Rohgewinn 200
Rückrechnung 69, 172

Sammelkostenstelle 83
Schattenpreis 254
Schlüssel (Verrechnungs-) 134
Seifenformel 88
Selbstkosten 188
Serienfertigung 176
Simplex-Methode 250
Simplex-Tableau 251
Skontrationsmethode 67 f., 112 f.
Sortenfertigung 174
Spartenorganisation 22
Sprungverfahren 147 f.
Standardkostenrechnung 306
Standardkostenträger 182
Statistik 14
step-ladder-system 143 f.
Steuer 83 f.
Stückakkord 75
Stückdeckungsbeitrag 225
Stückkosten 108, 178
Stufenleiterverfahren 143 f.
Stundenlohn 75
Substanzerhaltung 92
Substanzsteuer 85
Subtraktionsmethode 198 f.

Tagespreis 73
Target Costing 29, 174, 336 f.
Teilkosten 26
Teilkostenrechnung 27
Tragfähigkeitsprinzip 47
Treasuring 101
Treppenverfahren 143 f.

Überdeckung 158, 165
Umsatzkostenverfahren 264 f.
Unterdeckung 158, 165
Unternehmerlohn 87 f.

Unternehmerwagnis 102

Variator 318 f.
Verbrauchsabweichung 315
Veredelungsmethode 181
Vergleichsrechnung 14
Verkaufsrechnung 205
Vermögenssteuer 85
Verrechnungsergebnis 94, 154
Verrechnungspreis 71
Verrechnungsschlüssel 134
Versicherungen 83
Verteilungsrechnung 199
Vertriebsstelle 126
Vertriebswagnis 103, 107
Verursachungsprinzip 47
Verwaltungsstelle 126
Vollkosten 26
Vollkostenrechnung 27
Vorkalkulation 172
VPöA 19

Warenwirtschaftssystem 67
Werbung 83
Wertschlüssel 135
Wiederbeschaffungspreis 73, 104

Zeitakkord 75
Zeitlohn 75
Zielpreis 30
Zinsen kalkulatorisch 94
Zurechenbarkeit 47
Zusatzkosten 42, 59
Zuschlagskalkulation 176, 185 f.
Zuschlagskalkulation differenzierend
    185, 189 f.
Zuschlagskalkulation elektiv 185
Zuschlagskalkulation kumulativ 185 f.
Zuschlagskalkulation summarische 185 f.
Zweckaufwand 42
Zwischenkalkulation 172